Martina Kral

Die Fresken Joakim Skovgaards im Dom zu Viborg

B A U + K U N S T

Schleswig-Holsteinische Schriften zur Kunstgeschichte
Band 4

B A U + K U N S T

Schleswig-Holsteinische Schriften zur Kunstgeschichte
Band 4

Herausgegeben im Auftrag
der Sparkassenstiftung Schleswig-Holstein und
der Gesellschaft für Schleswig-Holsteinische Geschichte
durch den Arbeitskreis Kunstgeschichte
in der Gesellschaft für Schleswig-Holsteinische Geschichte
von Bernd Müller und Heiko K. L. Schulze

Die Farbabbildungen dieses Bandes wurden mit Unterstützung der
Dr. Peter Hirschfeld-Stiftung gedruckt.

Martina Kral

Die Fresken Joakim Skovgaards im Dom zu Viborg

Religiöse Malerei für eine neue Zeit

Kiel 2001

Ludwig

Die Deutsche Bibliothek - CIP-Einheitsaufnahme

Kral, Martina:
Die Fresken Joakim Skovgaards im Dom zu Viborg : Religiöse Malerei für eine neue Zeit / Martina Kral. - Kiel : Ludwig, 2001

(Bau + Kunst ; Bd. 4)

Zugl.: Kiel, Univ., Diss., 1999 u.d.T.: Kral, Martina:
Joakim Skovgaards Fresken im Dom zu Viborg

ISBN 3-933598-24-9

Westring 431–451
24118 Kiel
Tel.: +49-(0)431-85464
Fax: +49-(0)431-8058305
e-mail: info@verlag-ludwig.de
www.verlag-ludwig.de

Gedruckt auf säurefreiem und alterungsbeständigem Papier
Printed in Germany

ISBN 3-933598-24-9

Zum Geleit

Die Publikationsreihe »Bau + Kunst«, deren nunmehr 4. Band mit diesem Werk vorgelegt wird, verfolgt das Ziel, die Ergebnisse kunsthistorischer Forschung aus Schleswig-Holstein einem breiteren Interessentenkreis zugänglich zu machen. Besonderes Gewicht liegt auf Themen und Problemen aus dem Bereich der Kunstgeschichte Norddeutschlands und des Ostseeraums. Die Reihe öffnet sich in ihrer über die Region hinausweisenden Konzeption der Erkenntnis, dass künstlerische Phänomene nicht an den Landesgrenzen Halt machen, sondern in größeren, häufig internationalen Zusammenhängen zu sehen und zu bewerten sind. Die landesgeschichtliche Bedeutung der Reihe wird dadurch nicht geschmälert.

»Bau+Kunst« wird im Auftrag der Sparkassenstiftung Schleswig-Holstein und der Gesellschaft für Schleswig-Holsteinische Geschichte durch den Arbeitskreis Kunstgeschichte, in dem u.a. die Professoren des Kunsthistorischen Institutes der Christian-Albrechts-Universität zu Kiel vertreten sind, von Bernd Müller und Heiko K.L. Schulze herausgegeben. Alle Beteiligten wünschen, dass die in regelmäßiger Folge erscheinenden Publikationen sowohl inner- und außerhalb des Landes Resonanz finden.

Kiel, im November 2001

Olaf Cord Dielewicz
Sparkassenstiftung Schleswig-Holstein

Karl-Heinrich Buhse
Gesellschaft für Schleswig-Holsteinische Geschichte

Prof. Dr. Uwe Albrecht, Prof. Dr. Adrian von Buttlar, Prof. Dr. Ulrich Kuder,
Prof. Dr. Lars Olof Larsson, Dr. Bernd Müller und Dr. Heiko K. L. Schulze
Arbeitskreis Kunstgeschichte in der Gesellschaft für
Schleswig-Holsteinische Geschichte

Inhaltsverzeichnis

Vorwort

Im Jahr 1989 begegneten mir im Rahmen eines Seminars unter Leitung von Prof. Dr. Lars Olof Larsson zum ersten Male die Fresken des Viborger Doms auf einer Exkursion nach Skandinavien. Jahre später wies Prof. Larsson erneut auf die immer noch ausstehende wissenschaftliche Aufarbeitung der Fresken im Dom zu Viborg hin und regte damit mein Dissertationsthema an. Dafür danke ich meinem Doktorvater ebenso ausdrücklich wie seiner aufmerksamen Betreuung während der Entstehung der Arbeit.

Bei unvergesslich bleibenden, erlebnisreichen Forschungsaufenthalten in verschiedenen Museen und Archiven Dänemarks erfuhr mein Vorhaben allzeit große Sympathie und unbürokratisches Entgegenkommen.

Im Skovgaard Museet Viborg mit seiner idealen Atmosphäre zum Forschen vis-à-vis des Domes fand ich in Herrn Dr. Thomas Bullinger, Direktor des Museums, einen stets hilfsbereiten und kompetenten Ansprechpartner, der mir Museumsbestände, Archivmaterial und die Bibliothek während eines mehrwöchigen Aufenthaltes zugänglich machte. In Gesprächen ließ er mir wertvolle Hinweise über die Skovgaard-Familie zukommen, brachte mir durch Exkursionen und Besichtigungen Land und Gepflogenheiten näher, beantwortete in späteren Briefwechseln eingehend meine Fragen und stellte mir Fotomaterial zur Verfügung. Hierfür gebührt Herrn Dr. Thomas Bullinger mein außerordentlicher Dank. Zudem habe ich den Mitarbeitern und Mitarbeiterinnen des Museums für ihre Hilfsbereitschaft und freundlichen Auskünfte zu danken.

Für die herzliche und entgegenkommende Aufnahme in Den Hirschsprungske Samling, Kopenhagen, die umfangreiche Kartonbestände, Zeichnungen und Briefe Skovgaards besitzt, danke ich vor allem der wissenschaftlichen Mitarbeiterin Birgitte Johannesson. Sie betreute mich wochenlang umfassend und auskunftsfreudig, ermöglichte den Zugang zu Archivalien und half mit interessanten Informationen weiter.

Überaus dankbar bin ich den zuvorkommenden und engagierten Mitarbeitern vom Rigsarkivet in Kopenhagen für ihre freundliche und geduldige Auskunfts- und Hilfsbereitschaft über alle Sprachbarrieren hinweg.

Für die Ansicht des ersten Entwurfs sowie Zeichnungen von Joakim Skovgaard für die Ausmalung danke ich Den Kgl. Kobberstiksamling im Statens Museum for Kunst,

Kopenhagen. Det Kongelige Bibliotek, Kopenhagen, danke ich für die Einsicht in diverse Briefwechsel zwischen Joakim Skovgaard und Zeitgenossen.

Bedanken möchte ich mich zudem bei der Dansk Centralbibliotek for Sydslesvig in Flensburg, für die problemlose Beschaffung dänischer Zeitschriften und der Universitätsbibliothek Kiel für unermüdliche Auskünfte.

Von all denjenigen, die mich während der jahrelangen Arbeit begleiteten, anregende Fragen stellten, Diskussionen auslösten, konstruktive Vorschläge einbrachten, mir aufmunternde Unterstützung zukommen ließen, eine unerschöpfliche Neugierde an Thema und Werdegang an den Tag legten und in wichtigen Momenten da waren, gilt in besonderer Weise mein Dank Matthias Lehmann, Dr. Silke Kral, Johanna und Johann Kral, Renate Techel, den Sankt Joseph Søstrene und Birgit Freiesleben.

Lykken er, når det lykkes.

Zu besonderem Dank verpflichtet bin ich der Schleswig-Holsteinischen Sparkassenstiftung, die die Herausgabe des Buches mit großzügiger finanzieller Unterstützung erst ermöglicht hat, sowie der Dr. Peter Hirschfeld-Stiftung, Kiel, die den Druck der zahlreichen Farbabbildungen ermöglichte.

Ulm, im November 2001 Martina Kral

Einleitung

»Sie haben nach meiner Auffassung nie einen Kauf getätigt, der auch nur annähernd so vorteilhaft für Ihre Sammlung war wie dieser, der die Stadt Kopenhagen fast entschädigt für die bisher so bedauernswerte Tatsache, daß Skovgaards Meisterwerk in einer fernen Provinz gemalt ist. Wenn die Fresken einmal der Zeit zum Opfer gefallen sind, werden Ihre Kartons noch bestehen…«[1]

Glücklicherweise sollte sich der dänische Kunsthistoriker Emil Hannover mit seiner düsteren Prophezeiung im November 1906 gründlich irren. Skovgaards Meisterwerk ist noch immer nicht *»der Zeit zum Opfer gefallen«* und frühere wie zukünftige Restauratoren werden dies weiterhin zu verhindern wissen.[2] Nur wenige Wochen vor Hannovers Prognose hatte der Künstler Joakim Skovgaard *»in der fernen Provinz«* Jütland, etwa 300 Kilometer von der Hauptstadt entfernt, sein sechs Jahre währendes Ausmalungsprojekt im Dom zu Viborg abgeschlossen. Zwischen 1901 und 1906 arbeitete er hier regelmäßig in den Sommermonaten unter Mitwirkung zahlreicher, vor allem junger Künstler an der Entstehung einer überdimensionalen, farbenprächtigen »Bilderbibel« (Abb. 1). Nach der Vollendung konnten 44 Fresken in den beiden Seitenschiffen, auf den Triforienfeldern des Hauptschiffes, im Querschiff sowie im Chorraum und in der Apsis gezählt werden. Damals wie heute findet der Besucher narrative, eingängige Bildszenen vor, die ihn durch das Alte und Neue Testament geleiten. Dass Skovgaard einmal als »fünfter Evangelist« bezeichnet worden war,[3] zeigt, wie zuverlässig er in der Darstellung christlicher Szenen war.

Bestand haben zudem immer noch die Kartons, die *»die Stadt Kopenhagen fast entschädigt[en]«*. Direkt von Skovgaard erworben hatte sie in jenem November 1906 der Tabakfabrikant, Kunstsammler und Mäzen Heinrich Hirschsprung (1836–1908). Insgesamt wurden mehr als 300 Studienzeichnungen und Kartons im Maßstab 1:3 Hirschsprungs repräsentativer Sammlung dänischer Kunst des 19. und frühen 20. Jahrhunderts integriert und ab 1911 in »Den Hirschsprungske Samling« der Öffentlichkeit in einer Auswahl zugänglich gemacht.[4] Ebenfalls in Kopenhagen verblieb der mehrteilige Dekorationsentwurf von 1897, den die Kupferstichsammlung im Statens Museum for Kunst vom Kultusministerium erhielt. Der größte Teil an Skizzen, Zeich-

1 Viborger Dom: Blick vom Mittelschiff nach Südosten auf Querschiff mit Vierungsgewölbe, Chorraum und Apsis

nungen, Kartons im Maßstab 1:1 oder Entwürfen, die dem Künstler als Vorlagen zur Ausmalung gedient hatten, übergab Skovgaard jedoch der Stadt Viborg. Seinem Wunsch entsprechend wurde die Sammlung erst nach seinem Tod, im März 1933, der Öffentlichkeit in einem eigenen Gebäude vorgestellt. Im Jahr 1937 öffnete das Skovgaard Museet Viborg seine Tore – nur einen Steinwurf vom Freskenzyklus entfernt.

Der »*neidvolle Blick*« Emil Hannovers auf die »*ferne Provinz*«, in der ausgerechnet ein vielbeachteter Kopenhagener Künstler sein Meisterwerk hinterlassen hatte, ist nur allzu verständlich. Denn die Ausmalung einschließlich der Vorbereitungen in den späten 1890er-Jahren stellte das größte kirchliche Dekorationsprojekt in Dänemark im 19. Jahrhundert dar und zwar in einer nicht unbedeutenden Bischofskirche. Mit einer Länge von 68,5 Metern, einer Mittelschiffs- bzw. Querschiffsbreite von rund 23 bzw. 31 Metern stand sie mit den Kirchen von Ribe und Lund in einer Reihe monumentaler Kirchenbauten im Lande, die einst den Höhepunkt romanischer Architektur bezeichneten.

In den 1860er-Jahren wurde eine umfassende Restaurierung des baufällig gewordenen Viborger Domes dringend erforderlich. Man beschloss, alle baulichen Veränderungen der vergangenen drei Jahrhunderte zu beseitigen und dem Gebäude sein ursprüngliches, aus dem 12. Jahrhundert datierendes Aussehen zurückzugeben.[5] 1875 war der »*romanische Bau*« in »*unverfälschter Stilreinheit*« fertig,[6] für den schon der Restaurierungsplan Dekorationen vorsah. »*Die Restaurierung der Kirche zu einer glücklichen Vollendung zu führen*«,[7] lautete die durch Skovgaards Fresken in Erfüllung gehende Forderung, die der Stadt Viborg sowie dem Land ein »*vollständiges*« Kirchengebäude beziehungsweise nationales Denkmal bescherte, das im gesamten skandinavischen Raum Beachtung und Anerkennung fand.

Skovgaards Vorbereitungen zur Ausmalung sowie der eigentliche Arbeitsverlauf wurden ab den späten 1890er-Jahren ebenso dokumentiert und interpretiert wie deren Bedeutung für die religiöse Kunst. Neben unzähligen Artikeln in regionalen wie überregionalen Tageszeitungen, Wochen- und Monatszeitschriften, die von den Arbeiten im Dom berichteten, gab das Kultusministerium gemeinsam mit der Kopenhagener Kunstvereinigung im Jahr 1909 die erste umfangreiche Monographie mit einer zusätzlichen französischen (!) Zusammenfassung über den Viborger Dom und seine Fresken heraus.[8] Der Leser erfuhr aus dem großformatigen, opulenten und reich bebilderten Dokument die wechselvolle Geschichte des Doms und erhielt einen Eindruck von dem langwierigen, nicht immer problemlos verlaufenden Entstehungsprozess der Fresken. Bereits 1915 und 1916 erschienen zwei weitere größere Abhandlungen. Während Georg Saxilds Veröffentlichung vor allem die »Arbeitshistorie« einer näheren, bisweilen anekdotischen Betrachtung unterzieht,[9] legt Theodor Oppermanns Bildband »Joakim Skovgaards Billeder i Viborg Domkirke« nach einer Einführung zu Kirche, Künstler und der Aufgabe mehr Gewicht auf die inhaltliche Vorstellung aller Fresken und Deckengemälde unter Nennung der entsprechenden Bibelverse. Oppermanns Publikation erreichte fünf Auflagen. Das Interesse an der Ausmalung riss auch in den nächsten Jahrzehnten nicht ab und führte zum Druck überwiegend monographisch gehaltener Bändchen kleineren Formats, die inhaltlich wie gestalterisch eine Bereicherung durch den 1987 gedruckten Kirchenführer erhielten, der zum ersten Mal sämtliche Fresken in Farbe abbildet.[10]

In der Literatur bezeichnete man Skovgaards Ausmalung nicht nur als eine »*nationale dänische Großtat*« oder als »*dänische Sixtinische Kapelle*«.[11] Sie war zugleich »*eine Revolution in der modernen Kirchenkunst*«,[12] die mit Hilfe ihres geistigen Inhalts dem »*Christenglauben der Gemeinde*«[13] diene und diesen stärken könne. Auch als zeitlose und epische Erzählungen für »*dänische Christen*« wurden die Viborger Fresken charakterisiert, denen »*ein Glauben*« im Verweis auf »*das Grundtvigsche*« innewohnen würde.[14] Mit dem Begriff »grundtvigsch« in Verbindung zu Skovgaard bzw. seiner Kunst wurden bewusst Parallelen aufgezeigt zwischen ihm, dem Künstler, der mit seinen religiösen Bildern der Kunst neue Impulse geben konnte und Nikolaj Frederik Severin Grundtvig, der großen Persönlichkeit des 19. Jahrhunderts in der dänischen Kirchen- und Volksbewegung. Dessen ebenso wortgewaltige wie bildreiche Botschaften und Schriften bewirkten zahlreiche Neuerungen im dänischen Kirchen- und Kulturleben.

Diese Vergleiche kamen nicht von ungefähr. Skovgaard war ein begeisterter Anhänger des Grundtvigianismus des späten 19. Jahrhunderts und ein sich zum Christentum bekennender Künstler, der sein Leben und Kunstschaffen aus einer grundtvigschen Glaubenshaltung heraus verstand. Klar zutage trat dies in dem monumentalen, von symbolhaftem Charakter geprägten religiösen Gemälde »Kristus i de dødes rige« aus den frühen 1890er-Jahren (Abb. 2 und 44), das sich radikal von sentimentaler Einheitskunst oder dem Realismus oder Naturalismus verhafteten Bildern abhob. Mit Skovgaard hatte die dänische Kunst einen Künstler erhalten, der in grundtvigschem Sinne nicht nur »*volkstümlich, derb und dänisch, alles Griechische oder Italienische in seine robuste nordische Sprache umformt[e]*«,[15] sondern auch auf dem Gebiet der dekorativen Malerei sowie als »*biblischer Maler*« in der überwiegend zu Formeln erstarrten religiösen Kunst eine Erneuerungsbewegung auslöste.

In Deutschland erfuhr das Publikum von Joakim Skovgaards Ausmalung zumeist über Aufsätze in fachbezogenen Zeitschriften,[16] denen häufig die dänische Monographie von 1909 zugrunde lag.

In dem 1919 erschienenen Buch »Kunst und Religion« des deutschen Kunsthistorikers Gustav Friedrich Hartlaub (1884–1963) wird Skovgaard in knappen Sätzen zu einem Vertreter der »*streng geistlich gehaltene[n] Reform der nazarenischen Kunstidee*« vom Verfasser mit folgenden Worten gewürdigt: »*So bleiben auch großartige Versuche einer neuen kirchlichen Monumentalmalerei, wie die des Dänen Skovgaard, der sich als echter Nazarener eng an Giotto anlehnte, [...] beachtungswert*«. Hans Hildebrandt hingegen verweist in seiner im Jahr darauf veröffentlichten Abhandlung über das Verhältnis von Wandmalerei und Architektur auf den Viborger Dom »*mit Gemälden, die sich der schlicht großzügigen, auf alle nur dekorativen Zutaten verzichtenden Architektur so ungezwungen einfügen, als hätte der Meister des Baus sie so geplant*«. Skovgaard habe damit »*[...] ein Vorbild für solche Verschmelzung architektonischer und malerischer Gliederungen geschaffen,*«[17] wie die gelungene dreiszenige Gliederung der von Fenstern durchbrochenen Wandfläche im Querschiff zeige. Und der Bielefelder Architekt Karl Siebold (1854–1937) erwähnt in einem Gutachten, das wahrscheinlich aus den 1920er-Jahren datiert, Skovgaards Ausmalung im Viborger Dom als Beispiel einer gelungenen Wandmalerei.[18]

Umso erstaunlicher bleibt die Feststellung, dass die von ihrem Titel her vielversprechende Dissertation von 1954 »Erneuerungsversuche der christlich-religiösen Malerei im 19. Jahrhundert, insbesondere auf naturalistischer Basis in der zweiten Jahrhunderthälfte« die erwähnten Würdigungen »übersah« (oder überging?).[19] Der Verfasser, Reinhold Hartmann, hatte gewiss eine lobenswerte Fülle an Künstlern aus Deutschland und Frankreich zusammengetragen, die sich religiöser Malerei zuwandten. Mit dem Beispiel der Viborger Ausmalung durch Skovgaard hätte Hartmann jedoch »*dem [allgemein festzustellenden; d. Verf.] Fehlen eines tiefen und echten religiösen Erlebnisses des Künstlers, der Bindung an [...] Bau und Raum, an die Gemeinde*« zumindest ein positives Beispiel für die Erneuerung der christlich-religiösen Malerei am Ende des 19. Jahrhunderts entgegensetzen können.

Die Gemälde im Dom zu Viborg »*sind in ihrer nordischen Eigenart so wenig zugänglich für den oberflächlichen Sinn des europäischen Reisepublikums, daß ihnen wohl das Schicksal erspart bleiben wird, eine gewöhnliche Sehenswürdigkeit zu werden*«, schrieb Friedrich Deneken 1908.[20] Angesichts über 120.000 vorwiegend skandinavischer Touristen jährlich, die mittlerweile im Viborger Dom gezählt werden, wurden allen Prognosen zum Trotz die Fresken zur meistbesuchten Sehenswürdigkeit des Landesteils. »*Um so mehr wäre es zu wünschen, daß ernste Freunde der Kunst ihren Weg nach Viborg fänden*«, fuhr Deneken fort und hierzu ergänzend wäre den Fresken Skovgaards zu wünschen, dass ihnen in Zukunft weitaus mehr Beachtung in kunst- und kirchengeschichtlicher Hinsicht zukommen sollte als nur der einer bunten und schönen »Bilderbibel« oder bloßen touristischen Attraktion.

Die vorliegende Arbeit möchte in diese Richtung wirken, Zusammenhänge aufspüren und besonders den Dom und seine Fresken einem interessierten Kunst- und Fachpublikum näherbringen.

Die beiden ersten Hauptkapitel zur Biographie Joakim Skovgaards und zur Baugeschichte des Doms hauptsächlich im 19. Jahrhundert sind notwendig, um einerseits einen in Deutschland kaum bekannten Künstler respektive wenig bekanntes Bauwerk vorzustellen und andererseits Basisdaten und Informationen zu liefern, die sich im weiteren Verlauf als unentbehrlich erwiesen.

Dem Leser einen möglichst umfassenden und geschlossenen Eindruck von der jahrelangen Arbeitsphase im Viborger Dom zu geben, die die Entwurfsvorbereitungen ebenso berücksichtigt wie die Wahl der Technik, ist die Intention des sich anschließenden Kapitels zum Ausmalungsverlauf. Der sukzessive Entstehungsprozess des gewaltigen Projekts mit seinen Problemen und Rückschritten, Veränderungen und Umarbeitungen kann am ehesten in einer chronologischen Reihenfolge verdeutlicht werden. Auf der Grundlage des reichhaltigen archivalischen Materials war es in Einzelfällen möglich, den Arbeitsprozess weitaus subtiler darzustellen, als dies die dänische Monographie von 1909 sowie die 1915 und 1916 erschienenen Publikationen von Saxild und Oppermann vermochten.[21] Kurzbiographien der zahlreichen, heute kaum mehr bekannten künstlerischen Mitarbeiter im Viborger Dom, die hier zum ersten Mal als geschlossene Gruppe vorgestellt werden sowie zeitgenössische Reaktionen auf den beendeten Freskenzyklus runden das Kapitel ab.

Abschließend werden die Viborger Fresken im Kontext der religiösen Malerei betrachtet und vorgestellt. Die Auseinandersetzung mit der höchst verwirrenden Kirchen- und Religionsgeschichte Dänemarks im 19. Jahrhundert führt zunächst zu einer allgemeinen Vorstellung der Situation von Kirche und Religion, um sodann in einem weiteren Schritt die in der Literatur immer wieder gezogenen Verbindungen zwischen Grundtvig bzw. dem Grundtvigianismus und Skovgaard einer näheren Betrachtung unterziehen zu können. Bei der Verknüpfung mit Skovgaards religiöser und künstlerischer Haltung im Sinne des Grundtvigianismus ergeben sich beziehungsreiche Aufschlüsse für das Entstehungsumfeld der Fresken im Dom zu Viborg, mit denen Joakim Skovgaard der religiösen Malerei wichtige Impulse zu einer Erneuerung geben konnte.

Joakim Skovgaard: Biographie und Werk

Schon frühzeitig führte Peter Christian Skovgaard (1817–1875), ein akademisch ausgebildeter und in Dänemark hochgeschätzter Landschaftsmaler und Zeichner des 19. Jahrhunderts,[22] seine Kinder Joakim Frederik (geb. 18. November 1856), Niels Kristian (1858–1938) und Suzette Cathrine[23] (1863–1937) an die Herstellung von Holzschnitten und das Zeichnen heran.[24] Er gab maltechnische Unterweisungen und vermittelte ihnen anhand von Reiseerzählungen Eindrücke von holländischen, französischen, italienischen, vor allem aber griechischen Kunstwerken.[25] Da das Skovgaardsche Elternhaus Freundschaften mit dänischen Künstlern wie zum Beispiel Constantin Hansen (1804–1880), Jørgen Roed (1808–1888), Wilhelm Marstrand (1810–1873), Johan Thomas Lundbye (1818–1848) oder Janus la Cour (1837–1909) sowie dem Kunsthistoriker Niels Lauritz Andreas Høyen (1798–1870) pflegte, war der Umgang der Kinder mit Malern sowie der Kontakt zum aktuellen Kunstgeschehen nachgerade selbstverständlich.[26]

Im September 1871 wurde der knapp 15-jährige Joakim Schüler der Königlichen Akademie in Kopenhagen[27] und trat kurze Zeit später auf Anraten des Vaters eine zweijährige Malerlehre bei dem Kopenhagener Malermeister Christian Carl August Weber (1818–1897)[28] an. Als dessen Lehrling arbeitete Joakim in den Jahren 1874/75 bei der Ausführung von Decken- und Wandmalereien im Viborger Dom mit. 1876 verließ der 20-jährige Skovgaard die Akademie mit dem Abgangszeugnis als Maler und debütierte knapp zwei Jahre später bei der Frühjahrsausstellung auf Schloss Charlottenborg in Kopenhagen. Nachdem er sich von 1880 bis 1881 als Schüler im Atelier von Léon Bonnat (1833–1922) in Paris aufgehalten hatte, begannen seine intensiven Reisejahre, die ihn bis ins hohe Alter in südliche wie nördliche Länder führten: So bereiste er 1882 bis 1884 zum ersten Male mit Viggo Pedersen (1854–1926), Kristian Zahrtmann (1843–1917) und Theodor Philipsen (1840–1920) Italien und Griechenland.[29] Beide Länder sollte er Zeit seines Lebens immer wieder aufsuchen. Hinzu kamen Reisen nach Norwegen (1890, 1891, 1893, 1894), nach Amsterdam und London (1905) sowie eine einjährige Java-Reise (1907/08), die der Erholung im Anschluss an die Fertigstellung der jahrelangen Ausmalung des Viborger Domes diente.[30]

Neben diesen oftmals sehr ausgedehnten Reisen beteiligte sich Skovgaard regelmäßig an Ausstellungen im In- und Ausland, beispielsweise auf Charlottenborg (1878–

1904) und an »Den frie udstilling« in Kopenhagen (1891–1905, 1907–1916, 1918–1934),[31] zu deren Mitbegründer er gehörte, sowie in Stockholm, London, Paris, München oder Berlin.[32] Immer wieder errangen seine Ausstellungsbeiträge Medaillen, wie etwa 1889 in Paris die Bronze- und 1900 die Silbermedaille, in der Düsseldorfer »Deutschnationalen Kunstausstellung und der Ausstellung für christliche Kunst« die Große Goldmedaille (1909)[33] oder die Thorvaldsen-Medaille 1923.[34] Darüber hinaus würdigte man Skovgaard und sein künstlerisches Schaffen mit der Verleihung von Titeln und Orden: er wurde zum Ritter des »Kongl. Nordstjerne Orden« (1897),[35] zum »Ridder af Dannebrog« (1909)[36] sowie zum »Ridder af 1ste Klasse af St. Olavs Orden« (1910)[37] ernannt. Zu seinem 70. Geburtstag im Jahr 1926 zeichnete ihn die Stadt Viborg mit der Ehrenbürgerwürde aus.[38]

Nach der Jahrhundertwende wurden Skovgaard verschiedene Stellen übertragen. Durch die Wahl zum Mitglied der »Plenarforsamling« an der Kopenhagener Akademie (1904), den Beitritt in den Akademierat (1906–1931) sowie in den Schulrat (ab 1908), die Berufung zum Professor für Dekorationskunst an der Akademie (1909–1921), der er zeitweise als Direktor vorstand (1920–1921 und 1922–1924), oder der Ernennung zum Mitglied an den Kunstakademien in Stockholm[39] (1915) und Helsingfors (1931), fielen zusätzliche Aufgaben neben seiner Arbeit als Künstler an.

Illustrationen für Bücher, Entwürfe für Buchumschläge oder Springbrunnen, für Möbel und Weinetiketten sowie Arbeiten in Keramik, Mosaik oder Glas waren für Skovgaard als akademisch ausgebildeter Maler stets aufs Neue interessante und reizvolle Tätigkeitsfelder, denen er sich ebenso intensiv und mit großer Sorgfalt zuwandte wie der Ausführung von Landschaftsgemälden, Architekturstücken oder kirchlichen Auftragsarbeiten.

Die Veröffentlichung von Skovgaards Zeichnung zu N. F. S. Grundtvigs Lied »Den signede dag« im Jahre 1886 markiert gewissermaßen den *»persönlichen Durchbruch«* auf dem Gebiet der Buchillustration.[40] In den nächsten Jahrzehnten sollten noch viele weitere folgen, u. a. die Zeichnungen zu Holger Drachmanns »Troldtøj« (1889–1890) in Zusammenarbeit mit seinen Freunden August Jerndorff (1846–1906) und Theodor Bindesbøll (1846–1908), zu »Danske Folkeviser med gamle Melodier«[41] (1903 gemeinsam mit Bindesbøll), die »Bibelske Billeder« von 1923–1925[42] oder zu Grundtvigs »Salmer og Digte« (1933).[43]

1886 war aber auch das Jahr, in dem sich die bereits einjährige Zusammenarbeit von Skovgaard und Bindesbøll u. a. bei der Herstellung keramischer Arbeiten in der Töpferei von J. Wallmann in Utterslev vertiefte und schließlich 1887 zur Gründung der »Dekorationsforening« führte.[44]

In den späten 1880er-Jahren erfuhr Joakim Skovgaard jedoch nicht nur durch seine keramischen und grafischen Arbeiten öffentliche Beachtung und Anerkennung, sondern zunehmend auch als Landschafts- und Figurmaler. Zudem lenkte er immer öfter auch mit religiösen Themen und Motiven[45] Aufmerksamkeit auf sich. So wurde

2 Joakim Skovgaard: Kristus i de dødes rige, Öl auf Leinwand (1891–1894), Statens Museum for Kunst Kopenhagen

das 1887 in der »Kunstforening« ausgestellte und von der Osloer Nationalgalerie erworbene Gemälde »Englen rører vandet i Bethesdas Dam«, das den von einem Engel in Bewegung gebrachten heilbringenden Teich Bethesda thematisiert,[46] trotz einiger kritischer Anmerkungen überwiegend positiv aufgenommen.[47] Zu nennen wären aber auch das 1889 bis 1890 ausgeführte Altarbild »Kristus fører røveren ind i paradiset«, das erste offizielle religiöse Auftragswerk für die Kirche auf der Insel Mandø[48] oder das zwischen 1891 bis 1894 entstandene, seinerzeit an zahlreichen Orten in Dänemark ausgestellte und heftig debattierte Monumentalgemälde »Kristus i de dødes rige«[49] (Abb. 2 und 44). Vor allem dieses Werk steigerte in gewisser Hinsicht den Bekanntheitsgrad Skovgaards und verstärkte bei den Fürsprechern seines Kunststils und -schaffens den Wunsch, er möge der Künstler der zukünftigen und endgültigen Ausmalung des Viborger Domes sein.[50]

1895 erhielt Skovgaard vom Kultusministerium in Kopenhagen den offiziellen Auftrag, einen Entwurf für die Dekoration des Viborger Doms auszuarbeiten. Drei Jahre später, im Dezember 1898, wurde dieser im Kopenhagener Kunstverein der Öffentlichkeit präsentiert und vom Ministerium angenommen. Trotz der jahrelangen Vorbereitung und Beschäftigung mit dieser monumentalen Aufgabe einer Dom-ausmalung, die um Glasmosaikfenster, Bronzearbeiten sowie um die Neubemalung der Holzdecke (1912 bis 1913) ergänzt wurde, wandte sich Skovgaard anderen Auftrags- und Ausstellungs-Arbeiten zu.[51]

Nach der Ausmalung des Viborger Doms zwischen 1901 bis 1906, mit der sich Skovgaard gleichsam ein Denkmal gesetzt hatte, erhielt der mit Orden und Titeln geehrte Künstler und Professor für Dekorationskunst an der Kopenhagener Akademie vor allem Aufträge im Bereich der Kirchenkunst und Wandmalerei. Etwa für die Altartafeln für die Frimenighedskirke in Holstebro (1907), die Valgmenighedskirke in Gørlev (1909) und Skagen Kirke (1910), für die Freskodekoration in der Apostelkirche in Kopenhagen (1912) oder für die St. Bendts Kirke in Ringsted (1919). Dazu kamen Glas- und Mosaikarbeiten und ein weiteres Monumentalwerk, die Ausgestaltung der Apsis in der Domkirche zu Lund (1924 bis 1927). Von 1929 bis zu seinem Tod 1933 arbeitete er im Kopenhagener Rathaus an der Ausschmückung des Hochzeitsaales und zeitgleich am Entwurf für die Mosaikdekoration der Apsis in der Domkirche zu Ribe, die jedoch nicht mehr zustande kam.[52] Joakim Skovgaard starb am 9. März 1933 im 77. Lebensjahr in Kopenhagen als hochangesehener Künstler.

Der Dom zu Viborg im 19. Jahrhundert

Die im nördlichen Jütland gelegene Stadt Viborg spielte in Dänemark von jeher eine bedeutende Rolle. Sie erhielt 1150 das Stadtrecht und war bis 1340 der Ort, an dem Wahlen und Krönungen der dänischen Könige stattfanden. In den 1520er-Jahren wurde Viborg Zentrum der Reformation durch den Prediger und Mönch Hans Tausen (1494–1561), der die Anschauungen Martin Luthers unter großem Zuspruch der Bevölkerung verbreitete.[53]

Durch die Aufteilung des Stiftes Ribe in insgesamt vier Bistümer[54] wurde Viborg 1065 Bischofssitz. Die Grundsteinlegung des Doms erfolgte etwa 65 bis 70 Jahre später unter Bischof Eskil († 1133).[55] Um 1170 war die aus Granitquadern und Ziegelsteinen errichtete dreischiffige Basilika mit Querschiff, Chor, Krypta und Zweiturmfassade im Westen nach dem Vorbild des Grundrisses vom Dom zu Lund (Schweden) vollendet und wurde 1286 königliche Grabeskirche für den im gleichen Jahr ermordeten Erik Glipping.[56] Zwei Feuersbrünste im 16. Jahrhundert beschädigten das Kirchengebäude schwer, das jedes Mal erneut – jedoch mit baulichen Veränderungen – instandgesetzt wurde.[57] Nach der letzten großen Brandkatastrophe im Jahr 1726 wurde der Viborger Dom nach den Plänen des für die Herzogtümer Schleswig und Holstein zuständigen Architekten Claus Stallknecht (1681–1734) unter Beibehaltung der ursprünglichen Bauteile von Apsis, Querschiff und westlicher Zweiturmfassade im Stile seiner Zeit als barocker Bau innerhalb von vier Jahren aufgebaut. Der gekalkte Innenraum wurde mit entsprechendem Kircheninventar ausgestattet.[58] Doch mussten im Verlaufe des 18. Jahrhunderts weiterhin Reparaturen und Instandsetzungen vorgenommen werden. Während der napoleonischen Kriege zu Beginn des 19. Jahrhunderts ruhten die Ausbesserungsarbeiten ganz, der Kirchenraum wurde zwischen 1807 und 1814 sogar als Kornspeicher genutzt und erlitt entsprechende Schäden. Erst ab den 1830er-Jahren war es möglich, die Sanierungen fortzusetzen.[59]

Die 13 Jahre währende Um- und Aufbauphase des Viborger Doms zwischen 1864 bis 1876, die schließlich zweieinhalb Jahrzehnte später die endgültige Ausmalung des Kircheninneren unter Joakim Skovgaard nach sich zog, soll in den folgenden Kapiteln umrissen werden, ebenso wie die ersten Decken- und Wandmalereien und die Bedeutung des wieder errichteten Doms für das damalige Dänemark.

Wiederaufbau und Ausstattung des Viborger Doms: Vorgeschichte

Während der Instandsetzungsarbeiten am Dom im ersten Drittel des 19. Jahrhunderts suchte Niels Laurits Andreas Høyen (1798–1870), Dänemarks erster Kunsthistoriker, im staatlichen Auftrag 1830 auch Viborg auf und erstellte über wertvolle Bauten und Kunstwerke eine systematische Registratur.[60] Im wesentlichen hielt Højen nach der Besichtigung des Stallknechtschen Doms, dessen Krypta und unterster Teil von Apsis und Chor unverändert aus dem 12. Jahrhundert erhalten geblieben waren, zeichnerisch wie schriftlich fest, dass die gesamte Anlage des Viborger Doms in seine »*ursprünglichen Formen*« zurückgeführt werden und eine »*stilrigtig restaurering*« erhalten sollte.[61] Bestärkt wurde Høyen – in seiner aus heutiger Sicht kompromisslos erscheinenden Haltung einer radikalen Zurückführung und Umformung des Doms in seinen Ursprungsbau – durch die Domkirchen zu Lund und Ribe, wo er eine weitaus umfangreichere, originär erhaltene Bausubstanz vorfand.[62]

Høyens theoretische Visionen, den Viborger Dom in seine »*oprindelige Former*«,[63] d. h. in den romanischen Ursprungsbau zurückzuführen, wurden rund 30 Jahre später in einem gemeinsamen Plan mit dem für den Dom-Wiederaufbau verantwortlichen Architekten Niels S. Nebelong (1806–1871)[64] Realität.

Vorangegangene Untersuchungen im Kircheninneren des Viborger Doms, die 1857 nach der Öffnung eines zugemauerten Triforiumbogens im Mittelschiff die ursprüngliche Anlage einer Zweisäulen-Arkade zum Vorschein kommen ließen, bestärkten Høyen in seiner Idee, eine rein romanische Domanlage entstehen zu lassen. Als die Begehung des Gebäudes durch die oberste Kirchenaufsichtsbehörde, das »Særlige Kirkesyn«, im Juli 1862 und Analysen des Mauerwerks weitaus größere Schäden konstatierten, als zunächst angenommen, drängte man auf die Instandsetzung des mittlerweile baufällig gewordenen Doms.[65] Gemeinsam mit Høyen erstellte Architekt Nebelong einen Plan für die Wiederherstellung des Doms. Dieser Rekonstruktionsplan[66] sah nach dem Abriss des größten Teils der Außenmauern und Gewölbe unter Beibehaltung der originären Krypta den »stilkorrekten« Wiederaufbau des romanischen Ursprungsbaus aus dem 12. Jahrhundert bei einem Kostenaufwand von insgesamt 200.000 Reichstalern vor. Ohne Rücksichtnahme auf die über viele Jahrhunderte gewachsene Gebäudestruktur mit ihren An- und Nebenbauten[67] sollte eine Kirche »*in romanischem Stil*« in überwiegend eigens dafür angefertigten Granitsteinen wiedererstehen, die ihrem Gründungsbau, wie Høyen und Nebelong ihn sahen, gleichen sollte. Die Vollendung dieses quasi Neubaus durften beide nicht mehr erleben.[68]

Nebelongs und Høyens Rekonstruktionsplan für den Neubau des Doms drohte zunächst an der unzureichenden Finanzlage der Kirchengemeinde zu scheitern, erhielt jedoch eine entscheidende Wendung durch das neue Kirchengesetz, dem »Lov om Kirkesyn af 19. februar 1861«[69] für die sogenannte »Folkekirke«, vormals Staats-

oder Reichskirche. Von Bedeutung war hier vor allem der Paragraph 33, der festlegte, dass ein vom Kultusministerium berufenes »Særligt Syn« in der Funktion als höchste Aufsichtsbehörde für »*wichtige Kirchen, zum Beispiel Domkirchen*« errichtet werden solle, deren Bestimmungen und Entschlüsse oberste Prioriät besäßen.[70] Ein im Januar 1863 hinzugefügter Paragraph bevollmächtigte das Ministerium, den weniger bemittelten Kommunen einen Vorschuss für die Restaurierung ihrer Kirchen gewährleisten zu können, wenn »*deren Erhaltung als öffentliche Denkmäler von Bedeutung*« sei.[71] Für die Finanzierung des neu zu errichtenden Viborger Doms bedeutete dies – trotz der prekären Finanzlage der Kommune Viborg –, den Durchbruch, zumal Høyen als Vorsitzender des für Viborg zuständigen »Særlige Kirkesyn« über ausreichende Kompetenz verfügte, um den Restaurierungsplan endgültig durchzusetzen.

Die Bauphase von 1864 bis 1876

Nach dem fast vollständigen Abriss der Außenmauern bis zur Fundamentoberkante im Jahr 1863 – mit Ausnahme von Krypta und unterster Chorpartie – begann im Chorbereich im Frühjahr 1864 der etappenweise Aufbau des Doms.[72] Trotz des Deutsch-Dänischen Krieges, der damit verbundenen schweren ökonomischen Belastungen für den dänischen Staat und der Besetzung von Viborg durch preußische und österreichische Truppen liefen die Bauarbeiten unbeirrt weiter, so dass bereits im Dezember des gleichen Jahres die Grundsteinlegung für den neuen Altar stattfand.[73] 1866 konnten Apsis, Chor und Querschiff fertiggestellt werden. Im gleichen Jahr ergaben weitere Untersuchungen am Mauerwerk im Mittelschiff, dass hier nicht nur die Gewölbe, sondern auch die Triforien und Arkaden stark beschädigt waren und einer Erneuerung bedurften, welche im Reichstag aufgrund der Mehrausgaben auf heftige Ablehnung stieß. Die im Jahr 1867 im ganzen Land zusammengetragene Kollekte von 80.000 Reichstalern sicherte jedoch die vom »Særlige Kirkesyn« beschlossene komplette Erneuerung der Bausubstanz.[74]

Im Oktober 1871 starb Nebelong. Die Bauarbeiten waren mittlerweile im Bereich der Westfassade mit Doppelturmanlage und Hauptportal so weit vorangeschritten, dass sich das Äußere des Viborger Doms der Vollendung näherte.[75] Neuer verantwortlicher Architekt und Nachfolger von Nebelong wurde sein Mitarbeiter Hermann Baagøe Storck (1839–1922).[76] Dieser allerdings betrachtete kritisch die »*romanische Stil-Auffassung*« seines Vorgängers und bezeichnete den wieder aufgebauten Dom Jahre nach seiner Fertigstellung als das Resultat einer »*neuen, nicht völlig gelungenen Wiedergabe des alten Baus*«, dessen Kircheninnere einen »*ziemlich kalten und tristen Eindruck mache*« (Abb. 3, 4).[77] Da Storck vermutlich wegen der fortgeschrittenen Dom-Bauarbeiten tief greifende Veränderungen am Gebäude nach eigenen Plänen nicht mehr vornehmen konnte, widmete er sich in erster Linie der »Verschönerung« und

3 Die Domkirche nach der Restaurierung: Blick von Südosten

Ausstattung des leeren Innenraumes. Mit tatkräftiger Unterstützung des 1871 zum neuen Stiftspropst gewählten Hans Jørgen Swane (1821–1903) konnte Storck nach seinem Entwurf die Herstellung eines goldenen Altars,[78] einer Predigerkanzel, von Kandelabern, Bänken etc. sowie die Bemalung der Holzdecke im Mittelschiff und der Wände im Querschiff, Chor und Apsis durchsetzen.

Die ersten Decken- und Wandmalereien von 1874/75

Zum Vorbild für die Deckengemälde im Viborger Dom nahm Storck die bemalte Kassettendecke von St. Michaelis in Hildesheim mit ihren quadratischen Mittelfeldern, die von Prophetendarstellungen sowie einem weiteren umlaufenden Band mit Vorfahren Christi gerahmt werden. Sein Entwurf, den der Historienmaler Frederik Christian Lund (1826–1901) im Jahr 1873 in eine entsprechende Malvorlage umsetzte, zeigt auf acht quadratischen Mittelfeldern Beispiele aus dem Leben Jesu, flankiert von floral umrankten Prophetenmedaillons.[79]

Lund führte 1874 gemeinsam mit vier Malerlehrlingen aus der Werkstatt des Kopenhagener Malermeisters Christian Carl August Weber die Deckengemälde aus. Unter

4 Das Innere der Domkirche nach der Restaurierung: Blick nach Osten

ihnen befand sich auch der damals 18-jährige Joakim Skovgaard, den Lund mit ornamentalen Arbeiten und Figurmalerei betraute.[80] Innerhalb zweier Sommermonate war die Bemalung der Mittelschiff-Decke fertig, die zu dieser Zeit als endgültige Dekoration angesehen wurde.[81]

Als provisorische Dekoration wurden hingegen die zeitgleich zur Deckenbemalung begonnenen und in Kalkfarben[82] ausgeführten romanisierenden Wandmalereien – abermals unter der Leitung Lunds – betrachtet. Deren rasche Zerstörung war jedoch in dem feuchten, noch nicht mit einer Heizung ausgestatteten Kirchenraum bereits vorprogrammiert, wie sich in den kommenden Jahren bestätigen sollte. 1874 und 1875 entstanden nach den Entwürfen Storcks Dekorationen in der Apsiskonche (thronender Christus, umgeben von Evangelisten), auf den Gewölben im Chorraum und Querschiff samt Vierungskuppel (12 Apostel und ornamentale Verzierungen in den Eckzwickeln) sowie auf den Querschiffwänden und dem Triumphbogenfeld (Opferlamm mit Siegesfahne).[83] Lund setzte auch bei diesen Arbeiten den jungen Lehrling Skovgaard ein und wies ihm beispielsweise das Thema »Opferlamm mit Siegesfahne« zu, das Skovgaard im Sommer 1874 auf die gekalkte Wandfläche des Triumphbogens malte.[84]

Am 10. September 1876 wurde die Einweihung des wiederaufgebauten Doms im Beisein von Mitgliedern der dänischen Königsfamilie, zahlreicher Repräsentanten des damaligen offiziellen Dänemarks und 200 Geistlichen mit einem feierlichen Gottesdienst begangen. Es nahmen insgesamt rund 2300 Personen teil.[85] Kurze Zeit nach den Einweihungsfeierlichkeiten zog Storck, der weiterhin zuständiger Architekt für den Viborger Dom blieb, den 20-jährigen, mittlerweile an der Akademie zum Maler ausgebildeten Joakim Skovgaard zu einem neuen Dekorationsentwurf heran, um die Bemalung der Langschiffwände im Dom vorzubereiten. Der um 1876 ausgearbeitete, noch heute erhaltene Dekorationsvorschlag mit flächenhaft skizzierten Szenen für die nördliche Langschiffwand (Abb. 5, 6) in Art einer Aufrisszeichnung, orientiert sich – stilistisch gesehen – an der romanisierenden Formensprache der Lundschen Decke.[86]

Skovgaard trennt in seinem Dekorationsplan die Arkaden-, Triforien- und Obergadenzone durch ein- bis mehrfarbige (Ornament-)Bänder streng voneinander. Damit ist die gesamte Langschiffwand in drei horizontale, unterschiedlich ausgeschmückte »Bahnen« gegliedert und unterstreicht deren Wandtektonik durch geschickt platzierte Szenerien und ornamentale Motive. Die oberste Zone zeigt auf den Wandflächen zwischen den von Blattfriesen umgebenen Obergadenfenstern biblische Szenen des Alten und Neuen Testaments und schließt mit einem darübergelegten, reich ornamentierten mäanderartigen Fries unterhalb der Lundschen Decke ab. Unter den einzelnen Bibelszenen platzierte Skovgaard im Bereich der Triforienzone jeweils eine Engelsgestalt mit Spruchband, versah die von Zickzack-Friesen gerahmten Triforienfelder mit einem rhythmisch wiederkehrenden Muster aus Pflanzenornamenten und verzierte die einzelnen Arkadensäulen mit mehrfarbigen Mustern. Im untersten Be-

5 Joakim Skovgaard/Hermann Baggøe Storck: Entwurf zur nördlichen Langschiffwand mit den Themen Sündenfall und Vertreibung aus dem Paradies (ca. 1876), Skovgaard Museet Viborg

6 Detail zu Vertreibung aus dem Paradies (ca. 1876), Skovgaard Museet Viborg

reich reduzierte er die Ornamentik auf schmale, die Arkadenbögen umlaufende Wellenbänder sowie einen ornamentalen Fries an der rückwärtigen Seitenschiffswand.

Die Umsetzung des Skovgaard-Storckschen Dekorationsentwurfs für den Viborger Dom wurde nie verwirklicht. Zum einen lag dies immer noch an den unzureichend vorhandenen finanziellen Mitteln, zum anderen bildeten sich an den neuen Kirchenwänden noch Jahre später Ausfeuchtungen, die erst durch den Einbau einer Heizungsanlage im Jahr 1888 unterbunden werden konnten. Von da an forcierten sowohl Storck als Dom-Architekt und Mitglied des »Kirkesyn« ab 1887, als auch Swane, Viborger Bischof seit 1878, mit persönlichem Einsatz den Wunsch nach einer endgültigen Ausmalung des Doms. In zahlreichen Schreiben an das Kultusministerium in Kopenhagen unterstrichen in den nächsten Jahren das »Kirkesyn«, die »Viborger Kirkeinspection« sowie der Bischof immer wieder die Bedeutung des Doms, der erst dann vollständig sei, wenn er seine endgültige Ausmalung bekommen habe.

Der Wiederaufbau in seiner Bedeutung für das damalige Dänemark

Der Wiederaufbau des Viborger Doms, der trotz finanzieller Probleme während des Deutsch-Dänischen Krieges und in der von fremden Truppen besetzten Stadt ab 1864 weiter ging, wurde für das ganze Land gleichsam zu einem Symbol, zu einer »*national manifestation af folkets vilje*«,[87] dem – so könnte man interpretieren –, auch (kommende) Krisenzeiten nichts anhaben konnten. Die Vollendung und Einweihung des Doms im Jahr 1876, für die eigens drei Festgesänge komponiert wurden[88] und der hochrangige Vertreter aus Staat, Kirche und Königshaus beiwohnten, geriet zu einer nationalen Angelegenheit, auf die in Berichten in regionalen wie überregionalen Zeitungen und Blättern ausführlich eingegangen wurde.[89] Ein im Jahr darauf veröffentlichter Artikel, der unter anderem die »*Echtheit*« [sic!] der Domfassade pries, die man nicht als »*neugebauten*« Gebäudeteil erkennen könne, sah das in seine ursprüngliche Form zurückversetzte Kirchengebäude gar als ein Zeugnis vergangener Zeiten an, als ein Zeugnis dafür, dass – im positiv gemeinten Sinne –, »*[...] das dänische Volk [...] wie in Tagen Waldemars [...]*« wieder lebe und mit ihm der christliche Glaube.[90]

Das politische und wirtschaftliche Wiedererstarken Dänemarks unter der Regierung von Ministerpräsident J. B. S. Estrup setzte interessanterweise ungefähr zeitgleich mit dem kulturellen Ereignis der Dom-Fertigstellung und -Einweihung ab dem Jahr 1875 ein. Eine Konstellation, die sicherlich auch auf das sich erneut entwickelnde nationale Bewusstsein Dänemarks positiv ausstrahlte, möglicherweise zur Abgrenzung nach außen hin beitrug und das Bewusstsein um Traditionen, künstlerische Werte und überlieferte Kunstwerke im eigenen Land schärfte.[91] Der Dom, »*einer unserer stolzesten Denkmäler*«,[92] war und blieb damit – nicht zuletzt wegen der Deklarierung durch das Kirchengesetz von 1861 als öffentliches Denkmal – ein Monument, dessen Erhaltung und Pflege nicht zuletzt für kommende Generationen eine wichtige Bedeutung zukam.

Die Fresken im Dom zu Viborg: Entstehung und Ausführung durch Joakim Skovgaard und Mitarbeiter

Die endgültige Ausmalung des Viborger Doms begann im Juni 1901 und wurde fünf Jahre später, im Oktober 1906, abgeschlossen. Bevor dieses groß angelegte und umfangreiche Projekt in finanzieller wie künstlerischer Hinsicht verwirklicht werden konnte, verging mehr als ein Jahrzehnt, in dem über Entwurfsvergabe, Finanzierung oder Künstlerwahl verhandelt wurde.

Das Jahr 1889 markiert den Anfang jenes Dezenniums, in dem das Vorhaben endlich in Angriff genommen und vor allem im Viborger Bischof Hans Jørgen Swane (1821–1903) unermüdliche Unterstützung fand.[93] Diskussionen und Entscheidungen auf nicht immer direktem Wege führten häufig zu Verzögerungen oder gar Vertagungen des Projekts in ein neues Jahr. Erst 1895 ging eine konkrete Aufforderung von dem Kultusministerium (»Ministeriet for Kirke- og Undervisningsvæsenet«)[94] in Kopenhagen an den Künstler Joakim Skovgaard, einen Dekorationsentwurf auszuarbeiten, der 1897 fertig vorlag. 1898 wurde der Entwurf in einer Ausstellung der Öffentlichkeit vorgestellt und führte schließlich zur ministeriellen Genehmigung. In den nächsten Jahren bereitete sich Skovgaard umfassend auf die Durchführung der langjährigen Dekorationen vor. Er experimentierte mit Probemalereien vor Ort, unternahm eine Studienreise nach Italien, auf der ihn drei seiner Mitarbeiter begleiteten,[95] fertigte Modellskizzen und Kartons an und beschäftigte sich mit unterschiedlichen, in Frage kommenden Techniken für die Ausmalung. Die Skizzen, Akt- und Draperiezeichnungen oder Farbstudien und Aquarelle gehen in die Hunderte, wobei beispielsweise selbst unscheinbare Details wie eine Schuhnaht dargestellt werden (Abb. 7 und 8).

Desweiteren kümmerte sich Skovgaard um entsprechende Farben, Pinsel, Papierrollen, Kalk und Sand für den Putz und deren Anlieferung, organisierte das Abschlagen des alten Putzes sowie die Neuverputzung,[96] bestellte Balken und Bretter für das zur Ausmalung benötigte rollbare Gerüst, erkundschaftete Wohnmöglichkeiten für sich und seine Mitarbeiter in Viborg und schloss Unfallversicherungen ab. Darüber hinaus war er Ansprechpartner seiner künstlerischen und handwerklichen Kollegen und Berichterstatter, der das Kultusministerium und »Særlige Kirkesyn«[97] gleichermaßen wie den Viborger Bischof in Arbeitsberichten über den aktuellen Verlauf der

7 Joakim Skovgaard: farbiger Entwurf für das Chorgewölbe »Die sieben Engel mit den Posaunen des Jüngsten Gerichts«, Bleistift, Aquarell (undatiert), Skovgaard Museet Viborg

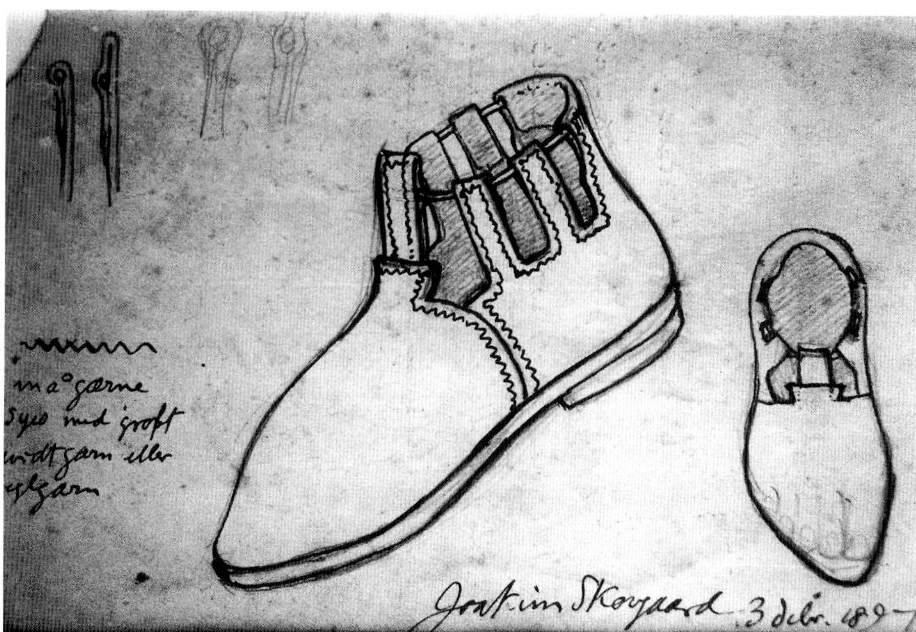

8 Joakim Skovgaard: Zwei Schuhstudien, Bleistift, Tusche, Feder (1897), Skovgaard Museet Viborg

Ausmalung, über Änderungen oder den Kostenverbrauch zu informieren hatte. Als Künstler schließlich bewältigten Skovgaard und seine Mitarbeiter die Freskierung von rund 1580 m^2 Wandfläche: Auf insgesamt 31 Fresken in den Seitenschiffen und Triforien sowie 13 Fresken im Querschiff, Chorraum und Apsis sind 360, teilweise überlebensgroße Ganzfiguren, ungefähr 240 Halbfiguren beziehungsweise Köpfe sowie rund 60 Tierdarstellungen zu sehen.

Dass Skovgaard bei diesem Projekt als ein äußerst sparsamer wie bescheidener Mann auftrat, ist zeitgenössischen Berichten zu entnehmen und der Tatsache, dass am Ende der Dekoration im Jahre 1906 rund 21.000 Kronen von der mit insgesamt 120.000 Kronen bewilligten Summe übrig geblieben waren.

Der Entwurf von 1897: Vorgeschichte

Die in den 1870er-Jahren entstandene und daher stets als »Übergangslösung« betrachtete Ausmalung im Ostteil des Doms war binnen der nächsten zwei Jahrzehnte aufgrund des feuchten Mauerwerks in der unbeheizten Kirche so weit zerstört, dass eine neue und endgültige Ausmalung nicht nur die östlichen Wandmalereien ersetzen, sondern auch eine Bemalung der Flächen im Haupt- und in den Seitenschiffen[98] in Angriff genommen werden sollte. Eine wichtige Voraussetzung war der Erhalt eines trockenen Kircheninneren. Durch die Installation einer Heizungsanlage 1888 im Einvernehmen mit dem Kultusministerium konnte ein geeignetes Raumklima geschaffen werden.[99]

Schon ein Jahr später war das »Kirkesyn«[100] ganz davon überzeugt, dass eine Erneuerung der mittlerweile nicht mehr vorhandenen Malereien im Ostteil sowie eine Durchführung einer vollständigen Dekoration nach einem einheitlichen Entwurf auch im übrigen Teil der Kirche in naher Zukunft stattfinden müsste. Diesem Ziel kam man in den nächsten Jahren jedoch nur schrittweise näher. Zäh gestalteten sich die Verhandlungen zwischen dem »Kirkesyn«, dem Kultusministerium und Bischof Swane. Ihre bisweilen unvereinbar scheinenden Meinungen divergierten u. a. darin, wie dringlich die Ausarbeitung des Dekorationsentwurfs überhaupt sei. Nicht ad hoc zu lösende, unvorhersehbare Probleme in Form bautechnischer Mängel im Dominneren ließen den Beginn dieses komplexen Projektes zusätzlich verzögern.[101]

Ein intern im Kultusministerium gehandhabter Aktenvermerk vom 9. August 1890 vermag zu dokumentieren, wie wenig vorrangig, möglicherweise überflüssig oder gar hinfällig die Dom-Ausmalung auf Seiten der Behörde eingestuft wurde: »*[...] es stehen so viele dringliche Arbeiten bei unseren vorzüglichen, wichtigen, Kirchen an – Maribo, Ribe, Ringsted –, daß es keinen Grund dazu gibt, diese Sache zu beschleunigen.*«[102] Stattdessen ordnete man für das kommende Jahr eine erneute Dom-Inspektion durch das »Kirkesyn« an.

Zeitgleich war man in Viborger Kreisen wie im »Kirkesyn« nach wie vor der einhelligen Meinung, die vollständige Dekoration des Kirchenraumes so zügig wie möglich durchführen zu lassen. Immer wieder wies Bischof Swane, der die Ausmalung und die damit verbundene »*vollständige Wiederherstellung*« des Doms schließlich noch in seiner Amtszeit anzustreben gedachte, das Kultusministerium auf die Angelegenheit in Viborg hin und suchte in Eigeninitiative nach einem geeigneten Künstler. Im Jahr 1890 diskutierte Swane mit dem Künstler August Andreas Jerndorff (1846–1906) über die Ausmalung und trug ihm diese an.[103] Jerndorff, der in den 1870er und 80er-Jahren einige Altarbilder für dänische Kirchen gemalt hatte,[104] lehnte das Angebot des Bischofs mit dem Hinweis auf Joakim Skovgaard als den für diese Aufgabe geeigneten Künstler ab.[105]

Wenige Monate nach der im Vorjahr ministeriell beschlossenen Dom-Inspektion im Sommer 1891 informierte das »Kirkesyn« das Kultusministerium ausführlich über die guten Verhältnisse im Kirchenraum als Voraussetzung für eine baldige Ausmalung und empfahl Joakim Skovgaard als geeigneten Künstler.[106] Zum einen wäre ihm der Dom aus früherer Zeit vertraut – gemeint war seine Mitarbeit an den ersten Decken- und Wandmalereien in den 1870er-Jahren –, zum anderen hätte er bereits Interesse an der Ausarbeitung eines Entwurfs bekundet. Zur Bewältigung dieser gewaltigen Aufgabe, so der Vorschlag des »Kirkesyns«, sollten der mit dem Wiederaufbau des Doms vertraute Professor Storck bei architektonischen und dekorativen Belangen sowie ein speziell für den Viborger Dom ernannter Kirchenarchitekt bei baulichen Fragen dem Künstler zur Seite gestellt werden. Drei Jahre sollten noch vergehen, bis der fachlich anerkannte und kirchenbaukundige Architekt August Wiinholt die Genehmigung erhielt, als Dom-Architekt mitzuarbeiten.[107]

Im Februar oder März 1892 suchte Bischof Swane persönlich Joakim Skovgaard in Kopenhagen auf, um mit ihm über geeignete Dekorationsthemen zu sprechen.[108] Der Künstler, zu dieser Zeit vorrangig mit der Fertigstellung des 3,50×5,00 m großen Gemäldes »Kristus i de dødes rige« beschäftigt, gab dem Bischof zu verstehen, dass er sich bislang nur Gedanken zu der Bemalung der drei großen Kreuzgewölbe im Viborger Dom gemacht habe. Seiner Meinung nach sollte sich zunächst das »Kirkesyn« zu möglichen Themen äußern, danach das »Folketing«[109] Geld bewilligen. Skovgaards Einwand, dass dieser »großen Arbeit« genügend Zeit für ihre umfassenden Vorbereitungen und Genehmigungen eingeräumt werden müsste, war nur allzu berechtigt.[110] Am 22. Juni 1895 schließlich trat das »Ministerium for Kirke- og Undervisningsvæsenet« offiziell an den 38-jährigen Joakim Skovgaard heran mit der konkreten Frage, »*[...] ob Sie gewillt sein mögen, [daß] Ihnen die Ausarbeitung einer Skizze für die Dekoration der Domkirche auf[erlegt wird]*«.[111] An die mit 2000 Kronen honorierte Entwurfsausarbeitung wurden folgende, hier in einer Zusammenfassung wiedergegebene Bedingungen geknüpft:

1. Der Künstler verpflichtet sich zur Zusammenarbeit mit Professor Storck, Architekt des Kirchenumbaus in den 1860er-Jahren. Storck ist dazu berechtigt, Änderun-

gen am Entwurf zu verlangen, falls dieser den architektonischen Gegebenheiten des Kircheninneren widerstrebe.

2. Die Entwurfsskizzen, die Eigentum des Ministeriums sind und bleiben, werden nach ihrer Fertigstellung öffentlich präsentiert, einer Beurteilung unterzogen und nach ihrer Genehmigung durch die Behörden innerhalb einer bestimmten Zeit und mit den dafür benötigten Geldmitteln im Dom durchgeführt.

3. Dem Entwurf sollte ein Kostenvoranschlag beigelegt sowie die Wahl zur Ausmalungstechnik genannt werden.[112]

Ausarbeitung des Entwurfs

Nachdem der Entwurfsantrag im Juni 1895 – sieben Jahre nach Einbau der Heizung – offiziell vom Kultusministerium vergeben und von Skovgaard angenommen worden war, begann eine zweijährige Arbeitsphase, in der die Themen festgelegt wurden. Bereits gegen Mitte September entstanden die ersten Entwurfszeichnungen.[113] Noch im Herbst des gleichen Jahres reiste Skovgaard nach Viborg, um sich vor Ort mit dem Bischof über das Ausmalungsprogramm, die Auswahl an biblischen Themen und Motiven und ihre sinnfällige Lokalisierung im Kircheninneren zu beraten. Kurze Zeit später legte er für das Apsisbild das Thema »Thronender Christus, umgeben von den Scharen der Erlösten« fest.[114] Den übrigen Wandflächen im Chorbereich, denen zu der Zeit noch keine Themen zugeordnet waren, gab Skovgaard pro Fläche ein geschlossenes Bild, eine sogenannte »*samlet komposition*«.[115] Bei der Themenwahl wollte er zudem die Bildmotivik der Lundschen Holzdecke im Mittelschiff aus den 1870er-Jahren berücksichtigen, um thematische Wiederholungen auf den Wandflächen zu vermeiden. Schon zu diesem Zeitpunkt, im Spätherbst 1895, bat Skovgaard den Bischof um Erlaubnis, so schnell wie möglich Farbproben an Stellen im Dominneren durchführen zu dürfen, die ehedem Feuchtigkeitsflecken aufwiesen. Der Grund war die Überprüfung der Farbwirkung und ihrer Haltbarkeit.[116]

Bis zum Januar 1896 erstellte Skovgaard weitere von Professor Storck für gut befundene Skizzen. Ein Bildmotiv aus dieser Zeit war zum Beispiel »Pfingsten – Ausgießung des Heiligen Geistes« für die Vierungskuppel.[117]

Eine Italien- und Griechenlandreise, die der Künstler noch im Januar antrat, unterbrach für mehrere Monate alle weiteren Diskussionen, Arbeiten und die vorgesehene Umarbeitung der Skizzen zu detaillierten Zeichnungen. Erst im August erreichten den Bischof die nächsten Vorschläge für die nördlichen und südlichen Triforienfelder[118] im Hauptschiff »Adam bearbeitet den distelübersäten Acker«, »Eva mit ihren Kindern Kain und Abel« und »Noahs Dankopfer«.[119]

Im Juni 1897 reichte Skovgaard den mehrteiligen, detailliert ausgearbeiteten, farbigen Dekorationsentwurf ein,[120] dem das »Kirkesyn« lobend Skovgaards bedeutsames »*künstlerisches und dekoratives Talent*« in Verbindung mit seinem tiefen Interesse »*für kirchliche Kunst*« bescheinigte.[121] Akzeptiert wurde auch die Wahl der Themen und deren Platzierung im Kircheninneren. Nur in einem Punkt äußerte das »Kirkesyn« Kritik an der ihrer Meinung nach inkonsequent gehandhabten Grundierung der Gewölbe in blauer Farbe. Laut Entwurf hätte Skovgaard Blau nur im Querschiff und Chorraum verwendet und würde mit dieser räumlichen Farbeinschränkung nach der Auffassung des »Kirkesyns« nur teilweise der älteren Tradition kirchlicher Dekorationen des Mittelalters folgen. Diese habe jedoch durchgehend blaue oder in Ausnahmen auch rote Gewölbe vorgesehen. Durch die partielle Anwendung der blauen Farbe im Viborger Dom – »*dessen Alter*« [sic!] aufgrund der dekorativen Wirkung ja »*den älteren Stil*« verlange –, würde nunmehr eine Reihe »*disharmonische[r] Wirkungen*« hervorgerufen werden. War dem »Kirkesyn« einerseits an einem möglichst getreuen Wiederaufbau des Doms samt Innendekoration gelegen, der sich nahe an dem romanischen Ursprungsbau orientieren sollte, rechtfertigte Skovgaard andererseits die Farbwahl und partielle Verteilung von Blau dadurch, dass er eine farbliche Überbrückung zwischen der blau grundierten Holzdecke im Mittelschiff und den Gewölben herzustellen wünschte, ohne jedoch die Kirche farbschwerer und dunkler machen zu wollen als notwendig.[122] Die Fläche über dem Triumphbogen sowie die Wandfelder der Triforien sollten deshalb hell gehalten werden, was schließlich respektiert wurde.

Das folgende Schema[123] fasst in einem vereinfachten Überblick die gewählten Themen und Motive[124] für den Entwurf von 1897 zusammen:

Fläche über der Orgelempore

Vier Engel mit Spruchbändern (**)

Nördliches Seitenschiff	**Nördliche Triforienfelder**
• Adam gibt den Tieren Namen (Endfläche westlich)	
• Die neu erschaffene Eva	• Adam bearbeitet den distelübersäten Acker
• Vertreibung aus dem Paradies	• Abels Begräbnis
• Sintflut und Noahs Dankopfer	• Noah empfängt die Taube
• Isaak trägt das Holzbündel auf d. Weg zur Opferung/Opferung Isaaks	• Abrahams Knecht Eliezer begegnet Rebekka am Brunnen
• Joseph deutet Pharaos Traum/Joseph gibt sich seinen Brüdern zu erkennen	• Joseph wird in den Brunnen geworfen

- Anbetung des goldenen Kalbes/ Moses bringt neue Gesetzestafeln
- Elias erweckt den Sohn der Witwe/ Elias' Himmelfahrt
- Die Juden an den Flüssen Babylons (Endfläche östlich)

- Moses am brennenden Dornbusch
- Elias wird von Raben gespeist

Südliches Seitenschiff

- Sündenfall
- Kain und Abel
- Erscheinung in Mamre/Abrahams Fürbitte/Zerstörung Sodoms und Lots Flucht
- Jakobs Kampf mit dem Engel/ Jakobs Traum
- Untergang der Ägypter im Roten Meer
- David tanzt vor der Bundeslade
- Enthauptung Johannes d. Täufers/ Johannes Predigt/Salomes Tanz
- Wiederaufbau der Mauern von Jerusalem (Endfläche östlich)

Südliche Triforienfelder

- Eva mit ihren Kindern Kain und Abel
- Der Same der Frau wird der Schlange den Kopf zertreten
- Gott verheißt Abrahams Nachkommenschaft
- Versöhnung Jakobs mit Esau
- Auffindung Moses am Nil
- David spielt vor Saul Harfe
- Hunde fressen Jesabel

Fläche über dem Triumphbogen

Johannes d. Täufer, der Prophet Elias, zwei Engel, Opferlamm mit Siegesfahne (**)

Nördliches Querschiff — **Südliches Querschiff**

Westflächen über den Durchgängen zu den Seitenschiffen

Nördliches Querschiff:

- Jesus beruhigt den Sturm (**)/Einzug in Jerusalem (*)(nach links gerichtet) Auferweckung des Lazarus/Jesus bei Maria und Martha

Südliches Querschiff:

- Gleichnis vom Großen Gastmahl
- Gleichnis vom Sämann (**)

Fensterflächen (*)

- Reinigung des Tempels
- Heilung der blutflüssigen Frau
- Jesus segnet die Kinder
- Versuchung Jesu
- Scherflein der Witwe
- Jesus heilt einen Gichtbrüchigen

Ostflächen (*)

- Kreuzigung
- Jesus im Garten Gethsemane/ Das letzte Abendmahl

Gewölbe im Querschiff

nördlich

- Der gute Hirte (*) (=Symbol, getragen von Engeln, angeordnet im Kreis)

Mitte

- Pfingsten – Ausgießung des Hl. Geistes über die Apostel und Evangelisten

südlich

- Ich bin der Weinstock(*) (=Symbol, getragen von Engeln, angeordnet im Kreis)

Chorraum

nördlich

- Drei Frauen am Grab(**)/Auferstehung/ Christus führt die Erlösten aus der Hölle ins Paradies/Noli me tangere (**)

südlich

- Christi Himmelfahrt

Chorgewölbe

Die sieben Engel mit den Posaunen des Jüngsten Gerichts und ein opfernder Engel

Apsis

Thronender Christus, umgeben von den Scharen der Erlösten

Im Juli 1897 teilte Skovgaard dem Kultusministerium neben dem Entwurf auch die Ausmalungstechnik und den Kostenvoranschlag mit.[125] Akurat aufgelistet und vorausschauend geplant sieht dieser die anfallenden Kosten für 300 Arbeitstage pro Jahr innerhalb eines Zeitraumes von vier bis fünf Jahren vor, die sich aus folgenden Kostenpunkten zusammensetzten: Vier bis fünf jüngere sowie ein zusätzlicher, nur zeitweise eingesetzter »*tüchtiger*« Künstler, die Übernahme deren Reisekosten, einen »*rasch arbeitenden jungen Handwerker*«, Skovgaards eigene Lohnkosten, Reisen und Materialien, die er auf der Grundlage von Kaseinfarben[126] und ihrem Verbrauch von vier bis fünf Jahren errechnete, Auslagen für das eventuell vorgesehene Auftragen eines neuen Putzgrundes durch den Viborger Maurermeister Jensen, Leinensäcke zum Abdecken des vorhandenen Altars, die Aufstellung eines Ersatzaltars sowie Gerüstmaterialien und den Auf- und Abbau des Gerüstes. Für alles berechnete Skovgaard rund 96.600 Kronen.

Im Dezember 1898 erhielt die Öffentlichkeit erstmals die Möglichkeit, den Skovgaardschen Entwurf im Kopenhagener Kunstverein in Augenschein zu nehmen. Insbesondere die Abgeordneten des Reichstages waren aufgefordert, den Entwurf zu begutachten, damit sie ein eigenes Urteil über die potentielle Ausmalung bilden konnten.[127] Aufgrund der überwiegend positiven Resonanz und Zustimmung seitens des Reichstages bewilligte das Kultusministerium die Ausmalung. 3000 Kronen wurden für das Finanzjahr 1899/1900 für Malproben sofort zur Verfügung gestellt, die zur Findung der adäquaten Technik für die Ausmalung dienten.

Wenige Monate später, im Januar 1899, erschien in der Zeitschrift »Arkitekten« ein Aufsatz zur Ausstellung des Entwurfs im Kopenhagener Kunstverein unter dem Titel »Joachim Skovgaards Udkast til Viborg Domkirkes Dekoration«.[128] Euphorisch beschreibt der Autor V. Koch den Entwurf als ein vorläufiges Resultat der »*größten monumentalen Aufgabe, die jemals an einen dänischen Maler vergeben wurde*«.[129] Darüber hinaus spricht er aber auch die schwierige Situation des Künstlers an, der sich mit einem wieder aufgebauten Gebäude in einem alten, »*bestimmten Stil*« auseinander setzen und durch die Auswahl der Themen, ihrer Anordnung im Raum, ihrer Gruppierung und Zusammenstellung das »*architektonische Gleichgewicht*« halten müsse. Unter Berücksichtigung dieser baulichen Vorgaben sei es dennoch dem Künstler in seinem Entwurf gelungen, einen Dekorationsstil zu finden, der zum Stil des Gebäudes passe. Dieser basiere aber nicht, so Kochs Meinung, auf der bloßen Imitierung der »*verschwundenen*« altchristlichen oder mittelalterlichen Malerkunst, sondern sei durch intensive Studien durch diese angeregt worden. Unter teilweiser Benutzung ihrer Formensprache habe Skovgaard zu einem selbständigen Ausdruck gefunden.

Vorbereitungen zur Ausmalung in den Jahren 1899 bis 1900

Nach der öffentlichen Präsentation des Entwurfs im Kopenhagener Kunstverein im Herbst 1898 und der Genehmigung der Ausmalung durch behördliche Gremien begann für Skovgaard eine zweijährige Vorbereitungsphase. Im ersten Jahr führte er ab Mai 1899 Probemalereien im auszuführenden Maßstab in verschiedenen Techniken durch, von denen er sich auch einen ersten Farb- und Formeindruck versprach. Zur Anwendung kamen deutsche Kaseinfarben, englische Terpentinlackfarben und die al fresco-Technik. Aufgrund dieser innerhalb weniger Wochen durchgeführten Proberesultate in zwei südlichen Seitenschiff-Feldern[130] sowie der gründlichen Vorinformation zu Materialien und Techniken fasste der Künstler den Entschluss, die Ausmalung trotz Mehrausgaben von 17.000 Kronen gegenüber Kaseinfarben al fresco auszuführen. Diese Technik, die auch Skovgaard bis dahin nur wenig vertraut war, erfuhr allgemein in diesen Jahren auf künstlerischem und wissenschaftlichem Wege eine Neubewertung und Würdigung. Von der Verwendung der Freskotechnik für den Viborger Dom konnte schließlich auch das Ministerium überzeugt werden, das die Bewilligung zur endgültigen Ausmalung bereits für das kommende Finanzjahr vorsah.

Skovgaard jedoch trat diesem Vorhaben mit der Bitte um ein weiteres Probejahr entgegen. Er sei mittlerweile der Ansicht, dass die Bildkompositionen auf den zur Verfügung stehenden Fensterflächen im nördlichen und südlichen Querschiff in dekorativer Hinsicht einen unvorteilhaften Gesamteindruck ergäben.[131] Sein Vorschlag laute demnach, diese Flächen nach unten zu erweitern und anhand von Probemalereien die Wirkung der Komposition auf der verlängerten Malfläche zu testen. Von dieser Idee überzeugt, genehmigte das Kultusministerium weitere 7000 Kronen für 1900.[132] Jene Proben mit Kasein- (nördliches Querschiff, einige Eckzwickel der Vierungskuppel, dreiviertel Teile im nördlichen Querschiffgewölbe) sowie Freskofarben (letztes Viertel des nördlichen Querschiffgewölbes) erbrachten schließlich die Entscheidung, die komplette Ausmalung al fresco durchzuführen.[133] Der daraufhin erstellte endgültige Finanzierungsplan für das gesamte, zunächst auf fünf Jahre festgesetzte Unternehmen wurde auf exakt 116.656,53 Kronen berechnet und vom Kultusministerium auf 120.000 Kronen erhöht.

Änderungen am Entwurf von 1897

Die vorgesehene Ausweitung der Malfelder, die 1901 durch das Abschlagen von jeweils vier Reihen gemauerter Granitsteine geschehen sollte, hatte Skovgaard zu durchgreifenden Änderungen im Querschiff genutzt: Bildszenen wurden komplett neu lokalisiert oder in ihrer Zusammensetzung umgestellt und die Gewölbe im nördlichen wie südlichen Teil revidiert.

Das folgende Schema zeigt die im Jahr 1899 vorgenommene Überarbeitung hinsichtlich Lokalisierung und Zusammensetzung der Bildszenen für die Wandflächen und Gewölbe im Querschiffbereich. Skovgaard hatte neue Entwürfe angefertigt,[134] wie sie in der Ausmalung ab 1901 berücksichtigt wurden. Die vorgenommenen Änderungen stehen zusammengefasst in Klammer unter den jeweiligen Bildfeldern:

Nördliches Querschiff	**Südliches Querschiff**
Westflächen über den Durchgängen zu den Seitenschiffen	
(Erweiterung des Malfeldes um vier Granitstein-Reihen, Reduzierung mehrteiliger Szenen)	
• Einzug in Jerusalem (nach rechts gerichtet) / Auferweckung des Lazarus / Jesus bei Maria und Martha	• Gleichnis vom Großen Gastmahl
Fensterflächen	
(Erweiterung des Malfeldes um vier Granitstein-Reihen, Hinzufügung von gemalter Säulenarchitektur)	
• Reinigung des Tempels • Heilung der blutflüssigen Frau • Jesus segnet die Kinder	• Versuchung Jesu • Scherflein der Witwe • Heilung des Gichtbrüchigen
Ostflächen	
(Erweiterung des Malfeldes um vier Granitstein-Reihen, Reduzierung mehrteiliger Szenen und Austausch)	
• Jesus im Garten Gethsemane/ Das letzte Abendmahl	• Kreuzigung

Gewölbe im Querschiff

nördlich (Themaänderung)	**Mitte**	**südlich (Themaänderung)**
• Die Streitengel des Herrn (vier Engel im inneren, acht Engel im äußeren Kreis)	• Pfingsten – Ausgießung des Hl. Geistes über die Apostel und Evangelisten	• Die Sendboten des Herrn (vier Engel im inneren, acht Engel im äußeren Kreis)

Durch die Themen-Umstellung erhielt Skovgaard vor allem dort einen klaren und übersichtlichen Bildaufbau, wo mehrere Szenen bisher gedrängt und ohne bildlichen Zusammenhang über- oder nebeneinander standen. Die Westfläche im nördlichen Teil erhielt einen klaren Aufbau durch Wegnahme der Szene »Jesus beruhigt den Sturm«. Den »Einzug in Jerusalem«, der zum Entwurf von 1897 nun um 180 Grad gedreht wurde, erweiterte Skovgaard um eine Stadtarchitektur. Die nunmehr drei Bildszenen gehen trotz verschiedener Erzählebenen harmonisch ineinander über. Auch im südlichen Querschiffbereich erhielt das »Gleichnis vom Großen Gastmahl« unter Reduzierung von zwei Szenen eine klare Gliederung und erstreckt sich großzügig über die gesamte Wandfläche.

Auf beiden Fensterflächen sind durch die Ausweitung des Malfeldes die gedrängt übereinander stehenden, dreiteilig gehaltenen Darstellungen aus dem Leben Jesu entzerrt. Bereichert im neuen Entwurf mit jeweils einer Säulenarchitektur im Hintergrund ergibt sich eine optisch klare, von oben nach unten »zu lesende« Aufteilung.

Auch die Kompositionen der beiden Ostflächen, die ihre szenische Aufteilung beibehielten, wurden untereinander ausgewechselt. »Das letzte Abendmahl« wurde vom südlichen in den nördlichen Querschiffteil verlegt, wo es mit dem nunmehr zur Fensterfläche ausgerichteten »Einzug in Jerusalem« das Leben Jesu chronologisch korrekt wiedergibt, das im südlichen Bereich in die »Kreuzigung« mündet.

Verändert wurden auch die Darstellungen der Querschiffgewölbe. Entfernt wurden die von acht kreisförmig angeordneten Engeln gehaltenen Symbole (»Der gute Hirte«, »Ich bin der Weinstock«). Der neue Entwurf präsentiert vier Engel in einem inneren und acht Schwert tragende beziehungsweise Kerzen haltende in einem äußeren Kreis.

Die Änderungsgründe für einzelne Bildszenen, ihre Umverteilung oder neuartige Gestaltung im Skovgaardschen Schaffensprozess bis zur endgültig zufriedenstellenden Lösung lassen sich heute trotz mancher schriftlicher Hinweise nur sehr vage und lückenhaft erschließen. Tatsache ist, dass Skovgaard sorgfältig und nicht grundlos jede Abweichung oder Neubehandlung des Themas (auch in Varianten) durchdachte und mit der Viborger Stiftsobrigkeit besprach. Seine Argumentationen zu einer Bildidee oder -abweichung begründete er anhand entsprechender Bibelstellen, durch Studienreisen oder eigene Themeninterpretation.[135]

Techniken und Materialien

In der zweijährigen Vorbereitungszeit hatte sich Joakim Skovgaard schließlich entschieden, den gesamten Bilderzyklus in Freskotechnik durchzuführen. Erst allmählich wieder hatten Künstler diese Technik angewandt, die zeitweise sogar ganz in Vergessenheit geraten war, bis sie Anfang des 19. Jahrhunderts neu entdeckt wurde.

Zwischen »Revival« und »Survival« – Anmerkungen zur Freskotechnik und Wandmalerei im 19. Jahrhundert

Das Fresko war als eine der Haupttechniken der (monumentalen) Wandmalerei[136] gerade im 19. Jahrhundert einer ambivalenten Situation ausgesetzt. Zu Beginn des Jahrhunderts stand seine Wiederentdeckung und Belebung in theoretischer wie praktischer Hinsicht, allerdings zu einer Zeit eines generellen Mangels an einer breiten, öffentlichen Auftraggeberschaft. Nach einer Phase der Verdrängung[137] erfuhr das Fresko am Ende des Jahrhunderts erneut eine Wertschätzung im Werk einzelner Künstler und in theoretischen Abhandlungen. Um mit Paul Philippot (1972) zu sprechen,[138] befand sich die Freskotechnik in diesem Jahrhundert, auf eine vereinfachte, aber zutreffende Formel gebracht, zwischen »Revival« und »Survival«.

Über Jahrhunderte hinweg hatte das Fresko, dessen Terminus in Italien geprägt worden war,[139] eine herausragende Stellung eingenommen. Es war ein Medium, das besondere Anforderungen an Ausführung und Materialzusammensetzung stellte.[140] Kennzeichen der Freskotechnik ist das unmittelbare Bemalen des noch feuchten Kalkputzes mit entsprechenden Farben, die stets rasch und spontan aufgetragen werden müssen, ehe der Putzgrund soweit getrocknet ist, dass er die Bindung zwischen Farben und Putz beeinträchtigen und die Haltbarkeit der Fresken mindern könnte.[141] Dem Künstler, der Beschaffenheit und Reaktion von Putz und Farbe kennen muss, steht eine verhältnismäßig eingeschränkte Skala an kalk- und lichtechten Farben zur Verfügung, die während des Trockenvorgangs, der eine Farbtonveränderung bewirkt, nicht mehr korrigiert werden können. Der Arbeits- und Kostenaufwand ist erheblich, denn der Putz wird nur für den Teil der Bildkomposition frisch (al fresco) aufgetragen, der an einem Tag bemalt werden kann. Dies bedingt wiederum die Gebundenheit des Künstlers über längere Zeiträume hinweg an den Ort der Ausmalung.

Um 1800 war die handwerklich-praktische Fresko-Tradition abgebrochen und mit ihr das Wissen um die spezielle Handhabung, Ausführung und Haltbarkeit. Politische wie kulturelle Umstrukturierungen hatten ihren Teil dazu beigetragen, dass die Gattung Wandmalerei und mit ihr die Freskotechnik an Bedeutung und Öffentlichkeit verloren hatte.[142] Parallel dazu hatten im 19. Jahrhundert Diskussionen und Analysen zu Wandmalereien noch immer nicht an Aktualität eingebüßt und Anlass zu Spekulationen bezüglich Technik und Ausführung gegeben.[143] Langfristig gesehen, war damit in Deutschland oder Frankreich[144] ein reges Interesse an der Wiederbelebung einer Wand- und Fassadenmalerei entfacht, das sich auf die Erforschung von Quellen[145] und auf wissenschaftliche Untersuchungen zu Maltechniken und Werkstoffen übertrug.[146]

Das Revival der Freskotechnik im profanen wie sakralen Bereich mit breitem Wirkungsgrad nahm seinen Ausgang in einem Kreis junger Künstler, die 1809 in Wien auf Initiative von Johann Friedrich Overbeck (1789–1869) und Franz Pforr (1788–

1812) den »Lukasbund« konstituierten.[147] In Gesprächsrunden und Dokumenten diskutierten die als »Nazarener« benannten Künstler ihre Vorstellungen eines neuen Kunstideals, einer zeitadäquaten nationalen wie öffentlichen Kunst, deren Verwirklichung allen voran Peter von Cornelius (1783–1867) in der Rückkehr zur Wandmalerei mit Fixierung auf die Freskotechnik sah, die er 1814 theoretisch begründete.[148] Zwei Jahre später erfolgte die praktische Umsetzung in Italien[149] in der Villa des preußischen Generalkonsuls Jakob S. Bartholdy,[150] der sich für die in Rom kaum mehr angewandte Freskotechnik aussprach.[151]

Durch die Berufung von Peter von Cornelius im Jahre 1819 durch Ludwig I. nach München gelangte die nazarenische Idee einer Erneuerung der Monumentalmalerei und mit ihr die Wertschätzung italienischer Fresken der Frührenaissance über die Alpen.[152] Hier kam der erste, außerhalb Italiens gemeinschaftlich ausgeführte Auftrag für die Glyptothek, deren Fresken zwischen 1820 bis 1830 entstanden. Die Freskierung der Allerheiligen-Hofkirche von 1826 bis 1837 erfüllte als erstes Beispiel einer christlichen Monumentalmalerei in Deutschland den Wunsch der Nazarener nach einer Kirchenausmalung.[153] Die Technik verbreitete sich bald schon durch auswärtige Künstler, die in München das Freskoverfahren erlernten.[154]

Obwohl die Freskotechnik praktisch erneuert worden war, suchten Künstler wie Naturwissenschaftler in unzähligen Experimenten ständig nach Verbesserungen,[155] kreierten individuelle »Rezepturen« für den eigenen Gebrauch[156] und waren bemüht, in Publikationen wie »Das Buch von der Frescomalerei« (1846)[157] dem interessierten Künstler eine umfassende Beratung an die Hand zu geben.

Diese Tendenz setzte sich in der zweiten Jahrhunderthälfte fort.[158] Aus dem einst verheißungsvoll begonnenen »Revival« der Freskomalerei, die als nazarenisches Ideal mit der höchstwertigen künstlerischen Aufgabe in Form von öffentlicher Malerei bedacht war[159], wurde bald ein »Survival«, denn das Fresko verlor mehr und mehr an Bedeutung und »überlebte« in Arbeiten einzelner Künstler, die sich aus idealistischen Gründen für diese Technik entschieden und/oder in der Herausforderung des Materials ihre künstlerische Selbstverwirklichung sahen.[160] Selten kam das Fresko auf Wunsch des Auftraggebers zu Bedeutung, wie beispielsweise in den Werken der »Beuroner Kunstschule« ab den 1870er-Jahren, die in der Freskotechnik nach wie vor die Verwirklichung ihres »Kunstprogrammes« sah.[161]

Um 1900 setzte ein erneutes Interesse an der Wandmalerei respektive Freskotechnik unter Künstlern und Kunstförderern ein, die Stiftungen und Gesellschaften gründeten.[162] Bedeutende wie weitausstrahlende Anerkennung erhielt die Freskotechnik im skandinavischen oder norddeutschen Raum.[163]

Im skandinavischen Raum entstanden bis in die späten 1930er-Jahre zahlreiche Freskoarbeiten und Wandmalereien in öffentlichen Gebäuden, die – oftmals angeregt von den Skovgaardschen, aber auch den Dekorationen der Universitätsaula in Oslo von Edvard Munch (1863–1944)[164] – die Tradition der Freskotechnik beziehungsweise der monumentalen Malerei aufrechterhielten und nachfolgenden Generationen vermittelten.

Unter den Künstlern, die als eine der ersten in Norwegen in öffentlichen Gebäuden die monumentale Wandmalerei al fresco wiederbelebten, sind Axel Julius Revold (1887–1962), Alf Rolfsen (1895–1979) und Per Lasson Krohg (1889–1965) besonders hervorzuheben.[165] Revold beispielsweise schuf von 1918 bis 1923 großformatige Wandmalereien für die „Freskohalle» in der Börse von Bergen, die die sogenannte „Freskoepoche» in der norwegischen Kunst einläutete. Seit den späten 1920er-Jahren wurden die auch als »trillinge Fresconelli«[166] oder »Freskobrüder« benannten Künstler Revold, Rolfsen und Krohg u. a. mit den großangelegten Dekorationen des Osloer Rathauses (1933–1950) beauftragt.

Die Freskotechnik als adäquate Maltechnik für den Viborger Dom

»Ja, da gibt es einen Teil an Entdeckungen zu machen, wenn man ein neues Material verwenden will, da können unerfreuliche Überraschungen kommen, aber im Ganzen bietet die Freskomalerei große Freude, die Farbe fließt vom Pinsel. Versuche selbst!«[167]

Mit diesem Resümee aus dem Jahr 1913 endet die von Joakim Skovgaard und seinem Sohn Johan Thomas verfasste sechsseitige Abhandlung von der Ausführung und Wirkung der Freskotechnik sowie der Verwendung spezieller Farben. Sieben Jahre nach Fertigstellung der Viborger Fresken lagen damit Skovgaards Erfahrungen mit der ihm seinerzeit kaum bekannten Technik erstmals vollständig in gedruckter Fassung vor.[168] Sie wurden ergänzt durch das spezielle »Rezept« zur Herstellung *»einer guten und dauerhaften Putzfläche für Freskomalerei«* des Viborger Maurermeisters Christian F. Jensen.[169] Im Nachwort hob der Herausgeber und Farbenfabrikant G. A. Sadolin die Aufzeichnungen Skovgaards als bedeutendes Studien- und Ausgangsmaterial für alle Künstler hervor, die sich mit dem Fresko auseinandersetzten.[170]

Ende des 19. Jahrhunderts eigneten sich einzelne dänische Künstler zumeist außer Landes die Freskotechnik an, da ausreichendes Anschauungs- und Quellenmaterial in Dänemark[171] zu der Zeit kaum vorhanden war.[172] Möglicherweise waren die zwischen 1844 bis 1853 von Constantin Hansen (1804–1880) und Georg Hilker (1807–1887) ausgeführten Kopenhagener Universitäts-Fresken, die nach der Restaurierung von 1879 weiter verfielen und längst durch Temperafarben ersetzt worden waren, als Studienobjekte bekannt.[173]

Vielleicht kannte man aber auch aus dem benachbarten Schweden die bereits 1833 bis 1838 entstandenen Fresken von Johan Gustav Sandberg (1782–1854) in der Vasa-

Grabkapelle im Dom von Uppsala[174] oder diejenigen des Düsseldorfer Künstlers und Nazarener-Nachfolgers Joseph Anton Settegast (1813–1890) in der katholischen Kirche in Kopenhagen aus den Jahren 1862 bis 1866. Eine weitere große Freskendekoration schuf 1896 der schwedische Künstler Carl Larsson (1853–1919) im Treppenhaus des Stockholmer Nationalmuseums.[175]

Für den Maler und Zeichner Skovgaard, der sich immer wieder verschiedensten Materialien und Techniken zuwandte, war die Handhabung der Freskotechnik neu. Bis er sie schließlich ausgereift und 1913 in seiner eingangs erwähnten Abhandlung als »*empfehlenswert*« vorstellen konnte, waren langwierige Versuche vorausgegangen. Sorgfältige Vorbereitungen, die seine gesamte Ausmalung kennzeichnen, waren auch für den maltechnischen Bereich Selbstverständlichkeiten: Persönliche Notizen und ein intensiver Briefwechsel zwischen dem Künstler und dem »Ministerium for Kirke- og Undervisningsvæsenet« sowie der obersten kirchlichen Aufsichtsbehörde, »Det Særlige Kirkesyn«, zeugen von seinem Bemühen um eine adäquate Technik.[176]

Im Sommer 1899 begannen die lange geforderten und schließlich bewilligten Probemalereien in den Wandfeldern im südlichen Seitenschiff mit »Johannes dem Täufer« und »Abraham«. Neben dem ursprünglichen Vorhaben, die deutsche Kaseintechnik samt -farben und Putzgrund auf ihre Haltbarkeit zu testen, führte Skovgaard nun auch Proben englischer Terpentin-Lackfarben und al fresco durch.[177]

Während des Aufenthalts in Viborg festigten sich Skovgaards Beobachtungen zur Freskomalerei. Am 27. Juni 1899 berichtete er dem »Kirkesyn« vom Arbeitsverlauf mit besonderem Augenmerk auf die Freskoproben. Für ihn stünde bislang fest, dass trotz der ihm bekannten »*traurigen Erfahrungen mit der Freskomalerei*«[178] (im Vestibül der Kopenhagener Universität), die Freskotechnik durch »*die richtigen Farben und die richtige Vorgehensweise*« verbessert werden, den widrigen Bedingungen standhalten könnte und sich »*ausgezeichnet*« für die Anwendung in der Viborger Domkirche eignen würde. Hatte er bislang aus Kostengründen und aufgrund der vermeintlich einfacheren Handhabung für die billigere Kaseinmalerei plädiert, gab Skovgaard nun zu wissen, dass sich ihm, der »*nicht mit der Freskotechnik vertraut gewesen sei*«, das Freskieren als weniger schwierig erwies, als zunächst angenommen. Das Arbeiten auf nassem Putz wäre ein bequemes gewesen, zumal mit der patentierten Matthiesen-Methode.[179] Trotz höherer Kosten und vermehrter Vorarbeiten käme er nach den Probearbeiten im Dom zu dem Ergebnis, dass »*die Anwendung der Freskomalerei nicht genug befürwortet werden könne*«.[180]

Skovgaard beschäftigte sich im Sommer 1899 zum ersten Mal mit der praktischen Umsetzung der Freskotechnik. Bereits im Mai hatten er und der dänische Dekorations- und Freskenmaler Oscar Matthiesen[181] (1861–1957) eine Vereinbarung unterzeichnet, die besagte, dass sich Matthiesen zur Mithilfe an einer großen Freskenprobe im Viborger Dom gegen ein tägliches Entgelt von 20 Kronen samt Reisespesen verpflichtete. Skovgaard und seine Mithelfer Ludwig Find und Niels Larsen Stevns hingegen durften Matthiesens spezielle Freskomethode ganz oder teilweise nicht eigenständig, sondern nur nach schriftlicher Vereinbarung mit dem Erfinder anwenden.[182] Nach Matthiesens Anleitung entstand im Dom eine Arbeitsprobe, die Skovgaard jedoch nicht endgültig zu überzeugen schien, da er mittlerweile von einem speziellen Kalkputz erfahren hatte, der durch eine tiefergehende Putzaushärtung allem anderen vorzuziehen war.[183]

Die Technik-Frage klärte sich mehr und mehr: Im Juli 1899 erhielt das Kultusministerium die Auflistung der zu erwartenden Mehrkosten von 17.000 Kronen bei Anwendung der Freskotechnik,[184] die bereits einen Voranschlag über die Beseitigung des alten Putzes und einer Neuverputzung als Grundlage für Fresken durch den Viborger Maurermeister Jensen enthielt.[185] Ein weiteres Schreiben schickte Skovgaard an das »Kirkesyn« mit der Überlegung, dass sich die bisherige Kostenberechnung allein auf die Freskierung im Seitenschiff stütze und sich exakt anhand einer letzten Freskoprobe im Kreuzarmgewölbe bestimmen ließe.[186] Und um gleichsam eine schnellere Entscheidung bewirken zu können, ging im selben Jahr ein »Overslag over den fuldstændigde Dekoration af Viborg Domkirken – beregnet udfórt i Fresco« von 79.691 Kronen[187] an das Kultusministerium.

Wie reagierten darauf die Behörden? Das »Kirkesyn« kam in seinem Protokoll vom 24. Juli 1899 nach der Besichtigung der Probemalereien zu dem Ergebnis, dass die Freskotechnik anderen Möglichkeiten vorzuziehen wäre[188] – vorausgesetzt der alte Putz würde erneuert. Diesem Hinweis folgte man im Kultusministerium in der Anordnung auf Untersuchung des alten Domputzes durch die »Statsprøveanstalt«, um Aufschluss über Mauerverträglichkeit und Anfälligkeit von Fresko- wie Kaseintechnik zu erhalten.[189] Da die Prüfanstalt ihrerseits nicht grundsätzlich vom Malen auf Kalkputz abriet, genehmigte das Kultusministerium die Fortsetzung der Probemalereien im Querschiffgewölbe für Sommer 1900.[190]

Die ministerielle Zustimmung zur Freskotechnik fiel 1901. Nun hatte Skovgaard weitere Fragen zu klären: Wie erhielt man den bestmöglichen Putz? Welche Freskofarben eigneten sich am besten? Wo konnten diese erworben werden?[191] Seine gewonnenen und für ihn akzeptablen Resultate mündeten schließlich in die eingangs zitierte Publikation »Nogle Optegnelser om Frescoteknik« von 1913. Hier erfährt man die Liste aller im Dom verwandten Farben,[192] ihre Anwendung[193] oder den schichtartigen Aufbau des Putzgrundes,[194] dessen Materialien und Herstellung Maurermeister Jensen detailliert beschreibt.[195]

Dieses Kapitel diskutierte bislang materialtechnische Überlegungen zur Wahl der Freskotechnik. Gab es darüber hinaus weitere, weniger offenkundige Beweggründe oder Anknüpfungspunkte, die diese Wahl beeinflusst haben könnten? 1907 erschien Skovgaards Beitrag »Billederne i Viborg Domkirke«[196] als Sonderdruck von Holger

Begtrups »Tidsskrift«. Hierin erklärte er u. a. seine Erkenntnis zur Freskotechnik sowie die Jahrhunderte zurückliegenden Freskodekorationen italienischer Kirchen, die ihm bekannt waren. Schließlich leitete er auf den Viborger Dom über, der einst im romanischen Stil dekoriert und nun in »*romanischem Stil*« wieder aufgebaut worden war. Er sei der Meinung, so Skovgaard, »*[...], da gibt es etwas, das da heißt: ›alt paa sin rette Plads!‹ und etwas, das heißt, das Material dafür zu verwenden, zu dem es paßt.*«[197] Ähnliches lässt Skovgaard im 1909 erschienenen Buch zur »Viborg Domkirke« wissen: »*eine Domkirche [ist] anspruchsvoller als ein Stück Leinwand im Rahmen. Da gibt es etwas, das heißt: alt paa sin rette Plads!*«.[198] Material, Ausführung und Stil einer Dekoration sollten demzufolge seiner Umgebung entsprechen. Zu bedenken sei aber auch, dass der Künstler seinen eigenen Stil zu finden habe, der der Aufgabe gerecht würde.

Derartige Überlegungen, die Skovgaard durchdachte und letztlich publizierte, könnten bei der Entscheidung zur Technik bedeutsam gewesen sein: War der Viborger Dom nicht eine »*anspruchsvollere*« Aufgabe, die eine Dekoration in einer entsprechenden Maltechnik erforderte? Würde in diesem sakralen Gebäude, auch wenn es dem des 12. Jahrhunderts nachempfunden war, eine kirchliche Kunst, eine Dekoration christlicher Themen nicht am ehesten in der Ausführung al fresco »wirken«, einem Material, um Skovgaards Worte zu gebrauchen, »*det passer til*«?

Das »Kirkesyn« stellte 1898 in dem Gutachten zum Entwurf fest, dass die renovierte Kirche eine »*nicht vollständig geglückte Wiedergabe des alten Gebäudes*« mit einem tristen Raumeindruck sei. Und um diesen Eindruck zu beheben, bedeute es mehr, als nur eine Dekoration im Stil der Kirche korrekt anstreben und durchführen zu wollen.[199] Skovgaard wusste um die Vorstellung des »Kirkesyns«, eine Ausmalung zu finden, die im Einklang mit den architektonischen Gegebenheiten stand. Wie schwer es war, im sogenannten »alten Stil« zu malen, hatte er selbst als 17-jähriger Malergeselle bei der Ausführung der ersten, als vorläufig angesehenen Wandmalerei in den 1870er-Jahren im Viborger Dom erfahren. Neben der Gestaltung von Hunden und Tauben für einen Wandfries[200] sollte er u. a. ein Lamm, dem 12. Jahrhundert entlehnt, malen.[201]

Skovgaard, der über sich gesagt hatte, »*[...] jeg er kristen*«, der auf diese Weise, durch seine Malerei, das Christentum bezeugen könne,[202] fand für die Ausmalung im Viborger Dom zu einer eigenen, von religiösen Anschauungen geprägten Ausdrucksform. Es scheint, als habe er in der Anwendung der Freskotechnik die Wahrung kirchlicher Traditionen unter gleichzeitiger Ablösung alter Stilformen und der Findung einer adäquaten, ihm zeitgemäßen Bildsprache gesucht, gleichsam in dem Sinne, ein »romanischer« Kirchenbau »fordere« wohl seine identische Technik oder eben »alt paa sin rette Plads«, aber unter der Ausformung des eigenen künstlerischen Stilempfindens während des Malprozesses.

Beobachtungen zum theologischen Programm des Freskenzyklus

Das vollständige Ausstattungskonzept für den Viborger Dom, dessen Umsetzung im Jahr 1901 begann, sieht insgesamt 44 einzeln zu freskierende Wandflächen vor. 31 teilweise mehrszenige Fresken verteilen sich auf die beiden Seitenschiffe einschließlich der Triforienfelder im Hauptschiff, die verbleibenden auf den Querschiff-, Chorraum- und Apsisbereich. Die Auswahl der Themen oblag Skovgaard, der in jahrelanger Kooperation mit dem Viborger Bischof Hans Jørgen Swane das Gesamtprogramm des Freskenzyklus diskutiert und ein Programm aus biblischen und grundtvigschen Motiven zusammengestellt hatte.[203] Hierfür wurde die in den 1870er-Jahren ausgeführte Bemalung der Lundschen Holzdecke mit neutestamentlichen Szenen zu Jesu Kindheit und Jugend, umrahmt von Porträtmedaillons der zwölf »Kleinen Propheten« des Alten Testaments, zum festen thematischen Ausgangspunkt der Skovgaardschen Ausmalung.[204] Unter dieser Prämisse entstand eine Folge bildlicher Darstellungen, eine überdimensionale »Bilderbibel«, die sich dem Betrachter aufgrund der Auswahl überwiegend populärer biblischer Erzählungen und einer aussagekräftigen Lesbarkeit erschließt.[205]

Der Freskenzyklus folgt einem klaren und zugleich einfachen Schema:[206] Westlich der Vierung, d. h. in beiden Seitenschiffen und den Triforienfeldern des Hauptschiffs reihen sich in biblisch chronologischer Abfolge von West nach Ost Erzählungen des Alten Bundes, beginnend bei den biblischen Stammeltern »Adam und Eva« bis hin zu »Johannes der Täufer«, der als eschatologischer Prediger und Bußtäufer als Wegbereiter des Messias gilt, der dann den Neuen Bund schließen wird.[207] Christi heilsgeschichtliches Wirken auf Erden bis zu seinem Verrat durch Judas und dem Kreuzestod ist dem Querschiffbereich östlich der Vierung vorbehalten. Im Chorraum schließen sich Christi Triumph und Sieg über den Tod als ein grundtvigsches Motiv, seine Auferstehung sowie die Himmelfahrt an. Den thematischen Abschluss und zugleich zentraler Höhepunkt des Programms bildet das Motiv des thronenden Christus als Himmelskönig in der Apsis, umgeben von den Scharen der Seligen. Christus als das Ziel, auf das die Heilsgeschichte zustrebt, ist somit erreicht.[208] Dahinter verbirgt sich eine der zentralen Botschaften Grundtvigs, die zu Christus als den Erretter der Menschen von Tod und Teufel drängt.[209]

Das Gesamtprogramm des Viborger Doms sowie die Themen der Holzdecke erschließen sich systematisch beim Abschreiten von West nach Ost und erweisen sich sozusagen als ein Gang durch die gesamte Bibelhistorie.[210] Die eingängige Art der Fresken bringt die Bildinhalte dem Betrachter unmittelbar näher.

Im Westteil der Kirche eröffnen alttestamentliche Freskenbeispiele den sogenannten Adam- und Eva-Zyklus mit den Einzelszenen »Adam gibt den Tieren Namen«, »Die neu erschaffene Eva«, »Sündenfall«, »Eva mit ihren Kindern Kain und Abel«,

»Adam bearbeitet den distelübersäten Acker«, »Vertreibung aus dem Paradies«, »Kain und Abel« und »Abels Begräbnis«, der um die auf den Neuen Bund verweisende Szene »Christus besiegt die Schlange« erweitert ist. Dieses von Skovgaard bewusst an dieser Stelle eingesetzte neutestamentliche Motiv innerhalb einer vom Alten Testament dominierten Umgebung versteht sich als Prophezeiung des kommenden Christus, der als der »neue Adam« über die Schlange als Verführerin der Stammeltern somit Symbol der Erbsünde respektive des Todes schlechthin triumphieren wird. Eine weitere »Schnittstelle« zwischen dem Alten und Neuen Bund findet sich im Deckenbild[211] mit den Propheten Moses und David als Vertreter des Alten Testaments. Aus Davids Stamm wird Maria hervorgehen, die Mutter Christi, durch die der Neue Bund begründet wird. Deutlicher noch tritt dies in einem weiteren, im Umfeld des »Sündenfalls« und seinen Folgen angesiedelten Deckengemälde mit der »Verkündigung an Maria« zutage, die als die »neue Eva« selbst ohne Schuld, der Menschheit den Erlöser schenkt. Durch ihren Sohn Jesus, dem »neuen Adam«, wird die von den Stammeltern Adam und Eva verursachte Sünde respektive Schuld überwunden und in seinem Kreuzestod aufgehoben.

Der Gang durch die Bibelhistorie wird mit Szenen aus der Geschichte Noahs fortgesetzt. Im Thema »Sintflut«, die zur Bestrafung und Läuterung des Menschengeschlechts hereinbricht, zeigt sich Gott als Strafender, der der Menschheit jedoch mit »Noah empfängt die Taube« sowie »Noahs Dankopfer« nach der alles vernichtenden Flutkatastrophe eine neue Chance gibt.

Auf die Geschichte Abrahams – dem »*Vater des auserwählten Volkes*«, zugleich einer der großen Stammväter[212] –, und seiner Nachkommen, denen das Heilige Land verheißen wird, verweisen mehrere Freskenszenen. Skovgaard wählte hierfür »Erscheinung in Mamre« / »Abrahams Fürbitte« / »Zerstörung Sodoms und Lots Flucht«, »Gott verheißt Abrahams Nachkommenschaft«, »Abraham und Isaak auf dem Weg zur Opferstätte« / »Isaaks Opferung« / »Heimkehr Abrahams und Isaaks zu Sara«, »Abrahams Knecht Eliezer begegnet Rebekka am Brunnen« sowie die Erzählungen zu Isaaks Sohn Jakob, »Jakobs Traum« / »Jakobs Kampf mit dem Engel« und »Versöhnung Jakobs mit Esau«.

Thematische Verbindungen und Bezüge zwischen dem Alten und Neuen Bund lassen sich auch innerhalb des Abraham-Zyklus unter Einbezug der Deckengemälde »Heimsuchung« (Besuch Maria bei Elisabeth) und »Christi Geburt« finden. So verweist ersteres, parallel zum Fresko »Erscheinung in Mamre« liegende Thema gemeinsam mit diesem auf das von Gott bewirkte Wunder der trotz ihres hohen Alters schwanger gewordenen Frauen Elisabeth und Sara. Die parallel zueinandergehaltenen Themen »Christi Geburt« und »Heimkehr Abrahams und Isaaks zu Sara« beinhalten zum einen die Geburt im realen Sinne, zum anderen im übertragenen, da die Heimkehr des unversehrt gebliebenen Isaak zu seiner Mutter Sara als eine Wiedergeburt des Sohnes, der ihr gleichsam neu geschenkt wurde, angesehen werden kann.

Szenen aus der Geschichte Josephs, einem der Stammväter der zwölf Stämme Israels,[213] schließen sich im nördlichen Seitenschiff an. Skovgaard wählte hierzu »Täuschung Jakobs durch Josephs blutigen Rock«, »Traumdeutung Pharaos« und »Joseph gibt sich seinen Brüdern zu erkennen«.

Im südlichen Seitenschiff gegenüber befinden sich Erzählungen zum Leben Mose mit »Auffindung Moses am Nil« und »Untergang der Ägypter im Roten Meer«, die im nördlichen Seitenschiff mit »Moses am brennenden Dornbusch«, »Moses Abstieg vom Berg Sinai« / »Anbetung des goldenen Kalbes« / »Moses bringt neue Gesetzestafeln« ihren Fortgang finden. Zusammengefasst stellt sich mittels dieser Beispiele die Einführung der *»sozialen und religiösen Gesetzgebung«*[214] an das Volk Israel dar. Gott schließt mit den durch Mose aus der Knechtschaft befreiten und aus Ägypten herausgeführten Israeliten einen Bund und weist ihnen – abermals durch Mose – Gesetze zu. Trotz des Bundesbruchs der Israeliten durch die Anbetung des goldenen Kalbes erneuert Jahwe diesen.

Im Bereich der Mose-Szenen befinden sich die beiden Deckengemälde »Darbringung Jesu im Tempel« und »Taufe Christi«, die sich direkt auf den Alten Bund mit seiner Gesetzgebung beziehen. Die erstgenannte Szene verweist auf die Einhaltung von Gesetzesvorschriften, denen sich die Eltern Jesu nach der Geburt ihres Kindes zu unterziehen hatten.[215] Das zweite Gemälde deutet bereits die Wende vom Alten zum Neuen Bund durch das Zeichen der Taufe an.[216]

Auf die Geschichte Davids gehen die beiden Fresken »David spielt vor Saul Harfe« und »David tanzt vor der Bundeslade« ein, durch welche Jahwe seine Präsenz erweist. Der Transport der Bundeslade nach Jerusalem durch David als König von Israel, in dessen Person Jahwe den Bund mit dem Volk Israel erneuert hat, bedeutet für Jerusalem den Aufstieg zur religiösen und politischen Hauptstadt des Landes, zur »Heiligen Stadt«.[217] Auch in der David-Erzählung findet sich unterschwellig ein Hinweis auf den Neuen Bund, dessen Begründung durch Christus erfolgt, der aus dem Hause Davids hervorgehen wird.

Szenen aus dem Leben des Propheten Elia schließen mit »Elia wird von Raben gespeist«, »Das Opfer auf dem Berg Karmel« und mit »Androhung des göttlichen Strafgerichtes durch Elia an Achab« die Reihe der großen Fresken im nördlichen Seitenschiff und Triforium ab. Als erster großer, schicksalkündender Prophet des Volkes Israel bemüht sich Elia um die Stärkung des Glaubens gegen den eingedrungenen Baalskult, dem er Einhalt gebietet, indem er den Baalspropheten die Macht des wahren Gottes zeigt.

Das aus dem Buch Daniel stammende Thema »Daniel in der Löwengrube« im südlichen Triforiumfeld gegenüber kann als ein weiteres Beispiel für die Anerkennung der wahren Gottesmacht angesehen werden, die Daniel vor den Löwen schützt. Von zentraler Bedeutung ist sicherlich jedoch die Schlüsselrolle, die das Buch Daniel als *»letzte[s] Glied in der Kette der messianischen Verheißungen des Alten Testaments [...]«*

einnimmt, indem es unter anderem das Kommen des Messias in verschlüsselter Form prophezeit.[218]

Auf das Kommen des Messias wird im darüberliegenden letzten Deckengemälde ein weiteres Mal verwiesen, einmal durch die Scherergruppe der sogenannten »Großen Propheten« Jesaja, Jeremia, Hesekiel und Daniel, deren messianische Weissagungen auf das Neue Testament bezogen werden sowie durch die zwölf »Kleinen Propheten«, die jeweils paarweise die sechs Deckenszenen einrahmen.[219]

Die Folge der großen Fresken im südlichen Seitenschiff wird beendet mit Szenen aus dem Leben Johannes d. Täufers, »Johannes tauft am Jordan« / »Johannes Enthauptung« / »Salome mit dem Haupt Johannes'« / »Salomes Tanz«. Durch den Prediger und Verkünder Johannes ist nun die unmittelbare Brücke zum Neuen Testament geschlagen, welches sich thematisch in den Fresken des gesamten Ostteils entfaltet.

Den noch ausstehenden Ostwänden des nördlichen beziehungsweise südlichen Seitenschiffes über den Durchgängen zum Querschiff ordnete Skovgaard »Die Juden an den Flüssen Babylons« und »Wiederaufbau der Mauern von Jerusalem« aus dem Alten Testament zu. Thematisiert das erste Fresko Psalm 137, der – zu den »Klageliedern des Volkes« gehörend – *»die Erinnerung an die Zerstörung Jerusalems 587 v. Chr. und an das babylonische Exil«* weckt[220], geht das zweite auf die Zeit nach der Rückkehr der Juden aus der babylonischen Gefangenschaft, auf die Wiederbesiedelung Jerusalems und die sukzessive Wiederherstellung von Stadtmauer und Tempel sowie die Erneuerung der jüdischen Gemeinde ein.[221]

Bei Eintritt in das Querschiff des Viborger Domes offenbart sich dem Betrachter der Neue Bund mit Ereignissen aus dem Leben Jesu, auf das auch einige Deckengemälde eingehen. Jesu heilsgeschichtliches Wirken und seine Hinwendung zu Armen, Kranken und Kindern wird beispielhaft auf den Fensterseiten des Querschiffs gezeigt: Die jeweils in drei Szenen gegliederten Wandflächen beginnen im nördlichen Bereich zuoberst mit »Reinigung des Tempels«, darunter »Heilung der blutflüssigen Frau« und »Heilung des Gichtbrüchigen«; das südliche Pendant beginnt zuoberst mit »Versuchung Jesu« durch den Teufel, dessen Versprechungen nach *»Ruhm und Macht menschlicher Art«*[222] Jesus ablehnt, darunter »Das Scherflein der Witwe« und »Christus segnet die Kinder«. Die Westwände im südlichen und nördlichen Querschiffbereich bringen weitere Beispiele vom öffentlichen Auftreten und Wirken Christi mit dem Gleichnis vom »Großen Gastmahl« sowie auf der mehrszenig gegliederten Wandfläche die »Auferweckung des Lazarus« sowie »Jesus bei Maria und Martha«, die des weiteren den »Einzug in Jerusalem« zeigt. Auf der Ostseite des nördlichen Querschiffarms beginnt die Passion Christi mit »Das letzte Abendmahl« sowie »Jesus im Garten Gethsemane« und endet mit der »Kreuzigung« auf der Ostseite im südlichen Querschiff.

Für die Querschiffgewölbe wählte Skovgaard von Nord nach Süd »Die Streitengel des Herrn« als Verkörperung der Legionen Gottes, »Pfingsten« für die Vierungskuppel und »Die Sendboten des Herrn«. Das geschichtliche Wirken Jesu wird bekrönt in seiner Bezogenheit auf Gott-Vater und den Heiligen Geist (Pfingsten). Jesus kann nur begriffen werden in seinem ganz Mensch- und zugleich ganz Gott-Sein.

Von der Vierung aus erreicht der Betrachter den erhöhten Chorraum über mehrere Stufen, wo sich das Erlösungsgeschehen, die Gemeinschaft der Erlösten mit dem Erlöser in den Fresken »Auferstehung« / »Christus führt die Erlösten aus der Hölle ins Paradies« und »Christi Himmelfahrt« unter dem Gewölbe mit dem Thema der »Sieben Engel mit den Posaunen des Jüngsten Gerichts und ein opfernder Engel« bildlich erfüllt.

Skovgaard beendete den Freskenzyklus mit der Darstellung »Thronender Christus, umgeben von den Scharen der Erlösten« in der Apsis. Der bereits den Chorraum-Fresken innewohnende Erlösungsgedanke wird hier weiter fortgesetzt als eine ewig währende Vereinigung mit Christus.

Skovgaard und Italien

Unter den intensiven Vorbereitungen zur Ausmalung nahmen die Überlegungen zu einer mit dem Kirchenbau harmonierenden Dekoration einen wichtigen Platz ein. Das 1909 herausgegebene Buch zum Viborger Dom offenbart die Bestrebungen des Künstlers nach dieser Übereinstimmung von Fresken und Kirchenraum, die, seinen Worten nach, vergleichbar mit den Kirchen sein sollte, die er auf Reisen kennengelernt habe. Im Folgenden wird diesem Hinweis und der Frage nachgegangen, welche Kirchen Skovgaard auf seinen Reisen nach Italien möglicherweise besichtigte, die für sein Schaffen impulsgebend waren oder sein konnten.

Die Tradition der Italienreisen kann über viele Jahrhunderte hinweg zurückverfolgt werden: Die bereits im Mittelalter von Pilgern und Händlern, Handwerks- und Kunstgesellen unternommenen Reisen in den Süden, entwickelten sich im 17. Jahrhundert zu sogenannten Kavalierreisen, die Adlige und Gelehrte »*zur Aneignung von Kenntnissen, zur Übung ihrer gesellschaftlichen Fähigkeiten und zur Bildung ihrer Lebensformen*«[223] unternahmen. Die im 18. Jahrhundert zunehmende Begeisterung für antike Kunstwerke und Ruinen ließ Künstler und gebildete Persönlichkeiten gleichermaßen nach Italien und hauptsächlich nach Rom reisen, wo erstere antike Meisterwerke studierten und letztere – auf Sehenswürdigkeiten fixiert und durch eine reicher werdende Reiseliteratur theoretisch vorbereitet – ein entsprechendes Pensum an Besichtigungen zu absolvieren hatten.[224] Im ausgehenden 18. Jahrhundert bedeutete Rom vor allem deutschen Künstlern eine ideale Wirkungsstätte, wo sie frei von allen akademischen und traditionellen Zwängen und Verpflichtungen die ersehnte künstlerische und politische Freiheit und die Umsetzung ihrer Idealvorstellungen eines freien Künstlertums zu finden hofften.[225] Es bildete sich alsbald ein ständiger deutsch-skandinavischer Künstlerkreis, in dessen Mittelpunkt der Däne Bertel Thorvaldsen (1770–1844) stand, der 1797 als Stipendiat der Kopenhagener Akademie nach Rom gekommen war und hier an die 40 Jahre, bis zu seiner Abreise im Jahr 1838, lebte und arbeitete. Thorvaldsen, als einer der größten Bildhauer nicht nur in Italien verehrt und gefeiert, erhielt nach 1810 aus ganz Europa Aufträge. Seine Ateliers, zugleich auch Ausstellungsräume, gehörten für Romreisende zu den wichtigsten Sehenswürdigkeiten der Stadt. Junge dänische Künstler fanden während ihres Studienaufenthaltes bei Thorvaldsen, »Dänemarks Ehre und künstlerischer Stolz«, freundschaftliche Aufnahme, künstlerische Unterweisung und bisweilen finanzielle Unterstützung.[226]

Auch Peter Christian Skovgaard, der Vater Niels und Joakims, hatte bereits 1854 bis 1855 und ein weiteres Mal 1869 Italien bereist und in den letzten Jahren vor seinem Tod Künstlern den Rat gegeben, *»zuerst nach Paris, dann nach Italien zu gehen«*.[227] Seine Söhne folgten ihm nach. Joakim suchte (oftmals in Verbindung mit Griechenland) die Kunststätten auf, die dem »Kanon« der vorrangig zu besichtigenden Städte wie Florenz, Rom oder Neapel angehörten, die in der langen Reise-Tradition skandinavischer Künstler (Constantin Hansen, Jørgen Roed oder Bertel Thorvaldsen), Dichter (Hans Christian Andersen) und Adlige des 17. Jahrhunderts standen,[228] aber auch die traditionelle Reiseroute der Nazarener (Siena, Orvieto, Rom) bildeten.

Anhand der bisher ausgewerteten Quellen kann nur ein ungefähres, (noch) nicht vollständiges Bild der einzelnen Reiserouten Joakim Skovgaards erstellt werden. Dennoch zeichnet sich in der Auswertung der genannten Sehenswürdigkeiten und der analysierten Skizzenbücher ein vordergründiges Interesse an Mosaiken und Wandmalereien der byzantinisch-frühchristlichen Zeit und des 13. bis 15. Jahrhunderts ab.

Die erste Tour Joakim Skovgaards begann im Oktober 1882 und endete zwei Jahre später im November 1884. Sie führte über Deutschland nach Norditalien, wo er sich mit Viggo Pedersen (1854–1926), später mit Kristian Zahrtmann (1843–1917) aufhielt. Über Florenz ging es nach Rom, wo sie den Winter über bis Juni 1883 lebten.[229] Aufenthalte in Sora, Civita d'Antino / westliche Abruzzen – hier hatte sich in dem Ort hoch über dem Tal eine kleine Künstlergemeinschaft um Zahrtmann gebildet – und in Neapel, teilweise mit Theodor Philipsen (1840–1920) und Viggo Pedersen, schlossen sich an. Neue künstlerische Möglichkeiten eröffneten sich Skovgaard ab Januar 1884 durch einen viermonatigen Aufenthalt in Griechenland, wo er gemeinsam mit Zahrtmann und anderen Athen, Olympia und Sparta besichtigte. Besonders die griechische Vasenmalerei lieferte dem Figurenstil seiner keramischen Arbeiten vielfache Impulse in puncto Flächigkeit, Klarheit und dekorativer Wirkung.[230] Die restlichen Monate bis zur Rückkehr im November nach Dänemark verbrachte er wieder in Italien.

Bereits ab Mai 1886, dem Jahr seiner Heirat mit Agnete Lange, ermöglichte ihm ein einjähriges Akademiestudium den zweiten Italienaufenthalt: Über München und Florenz, wo Skovgaard und seine Frau einige Tage verbrachten, erreichten sie Rom am 2. Juni. Hier fand Skovgaard nahe der Caracalla-Thermen in einer kleinen, an einen

Garten grenzenden Kirche, vermutlich war damit Santa Maria in Domnica gemeint, das Vorbild für das Arkaden-Motiv seines 1888 ausgestellten Gemäldes »Englen rører vandet i Bethesdas Dam«.[231] Nach einigen Wochen in Neapel ab Anfang November und einer Besichtigung von Pompeji kehrten sie Mitte Januar 1887 nach Rom zurück und blieben hier bis Anfang April, unterbrochen von einem Aufenthalt im März in Capri und Paestum. Ende April begann die Rückreise via Berlin nach Dänemark.[232]

Eine weitere Fahrt, die Skovgaard mit einer Tour nach Griechenland verband, trat er ab Mitte Januar 1896 an, zu einer Zeit, als er am Entwurf für die Ausmalung des Viborger Doms arbeitete. Die Reiseroute führte über Kiel, Hannover, Hildesheim, Braunschweig und Luzern (17./18. Januar) nach Mailand (20.) und Florenz (22./23.). Er besuchte Santa Croce mit den Freskenzyklen u. a. von Giotto (Peruzzi-Kapelle, verm. um 1320), von Taddeo Gaddi (Baroncelli-Kapelle, um 1330) und Agnolo Gaddi (Hauptchor-Kapelle, verm. um 1380) sowie Santa Maria Novella mit Fresken u. a. von Ghirlandajo (Hauptchor-Kapelle, 1485–1490), Filippino Lippi (Strozzi-Kapelle, 1487–1502), Masaccio (»Trinität«, um 1425–1427) und Andrea da Firenze (Spanische Kapelle, um 1350) einschließlich des Kreuzgangs mit den Fresken von Uccello (frühe 1430er-Jahre). Siena und Perugia (25. Januar) waren die nächsten Stationen, ehe er einige Tage in Rom verbrachte und u. a. Santo Stefano Rotondo, Santa Maria in Cosmedin sowie den Lateran besichtigte.[233] In Santa Maria in Cosmedin, die reich an Cosmatenarbeiten ist, kopierte Skovgaard das Motiv »Maria thronend mit Kind«[234] (Abb. 9). Abermals suchte er in den Abruzzen Civita d'Antino auf (4. Februar) und reiste über Rocca Secca (7.) an die südliche Ostküste zur Hafenstadt Brindisi (9.). Per Schiff erreichte er Athen am 17. Februar. In Griechenland blieb Skovgaard bis April, besichtigte Korinth und verbrachte einige Tage in Olympia.[235]

9 Joakim Skovgaard: Maria thronend mit Kind. Motiv aus Santa Maria in Cosmedin/ Rom, Bleistift, Aquarell (1896), Skizzenbuch Skovgaard Museet Viborg

10 Joakim Skovgaard: Ornamentstudie aus San Paolo fuori le Mura/Rom, Bleistift, Aquarell (1896), Skizzenbuch Skovgaard Museet Viborg

Können die bisherigen Reisen nach Italien und Griechenland vornehmlich als Studien- und Bildungsreisen charakterisiert werden, zu denen sich Bleistiftskizzen und Aquarellstudien in Skizzenbüchern als mögliche Motive oder Anregungen für Farbkompositionen und Ornamente (Abb. 10) erhalten haben, fand die zweimonatige Fahrt im Jahr 1900 aus konkretem Anlass im Vorfeld der Ausmalungsvorbereitungen für den Viborger Dom statt. Skovgaard hielt ein derartiges Unternehmen für sinnvoll, das ihn und seine Mitarbeiter Niels Larsen Stevns, Johan Mielche und Rudolph Petersen, von »*Angesicht zu Angesicht mit italienischen Fresken*«[236] bringen und bisherige Erfahrungen mit der Freskotechnik unterstützen sollte. Die Reise war dann auch geprägt durch die Besichtigung von Fresken- und Mosaikdekorationen auf der Route Padua, Ravenna, Florenz, Arezzo, Assisi, Viterbo, Rom, Pompeji und (bereits auf der Rückreise) Orvieto.

In Padua beeindruckten Skovgaard nachweislich der Freskenzyklus Giottos in der Arenakapelle (begonnen um 1305) sowie der Freskenzyklus Mantegnas in der Chiesa degli Eremitani (Ovetari-Kapelle, 1449–1454; 1944 größtenteils zerstört), deren »*lichte Farbzusammensetzung*« er in einem Brief erwähnenswert fand.[237] Die Kirchen San Vitale und Sant'Apollinare Nuovo mit ihren frühchristlichen Mosaikdekorationen sowie das Grabmal Theoderichs wurden in Ravenna besichtigt,[238] in Florenz die Medici-Kapelle und wie schon sechs Jahre zuvor Santa Maria Novella. Hinweise darauf, ob Skovgaard in Assisi die Fresken in der Doppelkirche von San Francesco (u. a. von Giotto, Cimabue, Simone Martini) gesehen hat, fehlen bislang ebenso wie Informationen zum Besuch von Viterbo. In Arezzo äußerte er sich begeistert über Piero della Francescas Freskenzyklus in San Francesco, den er als »*strahlend schön, leuchtend, mit fein abgestimmten Farben*« beschrieb, wie er selten zuvor gesehen habe.[239] Besonders zugesagt habe ihm jedoch dessen Fresko »Christi Auferstehung«, das er in Aquarell kopiert habe.[240]

Mitte Oktober trafen sie in Rom zu einem längeren Aufenthalt ein, den sie mit einem Pompeji-Besuch[241] verbanden. Leider finden sich in bisher bekannten Briefen und Aufzeichnungen Skovgaards keine näheren Hinweise, welche weiteren Sehenswürdigkeiten während des mehrwöchigen Rom-Besuchs neben einem Besuch des Vatikans und der Vatikanischen Bibliothek[242] auf dem Programm standen. Bereits auf der Rückreise erreichten sie am 14. November Orvieto.[243] Auch hierzu fehlen bislang weitere Angaben, etwa zu einer Besichtigung der Fresken von Fra Angelico, Benozzo Gozzoli und Luca Signorelli im Dom.

Während der Ausmalungsperiode des Viborger Doms traten Skovgaard und Stevns im Jahr 1904 eine 44-tägige Reise nach Italien an, die in erster Linie zur Erholung und zum »*Luft- und Sonnetanken*« gedacht war.[244] Besonders in den letzten zehn Jahren seines Lebens zog es ihn während der Wintermonate regelmäßig nach Italien.

Die Reisen können in verschiedener Hinsicht als fruchtbare Begegnungen gewertet werden. Die Kunst und Landschaft Italiens bereicherten Skovgaards künstlerisches Schaffen, gaben ihm Anregungen und Anstöße zu Bildmotiven oder waren Inspirationsquellen, aus denen er Themen schöpfen und weiterverarbeiten konnte. Die italienische (Wand-)Malerei und die Mosaiken Ravennas hinterließen mal weniger, mal stärker ausgeprägt Spuren in seinem Werk. Hierunter wären die Entscheidungen für den Einsatz der seinerzeit kaum mehr genutzten Mosaik- oder Freskotechnik ebenso zu nennen wie etliche Motive und Themen im Viborger Dom, die kompositorisch, aber auch maltechnisch an italienische Vorbilder denken lassen. Einige Beispiele mögen dies verdeutlichen.

Von der Landschaft um Civita d'Antino in den Abruzzen angetan, schuf Skovgaard 1886 auf der ersten Italienreise ein Aquarell (Abb. 11), das ihm drei Jahre später als Grundlage für die Altartafel »Kristus fører røveren ind i paradiset« (Abb. 25) diente. Das Aquarell, das sich glücklicherweise erhalten hat,[245] nimmt die räumliche Situation des Gemäldes vorweg: Ferrantes vegetationsreicher, in der Sonne liegender Garten in einem Tal am Fuß der Berge links wird wie das üppig begrünte und blühende Paradies auf dem Gemälde von einer in die Bildtiefe führenden Mauer vom übrigen Bildgeschehen getrennt. Im Hintergrund schließen eine im Dunst liegende Bergkette und ein darüber liegender weiter Himmel das Aquarell ab, die im Gemälde stark zurückgenommen sind. Hier zeichnet sich nur schemenhaft auf der rechten Bildhälfte hinter der Vegetation und der aufragenden Mauer der Umriss eines Bergrückens ab. Trotz der wenigen landschaftlichen Zitate ist die Lokalisierung des Paradieses in eine liebliche und fruchtbare Landschaft Italiens und zugleich ein symbolhafter Charakter erkennbar: Die Gleichsetzung zwischen dem still daliegenden, von der Sonne beschienenen, mauergesäumten Garten (vielleicht Arkadien?) und der Vorstellung von einem friedlichen Paradies.

11 Joakim Skovgaard: Civita d'Antino: Ferrantes Have, Aquarell (1886), Skovgaard Museet Viborg

Die Gestaltung der Querschiff-Gewölbe im Viborger Dom ist ein weiteres Beispiel dafür, wie mögliche italienische Vorbilder verarbeitet und neu formuliert wurden. Bei der Ausarbeitung des nördlichen Querschiffgewölbes für den Entwurf von 1897 entstand das Motiv mit acht kreisförmig angeordneten Engeln, die über ihren Köpfen das Medaillon »Christus, der gute Hirte«[246] halten. Ein vergleichbares Motiv, das Skovgaard möglicherweise gekannt hat, findet sich im Vierungsgewölbe der Erzbischöflichen Kapelle in Ravenna (Abb. 12): Vier Engel in diagonaler Anordnung über den Eckzwickeln tragen über ihren Köpfen ein Medaillon mit dem Christogramm. Einmal abgesehen von der Anzahl der Engel sind Bildaufbau und selbst Details identisch, wie beispielsweise die um Hüften und rechte Schultern drapierten Obergewänder, die vornüber in einer faltenreichen Stoffbahn auslaufen. Auch nach der Überarbeitung des Themas zu »Die Streitengel des Herrn« beziehungsweise zu »Die Sendboten des Herrn« für das südliche Gewölbe (Abb. 26) bleibt der Grundgedanke des ravennatischen Vorbildes erkennbar: vier, nun rechtwinklig zueinandergesetzte Engel halten über ihren Köpfen ein (nun leeres) Medaillon. Eine weitere, weitaus dekorativere Verarbeitung fand jener Grundgedanke im Chorgewölbe des Doms (Abb. 27): Nun berühren die Flügelspitzen der paarweise über den Eckzwickeln angeordneten Engel die Ränder des Medaillons mit dem Symbol der Trinität.

12 Ravenna: Erzbischöfliche Kapelle, Gurtbögen und Vierungsgewölbe

13 Ravenna: Baptisterium des Domes, Kuppel

Weitere Anleihen aus Ravenna lassen sich auch für die Vierungskuppel »Pfingsten – Ausgießung des Hl. Geistes« / »Die vier Evangelisten« (Abb. 28) aufzeigen. Die ringförmige Anordnung der Apostel innerhalb eines geschlossenen Kreises, die im Viborger Dom auf einem Thron sitzen, folgt dem Schema der kreisförmig stehenden Apostel in der Kuppel im Baptisterium des Domes zu Ravenna (Abb. 13). Eine weitere Übernahme aus Ravenna, die zugleich umgearbeitet wurde, ist die Anbringung der Namen, die nicht wie im Baptisterium hinter den Figuren in Schulterhöhe, sondern am Thronsockel angebracht sind. Eine Reminiszenz ist sicherlich auch die Malstruktur des Freskos. Versetzt ausgeführte Pinselstrichen in gelb-grauer Abstufung ergeben eine mosaikartige Oberfläche.

Christus verherrlichende Darstellungen (etwa als himmlischer König oder Weltenherrscher) wurden in frühchristlichen Kirchenbauten stets als Abschluss des Gesamtprogramms hauptsächlich in den Kuppeln und Apsiden dargestellt. Das Apsisfresko des Viborger Doms steht in dieser alten Tradition. Mögliche Anregungen lassen sich nicht nur in Ravenna finden, beispielsweise im thronenden Christus in Sant'Apollinare Nuovo. Die Kirche Santa Maria in Domnica, Rom, die Skovgaard 1886 vermutlich kennenlernte, besitzt ein Apsismosaik aus dem 9. Jahrhundert mit dem Motiv der thronenden Maria mit Kind, flankiert von Engelscharen. Der strenge Bildaufbau könnte inspirierend auf Skovgaard bei der Ausführung der Entwurfskizze von 1897, die ähnlich aufgefasst ist, gewirkt haben.

Schon Zeitgenossen verwiesen in Rezensionen auf Skovgaards Rezeption von Mosaiken und auf sein Studium italienischer Kunst, die in Gemälden und im Freskenzyklus des Viborger Doms spürbar wären.[247] Man verwies auf die Malerei Giottos[248] und machte aufmerksam auf den dekorativen Gesamteindruck der Fresken,[249] der sich ebenso wie deren Farbenpracht[250] auf Freskenzyklen der italienischen Frührenaissance[251] beziehen würde.

Diese Charakterisierungen sind in der Tat scharfsinnig und fein beobachtet. Auch wenn sie in Skovgaards Freskenzyklus – zumindest ansatzweise – Anregungen aus der italienischen Kunst des Trecento und Quattrocento zutreffend feststellen, können sie weniger in Worte fassen, wie er durchaus eigenständige Lösungen und Formen entwickelte. Skovgaard fand zum Beispiel zu einem kompakten Figurenstil, wie er gut in den Triforienfresken zu beobachten ist, dessen Wurzeln wohl in der Blockhaftigkeit von Giottos Figuren[252] zu suchen sind – allerdings unter Aussparung des »changierenden« Kolorits und der Modellierungsweise Giottos. Die Viborger Figuren sind weitaus derber, mit breitem Pinselstrich ausgeführt. Dunkle Konturlinien umreißen Körper und Gewänder. Durch den tiefenlosen, flächigen Bildgrund wird ihr zeichnerischer, skizzenhafter Charakter noch verstärkt. Insgesamt herrscht die Tendenz zur Vereinfachung und Stilisierung, zur Reduzierung von Form und Farbe vor, die eine archaisierende Richtung eingeschlagen hat.[253]

Bei der Begegnung mit italienischen Freskenzyklen der Frührenaissance konnte Skovgaard anhand ihrer farbenprächtigen Ausführungen den Gesamteindruck eines Werkes, das Zusammenspiel von Farben kennenlernen. Sein Interesse galt dabei kaum den illusionistischen Raumdarstellungen oder den raffinierten Verkürzungen und Perspektiven, die ja der Vorstellung des »Kirkesyns« und Künstlers nicht entsprachen, da sie das »romanische« Raumgefüge des Doms mit einer flächigen Wanddekoration ohne Tiefenwirkung zu schmücken wünschten. Vielmehr widmete sich Skovgaard der Zusammenstellung und dekorativen Wirkung von Farben, wie etliche Beispiele in Reiseskizzenbüchern zeigen.[254] Auf seinen Reisen hatte er ausreichend Gelegenheit, den koloristischen Stil und erzählerische Aspekte in den großangelegten Freskenzyklen zu studieren. Beispielsweise bei Domenico Ghirlandajo (Santa Maria Novella, San Trinità, Florenz), Filippino Lippi (Santa Maria Novella, Florenz) oder Piero della Francesca (San Francesco, Arezzo) und Benozzo Gozzoli (Dom, Orvieto; San Marco, Florenz); gleichermaßen gilt dies auch für das Studium kompositorischer Schemata, wie der Vergleich beispielsweise zwischen Masaccios »Vertreibung aus dem Paradies« (Santa Maria del Carmine: Brancacci-Kapelle, 1425–1427, Florenz) und dem gleichnamigen Fresko im nördlichen Seitenschiff des Viborger Doms anhand der Figurenkonstellation, -haltung und Gestik offenbart (Abb. 29).

Zusammenfassend lässt sich festhalten, dass Skovgaard in Italien in erster Linie Wandmalereien aus dem frühen 14. bis hin zum Ausgang des 15. Jahrhunderts studierte, in Skizzen darstellte oder seine Eindrücke schriftlich festhielt. Ähnlich einem Sammler trug er die unterschiedlichsten Stilrichtungen, künstlerischen Handschriften, Farbzusammensetzungen und Bildkompositionen zusammen, ohne dabei jedoch einem bestimmten Künstler, einer Stilrichtung, einer Schule oder Werkstatt den Vorrang zu geben. Dies erklärt auch, warum sich direkte italienische Vorbilder für die Fresken im Viborger Dom nicht finden lassen, obgleich diese nicht leugnen können, dass sich hier ein Künstler intensiv mit der Kunst Italiens auseinandersetzte und hieraus unterschiedliche Anregungen und Eindrücke empfing, die erst in der Synthese den Stil der Fresken ausmachen.

Der Verlauf der Ausmalung im Viborger Dom von 1901 bis 1906

Die folgende, überwiegend chronologisch gehaltene Untersuchung des Ausmalungsverlaufs soll den enormen Arbeits- und Leistungsaufwand, den Joakim Skovgaard sowie seine künstlerischen und handwerklichen Mitarbeiter pro Jahr leisteten, prägnant veranschaulichen. Zugleich soll die sukzessive Entstehung dieses für den skandinavischen Raum bedeutenden sakralen Freskenzyklus, der über sechs Jahre hinweg auf mehr als 1570 Quadratmetern entstand, verdeutlicht werden.[255] Als Grundlage dienen Skovgaards Arbeitsweise und die Vorstellung aller 44 Fresken mit Nennung entsprechender Bibelstellen,[256] die unter entwicklungsgeschichtlichen, maltechnischen, formalen und programmatischen Aspekten erfasst und mit ikonographischen wie ikonologischen Anmerkungen ergänzt werden. Auf eine (ausführliche) Bildbeschreibung der Fresken wird dort verzichtet, wo sich die Bildinhalte – zumal unter Einbezug der Bibelzitate –, gleichsam von selbst erklären und keiner außergewöhnlichen Ikonographie folgen.

Die Ausmalung begann im Sommer 1901 im südlichen Querschiff mit der Gewölbedekoration, dem Motiv »Versuchung Jesu« und dem »Gleichnis vom Großen Gastmahl«. Jahr für Jahr wurden in den Sommermonaten neue Fresken gemalt, bereits fertiggestellte ganz oder zum Teil abgeschlagen und überarbeitet. In den Wintermonaten bereiteten Skovgaard und seine Mithelfer die für die einzelnen Ausmalungsphasen erforderlichen Skizzen und Kartons vor. 1902 folgten die Gewölbedekoration im nördlichen Querschiff und das Fresko »Gethsemane / Das letzte Abendmahl«, im Jahr darauf das erste Seitenschiff-Fresko »Kain und Abel« sowie weitere Fresken im nördlichen Querschiff. Im Jahr 1904 wurde die »Kreuzigung« im südlichen Querschiff, die Vierungskuppel sowie einige Seitenschiffbilder fertiggestellt. In den beiden letzten Jahren schlossen sich Chorraum, Apsis, Triforien und die restlichen Wandfelder in den Seitenschiffen an. Zeitgleich zu den aktuellen Arbeiten eines Sommers mussten über den Winter aufgetretene Fleckstellen (»Salpeterbefall«) an bereits vollendeten Fresken abgeschlagen und erneut gemalt werden.

Ein derartig groß angelegtes Projekt benötigte zahlreiche Helfer. Interessant ist hierbei zu verfolgen, aus welchen (künstlerischen) Mitarbeitern sich diese, unter Skovgaards Leitung arbeitende Schar im einzelnen zusammensetzte. Zum einen waren dies skandinavische Kollegen, die Skovgaard aus der Studienzeit, von gemeinsamen Reisen oder Arbeiten kannte. Zum anderen hatte Skovgaard junge, der damaligen Öffentlichkeit kaum bekannte Künstler oder Schüler der »Tekniske Selskab Skole« und/oder der Kopenhagener Akademie aufgenommen, die im Dom beständig oder zeitweise aushalfen.

Trotz der vielen (wechselnden) Mithelfer, die einerseits an der Herstellung von Kartonzeichnungen arbeiteten oder andererseits, je nach Können, die Freskierung von einzelnen Figuren, Tieren oder gar größeren Bildausschnitten selbst übernehmen durften, präsentiert sich die Ausmalung im Viborger Dom als ein Gesamtwerk von auffallender Homogenität, die Skovgaard letztendlich als »Urheber« und künstlerischen Leiter ausweist. Unter seinem Dirigat entstand ein einheitliches Werk, das nicht in Einzelleistungen zerfällt. Für diesen »Dienst an der Sache«, könnte man salopp formulieren, wählte Skovgaard unter vielen potentiellen Mithelfern diejenigen aus, die, wie er später einmal äußerte, »*mit mir zusammen und unter mir*« derart arbeiteten, dass das beste Resultat erwartet werden konnte.[257] Dies konnte deshalb gelingen, so Skovgaards Worte Jahre nach der Fertigstellung, da er einem jeden eine spezielle

Aufgabe, entsprechend seinem individuellen (technischen wie künstlerischen) Können anvertraute. Wie Beispiele noch zeigen werden, war diese Vorgehensweise nicht immer einzuhalten, da sie stets auch ein Zurückstellen der eigenen künstlerischen Vorstellung unter eine vorgegebene Auffassung bedeutete, die manch einer bisweilen mit Erfolg zu umgehen wusste.[258]

Skovgaard wurde hin und wieder als »*strenger Meister*« gesehen, der unpünktliches Erscheinen zur Arbeit mit dem Blick zur Uhr und einem »*unbehaglichen Lächeln*«[259] quittierte, gelungenen Arbeiten jedoch stets Anerkennung zollte; dennoch war man sich untereinander einig, dass er als »*Kapitän*« der Ausmalung »*der beste Mann war […]*«.[260]

Die Vorbereitungen richteten sich nach der Jahreszeit. In den Wintermonaten wurden die für den kommenden Sommer benötigten Kartons im Skovgaardschen Atelier in Kopenhagen hergestellt. Skovgaard erarbeitete selbst nach seinem Entwurf von 1897 beziehungsweise nach dem überarbeiteten um 1900 zunächst die detaillierten, zumeist aquarellierten Kartons im Maßstab von 1:3.[261] Seine Mitarbeiter übertrugen diese eigenständig auf »lebensgroße« Kartons im Maßstab 1:1.[262] Als Orientierungshilfe diente dabei das über die Kartons im Maßstab 1:3 gelegte Quadratnetz, das die Übertragung von Bildausschnitten auf die Größe 1:1 vereinfachte. Im Sommer griff man dann direkt vor Ort auf diese großen Kartons zurück.

1901 – Das erste Ausmalungsjahr

Das erste Dekorationsjahr 1901 begann für Skovgaard und seine Mitarbeiter mit den Vorbereitungen von Kartons für das südliche Querschiff, mit der Anfertigung von Draperiestudien beziehungsweise Studien zu Einzelmotiven und dem Einkauf freskentauglicher Farben,[263] deren Qualität ein chemisches Laboratorium in Kopenhagen überprüfte. Zudem wurde die erste, für 1901 gültige Versicherungspolice abgeschlossen.[264] Im April erhielt Skovgaard vom Kultusministerium die schriftliche Mitteilung über die erste Anweisung von 18.000 Kronen für das laufende Finanzjahr für »Viborg Domkirkes Restauration«.[265] Zwei Monate später verlagerte der Künstler seinen Arbeitsplatz in das Querschiff des Viborger Doms. Ein rollbares Gerüst stand für Arbeiten bereit, die direkt unter dem Gewölbe mit der obersten Szene »Versuchung Jesu«, an der Wandfläche über dem Seitenschiffdurchgang mit dem »Gleichnis vom Großen Gastmahl« sowie an der Gewölbedekoration mit »Die Sendboten des Herrn« begannen.

Fresken im südlichen Querschiff und Probemalerei in der Vierungskuppel

Das Fresko »Versuchung Jesu« (Mt 4, 1–11) befindet sich als oberste Szene von zwei weiteren, vertikal gesetzten Bildern auf einer zum Gewölbe hin bogenförmig abschließenden Wandfläche, die zwischen zwei Zwillingsfenstern liegt (Abb. 30). Dieser besonderen Wandsituation passte Skovgaard seine Szenen an. Schwierigkeiten mit der feuchten Mauer zwangen ihn, das Fresko drei Jahre später noch einmal zu malen. Verfolgt man den »Entstehungsprozess« dieses Bildmotivs vom Festhalten der ersten Idee bis hin zur Ausführung,[266] lässt sich feststellen, dass der ursprünglich gefasste Bildaufbau – von einigen Details in der Wiedergabe der Engel und des Versuchers abgesehen –, belassen wurde, obgleich er eine dynamischere Gestaltung erhielt.

Dargestellt ist die Situation der dritten Versuchung. Der von Jesus abgewandte Versucher stürzt sich im nächsten Moment vom wolkenumgebenen Berggipfel mit erhobenen Armen, die Hände zu einer Faust verschlungen, in die Tiefe. Ein dramatischer und dynamischer Akt zugleich, der mittels einiger kompositorischer Kunstgriffe erreicht wird. Der in wehende Gewänder gehüllte Versucher ist die einzige Figur, die mit nach links gedrehtem Körper einschließlich beider Arme diagonal ins Bild gesetzt wurde, während er nach rechts blickt. Schwungvoll verläuft sein Gewand in einer Faltenmasse nach unten aus und verliert sich in einem graugehaltenen, mit breiten und lockeren Pinselstrichen ausgeführten Wolkenteil, der den Berggipfel zu umfließen scheint. Die vom Versucher ausgehende Bewegung wird damit aufgenommen und fortgesetzt.[267] Eine zusätzliche dynamische Komponente bewirkt die Schritt-Stellung der Engel, die damit ein aktives, momentan sich abspielendes Herantreten suggerieren.[268] Zudem kommt ihnen in der Platzierung und Anpassung der Flügelpaare an den zwickelförmigen Abschluss der Wandfläche eine dekorative Funktion zu, die noch häufiger in den Gewölbedarstellungen beobachtet werden kann.

Mit Abschluss der Jahresarbeit im Herbst 1901 wurde das Fresko »Das Gleichnis vom Großen Gastmahl« (Lk 14, 15–24) auf der Wandfläche über dem Seitenschiffdurchgang als das erste im gesamten Kirchenraum mit der Datierung »*1901*« für fertig erklärt (Abb. 31). Feuchtigkeitsschäden und Salpeterflecken setzten dem Bild in den folgenden Jahren allerdings derart zu, dass man sich anhand einer speziellen Methode schließlich zur Abnahme des Bildes entschloss.[269] 1913 malte Skovgaard gemeinsam mit Stevns erneut das komplette Thema auf die mit Adiodon präparierte, neuverputzte Wandfläche.[270]

Der vom Kultusministerium genehmigte Entwurf von 1897 sah für diese Fläche ursprünglich zwei Szenen vor, das »Gleichnis vom Großen Gastmahl« und im oberen Drittel, dem Bereich des Rundbogens, das »Gleichnis vom Sämann« (Lk 7, 4–15). Die einzelnen Erzählebenen, die im Entwurf unübersichtlich neben- beziehungsweise übereinanderliegen, bewirken einen gedrungenen Bildaufbau, besonders im »Gastmahl«. 1899 überarbeitete Skovgaard diesen Plan. Vorausgegangen waren Probemalereien im Dom, die ihn bestärkten, eine Entzerrung der Bildszene infolge einer erweiterten Wandfläche vorzunehmen.[271] Der 1899 neu entstandene Plan sah das »Gleichnis vom Sämann« nicht mehr vor. Das »Große Gastmahl« konnte nun in einzelnen Szenen großzügiger behandelt und über die gesamte Fläche ausgedehnt werden.[272]

Im Fresko spiegeln sich die Bibelverse aus dem oben genannten Lukas-Evangelium wider, allerdings in einer anderen Gewichtung. Vorrangig die letzten Gleichnisverse gewinnen an Bedeutung. Ihre zentrale Aussage lautet, dass Krüppel, Arme, Lahme und Blinde, also am Rande der Gesellschaft stehende Menschen zum Mahl geladen werden sollen und nicht reiche Nachbarn oder Freunde.[273] Betrachtet man unter diesem Aspekt die bildliche Umsetzung der Aussage, wird der Bildaufbau auf der Grundlage eines Kreuzes und den Raum kreuzende Diagonalen sowie die Beziehung der Erzählebenen zueinander verständlich.[274]

Direkt und unmittelbar wird der Blick des Betrachters von einer elfköpfigen, in Rückenansicht gegebenen Schar von Männern und Frauen angezogen, die sich in Begleitung von drei Dienern auf einem Weg in der Mittelachse »*nach oben*« bewegen. Ein rückwärts gewandter Diener unterstützt diese Anziehung durch seine Funktion als »*Betrachter aus dem Bilde*«. Ein Gestus, der den Bildrezipient miteinbezieht und ihn am Geschehen teilhaben lässt. Von hier geht der Blick weiter zum oberen Bilddrittel, zur Person des Gastgebers in der Gestalt Jesu. Sie wird zusätzlich betont durch zwei ihn flankierende Säulen, deren Kapitelle an die reale Architektur stoßen sowie durch einen Rundbogendurchgang im Bildhintergrund. Eine reich gedeckte Tafel in einer Säulenvorhalle breitet sich hier großzügig über die ganze Wandbreite aus.

Jesus ist kompositorisch wie sinnfällig der »*Drehpunkt*« der Situation. Zu ihm und dem Gastmahl zieht die große Gruppe auf der Mittelachse. Der Blick geht von hier über die ausgebreiteten Arme, über den einladenden Handgestus und die Schrittstellung auf zwei, von den Seiten kommende, jeweils von Dienern begleitete drei- und vierköpfige Gruppen. In der Schar rechts unten über dem Rundbogen ist die an Alte und Gebrechliche gerichtete Einladung zum Gastmahl noch einmal konkretisiert: ein Diener hilft einem spärlich bekleideten, am Wegrand sitzenden Mann beim Aufstehen.

Die Anfangsverse des Gleichnisses, die Aussendung der Diener zu den ursprünglich Geladenen und deren Entschuldigungen, nicht am Gastmahl teilhaben zu können, sind beidseitig der Mittelachse in das übrige Geschehen nahtlos integriert. Allen drei Szenen gemeinsam ist das Moment der Absage an die Diener, die sich in abweisenden Handbewegungen äußert. Der beleibte Ochsenbesitzer unten links deutet auf die eben erworbenen, hinter ihm liegenden Ochsen, der feingekleidete Mann auf seine Braut, die er in sein Haus führen will und der mit Umhang und Hut bekleidete Mann mit ausholender Geste auf sein Kornfeld.

Überliefert ist, dass Niels Larsen Stevns Architekturteile sowie nach eigenen, selbst verfertigten Studien den Ochsenbesitzer, die Ochsen, die Braut, das Kornfeld und die Agaven ausführte, die Skovgaard trotz unterschiedlicher Auffassung und Wiedergabe zum größten Teil akzeptierte und bestehen ließ.[275] In einem Brief bedankte sich Bischof Swane bei Skovgaard für die »*großflächige und erbauliche Darstellung*« vom »Großen Gastmahl«.[276]

Noch im ersten Dekorationsjahr wurde eine dritte Fläche, das Kreuzgratgewölbe des südlichen Querschiffs, begonnen. Dieses, wie alle weiteren Gewölbe mit Engelsdarstellungen, forderten Skovgaard vier Jahre lang mit ihrer Architektonik heraus und zwangen ihn immer wieder dazu, Bildaufbau, Farbwahl oder Perspektive zu überdenken und umzugestalten.[277] Für den Künstler war hierbei wichtig, dass die Gewölbe keine eigenständigen Erzählungen einer biblischen Gegebenheit darstellen, sondern vielmehr mit den darunterliegenden Wandfresken eine thematische Korrespondenz im Sinne einer weiterführenden Interpretation eingehen sollten.

Das Motiv des Kreuzgratgewölbes »Die Sendboten des Herrn«, das sich nicht eindeutig einer Bibelstelle zuordnen lässt, erklärte Skovgaard dem »Kirkesyn« im Herbst 1901 in einem internen Schreiben.[278] Seiner Meinung nach gäbe es die vielfältigsten Gedanken zu *»lichttragenden Engeln«*. Ihm sei nach etlichen Ideen klar geworden,[279] dass die Beigabe von Kerzen passend für Engel wäre. Neben den »Kerzenträgern« könnten vier weitere Engel mit unterschiedlicher Gestik dargestellt werden: ein Zuhörender für die Gespräche der Menschen, ein Scharfsichtiger für ihre Taten, ein Nachdenklicher, der in die Herzen sieht und ein ernster Engel, der aufwärts zu Gott blickt.

Das Gewölbefresko besteht aus einem zweifarbig gemalten Doppelkreis: ein innerer, weiß-grau gehaltener und ein sich anschließender blaufarbiger, der in den vier Eckzwickeln jeweils in ein Wolkenband und Ornamentmuster ausläuft. Innerer und äußerer Kreis sind durch ein schmales rotes Band verknüpft, das zugleich *»Standfläche«* für vier rot- und grüngewandete Engel ist. Mit *»ausgebreiteten Flügeln«* stehen sie im inneren Kreis im 90°-Winkel zueinander und halten über ihren Köpfen ein kreisförmiges, rot-weißes Medaillon, das den Gewölbe-Mittelpunkt markiert. Diagonal dazu stehen jeweils auf dem Wolkenband der Eckzwickel vier kerzenhaltende Engelspaare.

Im Sommer 1901 führte Skovgaard zudem Farbversuche in der Vierungskuppel durch. Er wollte eine Entscheidung darüber herbeiführen, wie sich der im Entwurf von 1897 als dunkelgrüne Draperie gehaltene Bildgrund hinter den rotgewandeten thronenden Aposteln im Fresko ausnehmen würde. Nach diesem Versuch kam er zu dem Resultat, das gesamte Gewölbe mit einem goldfarbenen beziehungsweise ockergelben Farbgrund zu versehen.[280] Eine weitere Änderung gegenüber dem ursprünglichen Entwurf wollte er auf den Wandflächen über dem Orgel- sowie Triumphbogen vornehmen, die nicht bemalt, sondern mit Granitsteinen verkleidet werden sollten. Ziel war, eine Einheit zu den übrigen Flächen des Mittelschiffs herzustellen und eine übermäßige Farbigkeit zwischen Triumphbogenfläche und Decke zu vermeiden.[281] Nach einer Begutachtung vor Ort am 23. August überzeugte sich das »Kirkesyn« von Skovgaards Vorschlägen und unterstützte ihn vor dem Kultusministerium.[282] Beide Vorschläge wurden in den nächsten Jahren umgesetzt.

Erste öffentliche Diskussion zur Ausmalung

Während die Ausmalungsarbeiten im ersten Dekorationsjahr noch in vollem Gange waren, hielt sich vom 3. bis 8. August ein »Beobachter« im Viborger Dom auf. Er interessierte sich für die Arbeiten auf dem Gerüst und erkundigte sich nach einigen Bilddetails.[283] Wenige Wochen später, am 25. und 26. August, erschienen in der Tageszeitung »Politiken« zwei mit Theodor Bierfreund[284] unterzeichnete Artikel. Der erste ging am Rande auf die Ausmalung ein, der zweite, weitaus kritischere Artikel, richtete sich in polemischem Unterton direkt gegen Skovgaard und seine Arbeit im Dom. Beide lösten eine vehemente Pro- und Kontra-Diskussion aus, die bis September dauerte.[285]

Im ersten Artikel, der in Auszügen hier vorgestellt werden soll, ging Bierfreund zunächst ganz allgemein auf eine Kirchenausmalung ein, die, wie er schreibt, vergleichbar der Erbauung des Doms nicht das Werk einer Einzelperson sei und ein Maler nur nach dem Willen beziehungsweise den Wünschen der Gemeinde ausführe. Ältere Kirchen könnten zeigen, wie neu aufgetretene Dogmen in das bereits vorhandene Ausmalungssystem bildlich umgesetzt und integriert würden. Bei neuen Kirchen, so Bierfreund weiter, achteten die Behörden aber darauf, dass die Bildthemen je nach Bedeutung einen Hauptplatz im Kirchenraum zugewiesen bekämen. Diese bedeutsame Entscheidung der Platzierung von Bildthemen würde man niemals einem Künstler überlassen. Bierfreunds Zeitungsartikel vom 25. August schloss mit den Worten, dass auch ein Gegenwartskünstler sich behördlichen Forderungen beugen könnte, wie vor ihm schon Größen (Giotto, Fra Angelico oder Raffael).

Bierfreunds Kritik vor dem Hintergrund der aktuellen Ausmalung in Viborg ist offensichtlich: Seiner konservativen Überzeugung nach maßte sich ein Gegenwartskünstler (Skovgaard) an, Themen nach eigenen Vorstellungen und nicht nach denen der Gemeinde respektive der Behörde im Kirchenraum anzuordnen. Der Kritiker konnte oder wollte nicht verstehen, dass vor allem der Viborger Stiftsobrigkeit, aber auch dem »Kirkesyn« und Kultusministerium daran gelegen war, eine endgültige Ausmalung zu erhalten, für die sie Skovgaard als Künstler und seinen Entwurf guthießen und die Dekoration mit einem Etat von 120.000 Kronen genehmigten. Zudem kritisiert Bierfreund, dass Themen von »*untergeordneter Bedeutung*« an exponierte, seiner Ansicht nach unpassende Stellen im Kircheninneren gesetzt würden. Bezogen auf die Ausmalungssituation im August 1901 wird deutlich, dass sich dem Kritiker zum damaligen Zeitpunkt erst ein winziger Teil an fertigen Fresken offenbaren konnte, nämlich die »Versuchung Jesu« (der oberste Abschnitt eines dreiszenigen (!) Bildes), das fast vollendete »Gleichnis vom Großen Gastmahl«, das erst im September signiert und für fertig erklärt wurde, das südliche Gewölbe mit den »Sendboten des Herrn« sowie Farbproben in der Vierungskuppel. Während seines Besuchs bot sich Bierfreund das Querschiff samt Gewölbe erst bruchstückhaft ausgemalt dar. Das Skovgaardsche Konzept, das die Kulmination im »Thronenden Christus« in der Apsis durch die Gesamtwirkung aller Fresken anstrebte, ließ sich zu diesem Zeitpunkt also noch nicht einmal erahnen und erschien Bierfreund vielleicht dadurch unverständlich und als künstlerischer »*Alleingang*«.

Noch harscher ging Bierfreund in seinem zweiten Artikel vom 26. August direkt gegen die Dom-Ausmalung und Skovgaard vor. Nach wenigen einleitenden Sätzen stellte er sich (und den Lesern) die Frage, ob Skovgaard sich überhaupt auf die Aufgabe vorbereitet und damit ein Recht auf die »*monumentale Arbeit*« erworben hätte. Mit einem »*Nein!*« beantwortete er sie wenig später gleich selbst und begründete dies folgendermaßen: Skovgaard habe auf seiner sechs Wochen andauernden Italienreise (1900) zur Genüge italienische Kunst studieren können, dabei jedoch übersehen, dass der Viborger Dom eine romanische, also eine »*nordische*« und keine »*römische*« Kirche sei, die eine dementsprechende Ausmalung verlange. Zweitens habe Skovgaard planlos wie ein gewöhnlicher Tourist die verschiedensten »*Schönheiten*« aufgenommen – in Bierfreunds Augen eine ganz »*dilettantische Reiseart*«. Und drittens habe Skovgaard in Italien gesehen, dass alles »*christliche Kunst*« war und da er selbst Christ sei, so die weitere Folgerung des Kritikers, wäre ihm das für sein Vorhaben ausreichend gewesen. Die Vielfalt an stilistisch ungleichartigen Kunstausrichtungen, die Skovgaard in Italien begegnet wären, drohte nach Bierfreunds Ansicht nun im Viborger Dom zu einem »*Ruskomsnusk*«, einem Mischmasch zu werden. Zum Beispiel durch »*byzantinische Engel*« im Querschiffgewölbe, einem »*florentinischen Stil*« im »Gleichnisbild« oder durch einen der »*römischen Alten Kirche*« entliehenen Figurenstil für die sitzenden Aposteln in der Vierungskuppel.

Desweiteren beanstandete Bierfreund die technisch völlig unzulänglichen Mittel für die Ausmalung und Skovgaards mangelhaftes Wissen, die dafür sprächen, dass es weder einen Plan zur Dekorationsarbeit gegeben habe, noch je einer existieren werde.[286] Am Ende seines Artikels stand für Bierfreund eindeutiger als je zuvor fest, dass die Viborger Domkirche historisch betrachtet, zu keiner Zeit »*mehr misshandelt*« worden wäre als derzeit geschehen würde.

Am 8. September erfuhren die »Politiken«-Leser gleich im Vorspann eines weiteren Bierfreund-Artikels, dass sich der Autor – wohl wissend um Reaktionen –, bereits nach Erscheinen des ersten Artikels auf mögliche Einwände eingestellt hatte. Jedoch wolle er klarstellen, dass er sich nie über Skovgaards Malkunst ausgelassen habe und wenn, dann nur beiläufig. Denn die wesentlichen Punkte seiner letzten Ausführung vom 25. September wären ja die folgenden gewesen: Erstens die »*Viborger Domkirche ist eine romanische, eine nordeuropäische Kirche*«. Zweitens habe der Künstler für ihre Dekoration keinen festen Plan, selbst wenn sie als italienische Kirche ausgemalt werden sollte und zudem würde Skovgaard »*Stilreinheit und Einheit*« missachten. Eine Stilmischung erkenne der Autor nur an, wenn sie über Jahrhunderte gewachsen sei. Und als er nach Viborg gereist sei, habe er schöne, kirchliche Kunst vorzufinden geglaubt. Ein Bau wie der Viborger Dom fordere seiner Meinung nach eine stilgerechte

Ausmalung, weshalb Skovgaard nach Deutschland, beispielsweise nach Köln hätte reisen sollen und nicht nach Italien, um entsprechende Vorbilder zu finden.

Karl J. W. Madsen (1855–1938), Kunsthistoriker, Museumsdirektor und Maler,[287] ergriff in seinem am 10. September in »Politiken« abgedruckten Beitrag »Et Anneks til Viborg« Partei für die Ausmalung. Scharf wies er »*Dr. Bierfreund*« als einen Autoren zurecht, der Skovgaard »*Konfusionen in seinem Gehirn*« zuspräche, selbst aber eine Unzahl an Beschwerden aufzähle, von denen nicht einmal eine die kleinste Spur einer Begründung aufweise. Zudem, so Madsen, gebe es ein »Kirkesyn«, dessen Mitglieder ein sehr fundiertes Wissen an mittelalterlicher Kunst besäßen. Wie er aus sicherer Quelle wisse, hätten diese sich nach einer Begehung des Viborger Doms vergebens angestrengt, einen noch so kleinen Bruchteil von Bierfreunds Einwänden zu finden, die einen »*Funken Wahrheit*« aufweisen könnten.[288]

Unter der Überschrift »Viborg Domkirkes Restaurering« erschien bereits einen Tag später, am 11. September, Madsens zweiter Artikel mit der sonderbaren Einleitung, es habe sich ein Unglück ereignet, dass die Dekorationen der Viborger Domkirche Joakim Skovgaard überantwortet worden wären. Doch schon im zweiten Satz wird der ironisch gewählte Unterton Madsens durch die Formulierung deutlich, dass selbst diejenigen, die mit dem geringstmöglichen Wohlwollen Skovgaards Kunst sähen, kaum sein Talent für Dekoratives und Monumentales leugnen könnten. Zudem wäre sein Entwurf ausgezeichnet worden. An Bierfreund gewandt sprach sich Madsen für ein Studium vergangener Traditionen aus, war aber der Meinung, dass ein Künstler gleich einem »*Dichter*« sein solle, der alte Formen mit neuen Inhalten fülle. Im Falle der Dom-Ausmalung könne man jedoch eher in Sorge darüber geraten, dass Skovgaard nicht frei genug »*dichte*« als allzu frei. »*Einem Dr. Bierfreund*«, so schloss Madsen seinen Artikel, stünde es jedenfalls gewiss nicht an, die Dekorationen der Viborger Domkirche zu kritisieren.

Ebenfalls am 11. September beteiligte sich Museumsinspektor Oppermann an der Bierfreund-Madsen-Debatte und stellte in seinem Artikel einleitend fest, dass es ein alter Brauch sei, ein halbfertiges Kunstwerk in der Öffentlichkeit nicht anzugreifen. Zudem habe Bierfreund für seine Kritik einen Zeitpunkt gewählt, an dem der Künstler verhältnismäßig schutzlos dastand, vermutlich in der Hoffnung, er, Bierfreund, könne mit seinen Artikeln die Durchführung jener Aufgabe verhindern. Zudem hätte er sich, so Oppermann, schon Jahre zuvor mit Skovgaards Entwurf beziehungsweise dem gesamten Projekt auseinandersetzen und feststellen können, wie sich die Ausmalung gestalten würde. Auch habe Dr. Bierfreund übersehen, dass der Künstler zu diesem Zeitpunkt ausdrücklich einige Arbeiten als Versuche und nicht als fertige Bilder bezeichne, anders als dies Bierfreund in seinen Beiträgen zum Ausdruck bringe. Oppermann schloss seine Abhandlung mit dem Hinweis, dass im Dom nicht ein Pasticcio entstehe, sondern eine einheitliche Dekoration, die in ihrer Gesamtheit von einer einzigen Künstlerpersönlichkeit geprägt werde.

Zumindest in dieser gedruckten Form schienen die Debatten im September beendet zu sein.[289] Internen Berichten, die vom »Kirkesyn« beziehungsweise Kultusministerium nach diesem Zeitpunkt verfasst wurden, kann man jedoch entnehmen, dass der eine oder andere Kritikpunkt Bierfreunds nochmals aufgegriffen und Skovgaard um Stellungnahme gebeten wurde.[290] So erwünschte das »Kirkesyn« nach seiner abschließenden Begutachtung am 23. August 1901 eine Aufschlüsselung der Engeldekoration im südlichen Querschiffgewölbe, da man den »*leitenden Gedanken*« jener Darstellung nicht »*recht erhalten*« habe.[291] Außerdem beurteilte das »Kirkesyn« u. a. die Wolken als »*unverständlich, zu kantig und plump*«, die Engelsflügel als »*flach und grob behandelt*«, den Ornamenten in den Eckzwickeln wünschte man eine Änderung und dem Farbauftrag Klarheit und Reinheit.[292]

Trotz der Kritik wollte das »Kirkesyn« keineswegs »*in die persönliche Freiheit seiner Arbeit und ihren Fortschritt*« eingreifen, da der Künstler seinen »*eigenen Impulsen*« innerhalb des einmal vorgegebenen und genehmigten Rahmens folgen sollte und lobte das bisherige Resultat. Trotz einiger »*Unsicherheiten in der angewandten Technik*« schreite die Arbeit in Übereinstimmung mit dem Plan voran.[293]

1902 – Das zweite Ausmalungsjahr

Anfang Mai 1902 begann für Skovgaard, Niels Larsen Stevns, Johan Mielche und Arne Lofthus das zweite Dekorationsjahr. Vorgesehen war die rasche Fertigstellung der noch ausstehenden Flächen im südlichen Querschiff, die Ausmalung des nördlichen Querschiffgewölbes und der Vierungskuppel[294] sowie Farbproben in Blau als möglicher Grundton für die Seitenschiffgewölbe.[295] Bevor die für den Sommer geplanten Freskoarbeiten allerdings beginnen konnten, wurde Skovgaard durch die Nachricht beunruhigt, dass sich in den letzten Monaten auf dem für fertig erklärten und mit 1901 datierten Fresko »Das Gleichnis vom Großen Gastmahl« Flecken gebildet und zunehmend vergrößert hätten.[296] Um darüber nähere Aufschlüsse zu erhalten, schaltete der Künstler »Detlefsen & Meyers Laboratorium« in Kopenhagen ein und bat um Klärung.[297] Der Untersuchungsbefund vom 3. Juni 1902 ergab »*Salpeterbefall*«, gegen den folgender Vorschlag ausgearbeitet wurde: Die gesamten Mauerflächen sollten einen Anstrich mit Adiodon – einem asphalthaltigen Mittel gegen Feuchtigkeit – erhalten, bevor der Putzgrund aufgetragen und die Freskierung begonnen werden konnte.[298]

Fresken im nördlichen Querschiff und in der Vierungskuppel

»Die Streitengel des Herrn« (Mt 26, 53) im nördlichen Querschiffgewölbe[299] (Abb. 32) bilden das Pendant zu »Die Sendboten des Herrn« (Abb. 26) im südlichen Gewölbe: Identisch sind Komposition und Aufbau durch die jeweils paarweise über den vier Eckzwickeln diagonal zueinander angeordneten Engel in der äußeren Gloriole, durch vier einzelne, rechtwinklig gesetzte Engel im inneren Kreis und das Muster der Eckzwickel. Anstelle der Kerzen halten die Engel in ihrer Funktion als Legionen Gottes Schwerter und Schilde, mal drohend und scheinbar zum Kampf bereit, mal auf das Schwert gestützt.

Der Entwurf von 1897 sah für das nördliche Gewölbe eine Lösung mit acht kreisförmig angeordneten Engeln in einer Gloriole vor, die über ihren Köpfen ein Medaillon mit Christus als guter Hirte halten. Bei der Überarbeitung dieses Entwurfs zwei Jahre später erstellte Skovgaard einen neuen Plan, dessen Verwirklichung sich heute vor Ort präsentiert. Der entsprechende Bibelvers aus dem Matthäus-Evangelium, in dem Engelslegionen genannt sind, ist bildnerisch umgesetzt. Dabei war dem Künstler sein Wunsch nach der inhaltlichen Verknüpfung mit dem darunterliegenden »Gethsemane«-Fresko ebenso geglückt wie die Vorstellung, den Gewölben keine eigenständige Erzählung zu geben.

Am 25. Mai 1902 schrieb Skovgaard seiner Ehefrau Agnete, dass die Arbeiten nun »*richtig gut in Gang kämen*«, die Temperaturen in der Kirche mithielten und die Arbeiten am Mittelgewölbe beginnen würden«.[300]

Zwischen den beiden auf blauem Grund gehaltenen Engeldarstellungen präsentiert sich das Thema der Vierungskuppel, »Pfingsten – Ausgießung des Hl. Geistes« und »Die vier Evangelisten« (Apg 2, 1–4) in einer ähnlichen Anlage (Abb. 28): Die zwölf thronenden Apostel sind kreisförmig vor einem durchgehend ockergelben Untergrund angeordnet, die vier Evangelisten und ihre Symbole legte Skovgaard in die Eckzwickel des Gewölbes.[301] Nach Probemalereien im Sommer 1901 mit ockergelber Farbe hatte der Künstler die ministerielle Erlaubnis erhalten, die grün-blaue Draperie im Entwurf von 1897 durch Ockergelb ersetzen zu dürfen.[302] Nach erneuter Ummalung 1903 und Beratung mit Künstlerkollegen zur Verwendung von gelber Farbe als Symbol des Lichts beließ Skovgaard 1904 die goldgelbe Barytfarbe als zufriedenstellenden Untergrund.[303]

Das abstrakte Thema »Pfingsten« wird mit Hilfe eines zwölfstrahligen Kranzes dargestellt, der von der inneren Gloriole her um die Taube als das Symbol des Hl. Geistes ausgeht und als Strahl auf den durchbrochenen Heiligenschein eines jeden Apostels weitergeführt wird. Durch Namenstafeln am Thronsockel werden diese identifiziert. Interessant ist die Art des Pinselduktus des ockergelben Bildgrundes und der rötlichen Gloriolenränder. Breite und gleichsam versetzt geführte Pinselstriche in gelb sowie in sparsam gesetzter gelb-grauer Abstufung ergeben eine Oberflächenstruktur, die an Mosaiken erinnert.[304]

Schon im Entwurf von 1897 hatte Skovgaard das Thema »Pfingsten« und seine Platzierung von F. C. Lunds ursprünglicher Dekoration aus den 1870er-Jahren übernommen.[305] Allerdings war die Reihenfolge der Apostel noch unklar. Am 10. Januar 1902 reichte Skovgaard vier Skizzenvorschläge bei Bischof Swane ein.[306] Die Reihenfolge, die er schließlich wählte, präsentiert sich heute vor Ort vom Langschiff her und im Uhrzeigersinn gesehen, folgendermaßen: Peter – Johannes – Jakobus d. Ä. – Thomas – Jakobus d. J. – Philipp – Matthäus – Bartholomäus – Judas Thaddäus – Simon – Andreas – Paulus.[307]

Die große Wandfläche der Ostseite des nördlichen Querschiffs mit dem Thema »Das letzte Abendmahl« (Mt 26, 20–29, Joh 13, 21–30) und »Jesus im Garten Gethsemane« (Lk 22, 39–47, Mt 26, 30–47) sollte ebenfalls im Sommer 1902 freskiert werden (Abb. 33). Das zweiszenige Fresko zeigt wie der Entwurf von 1897 in der unteren Bildhälfte die Versammlung zum letzten Abendmahl und im oberen Teil die Geschehnisse im Garten Gethsemane.[308]

Die Interpretation des Themas kann als eine mögliche Verschmelzung der oben genannten Verse aus dem Matthäus- und Johannes-Evangelium gesehen werden. In einem zum Betrachter hin offenen Innenhof eines dreiflügelig angelegten, hell getünchten Hauses hat sich Jesus mit seinen Aposteln versammelt. Diesem Moment ist die Beschreibung aus dem Johannes-Evangelium hinzugefügt: Der Verräter Judas in langem, dunkelgrauen Gewand hat bereits den Tisch verlassen und schleicht in leicht geduckter Haltung und mit tastender Hand seitwärts zum rechten Bildrand. Die eher statisch wirkende Szene des Mahls in dem bühnenraumartig gestalteten Hof erhält damit ein dynamisches Element durch Schritt- und Körperhaltung der Judas-Figur, verstärkt durch die Faltengebung am Gewand. Fortgesetzt wird diese Dynamik darüber in der von rechts nach links diagonal zur Bildmitte vorstoßenden Soldatengruppe aus »Gethsemane«.

Skovgaard stellte einen Zeitpunkt dar, wie ihn die Bibel in dieser Form nicht beschreibt. Die von zwei Fackelträgern angeführte achtköpfige Schar schreitet mit Lanzen und Schilden bewaffnet auf den Eingang des Gartens zu. Judas begleitet sie und weist mit ausgestrecktem Arm und Zeigefinger auf die Bet-Szene am Ölberg. Diagonal zu diesem Geschehen kauern schlafend am linken Bildrand die Apostel, aufgeteilt in eine Dreier- und eine Achtergruppe.

Die beiden zeitlich divergierenden Szenen sind harmonisch und ohne Bruchstelle im Bereich von Hausarchitektur und unmittelbar dahinter ansteigender und umlaufender Mauer des Gartens Gethsemane verzahnt, optisch getrennt nur durch das feine Band des Ziegeldaches und die farblichen Abstufungen zwischen Hauswand und Gemäuer. Durch den gelblichen Widerschein der Fackeln im rechten Mauer- und Innenhofbereich scheinen alle Zeitunterschiede zwischen oberer und unterer Szene endgültig aufgehoben zu sein.

Am 20. September 1902 konnte Skovgaard von der Fertigstellung des Freskos berichten.[309] Einen Eindruck von der im Brief beschriebenen aufwendigen Arbeit von der Entstehung eines Freskos hoch oben auf dem Gerüst vermittelt das Gemälde von Poul Simon Christiansen (1855–1933),[310] der sich mehrmals im Viborger Dom aufgehalten hatte. Abgebildet sind bei ihrer jeweiligen Tätigkeit am Bildteil »Gethsemane«

der Malergeselle Bird, Arne Lofthus, Johan Mielche, Niels Larsen Stevns, Joakim Skovgaard, Maurergeselle Søren Nielsen und der Viborger Maurermeister Christian F. Jensen in Anzug und Hut.

Parallel zu diesen aufwendigen Freskierarbeiten führte Skovgaard Kasein-Farbproben mit Blick auf mögliche Farbzusammenstellungen und deren Wirkung durch,[311] so im letzten südlichen Triforiumfeld, für das er einen ockergelben Bildgrund wählte, und in einem Seitenschiffgewölbe, das er blau ausmalte.[312] Er unternahm Versuche im Chorgewölbe »*zwischen zwei Sonntagen*«,[313] ließ die Ummauerung des Triumph- und Orgelbogens vermutlich unter der Anleitung des Viborger Maurermeisters Christian Jensen vornehmen und den Untergrund des Apsisgewölbes erneuern.[314] In diesem Sommer traten jedoch auch mehrfach Verzögerungen bei den Freskierungsarbeiten auf, die sich einerseits aufgrund der Mitarbeit von Künstlern beim Auftrag der Adiodon-Schutzschicht ergaben, andererseits wegen zahlreicher Krankheiten von Mitarbeitern infolge des feuchten Sommers.

1903 – Das dritte Ausmalungsjahr

Im dritten Jahr der Ausmalung, für das das Kultusministerium 20.000 Kronen bereitstellte, nahmen Skovgaard und seine Mitarbeiter Mitte Mai die Arbeiten im Dom auf. Abermals waren Modell-, Draperie- und Bewegungsstudien angefertigt[315] und Kartons vorbereitet worden. Vorgesehen waren erneute Arbeiten in den Gewölben: im Querschiff waren teilweise Verbesserungen nötig geworden, in der Vierungskuppel nahm man farbliche, bereits im Jahr 1902 angedachte Veränderungen vor, um eine geschlossene und einheitliche Wirkung zu erzielen.[316]

Zunächst wurde jedoch festgestellt, dass die Gewölbe aus einem minderwertigen Material gemauert waren, das sich zu lösen begann und keinen ausreichenden Halt für Malereien bot.[317] Desweiteren waren für die Sommermonate Freskierungen der Fenster- und der Westwand im nördlichen Querschiff sowie des ersten Rundbogenfeldes im südlichen Seitenschiff, Farbproben in der Apsis[318] und Vorbereitungen für die Bemalung einiger Seitenschiffgewölbe vorgesehen.[319] Aufwendiger als geplant, gestalteten sich die Arbeiten im Querschiffbereich, die die Schließung des Doms für mehrere Wochen erforderten – die bevorstehenden Pfingsttage zwangen Skovgaard jedoch, auf das südliche Seitenschiff auszuweichen.

Das Fresko im südlichen Seitenschiff und Überarbeitungen der Gewölbe

Gleich nach ihrer Ankunft Mitte Mai nahmen sich Skovgaard und Lofthus zum erstenmal gemeinsam ein Feld im südlichen Seitenschiff vor, etwa eineinhalb Wochen später war das Fresko »Kain und Abel« (1. Mose 4, 3–8) fertig.[320]

Von den insgesamt sieben Rundbogenfeldern im südlichen Seitenschiff ist, von der Westseite her gezählt, das »Kain und Abel«-Feld das zweite (Abb. 34). Es unterscheidet sich von den übrigen Wandfeldern insofern, dass nicht ein Rundbogenfenster, sondern eine Tür die Fläche durchbricht. Ein Vergleich zwischen Entwurf von 1897 und heutigem Fresko zeigt eindeutig, dass das »Kain und Abel«-Motiv im Laufe der Jahre unwesentliche Änderungen erfuhr. Der Austausch der ornamentalen Rahmenleiste am unteren Bildrand im Entwurf zugunsten eines schlichten, mosaikähnlich ausgeführten rot-grauen Doppelbandes, wie dann im Fresko verwirklicht, erfolgte durchgehend bei allen Wandfeldern der beiden Seitenschiffe.

Die Kain- und Abel-Erzählung präsentiert sich dem Betrachter in einer klaren Bildsprache, die dem Wortlaut der Bibel folgt.[321] Hierbei ist die Situation des Wandfeldes schon bei der Planung der Szene miteinbezogen, der reale Türsturz beispielsweise wird zum Boden für die darüber weidenden Schafe. Aber auch die ausweglose Situation Abels, der gleichsam »*eingepfercht*« zwischen realem Türrahmen und Pilaster von seinem Bruder bedrängt wird, scheint in ihrer Dramatik durch die begrenzte Wandfläche vollends zum Ausdruck zu kommen.

Auffällig ist gerade im Vergleich zum Fresko »Das letzte Abendmahl / Jesus im Garten Gethsemane« der Farbauftrag, die Pinselführung und Oberflächenstruktur, wie sie vor allem später in den Endflächen der Seitenschiffe (1904) sowie in den sogenannten »Paradiesbildern« (1905/06) intensiviert wurden: der hell verputzte Bildgrund ist nicht von »*kompakt*« gemalten, zueinandergesetzten Farbflächen über- beziehungsweise verdeckt, sondern schimmert weißlich durch die aus locker gesetzten Pinselstrichen bestehende Malfläche hindurch.

Nach Pfingsten begann Skovgaard mit der Überarbeitung der Gewölbe im Querschiff, vor allem der Vierungskuppel und stimmte sie farblich wie formal aufeinander ab. Diese langwierigen Verbesserungen und Veränderungen, etwa bei der Auslotung von Perspektiven und Proportionsverhältnissen an den Apostel- und Engelfiguren, zogen sich den gesamten Sommer über hin.[322] Anfang Juni kamen Kasein-Farbproben in der Apsis hinzu, die »*trotz Schufterei*«, so Skovgaard an seine Ehefrau Agnete, nicht gelingen wollten.[323]

Nach der Begutachtung durch das »Kirkesyn« am 30. Juli waren die Proben im wesentlichen abgeschlossen, so dass noch in diesem Ausmalungsjahr mit der Freskierung der Wände im nördlichen Querschiff begonnen werden konnte.[324]

Fresken im nördlichen Querschiff

Die architektonische Situation der nördlichen Fensterwand im Querschiff ist identisch mit der im südlichen: in die zum Gewölbe hin bogenförmig abschließende Wandfläche sind mit Abstand zwei rundbogige, mit Überfangbögen gestaltete Zwillingsfenster eingelassen. Entsprechend zum südlichen Pendant sah Skovgaard ein dreiszeniges Fresko mit den Themen »Reinigung des Tempels« (Joh 2, 13–16), »Heilung der blutflüssigen Frau« (Mk 5, 25–34) und »Heilung des Gichtbrüchigen«[325] (Lk 5, 17–25) vor (Abb. 35).

Dem obersten Freskoteil haftet ein dynamisches Moment an, das mit Hilfe eines in der Malerei etwa seit den späten 1860er-Jahren zu beobachtenden, seitdem immer wieder verwendeten Gestaltungsmittel erfasst ist. Bewusst werden bei dieser Vorgehensweise Szenendetails – einer fotografischen Momentaufnahme gleich – über- oder angeschnitten, beispielsweise die fliehenden Tiere oder die von der linken Säule mit wehendem Umhang größtenteils verdeckte Person, was den Eindruck einer gewissen Spontaneität erweckt.[326]

Durch ein mehrfach rot-weiß gestreiftes Ornamentband getrennt schließt sich direkt darunter die zweite Szene »Heilung der blutflüssigen Frau«[327] an, die ein Beispiel für Jesu Heilstaten darstellt. Die Szene, die sich auf die bereits geheilte Frau konzentriert, ist in einem nur vage definierten Vor- oder Innen-Raum vor einer Säulenarkade oder einem -durchgang angesiedelt. Im Bildvordergrund rechts unten ist die Geheilte in rotem Gewand und in ein weißes Tuch gehüllt schräg hinter Jesus platziert, der – aufmerksam auf sie geworden –, auf sie herabblickt. Dicht gedrängt beobachten Apostel und vermutlich Schriftgelehrte die Szene.

Getrennt durch ein schmales, rot-gelbes Band mit kleinen, aus Rundbogenfenstern gestalteten Ornamenten, schließt sich die dritte Szene »Heilung des Gichtbrüchigen« an. Sie nimmt den vorderen Bildgrund in gesamter Breite ein. Die Trage mit dem Kranken wird vor Jesus abgestellt, der ihn mit ausladender Geste empfängt. Auch in dieser Szene steht Jesus in der Bildmittelachse, betont durch die von einer Rundbogenöffnung bestimmte Wandgliederung, von Pilastern und Blendarkaden flankiert.

Überblickt man das komplette Fresko, das im Oktober mit der Jahreszahl »*1903*« rechts unten datiert wurde, entsteht trotz der Themenvielfalt ein geschlossener und harmonischer Gesamteindruck, der sich durch die Wiederkehr bestimmter Bildkomponenten, Farben und ähnlicher Schemata erklären lässt. Zum einen wählte Skovgaard eine durchgehende Mittelachse, bestehend aus Rundbogenöffnungen oder einer Säule, die die drei Szenen untereinander verbindet sowie einen jeweils symmetrisch gehaltenen Bildaufbau durch ausgewogen verteilte Figuren oder Tiere und architektonische Teile. Zum anderen setzte er Farben als verbindendes Element untereinander ein, wie anhand der rot, grün und grau gekleideten Figuren und der hellgelben Architektur in der zweiten und dritten Szene beobachten werden kann.[328] In der gleichen Weise ist die gegenüberliegende Fensterwand im südlichen Querschiff gestaltet.

Die letzte große Wandfläche über dem Seitenschiffdurchgang, an der ab August Skovgaard und Stevns malten und abschließend rechts unten mit »*1903*« datierten, liegt direkt gegenüber des »Gethsemane«-Freskos. Etliche Stellen dieses mehrteiligen

Bildes mit den Themen »Einzug in Jerusalem«[329] (Mt 21, 1–11 / Lk 19, 29–39), »Auferweckung des Lazarus« (Joh 11, 1–45) und »Jesus bei Maria und Martha« (Lk 10, 38–42) wurden vermutlich ein Jahr später, 1904, umgemalt und verbessert, einzelne Details wurden entfernt, vielleicht wurde sogar das gesamte Fresko mit den Themen noch einmal gemalt (Abb. 36).[330]

Eine endgültige und ihn zufriedenstellende Gliederung der drei Szenen erreichte Skovgaard erst in mehreren Stadien.[331] In einer undatierten Kompositionsskizze[332] hatte der Künstler zunächst zwei biblische Szenen geplant: »Christus beruhigt den Sturm« als oberen Bildabschluss, darunter den von rechts nach links gehaltenen »Einzug in Jerusalem«. In einer früheren, ebenfalls undatierten Skizze[333] sowie im Entwurf von 1897 tauchen insgesamt vier biblische Szenen auf. Die beiden oben erwähnten Darstellungen sind mit der »Auferweckung des Lazarus« und »Jesus bei Maria und Martha« ergänzt, allerdings in unterschiedlichen Kombinationen. So finden sich jene im frühen Entwurf zwischen »Christus beruhigt den Sturm« und dem »Einzug«, der hier von links nach rechts verläuft. Im Entwurf von 1897 hingegen ist der diesmal von rechts nach links gegebene »Einzug« in den mittleren Bildteil zwischen »Christus beruhigt den Sturm« und die »Auferweckung« bzw. »Jesus bei Maria und Martha« gelegt. Durch die horizontal verlaufenden und unharmonisch, wenn nicht sogar unlogisch gestalteten Übergänge zwischen den Erzählebenen entstand in beiden Entwürfen ein gedrungen wirkender, mitunter konfuser Bildaufbau. So trifft beispielsweise im frühen Entwurf das Motiv der Grabhöhle in der »Lazarus«-Szene abrupt auf den darüberliegenden, ruhig gewordenen Seespiegel in »Christus beruhigt den Sturm«.

Eine übersichtlich gestaltete Komposition ergab sich erst durch den Wegfall des stets als Bildabschluss vorgesehenen Motivs »Christus beruhigt den Sturm«. Nach Überarbeitung der Komposition entstand ein Karton im Maßstab 1:9,[334] der einen klaren, dreiszenig gegliederten Aufbau zeigt, der die Situation des nördlichen Durchgangs miteinbezieht und letztlich für das Fresko Verwendung fand. Etwa zwei Drittel der Wandfläche sind dem »Einzug« vorbehalten. Darunter fügen sich »Auferweckung des Lazarus« und »Jesus bei Maria und Martha«, die auch in inhaltlichem Bezug zueinander stehen, harmonisch ein.[335]

Für die Einzugsszene im hellen Sonnenlicht ist ein Wegabschnitt vor einem architektonischen Hintergrund gewählt, gebildet aus einer massiv wirkenden, teilweise verzierten Stadtbefestigung und dahinter aufragenden, vom realen Bildrand beschnittenen Bauten. Das Bildzentrum am Fuß der Stadtmauer, auf das zwei Männer von der Brüstung herabblicken, ist Jesus vorbehalten. Dichtgedrängt stehen Menschen hinter dem geöffneten und im Schatten liegenden Stadttor am rechten Bildrand. Kinder breiten Tücher aus, ein Junge bejubelt Jesus mit einem Zweig in der Hand. Eine weitere Gruppe aus Kindern und Erwachsenen zieht sichtlich fröhlich mit Zweigen und Palmwedeln hinter Jesus in die Stadt ein. Der rechte untere Teil zeigt Jesus im

Gespräch mit Maria, die sich ihm gegenüber niedergelassen hat, während Martha, die ununterbrochen arbeitete, angesichts der müßigen Schwester missmutig reagiert.

Den linken Bildvordergrund des Freskos nimmt die Erzählung von der »Auferweckung des Lazarus« ein, die im Johannes-Evangelium in 45 Versen ausführlich dargestellt wird. Oberhalb des Seitenschiffdurchgangs, dessen Bogenform gleichsam als eine Art *»Anhöhe«* ins Bildgeschehen integriert wird, ist jener Moment der Auferweckung dargestellt, in dem der Verstorbene von Jesus gerufen und gewissermaßen zum Gehen aufgefordert, mit einbandagiertem Kopf und Körper am linken Rand der offenen und von Steinen eingefassten Grabhöhle erscheint. Die Gruppe der Trauernden, unter ihnen Maria und Martha, befindet sich auf kleinem Raum zwischen der Hauswand, der Steinmauer im Hintergrund und der Grabszene.

Trotz dreier verschiedener Erzählebenen erzielte Skovgaard durch geschickt gesetzte, die Szenen übergreifende Form- und Farbelemente sowie interessant gestaltete Übergänge einen in sich geschlossenen wie harmonischen Bildaufbau. Erklären lässt sich diese Harmonie vor allem in der Wahl der Farbgebung, angefangen im oberen Bildteil bei diversen Ockergelb-Tönungen der Gebäude sowie der Stadtmauer und einzelnen Gewändern, über den cremefarbenen Weg hin zur Steinmauer mit changierenden Farbtönen von Hellgelb, Ocker und Beige im unteren Bereich. Desweiteren ist das gesamte Fresko von nur einer fiktiven Lichtquelle, nämlich von rechts oben, beleuchtet, so dass sich die Schatten der Menschen, Tiere und Gebäude stets links befinden. Als szenenübergreifendes Element lässt sich einerseits die Steinmauer nennen, an die Marthas Haus stößt und die weiter links zur Einfassung der Grabhöhle wird, andererseits auch die Hauswand, die zum einen Marthas Gebäude angehört, zum anderen der linken Szene als neutrale Begrenzungsmauer dienen kann. Schließlich ist mit der Steinmauer, der verschiedene Funktionen zukommen können, geschickt ein Übergang zwischen der Hauptszene und den beiden unteren Erzählungen erreicht. Durch die Mauer kann der Eindruck einer Wegeinfassung oder einer -begrenzung entstehen, da die teilweise unebenen Steine überwiegend dem Verlauf des Weges folgen, aber auch der einer Stützmauer, die den beiden unteren Geschehnissen einen scheinbar realen Raum auf tieferer Ebene bereitet. Optisch unterstützt wird diese »Tiefe« durch eine Senkrechte, gebildet aus der winkelförmigen »Nahtstelle« zwischen Stadtmauer und -tor und, darunter fortgesetzt, von der linken Hausecke.

Zusammenfassend lässt sich festhalten, dass sich die eingesetzten Gestaltungsformen zu einer schlüssigen Gesamtheit verbinden, zu einer Komposition, die bislang durchaus als die ausgewogenste gelten kann.

Bevor Skovgaard offensichtlich zufrieden die Arbeiten im Dom Anfang Oktober trotz mannigfacher Verzögerungen an den Gewölben abgeschlossen hatte,[336] schien er noch Zeit gefunden zu haben, das Fresko »Kreuzigung« zu beginnen.[337] 1904 musste es allerdings aufgrund von Salpeterbefall abgeschlagen und erneut gemalt werden.

1904 – Das vierte Ausmalungsjahr

Nach der Fertigstellung der Zeichnungen für die anstehenden Arbeiten im vierten Ausmalungsjahr traten Skovgaard und Stevns eine vom Kultusministerium bewilligte, sechswöchige »*Rekreationsrejse*« nach Italien an.[338] Ab Mai begannen wieder die Arbeiten im Dom, die sich zunächst auf Ausbesserungen und Revisionen an den Querschiffgewölben beschränkten.[339] Im Juli schloss Skovgaard diese in einer für ihn akzeptablen Form endgültig ab und beendete damit Ausmalungsarbeiten, die er nach eigenen Angaben in den letzten Jahren stets als »*eine Qual*« empfunden hatte. Seiner Meinung nach lag dies teils an der Gestalt der Gewölbearchitektur, teils an ihrer Funktion als »*samlede*«, d. h. geschlossene und einheitliche Dekoration, die er ihnen zugedacht hatte. Querschiff- und Chorgewölbe sollten der ganzen Dekoration einen »*Halt*« geben.[340]

Im Anschluss an die Gewölbe ging Skovgaard an die dreiszenig gegliederte Fensterwand im südlichen Querschiff. Zunächst musste der oberste Bildteil, »Die Versuchung Jesu« von 1901, aufgrund von Salpeterbefall komplett abgeschlagen, die gesamte Fläche mit Adiodon gegen Feuchtigkeit isoliert und neu verputzt werden.

Weiterhin erfolgte die Bemalung der letzten großen, östlich gelegenen Wandfläche im südlichen Querschiff mit dem Thema »Kreuzigung«. Das Querschiff war somit komplett fertig gestellt und ermöglichte im September den Abbau des rollenden Gerüstes. Skovgaard konnte sich nun auf die Seitenschiffe und die beiden Endflächen des nördlichen sowie auf die östliche Endfläche des südlichen Seitenschiffs (»Die Juden an den Flüssen Babylons«, »Adam gibt den Tieren Namen« und »Der Wiederaufbau der Mauern von Jerusalem«) konzentrieren. Fertig gestellt wurde auch das erste westlich gelegene Feld im nördlichen Seitenschiff mit »Die neu erschaffene Eva«.[341] Das Quellenmaterial dokumentiert darüber hinaus Probemalereien in einigen Triforienflächen[342] am Ende des Sommers sowie den Beginn der auf insgesamt zwei Jahre veranschlagten Bemalung der weiß gehaltenen Seitenschiffgewölbe mit roten und gelben Ornamenten entlang der Grate, die mit Hilfe von Thorvald Bindesbøll entworfen worden waren.[343]

Fresken im südlichen Querschiff

Unter die erste Szene des dreigegliederten Freskos (Abb. 30), die »Versuchung Jesu« (Mt 4, 1–11) auf der Fensterseite setzte Skovgaard das selten dargestellte Gleichnis »Das Scherflein der Witwe«[344] (Mk 12, 41–44) und »Jesus segnet die Kinder« (Mk 10, 13–16 / Mt 19, 13–15 / Lk 18, 15–17). Zusammengefasst stellen diese Themen und die der nördlichen Fensterwand das öffentliche Auftreten Jesu und seine Wundertaten dar und weisen zugleich auf emotionale, menschliche Zustände (Zorn auf die Tempelhändler, Versuchung etc.), denen auch Jesus ausgesetzt ist.

In Übereinstimmung zum gegenüberliegenden Fresko ist die Szene »Das Scherflein der Witwe« auch hier in einem nicht eindeutig definierbaren Vor- oder Innen-Raum vor einer Säulenarkade oder einem -durchgang angesiedelt.[345] Gewählt ist der Moment, in dem die in ein violettes Umhangstuch gehüllte Witwe ihre Gabe in einen Geldkasten steckt. Jesus, akzentuiert durch eine Säule in der Mittelachse, fordert seinen Begleiter zum Umdrehen und Beobachten der Opferszene auf.

Identisch mit der gegenüberliegenden Fensterwand der Nordseite schließt sich auf der südlichen die dritte Szene mit »Jesus segnet die Kinder« unterhalb eines schmalen, rot-gelben Ornamentbandes aus kleinen Rundbogenfenstern in einem ähnlichen Bildaufbau an: Jesus sitzt im Mittelpunkt des Geschehens, betont durch eine von Pilastern und Blendarkaden flankierten rundbogigen Öffnung. Ein gewisses Maß an Dynamik ist auch in diesem Freskoteil mit Gestaltungsmitteln wie diversen Schrittabfolgen oder vom Bildrand überschnittenen Figuren erreicht, die einen Bewegungsablauf und den Anschein eines sich momentan abspielenden Geschehens suggerieren. Mit der Datierung »*1904*« in der rechten unteren Bildecke war die Freskierung der zweiten Fensterwand abgeschlossen – die Bemalung der letzten großen Wandfläche des Querschiffs konnte in Angriff genommen werden.[346]

Skovgaard legte das Kompositionsschema für das Fresko »Kreuzigung« (Mt 27, 35–50 u. 54–56 oder Mk 15, 24–37; Lk 23, 33–46; Joh 19, 17–30) schon früh fest und änderte es im Laufe der Jahre kaum (Abb. 37). In einem 15×10 cm großen Notizbuch aus dem Jahr 1896 lassen sich die höchstwahrscheinlich ersten Umsetzungen des Themas in zwei nebeneinanderliegenden Skizzen finden, die den Bildaufbau in seinen wesentlichen Zügen wiedergeben.[347] Die für den Bildvordergrund vorgesehenen Reiter in der Art von Staffagefiguren wichen in einer Überarbeitung (um 1900) mehreren Personengruppen und einem nach oben gesetzten Reiter.[348] Doch nicht nur der Komposition, auch den einzelnen Figuren widmete der Künstler größte Aufmerksamkeit. Mitunter Jahre vor den eigentlichen Wintervorbereitungen zu einer geplanten Freskierung erstellte Skovgaard eine unüberschaubare Anzahl an Körper-, Gewand- und Porträtstudien nach ausgesuchten Modellen beiderlei Geschlechts.[349] So entstanden bereits 1901 mehrere Modellstudien für die »Kreuzigung«, u. a. für die verschiedene Posituren einnehmenden Soldaten am vorderen Bildrand.[350]

Die komplexe Bibelerzählung ist in konzentrierter Form in drei, zu Bögen angeordneten Handlungsebenen im Fresko umgesetzt, die sich, gleichsam wie durch einen Fokus gesehen, dem Betrachter darbieten: Zuoberst die bogenförmige Anordnung der drei Kreuze, darunter die gestaffelt gesetzten Personen(-Gruppen), bestehend aus einem berittenen Hauptmann, Speerträger, aus Maria und Johannes sowie dem barfüßigen Knecht mit Rohr und der vierköpfigen Soldatengruppe. Parallel dazu verläuft eine zweite Handlungsebene im mittleren Bildgrund. Auf einem unebenen Pfad ziehen unterhalb der Kreuzigungsszene Menschen vorbei, verweisen mit unterschiedlichen, Hohn oder Verachtung ausdrückenden Gesten auf den gekreuzigten Jesus, wie an der vierköpfigen Jungenschar und dem Mann in langem roten Umhang, an dem sich ein Junge festhält, abgelesen werden kann. Zwei in lange Tücher gehüllte Frauen am rechten Bildrand, im Matthäus-Evangelium als Maria Magdalena und Maria benannt, wenden sich von der Szenerie ab und drücken in ihrer Gestik Entsetzen oder Fassungslosigkeit aus.

Die letzte bogenförmige Erzählebene spielt sich im vorderen Bildbereich ab. Links diskutiert eine Gruppe von Schriftgelehrten, am mittleren Bildrand umknien vier in Kettengewänder gekleidete Soldaten in verschiedenen Positionen das ausgebreitete rote Gewand Jesu, um das sie würfeln, dahinter steht eine Dreiergruppe barfüßiger und einfach gekleideter Männer, ein Hund schnüffelt am Boden, rechts steht gedrängt die Apostelschar zusammen, die sich teilweise den Kreuzen zuwenden.

Neben dieser bogenförmigen Konzeption lässt sich ein weiteres Kompositionsschema beobachten, das die »*volkreiche*« und auf den ersten Blick scheinbar wirre Szene über einem proportionierten Liniengerüst und der Grundform eines Kreuzes anordnet, das den Bildinhalt, den Kreuzigungstod Jesu, widerspiegelt. Es entsteht aus der optischen Verlängerung des mittleren Kreuzstamms, fortgeführt in der Soldatenfigur und im roten Gewand (als stilisierte Kreuzform) am unteren Bildrand sowie aus allen Querbalken der Kreuze und dem parallel dazu gehaltenen Abschluss der Stadtmauer. Darübergelegt ist ein Netz aus teilweise parallel verlaufenden Diagonalen, die sich aus der Platzierung der Personen(-Gruppen) heraus ergeben. Die gestaffelt gesetzte Hauptmann / Speerträger- und Maria / Johannes-Gruppe[351] bildet beispielsweite bis zum Aasgeier auf der Stadtmauer eine Diagonale, desweiteren die Schriftgelehrten, die zum Betrachter abgewandte Zweiergruppe und der rechte Gekreuzigte, die zudem durch entsprechende Gestik oder Kopfhaltung den Blick nach oben auf Jesus lenken. Gegenläufige Diagonalen ergeben sich wiederum aus einer gedachten Verbindungslinie zwischen Gekreuzigtem links und der Maria / Johannes- und Jungen-Gruppe bis zur Apostel-Schar oder einer weiteren, die vom berittenen Hauptmann, über die Figur in Rückenansicht mit erhobenem Arm zu den knienden Soldaten rechts des Gewandes verläuft. Von hier, präziser durch den in der Mittelachse platzierten Soldaten, wird der Blick senkrecht nach oben zurück zum Kreuz gelenkt.

Skovgaard schuf erneut eine narrative und anschauliche, nachgerade »*volksnahe*« Szene im Sinne einer »Bilderbibel«, von der der Betrachter die einzelnen Handlungsstränge ablesen und die ihn aufgrund ihrer extremen Untersicht am Geschehen unmittelbar teilhaben lassen kann. Mit der am rechten unteren Rand gesetzten Datierung »*1904*« war die Arbeit an diesem Fresko beendet. Fortgesetzt wurde die Ausmalung in diesem Sommer an der östlich und westlich gelegenen Endfläche im nördlichen und an der Ostwand im südlichen Seitenschiff.

Schon im Entwurf von 1897 zu »Die Juden an den Flüssen Babylons« (Ps 137, 1–4) ist das Motiv der Babylonischen Gefangenschaft in einer Form festgelegt, die im Jahr 1904 bei der Erarbeitung des Kartons im Maßstab 1:3 nur geringfügige Detailänderungen erfuhr.[352] Erneut fand Skovgaard zu einer schlüssigen Lösung, die sich harmonisch zur baulichen Vorgabe der sichelförmigen, östlich gelegenen Endfläche im nördlichen Seitenschiff verhält (Abb. 38).[353]

Der im Psalm dargelegte, von Emotionen begleitete Zustand der in Babylon gefangengehaltenen Juden spiegelt sich facettenreich in Gestik und Körperhaltung der Männer und Frauen am Ufer eines von Weiden gesäumten Gewässers wider. Weinen kann sich daraus ebenso interpretieren lassen wie (stiller) Schmerz, Wehklagen, Verzweiflung, Trauer oder Niedergeschlagenheit, die sich in geschlossenen Augen und gesenkten Köpfen, gebeugten Oberkörpern, in die Handfläche gelegten Gesichtern oder im Gestus der krampfhaft gefalteten Hände ablesen lassen. Unterstrichen wird die Situation von der gebrauchsunfähigen Harfe, die mit gerissenen Saiten im Weidenbaum hängt.

Vergleicht man die Ausführung dieses Freskos mit der nur kurze Zeit vorher fertiggestellten »Kreuzigung« (Abb. 37), erstaunt in erster Linie der lockere Pinselduktus, die zeichnerische Wiedergabe von Körperlichkeit und die Behandlung des Malgrundes. Die bereits im »Kain und Abel«-Fresko praktizierte Durchführung von locker zueinander gesetzten Pinselstrichen, die den hell verputzten Bildgrund durchschimmern lassen, wurde hier weitaus extremer und in reduzierter Form gehandhabt. Es stellt sich eher der Eindruck einer farbigen »*Zeichnung*« auf weißem Grund als der eines »*Gemäldes*« ein. Auch sind »*kompakte*« Farbflächen aufgegeben. Vielleicht definierte Skovgaard den weiß-grau gehaltenen, anonym wirkenden Bildgrund nicht näher, um den Blick vom wesentlichen Geschehen, von den wehklagenden Personen nicht abzulenken. Stattdessen sind in breiten, groben Pinselstrichen der Umriss eines Steins oder die Widerspiegelung der vier Gestalten im Wasser sowie Weidenbäume in stilisierter Form ausgeführt. Diesen Malduktus behielt Skovgaard auch für die Umriss- und Schattenlinien bei Gewändern und Körpern bei, aber auf eine Weise, die Plastizität durch zeichnerisches Können und nicht durch Farbabstufungen anstrebte, wie sie im Fresko »Kreuzigung« zu finden ist.

Im Anschluss daran begann Skovgaard auf der direkt gegenüberliegenden Stirnwand im westlichen Eingangsbereich des nördlichen Seitenschiffs mit »Adam gibt den Tieren Namen«, das den Themenkomplex des Adam- und Eva-Zyklus[354] eröffnet (Abb. 40). Mit der Datierung »*1904*« unten rechts war dieses Fresko, das Skovgaard alleine ausführte, vollendet.[355]

Die ehemalige Konzeption des Themas »Adam gibt den Tieren Namen« (1. Mose 2, 19–20) sah Adam im Entwurf von 1897 als Akt auf einer Rasenfläche stehend vor, umgeben von Vögeln, Säuge- und Kriechtieren, die den gesamten, nicht näher definierten Bildraum einnehmen. In einer späteren Skizze wurde aus dem stehenden ein sitzender Adam,[356] der im Fresko schließlich vor einem Kastanienbaum lokalisiert ist. Abermals wurden reale architektonische Gegebenheiten bei der Gestaltung des Motivs berücksichtigt, zum Beispiel der mit Granitsteinen gestaltete, bogenförmig gemauerte und asymmetrisch gesetzte Durchgang, auf dessen Scheitelpunkt Adam sitzt und sich abstützt. Eine Anhöhe wird suggeriert und diese Täuschung wird zusätzlich durch den scheinbar just in dem Moment ins Bild schreitenden Löwen, eine Schnepfe und mehrere Wachteln unterstützt.

Die bereits beschriebene Maltechnik bei »Kain und Abel« und in gesteigerter Form in »Die Juden an den Flüssen Babylon« lässt sich auch hier wiederfinden. Kurze, gestrichelt ausgeführte Partien (Grasfläche) lassen den hellen Bildgrund in der unteren Bildhälfte durchschimmern, breite Pinselstriche sind modellierend (Adam, Tierkörper) oder konturengebend (u. a. der Kopf des Eisbären oder die Baumblätter) eingesetzt. Der helle Malgrund, vor dem sich die Kastanie eher als ein flaches Ornamentmuster verhält, lässt keine nähere Definition des Raumes zu. Diese Vorgehensweise, die Szene vor einen neutralen, tiefenlosen Hintergrund zu setzen, wird noch in weiteren Fresken zu beobachten sein.

Auch die Ausmalung der östlich gelegenen Fläche über dem Rundbogendurchgang im südlichen Seitenschiff mit dem Motiv »Der Wiederaufbau der Mauern von Jerusalem« (Neh 4, 11–12) nahm sich Skovgaard alleine vor (Abb. 39).[357] Im Entwurf von 1897 ist die Konzeption des Themas festgelegt, die nicht mehr verändert wurde.[358] Dargestellt sind vier, teilweise vom Bildrand überschnittene männliche Figuren mit entblößten Oberkörpern, die sich dem Bau einer Mauer zuwenden. In einer symmetrischen, Dynamik vermittelnden Abfolge zueinandergesetzt, fügen sich die Arbeitenden dem Verlauf des sichelförmigen Wandfeldes über dem Bogendurchgang zum Seitenschiff. Vorbereitend entstanden vermutlich Ende 1904 Modellstudien zu den einzelnen Figuren, die den genau beobachteten Einsatz von Muskelpartien bei der Ausführung der diversen Arbeitsschritte sowie die Spiegelung von Lichtreflexen auf der Haut wiedergeben.[359] Abermals wurden breite Pinselstriche eingesetzt, die modellierend und konturierend in diversen Farbtönen, dabei teilweise Partien aussparend, eine Art »*farbige Zeichnung*« entstehen ließen.

Am 25. September stand für Skovgaard fest, dass er die »Eva«-Gestalt aus dem Fresko »Die neu erschaffene Eva« (1. Mose 2, 22–25) im nördlichen Seitenschiff, die zunächst probehalber vorgesehen war, in ihrer zufriedenstellenden Ausführung belassen und mit der Datierung »*1904*« rechts unten als abgeschlossen ansehen konnte.[360] Ein Kompositionsentwurf aus einem mit 1890–1895 datierten Skizzenbuch[361] des Künstlers zeugt von einer frühen Auseinandersetzung mit dem Sujet der erschaffenen Eva, die vor Adam steht (Abb. 41 und 14). Jener Entwurf diente auch als Vorlage[362] für den Entwurf von 1897 bezüglich Körperhaltung und Lokalisierung der beiden Aktfiguren[363] im Bildraum.

14 Joakim Skovgaard: Die neu erschaffene Eva, Bleistiftskizze (undatiert), Skovgaard Museet Viborg

Im Fresko ist nicht die eigentliche Erschaffung Evas aus der »*Rippe Adams*« entsprechend dem Wortlaut der Bibelverse dargestellt, sondern der nicht explizit beschriebene Moment der ersten Begegnung zwischen Eva und Adam auf einer gleichsam emotionalen Ebene.[364] Skovgaards kniender Adam[365] auf der linken Bildseite spiegelt in Gestik wie Mimik Verwunderung und Erstaunen über die Gestalt wider, die ihm aufrecht gegenüber steht mit offenem, langen Haar und sich – so des Künstlers Ambition – gleich Adam »*über alles verwundert*«[366] gibt. Beide Figuren, denen genaue Aktstudien vorausgingen, dokumentieren erneut den Einsatz des lockeren, zeichnerischen sowie modellierenden Pinselstrichs, der den ungemein lebendig wiedergegebenen Adam- und Eva-Figuren aller »*Paradiesbilder*« zu eigen ist. In ihrer Art stellen die Fresken des Adam- und Eva-Zyklus einen Höhepunkt der Ausmalung dar.

Der übrige Bildraum vermittelt eine harmonische Einheit durch die szenenübergreifende Rasenfläche und die streng symmetrisch gesetzten, hochaufragenden schmalen Baumstämme, deren rundliche Kronen sich samt Blüten und Vögel zu einem dekorativen, wandteppichartigen Muster fügen und damit für sich genommen eine eigenständige flächenhafte Ornamentik bilden. Diese »*Verfahrensweise*« findet sich

– wenn auch bereits in zurückgenommener Form – im später entstandenen »Sündenfall« im südlichen Seitenschiff gegenüber, in dem zwei symmetrisch gesetzte Bäume als dekorative Elemente fungieren.

1905 und 1906 – Die beiden letzten Ausmalungsjahre

Den Arbeitsverlauf der beiden letzten Jahre 1905 und 1906 in einem Kapitel zu bündeln, ergab sich aus der Tatsache, dass die bislang chronologische Erfassung eines jeden Arbeitsschrittes pro Ausmalungsjahr nunmehr mangels aussagekräftiger Quellen nicht zufriedenstellend greifen kann.[367] War es noch möglich, die Vorbereitungen von Kartons im Winter 1904/1905 für die nördlichen Triforienfelder und den Beginn der Freskierungen ab Ende Mai 1905 im Chorraum einschließlich der Gewölbe und deren Fertigstellung im Verlauf des Sommers sowie der Ausführung eines Teils der Apsiskonche im gleichen Zeitraum festzulegen, ließen die über zwei Dutzend verbliebenen Felder des nördlichen und südlichen Seitenschiffs samt den entsprechenden Triforienflächen eine Vorgehensweise nach einem rein chronologischen Kriterium kaum mehr zu. Zudem wurden viele Arbeiten parallel ausgeführt, da Skovgaard verstärkt seinen Mitarbeitern Stevns, Madsen und Lofthus komplette Felder anvertraute, die sie alleine oder gemeinschaftlich freskierten. Es schien daher eine Beschreibung des Ausmalungsverlaufs sinnvoll zu sein, die sich in den Seitenschiffen einschließlich der Gewölbe an einer Lesart von West nach Ost unter Berücksichtigung thematischer Zusammenhänge orientiert.

Ende Juni 1905 bezog Skovgaard in einem Arbeitsbericht an das Kultusministerium abermals Stellung zur zeitweise nur zögernd vorankommenden Ausmalung aufgrund ständiger Abkratzungen und Ummalungen sowie der Anbringung von Isolierschichten auf die alten Mauern, was zu einem enormen Zeitverlust geführt hätte.[368] Das fünfte Ausmalungsjahr endete Anfang Oktober.[369]

1906 wurden die Arbeiten in den Seitenschiffen und Triforien fortgeführt, während Skovgaard parallel dazu erneut die beiden Fresken im Chorraum aus kompositorischen Gründen überarbeitete und die Apsis vollendete. Nebenbei kümmerte er sich im letzten Ausmalungssommer um die Einsetzung der drei Glasmosaikfenster in der Apsis, die er schon 1900 vorgeschlagen hatte.[370] Am 4. Oktober 1906 verließ Skovgaard Viborg. Die Ausmalung des Doms war abgeschlossen.

Das Fresko im Chorgewölbe

Als Skovgaard im Mai 1905 in Viborg eintraf, war das Gerüst im Bereich von Chorraum und Apsis aufgebaut.[371] Im Chorgewölbe begannen die Freskierarbeiten zu »Öffnung des siebenten Siegels: Die sieben Engel mit den Posaunen des Jüngsten Gerichts und ein opfernder Engel« (Offb Joh 8, 2–3) (Abb. 27). Diese mittlerweile dritte Engeldarstellung gestaltete der Künstler in Form- und Farbgebung ähnlich den beiden Querschiffgewölben (»Die Sendboten des Herrn« und »Die Streitengel des Herrn«) unter der Prämisse, die Gewölbe als eine harmonische Einheit wirken zu lassen (Abb. 32). Am 28. Mai war die mittlere Gloriole, zwei Engelsflügel sowie ein blaues Feld gemalt.[372]

Die Anordnung der Engel sowie die Farbgebung der sich rot- und grünfarben abwechselnden Gewänder und Schuhe sind dem Entwurf von 1897 entnommen. Erst 1905 entschloss er sich, die Gewandfarben in ein einheitliches Grün beziehungsweise Rot für die Schuhe zu ändern.[373]

Inhaltlich ist das Freskothema, das in der Offenbarung des Johannes nur einen kleinen Abschnitt eines komplexen Erzählstrangs bildet, mit der darunterliegenden nördlichen Chorfläche »Auferstehung und Erlösung der Vorväter aus der Hölle« verknüpft, das häufig einen Bestandteil des Weltgerichts bildete und immer wieder variiert wurde.[374] Das Bildschema, das formal mit den Querschiffgewölben korrespondiert, zeigt vor einem dunkelblauen Bildgrund und einer Gloriole, deren Außenrand ein stilisiertes Wolkenband bildet, acht Engel, die sich paarweise und diagonal über den Eckzwickeln angeordnet auf wolkenähnlichen Gebilden gegenüberstehen, sieben von ihnen mit einer Posaune, der achte mit einer Schale an einem Altar opfernd. Ihre Flügel, unterteilt in eine grün-blaue obere sowie rote untere Hälfte, erreichen in ihrer rhythmisch gleichmäßigen Anordnung der paarweise auf- beziehungsweise abgerichteten und hierbei die innere Gloriole berührenden Flügel eine dekorative Wirkung, die bei weitem das eher starr wirkende »*Flügelmuster*« der beiden anderen Gewölbe übertrifft. Auch vom rot geränderten Zentrum der Gloriole, dem von gelben Flammen umgebenen Dreieinigkeitssymbol, scheint eine strahlenförmige »*Dynamik*« bis in den blauen Glorienbereich hinein auszugehen. Erklären lässt sich diese aus dem Pinselduktus, einer schraffur- oder faserähnlich gesetzten Ausführung von Farbstrichen vor dem durchschimmernden weißen Untergrund. Besonders deutlich tritt diese Oberflächenstruktur in dem Übergangsbereich vor dem roten Rand hervor, in dem das Dunkelblau in ungleichmäßigen Streifen heller werdend und fransenartig über dem weißen Grund ausläuft. Das Resultat ist ein »*Strahleneffekt*«.

Interessanterweise ließ sich Skovgaard bei den »*Engelsgewölben*« von ihrer architektonischen Konstruktion, die eines Kreuzgratgewölbes, nicht beeinflussen oder gar leiten. Stattdessen entstand eine Dekoration, die sich über die Grate hinwegsetzt, sie negiert, wie in den breiten Wolkenstreifen über den Eckzwickeln oder den Glorien beobachtet werden kann und die sich demzufolge dem Charakter einer Kuppel nähert. Skovgaard war durch die maltechnische Angleichung der Kreuzgratgewölbe an die Vierungskuppel seinem stets erstrebten Ziel, eine harmonische Ausgewogenheit, ein Gleichgewicht innerhalb des Gewölbegefüges einzubringen, näher gekommen.

Die Fresken im Chorraum

Zur Freskierung bereit standen die beiden gleich großen, jeweils im oberen Bereich von zwei Rundbogenfenstern durchbrochenen Wandflächen mit bogenförmigen Abschlüssen im Chor sowie die obere Apsishälfte. Beide Chorfresken wurden im Juni 1905 fertiggestellt,[375] die gewählte Reihenfolge der folgenden Beschreibung orientiert sich am biblischen Zyklus von Auferstehung und Himmelfahrt.

Im Entwurf von 1897 sind die »Auferstehung« (u. a. Mt 28, 1–6) im Zentrum der nördlichen Wandfläche und »Christus führt die Erlösten aus der Hölle ins Paradies«[376] (u. a. Ps 30, 4 / Hos 13, 14 und N. F. S. Grundtvig) im unteren Bildteil um zwei weitere Themen bereichert: Die Darstellung des aus einem Sarkophag steigenden Christus mit ausgebreiteten Armen, während zwei Engel den zurückgeklappten Sarkophag-Deckel halten, wird am linken Bildrand vom Gang der drei Frauen mit Spezereien zu Jesu Grab und rechts vom »Noli me tangere«-Motiv eingerahmt.[377] Diese Fassung wurde jedoch im Bereich der Auferstehung überarbeitet, die Christusgestalt umgeformt und das »Noli me tangere« entfernt.[378] Am auffälligsten sind jedoch die Änderungen im unteren Bildbereich. Die aus der Felsenhöhle zur Paradiespforte schreitende, an Händen sich haltende Erlöserschar mit Christus, Adam und Eva[379] an ihrer Spitze erhielt mehr Raum und Gewichtung, zumal die Entfernung des »Noli me tangere« eine Ausweitung des Themas nach oben zuließ. Der Erlösungsweg von der Höhle/Hölle zur Paradiestür,[380] die zwei Engel geöffnet halten sowie die Übergänge zwischen den einzelnen Themenbereichen präsentieren sich im Vergleich zum Entwurf in einer *»eleganteren«* Lösung (Abb. 42).

Christus, der die Vorväter beziehungsweise Voreltern oder Gerechten aus der Hölle erlöst und sie zum Paradiestor führt, ist ein unter dem Thema »Höllenfahrt Christi« subsumierter Darstellungstypus, den die ostchristliche wie abendländische Kunst in zahlreichen Varianten und ikonographischen Bereicherungen, eigenen Ausprägungen und im Zusammenhang mit kirchlichen Dekorationsprogrammen kennt.[381] Skovgaard befasste sich mit dem Thema der Höllenfahrt zum ersten Male in dem zwischen 1891 bis 1894 entstandenen, und seinerzeit heftig debattierten Gemälde »Kristus i de dødes rige« (Abb. 44).[382] In diesem Bild verwandte er den Darstellungstypus des »Descensus«, des in die Hölle hinabschreitenden Christus,[383] dem Eva und Adam im Vordergrund und die zu Erlösenden die Arme entgegenstrecken. Die Anregung zu diesem Thema, so Skovgaard, hatte er seinerzeit aus Grundtvigs Lied »I Kveld blev der banket paa Helvedes Port« erhalten.[384] Für das Chor-Fresko im Viborger Dom habe er *»das Motiv der Höllenfahrt weitergeführt«* und in abgewandelter Form Grundtvigs Liedschluss in eine verständliche Bildsprache übertragen, wie Christus mit Eva und Adam an der Hand dem Todesreich entsteigt.[385] Ob hierbei bestimmte

Darstellungen christlicher Kunst den Künstler inspiriert haben mögen, kann nicht ausgeschlossen werden. Äußerungen weisen darauf hin, dass sich Skovgaard mit ikonographischen Motiven, ihrer Provenienz und Kunsttradition auseinandersetzte, wie im Beispiel des aus eckigen Felskanten und -zacken bestehenden Höllenausgangs. Diese an einen »*Rachen mit vorstehenden Zähnen*« erinnernde Gestaltungsweise symbolisiere, so Skovgaards Erklärung, das »*alte Motiv*« des Teufelsrachens, wie sie mittelalterliche Darstellungen aufzeigen, der die Verdammten in der Hölle verschlingt.[386]

1906 nahm Skovgaard auf Wunsch des Viborger Bischofs Poulsen, der mit der Darstellung eines Sarges oder Sarkophags nicht einverstanden war, eine tiefgreifende Änderung im Bereich des auferstehenden Christus vor.[387] Es entstand eine ausgewogene, von ablenkenden Nebenmotiven befreite Bildkomposition. Anstelle der drei Frauen am linken Bildrand ist ein Engel auf der zur Seite gerückten Grabplatte dargestellt. In einer leicht gedrehten, Bewegung ausdrückenden Körperhaltung ist er ein Akzent zur statisch wirkenden Christusgestalt, die durch die rechteckige Öffnung eines Felsengrabes tritt.[388]

Die Bildanlage des Freskos »Christi Himmelfahrt« (Apg 1, 6–9) auf der südlichen Chorwand gegenüber folgt, abgesehen von einigen Änderungen und Hinzufügungen, dem Entwurf von 1897. Skovgaard ergänzte 1905 das Thema beispielsweise um

15–16 Niels Larsen Stevns: Studienporträts zu Christi Himmelfahrt, Aquarell (1902), Skovgaard Museet Viborg

eine dreifach rotgeränderte, die äußeren Fensterlaibungen und den unteren Mandorlarand berührende Gloriole sowie beiderseitig aufragende Felsblöcke, erhöhte die Anzahl der Jesus symmetrisch umgebenden Engel, schuf aus den ehemals über der Apostelgruppe parallel verlaufenden stilisierten Wolkenreihen ein breites Wolkenband sowie massivere Olivenbäume und änderte die stehende Rückenfigur des Schafhirten am linken Bildrand in eine zum Betrachter sitzende, Panflöte spielende Figur.

1906 reduzierte Skovgaard die Anzahl der insgesamt elf Engel auf acht, entfernte den Hirten und zwei von insgesamt sechs Schafen sowie eine Figur am rechten Bildrand, die einen Acker umgräbt. Ausschlaggebend für diese Überarbeitung und Reduzierung einzelner Bildelemente waren kompositorische Änderungen auf dem gegenüberliegenden »Auferstehungs«-Fresko im gleichen Jahr, das eine übersichtliche und klare Struktur erhalten hatte. Wie Skovgaard sich später dazu äußerte, war seiner Meinung nach das »Himmelfahrts«-Fresko nun als Pendant zu detailreich, so dass es galt, dessen Komposition zu simplifizieren.[389]

Das Resultat zeigt eine von Nebenhandlungen befreite, ausgewogene, nahezu symmetrische, ovalförmig angelegte Komposition, die dem bogenförmigen Abschluss des Wandfeldes folgt und das Geschehen, die Himmelfahrt Christi, in der zentral dargestellten Mandorla umrahmt (Abb. 43). Interessant ist die Platzierung der Apostelgruppe auf einem Steinplateau zwischen Olivenbäumen, Gesteinsbrocken und aufragenden Felsen: Obwohl sie sich im unteren, irdisch definierten Bereich befindet, den die darübergelegte Wolkendecke nach oben begrenzt, kann aus der optischen Einbindung an die ovalförmige Anlage ihre Zugehörigkeit zur oberen, also himmlischen Sphäre und eine Verbindung zu Christus interpretiert werden. Die individuellen Gesichtszüge eines jeden Apostels lassen sich auf Porträtstudien zurückführen, für die Eleven der Vallekilder »højskole« Niels Larsen Stevns während seines Aufenthalts im Januar 1902 Modell saßen (Abb. 15, 16).[390]

Die bereits mehrfach eingesetzte breite Pinselschraffur und der lasierte Farbauftrag, der die hell verputzte Wandfläche durchschimmern lässt, wurde auch in den Chorfresken wiederholt, etwa in den Wolkenformationen, Felsblöcken, Gloriolenrändern oder in den gestrichelten Grasflächen. Besonders auffällig und extrem ist dieser Malduktus bei Nahsicht im Bereich des linken Engels am Paradiestor. Breite, längs und quer gesetzte Striche stoßen schroff aneinander und bilden einen wirkungsvollen Kontrast zur detailliert gemalten Türe. Zusammenfassend lässt sich festhalten, dass Skovgaard die zu feinen Abstufungen neigende Pinselführung (»Einzug« oder »Abendmahl«) aufgab zugunsten einer lockeren, grobe Farbstrukturen sowie Pinselspuren zulassenden Malauffassung vor allem im »Auferstehungsfresko« (Höhle, Paradiesmauer etc.), und dass er diese neu eingeschlagene Richtung um einen ausgeprägten zeichnerischen Duktus ergänzte (»Die Juden an den Flüssen Babylons«).

Das Fresko in der Apsis

Im Sommer 1905 begann Skovgaard mit dem Thema »Thronender Christus, umgeben von den Scharen der Erlösten« (u.a. Mt 25, 31ff. / H. A. Brorson[391]) vermutlich auf der rechten Apsishälfte,[392] die im gleichen Jahr fertiggestellt wurde (Abb. 45). Mitte Mai 1906 führte er die Arbeit vom Bildzentrum ausgehend nach links weiter fort.[393] Am äußeren Bildrand, über dem vorkragenden Granitgesims, setzte Skovgaard nach Fertigstellung des Freskos sein Monogramm, fünf weitere Initialen seiner langjährigen Mitarbeiter Stevns, Lofthus, Madsen, Mielche und Nielsen sowie das Datum »*1906*«.

Der Bildaufbau des Apsisfreskos ist bereits im Entwurf von 1897 festgelegt und im wesentlichen bei der Ausführung 1906 übernommen worden: Im Zentrum einer Gloriole thront Christus mit ausgebreiteten Armen, flankiert von den Scharen der weißgekleideten Erlösten[394] und zwei Engeln im oberen Bilddrittel.[395] Drei stilisierte Quellen und eine Blumenwiese unterhalb des Thrones symbolisieren das Paradies beziehungsweise das Himmlische Jerusalem mit Christus als Quelle des Lebenswassers.[396]

Der Apsis maß Skovgaard eine ebenso weitreichende wie sinnfällige, ja nachgerade gesetzesmäßige Konnotation bei, die sich in der Wahl und Gestaltung des Themas widerspiegelt. Als Zentrum der Architektur, so seine Erläuterung, stelle die Apsis den Anspruch an ein die »*architektonischen Linien*« wahrendes Bildsujet, das keine Erzählung *(»Fortælling«)*, sondern eine Darstellung *(»Fremstilling«)* wiedergeben sollte.[397] Zum Vergleich zog Skovgaard die Querschiffgewölbe heran, denen seiner Meinung nach ein erzählerisches Moment fehle, nur ein Sinn *(»Mening«)* innewohne und eine Bedeutung in den Figuren selbst *(»Betydning i Figurerne«)*. Demnach habe er bei der Wahl des Apsisthemas Abstand genommen von einer »*lebendigen Erzählung*« und für die frontal zum Betrachter ausgerichtete, »*große, ruhige Hauptfigur*« als Mittelpunkt eine Darstellungsweise gewählt, die die Kirchenarchitektur, genauer die Tektonik der Apsis fordere. Schließlich sah der Künstler in der Christusfigur[398] die bedeutende Aufgabe, »*[...] alle Bilder der Kirche in dieser [...] zu sammeln*«.[399]

Betrachtet man abschließend die Fresken von Chorraum und Apsis unter »*ikonologisch ausgerichteten Vorzeichen*«, lassen sich die vormals separat behandelten Bilder als Teile einer Weltgerichtsdarstellung[400] interpretieren. So entsteht aus der inhaltlichen Verklammerung von der aus der Hölle[401] steigenden, zum Paradiestor gehenden Erlöserschar (nördliches Chorfresko) in Verbindung mit dem sich in der linken Apsishälfte quasi fortsetzenden Zug der Erlösten, die sich »Christus als Weltenrichter«[402] nähern und unter Einbezug des Themas vom darüberliegenden Chorgewölbe, die sieben Engel mit den Posaunen des Jüngsten Gerichts,[403] eine Weltgerichtsdarstellung, die sich in einer »*modernisierten*« und damit zeitadäquaten Form präsentiert.

Fresken der Seitenschiffe, Seitenschiffgewölbe und Triforienfelder

Zwischen 1905 und 1906 wurden die meisten der noch ausstehenden Wandfelder im Bereich des nördlichen und südlichen Seitenschiffs sowie die der Triforien freskiert.[404] Zeitgleich dazu erfolgte die Bemalung der Kreuzgrate in den Seitenschiffgewölben mit Ornamentbändern.[405] Nicht immer stellten sich die einzelnen Felder als durchgehend zu bemalende Flächen dar, zum Beispiel in den Seitenschiffen, wo sie jeweils ein Rundbogenfenster und häufig eine darunter in die Wand eingelassene Grabsteinplatte durchbricht. Derartige architektonische Vorgaben zog Skovgaard häufig in die Ausgestaltung mit ein.

Im Folgenden werden die Fresken unter Berücksichtigung thematischer Bezüge untereinander vorgestellt, ausgehend von den noch nicht dargelegten Themen des Adam- und Eva-Zyklus, der Bibelhistorie um die Stammeltern im Westteil der Seitenschiffe. Direkt gegenüber »Die neuerschaffene Eva« von 1904 lokalisierte Skovgaard im südlichen Seitenschiff den »Sündenfall« (1. Mose 3, 1–8) als eine zweiszenige Darstellung mit dem Moment der Verführung links und dem sich nach *»der Tat«* verbergenden Paar, Adam und Eva[406] rechts (Abb. 46). Gerade in den »Paradiesbildern«, die der Betrachter aus unmittelbarer Nähe studieren kann, fällt die ungemeine Detailfreude des Künstlers auf, der selbst Kleingetier wie eine Heuschrecke (»Sündenfall«) oder eine Schnecke (»Adam gibt den Tieren Namen«) ins Bild brachte.[407]

Die endgültige und dekorative Form des Gesamtfreskos entstand über verschiedene Bild-Stadien, die sich anhand von Skizzenbüchern dokumentieren lassen. Eine Bleistiftstudie beispielsweise (Abb. 17) aus einem zwischen 1890–1895 datierten Skizzenbuch Skovgaards hält diese Platzierung mit Adam und Eva am rechten Bildrand bereits fest,[408] während der Entwurf von 1897 die beiden Szenen – entsprechend der Versfolge der Bibel – vertauscht wiedergibt. Eine andere, in grob umrissenen Linien verfasste Skizze in einem Notizbuch von 1895–1896 sieht die allerdings variierte Verführungsszene sogar für ein Triforiumfeld vor,[409] ohne jemals im Viborger Dom Verwendung gefunden zu haben (Abb. 18). Eine flüchtig skizzierte Bleistiftzeichnung in einem Notizbuch von 1897[410] belegt schließlich, wie sich Skovgaard erneut mit der Gestaltungsweise der Verführungsszene auseinandersetzte. Dargestellt ist hier Eva quasi als Vermittlerin zwischen Adam und der Schlange im Baum,[411] wie sie Adam in einen Apfel beißen lässt, während ihre rechte Hand eine am Baum hängende Frucht ergreift (Abb. 19). Diese Version wurde letztendlich im Viborger Dom im linken Bildteil verwirklicht, hingegen im rechten die des Entwurfs von 1897, so dass die bedrängte Lage des verängstigt unter einem Gebüsch kauernden Paares verdeutlicht und ihr *»Versteck«* unter Einbezug der räumlichen Kirchensituation – die an das Fresko rechtwinklig anstoßende Stirnwand des Seitenschiffs samt Epitaph –, verstärkt wird.

17 (oben) Joakim Skovgaard: Bleistiftskizze zu Sündenfall, Skizzenbuch (1890–95), Skovgaard Museet Viborg
18 (links) Joakim Skovgaard: Bleistiftskizze zu Sündenfall, Skizzenbuch (1895/96), Skovgaard Museet Viborg
19 (unten) Joakim Skovgaard: Bleistiftskizze zu Sündenfall, Notizbuch (1897), Skovgaard Museet Viborg

Harmonisch und in sich geschlossen gibt sich der Gesamteindruck des Freskos, der sich aus der Verknüpfung beider Szenen über verschiedene Bildelemente (einheitlicher Rasengrund, wiederkehrende Büsche) erklären lassen kann, aber auch durch die symmetrische Anlage der beidseitig des Fensters platzierten hohen Bäume einschließlich der Schlangen oder des Truthahnpaares am vorderen Bildrand.

Fortgesetzt wird der Adam-Eva-Zyklus in den darüberliegenden Triforienfeldern[412] mit dem Bibelzitat »Adam bearbeitet den distelübersäten Acker« (1. Mose 3, 18) auf der nördlichen Seite (Abb. 47) und auf der südlichen mit »Eva mit ihren Kindern Kain und Abel« (1. Mose 3, 16) sowie sich daran anschließend Christus mit Siegesfahne, die Schlange zertretend (1. Mose 3, 15)[413] (Abb. 48, 49). Während die ersten beiden Motive mit den nach dem Sündenfall verhängten Bestrafungen Gottes die kommenden Plagen und Mühseligkeiten des Menschen versinnbildlichen – Adam bearbeitet den von Disteln übersäten Boden, Eva zieht ihre Kinder auf –,[414] versteht sich das dritte als Ankündigung des kommenden und über die Schlange triumphierenden Christus.[415]

Neben der besonderen Maltechnik der »Paradiesbilder« oder der Endflächen der Seitenschiffe weisen die Bildhintergründe der drei Triforienfelder ebenfalls eine interessante Malstruktur auf, die an eine Fläche aus waagerecht gelegten Mosaikplättchen erinnert. Diese »*Methode*«, ein Motiv mit einer neutralen, aus breiten, mitunter mehrfarbigen Pinselstrichen bestehenden Fläche zu unterlegen, um jegliche Perspektive oder Tiefe zu vermeiden, kann sehr häufig in den Triforienfeldern verfolgt werden. Der Bildgrund von Chor- und Vierungsgewölbe zeigt sich in einer vergleichbar ähnlichen Struktur durch den entsprechenden Einsatz von Pinsel und Farbe.

Eine weitere Szene des Adam- und Eva-Zyklus stellt die »Vertreibung aus dem Paradies« (1. Mose 3, 23–24) dar (Abb. 29), die sich im Dom im nördlichen Seitenschiff an »Die neu erschaffene Eva« anschließt. Schon in einem Skizzenbuch von 1890–1895[416] und dann in dem Entwurf von 1897 übernommen, ist die nach Osten ausgerichtete Vertreibungsszene mit einem übergroßen, Schwert tragenden Engel in der oberen Bildhälfte festgelegt, der die Stammeltern vor sich her aus dem Paradies treibt; ihnen gegenüber windet sich eine fratzengesichtige Schlange zwischen den Wolken hindurch zu Boden. In der Ausführung al fresco ist diese Handlung von jeglichem Beiwerk wie der teilweise wolkenverhüllten Paradiesmauer im Entwurf befreit und konzentriert dargestellt: Der oberhalb der Türe in die Mittelachse gestellte Engel in einer Gloriole,[417] dessen ausgebreitete Flügel den gesamten bogenförmigen Abschluss des Feldes einnehmen, vertreibt Adam und Eva nach rechts, die mit eingezogenen Köpfen und im Nacken verschränkten Händen vor ihm her eilen, während sich links die Schlange mit flammengezacktem Rücken über den Grasboden windet und sich scheinbar in den Boden bohrt.[418]

Betrachtet man abschließend das Fresko in maltechnischer Hinsicht, finden sich auch hier einerseits der zeichnerische Duktus – etwa in den Aktdarstellungen –, andererseits die ebenso locker wie großzügig gehandhabte Pinselführung oder lasierende

Malweise, die den durchschimmernden hellen Wandgrund in die Gesamtwirkung des Freskos einbezieht. Bemerkenswert ist, dass diese maltechnischen Gegebenheiten im Vergleich mit bisherigen erstmals eine extreme, ja einmalige Form annehmen, namentlich, wenn man unter diesem Gesichtspunkt einmal näher die Wiedergabe des Grasbodens betrachtet. Grob gestrichelt und in einer flüchtig hingeworfenen, skizzenhaften Manier sind die Grasbüschel wiedergegeben, die in dieser Ausführung an eine Malweise van Goghs und seiner Nachfolger denken lassen.

Mit der von Niels Larsen Stevns zur Ausführung gebrachten Darstellung »Abels Begräbnis« (ohne Bezug zu einem konkreten Bibelvers) im nördlichen Triforiumfeld (Abb. 50), dem die beiden 1903 fertiggestellten Hauptszenen mit der »Opferung Kain und Abel« sowie dem Brudermord im südlichen Seitenschiff inhaltlich vorausgehen, ist der Adam-Eva-Zyklus im Viborger Dom abgeschlossen.[419] In einem zeichnerischen Duktus vor einem neutralen Hintergrund gehalten, spiegelt das selten dargestellte Motiv[420] die Trauer der Stammeltern wider: Adam und Eva geben in gebeugter Haltung den Leichnam Abels in ein ausgehobenes Grab.

Im Anschluss an die Darstellungen »Vertreibung aus dem Paradies« und »Abels Begräbnis« im nördlichen Seitenschiff- beziehungsweise Triforienbereich gab Skovgaard Szenen aus der alttestamentlichen Geschichte Noahs. Für die zweiszenig gegliederte Wandfläche wählte er die Themen »Sintflut« im unteren Bereich (1. Mose 7, 17–23) und darüber – durch ein schmales Band getrennt – »Noahs Dankopfer« (1. Mose 8, 18–22). Bereits im Entwurf von 1897 kann diese Aufteilung beobachtet werden, die ohne tiefgreifende Änderungen für das Fresko übernommen wurden.[421]

In eindringlicher Form, geradezu dramatisch und schonungslos ist in Zeichnungen und Kartons der biblische Bericht von der Sintflut umgesetzt, die der künstlerische Mitarbeiter Arne Lofthus[422] mit extrem breitem Pinselstrich auf die Wandfläche bannte (Abb. 51): Schaumbekrönte und aufgewühlte, flutartige Wellen, in denen verzweifelte, um Hilfe schreiende Personen treiben, scheinen unmittelbar auf den Betrachter »*heranzurollen*«; rechts, zwischen Fenster und vom Pilaster überschnitten, ist fast unscheinbar dazu die Arche Noah platziert. Feine, senkrecht über die gesamte Szenerie geführte Pinselstriche verdeutlichen die im Alten Testament erwähnten langanhaltenden Regenschauer, die die Sintflut begleiteten.[423]

»Noahs Dankopfer« im oberen Bereich des halbkreisförmigen Wandfeldes, das ihn und seine Familie nach Verlassen der Arche bei einem aus Steinen errichteten Opferaltar zeigt, wurde von Skovgaard ausgeführt.[424] Interessant hierbei ist die des öfteren zu beobachtende Lösung in den von Fensteröffnungen durchbrochenen Wandflächen, die eine Verbindung zwischen rechter und linker Bildhälfte mit Hilfe von wiederkehrenden oder durchgehenden Motiven herzustellen sucht. Dies gelang zum Beispiel in der Anordnung der von der Fensterlaibung überschnittenen Personen und dem Altar oder der unterhalb der Fensterkante gemalten Wellen, die trotz der architektonischen Gegebenheiten eine Szeneneinheit suggerieren.

Das dem Seitenschiff-Feld entsprechende Triforium erhielt aus der Geschichte Noahs die zur Arche zurückkehrende Taube (1. Mose 8, 10–11). Stellte der Entwurf von 1897 diese Szene noch mit einer Gesamtansicht der schwimmenden, schon von Bergkuppen umgebenen Arche dar, aus der sich Noah durch eine Fensterluke der Taube zuwendet, änderte Skovgaard sein Konzept später zu einer ausschnitthaften Detailvergrößerung,[425] wie sie Lofthus[426] schließlich ausführte (Abb. 52). Ins Bildzentrum gerückt ist die viereckige, die Triforiumfläche in gesamter Breite einnehmende Fensterluke mit Noah in rotem Gewand und seiner Frau in der Art eines Doppelbrustbildes. Beide wenden sich nach links der Taube zu, die mit einem Ölzweig im Schnabel auf Noahs Hand sitzt. Der restliche, graufarben gehaltene Bildteil hingegen deutet den mittels breiter Pinselstriche skizzierten, aus Planken bestehenden Schiffskörper der Arche nur mehr an, die das bedeutsame Geschehen im Bildzentrum gleichsam rahmend umgibt. In dieser »*kompakt*« angelegten Komposition gelang eine konzentrierte Umsetzung der entsprechenden Bibelstelle.

Direkt gegenüber der »Sintflut« im südlichen Seitenschiff gelegen, beginnt mit dem mehrszenigen Fresko »Erscheinung in Mamre« (1. Mose 18, 1–15), »Abrahams Fürbitte« (1. Mose 18, 22–33) und der »Zerstörung Sodoms und Lots Flucht« (1. Mose 19, 24–26) sowie dem Triforiumfeld »Gott verheißt Abrahams Nachkommenschaft« (1. Mose 22, 17–18) eine Folge von Szenen aus der Geschichte Abrahams, die – in diesem Zusammenhang durchaus gebräuchlich – mit Darstellungen über Abrahams Sohn Isaak ausgeweitet wird.[427] Im Viborger Dom handelt es sich hierbei um die als Hauptszenen angesehenen Darstellungen »Isaak trägt das Holzbündel auf dem Weg zur Opferung« (1. Mose 22, 6) und »Opferung Isaaks« (1. Mose 22, 1–14) im vierten, nördlichen Joch sowie »Abrahams Knecht Eliezer begegnet Rebekka am Brunnen« (1. Mose 24, 11–20) auf der entsprechenden Triforiumsfläche. Skovgaard platzierte die Geschichte Abrahams auf der Wandfläche im südlichen Seitenschiff mit der als Hauptszene bezeichneten »Bewirtung der drei Männer«[428] rechts und den beiden Rahmenhandlungen »Abrahams Fürbitte« links und »Zerstörung Sodoms« durch ein Band von beiden getrennt im oberen Bilddrittel. Unverändert vom Entwurf von 1897 übernommen, führte sie höchstwahrscheinlich Skovgaard ohne Mithelfer aus (Abb. 53).[429]

Die drei Abraham-Episoden folgen den entsprechenden Bibelstellen. Für die Bewirtungsszene wählte Skovgaard die Darstellungsform der frontal zum Betrachter gehaltenen Gruppierung dreier an einem Tisch sitzenden Männer.[430] Aufgrund der durch einen roten Umhang akzentuierten linken Person, der sich die beiden anderen sowie Abraham, der Speisen heranträgt, zuwenden, kann man die Szene als Jahwes Besuch in Begleitung von Engeln ansehen.[431] Im Hintergrund, halb verdeckt durch den rechten Engel, ist Abrahams Frau Sara dargestellt, die die im Freien, vermutlich unter einem Baum stattfindende Bewirtung durch einen zur Seite geschobenen Türvorhang beobachtet.

Die gleichgroße, wiederum von Fensterlaibung und Pilaster begrenzte Wandfläche auf der linken Seite beinhaltet mit »Abrahams Fürbitte« den Aufbruch des Herrn nach der Stadt Sodom im Anschluss an das Gastmahl, dem sich Abraham begleitend anschließt. Unterwegs bittet dieser den Herrn mehrere Male um Gnade für die möglichen Gerechten in jener Stadt, deren Zerstörung er vorerst abwenden kann. Im Fresko ist das Anliegen Abrahams, kniend vor dem Herrn, an den vorderen Bildrand gerückt und lässt ausreichend Raum für die in der Ferne mit Türmen, Gebäuden und einer Stadtmauer dargestellte Stadt Sodom.

Die das obere Bilddrittel einnehmende Szene von der »Zerstörung Sodoms und Lots Flucht« war zur Zeit der Ausmalungsvorbereitung von 1899 bis 1900 mit Kaseinfarben gemalt worden. Skovgaard ersetzte diese auch nach der Fertigstellung der beiden darunterliegenden Episoden nicht durch die al fresco-Technik, so dass dieses Feld die noch einzig erhaltene Probemalerei aus der Zeit vor 1901 enthält. Geschildert wird links – analog zur Bibelstelle – die Flucht Lots und seiner Töchter, während gegenüber auf der rechten Bildseite Lots Frau bereits zur Salzsäule erstarrt ist, die sich trotz des strikten Verbots noch einmal nach der brennenden und berstenden Stadt Sodom umgewandt hatte.

Vergleicht man die Szenen untereinander, wird die verschiedenartige Behandlung und Wiedergabe von Kleidungsstücken oder Körperlichkeit recht deutlich. Wurden Abraham und die Engel im unteren Bereich in der am breiten und grob geführten Strich erkennbaren Malweise mit farblicher Kontrastwirkung ausgeführt, findet sich im Bereich Lots und seiner Töchter eine feine Pinselführung, die mit zart abgestuften rötlichen Tonwerten modelliert und auffälligerweise betonte Konturen für Gewänder oder Schatten (!) in Art einer Umrisszeichnung einsetzt.[432]

Die Abraham-Folge findet eine Weiterführung im schräg gegenüberliegenden Fresko des nördlichen Seitenschiffes mit drei, um die Opferung Isaaks gruppierten Erzählungen. In den linken unteren Bildbereich gab Skovgaard Abraham und Isaak auf dem Weg zur Opferstätte, darüber im oberen Bilddrittel die dramatisch-realistisch gehaltene Opferszene[433] als Dreiergruppe mit Abraham, Isaak und dem Engel vor einer ausgedehnten Berglandschaft und dem sich im Strauch verfangenen Widder sowie rechts unten die Heimkehr Abrahams und Isaaks zu Sara nach der von einem Engel unterbundenen Opferung (Abb. 54). Für diese Szene, die sich nicht auf den Bibeltext stützt, gab der Künstler die Erklärung ab, sie sei »*ein Teil freier Phantasie*«.[434]

Der Entwurf von 1897 sah im wesentlichen diese Dreiszenen-Anlage vor, allerdings mit dem Unterschied, dass die Opferungsszene nun seitenvertauscht und durch ein schmales Band vom unteren Bereich abgegrenzt ist, gleichsam zur eigenständigen Szene wird. Gleiches bewirkt auch ein unter den Fenstersims gelegter Ornamentfries, der eine Trennung zwischen linker und rechter Handlung bewirkt. Durch die Beseitigung dieser markanten Linien und der Einführung eines einheitlichen, szenenübergreifenden Bildgrundes in der Art eines hellgrauen, zerklüfteten Gesteinbodens, ist trotz unterschiedlicher Erzählebenen eine harmonische Komposition erreicht, die Unterstützung in den ausgewogen gesetzten Farbakzenten im Rot und Gelb der Gewänder beziehungsweise Grün der Pflanzen findet.[435] Locker und großzügig gibt sich auch hier die Malweise des Künstlers, die die oftmals nur sparsam gesetzten Spuren der langen Pinselstriche deutlich sichtbar hervortreten lässt und die hell verputzte Wandfläche, die im Fresko an vielen Stellen durch den dünnen Farbauftrag hindurchschimmert, sogar als Gestaltungsmittel zur Gewinnung von Stofflichkeit und Plastizität einsetzt. Gut zu beobachten ist diese Vorgehensweise, die ausgespart gelassene Stellen an farbige grenzen lässt, am gelben Gewand Isaaks.

Die über den beiden Seitenschiff-Fresken liegenden Triforienfelder schließen sich thematisch an. Das entsprechend vierte nördliche Feld stellt mit »Abrahams Knecht Eliezer begegnet Rebekka am Brunnen« eine weitverbreitete alttestamentliche Episode dar.[436] Der Entwurf von 1897 zeigt detailreich den sitzenden und aus einem Krug trinkenden Eliezer und drei, nach rechts gerichtete Dromedare. Das von Skovgaard überarbeitete und von Lofthus gemalte Fresko[437] verzichtet hingegen auf Einzelheiten. Eliezer, nun stehend und zwei Tiere an der Leine haltend, wendet sich – um Wasser bittend – an Rebekka, die gebeugt mit einem Krug am Brunnen steht (Abb. 55).

Für das dritte Triforiumfeld auf der Südseite hatte Skovgaard »Gott verheißt Abrahams Nachkommenschaft« gewählt (Abb. 56). Verliert sich der Entwurf von 1897 im Bildaufbau, der für die Ausmalung übernommen wurde, in Details, zeigt sich das Thema im Fresko durch Reduzierung dieser Elemente und durch Herstellung eines geschlosseneren Bezugs der beiden Personen zueinander und zugleich in einer konzentriert narrativen Form.[438]

Gegenüber der »Opferung Isaaks« und im Anschluss an das südliche Wandfeld »Abrahams Fürbitte« platzierte Skovgaard zwei Geschehnisse um Jakob, der als Sohn Isaaks und damit als Nachkomme Abrahams gleichsam die inhaltliche Brücke zwischen den Fresken schlägt. Im Seitenschiff sind die beiden Szenen »Jakobs Traum« (1. Mose 28, 11–15) und »Jakobs Kampf mit dem Engel« (1. Mose 32, 25–31) dargestellt (Abb. 57), im darüberliegenden Triforium die »Versöhnung Jakobs mit Esau« (1. Mose 33, 3–6), (Abb. 59).

Den rechten Bildvordergrund zwischen realem Pilaster und der unterhalb des Fensters in die Wand eingelassenen Grabplatte nimmt vollständig die unter einem kunstvoll drapierten Mantel verhüllte, mit leicht angezogenen Beinen auf der Erde schlafende Gestalt Jakobs ein. Direkt darüber liegen Jakobs Traumgebilde: Über eine Wolkendecke[439] schreiten zwölf Engel herab- bzw. hinauf zu Gottvater, der, von einem Strahlenkranz umgeben, im Scheitel des Bogenfeldes steht. Konträr hierzu in seiner dynamischen Bewegtheit ist der nächtliche Ringkampf zwischen Jakob und einem Engel auf der linken Seite:[440] In einer Umklammerung stemmt sich Jakob mit dem gesamten Körper gegen den ihn überragenden, gelb gekleideten Engel, der Jakobs Schulter und Hüfte packt.

Dieses narrative, die entsprechende Bibelstelle zitierende Moment findet sich erneut im Thema des darüber liegenden Triforiums. Dargestellt ist der Augenblick der Versöhnung zwischen Jakob und seinen in Rüstung gekleideten Bruder Esau im Bildzentrum, eingerahmt von einem mit Bogen und Schild ausgerüsteten Krieger und einer hinter Jakob stehenden Frau mit Kind.[441] Die von Stevns gemalte Handlung[442] ist auch hier mit dem mehrfach wiederkehrenden, aus breiten Malstrichen bestehenden neutralen Bildgrund unterlegt.

Mit drei Szenen aus der Joseph-Geschichte setzt sich die Viborger Freskenreihe im fünften Joch des nördlichen Seitenschiffes mit der »Traumdeutung Pharaos« (1. Mose 41, 14–32) und »Joseph gibt sich seinen Brüdern zu erkennen« (1. Mose 45, 1–15) sowie im Triforium mit »Täuschung Jakobs durch Josephs blutigen Rock« (1. Mose 37, 31–33) fort.[443] Im Entwurf von 1897 ist das Seitenschiff-Fresko als eine Zwei-Szenen-Anlage in der unteren Bildhälfte bereits fixiert, während die gesamte obere Wandfläche den Traum des Pharaos und die Träume Josephs versinnbildlicht. Bei der Realisierung des Freskos wurde diese Anlage bis auf einige Detailänderungen, zum Beispiel in der Wiedergabe der Innenräume beibehalten. Die linke Freskoseite zeigt Jakobs Sohn Joseph, wie er – nach dem Verkauf seiner Brüder nach Ägypten und schließlich an den pharaonischen Hof – vor dem Thron Pharaos nun stehend dessen Traumvisionen als »*sieben fette und sieben magere Jahre*« deutet, die darüber jeweils in einer großen und kleinen Gloriole zwischen Wolken in skizzenhafter Ausführung und durch ein schmales Band vom unteren Geschehen getrennt, angeordnet sind (Abb. 58). Für die rechte Bildseite wählte Skovgaard den Moment, wie sich Joseph, in prächtigen Gewändern gekleidet, seinen erstaunten Brüdern am Pharaonenhof zu erkennen gibt. Die beiden Gloriolen oberhalb dieser Szene verweisen auf frühere Träume Josephs[444] und vereinen sich mit den gegenüberliegenden zu einem optisch harmonischen Verbund.

Eine übergreifende Einheit gab der Künstler auch den beiden Hauptszenen in farblicher wie kompositorischer Hinsicht durch den diagonal gesetzten Bildaufbau und mit Hilfe identischer oder ähnlicher Bildmotive, den zum Thron führenden Treppen oder architektonischen Bestandteilen, obwohl zeitlich voneinander getrennte Ereignisse aus Josephs Leben vorgestellt werden.[445]

Für die entsprechende Triforiumsfläche hatte Skovgaard im Entwurf von 1897 den »Zisternenwurf«[446] Josephs durch seine Brüder gewählt, die in geschlossener Reihe en face hinter dem Brunnenschacht knien und ihren Bruder darin versenken. Dieses Thema wurde während der Vorbereitung des Freskos[447] durch die »Täuschung Jakobs« ersetzt (Abb. 60). Drei seiner Söhne bringen ihrem sitzenden, mit einer Hand auf den linken realen (!) Drillingsbogen sich stützenden Vater den blutigen Rock des angeblich von einem Tier getöteten Joseph, um dessen Verkauf nach Ägypten zu vertuschen. Skovgaard und Stevns, die die Freskierung des Themas vor neutralem Bildgrund durchführten,[448] stellten diese bezüglich Ausführung und Malduktus in die Reihe bereits fertiggestellter Triforienfelder und setzten den einheitlichen Gesamteindruck fort.

Einen Zyklus mit mehreren Hauptszenen aus der Geschichte Moses eröffnete Skovgaard im fünften Wandfeld des südlichen Seitenschiffs mit »Untergang der Ägypter im Roten Meer« (2. Mose 14, 26–28) und im entsprechenden Triforium mit der »Auffindung Moses am Nil« (2. Mose 2, 5–6). Im schräg gegenüberliegenden sechsten Wandfeld wird dieser fortgeführt im mehrszenigen Fresko »Moses Abstieg vom Berg Sinai« / »Anbetung des goldenen Kalbes« (2. Mose 32, 4–6; 15–19) / »Moses bringt neue Gesetzestafeln« (2. Mose 34, 29–30) und »Moses am brennenden Dornbusch« als Triforiumsthema (2. Mose 3, 2–6).[449]

Eine kleinformatige, etwa um 1895 entstandene Bleistiftskizze aus der Hand Skovgaards hält das Kompositionsschema zum »Untergang der Ägypter« in den Grundzügen bereits fest, die der Entwurf von 1897 und schließlich das Fresko mit wenigen Änderungen übernahm (Abb. 61).[450] Dargestellt ist der Moment des in hereinbrechenden Wassermassen untergehenden ägyptischen Fuß- und Reitervolkes, während das Volk Israel, das unter Moses Führung das sichere Ufer erreichte, auf den Untergang der Ägypter (zurück-)blickt. Zwei in kriegerischer Haltung gegen die Ägypter schreitende Engel auf einem Wolkenband[451] beschließen den oberen Teil des Freskos.

Zusammenfassend betrachtet, ist dieses Thema – vergleichbar dem Fresko »Sintflut« – anhand einer dramatisch-realistischen sowie eingängigen Gestik und Mimik effektvoll in Szene gesetzt. Es wird unterstützt durch die diagonal von links nach rechts verlaufende Bildkomposition, der Kontrastwirkung zwischen »statisch« und »bewegt« gehaltener Personengruppe sowie einem geradezu »ungestümen«, Dynamik evozierenden Malduktus, der sich hauptsächlich im rechten Bildbereich ausbreitet.

Skovgaard und Stevns führten sehr wahrscheinlich gemeinsam das darüberliegende Triforiumfeld mit der »Auffindung Moses am Nil« aus (Abb. 62).[452] Festgehalten ist der Moment, in dem die Tochter des Pharaos in Begleitung den eben am Nilufer aufgefundenen, von einer Dienerin präsentierten Binsenkorb mit Moses betrachtet.[453] Mit wenigen Pinselstrichen und in grober Vereinfachung sind die Schilfflächen in der linken und rechten Bogenecke sowie der Nilfluss zwischen den Drillingsbögen angedeutet. Die Ausführung der Gewänder und des Hintergrundes lassen sich mit bereits beschriebenen Triforienfelder (»Täuschung Jakobs«, »Versöhnung Jakobs mit Esau« etc.) vergleichen.

Schräg gegenüber der »Auffindung Moses am Nil« setzt sich mit der Vision »Moses am brennenden Dornbusch« (2. Mose 3, 2–6) im nördlichen Bereich die Geschichte Moses fort. In dieser Szene erhält Moses, der barfuß vor dem lodernden, gelb-orangen Busch mit verdecktem Gesicht tief gebeugt kniet, den Auftrag Gottes, das Volk Israel aus Ägypten herauszuführen.[454] Verständlich wird dem Betrachter das Geschehen nahegebracht, das sich vor einem aus groben Pinselstrichen ausgeführten, in diversen Grautönen changierenden Hintergrund entfaltet (Abb. 63).[455]

Beendet wird dieser Zyklus mit dem mehrszenigen Seitenschiff-Feld »Moses Abstieg vom Berg Sinai«, »Anbetung des goldenen Kalbes« links und »Moses bringt neue

Gesetzestafeln« rechts, das in Zusammenarbeit von Skovgaard und Lofthus entstanden war (Abb. 64).[456] Narrativ veranschaulichen die beiderseits des Fensters liegenden, jeweils von oben nach unten zu lesenden Bildhälften die Ereignisse nach dem Auszug der Israeliten aus Ägypten: Während der Abwesenheit Moses auf dem Berg Sinai opfert und huldigt das Volk Israel mit Essen und Tanz einem neu geschaffenen Götzen in Form eines goldenen Kalbes. Moses, im oberen Bildteil, befindet sich auf seiner Rückkehr vom Berg Sinai, sieht die Götzenverehrung und wirft erzürnt die von Gott auf dem Berg erhaltenen Gesetzestafeln zu Boden. Dieser Episode ist Moses zweite Rückkehr vom Berg Sinai mit neuen Gesetzen gegenübergestellt, dem sich das Volk Israel aus Furcht nicht zu nähern wagt.

Die Platzierung der Themen, wie im Entwurf von 1897 bereits festgelegt, übernahm Skovgaard für das Fresko, gestaltete jedoch die jeweiligen Übergänge zwischen Moses und dem Volk fließend und ohne Abgrenzungsmarkierung. Zudem änderte er die ursprünglich unkoordiniert wirkenden Tanzschritte der linken Personengruppe um in eine übereinstimmende, simultan verlaufende Tanzbewegung, wie sie im Karton im Maßstab 1:3 von einem Frauenpaar[457] verdeutlicht wird. Im Fresko schließlich ist sie auf drei Tänzerinnen im Vordergrund übertragen.[458] Auf der rechten Bildseite überarbeitete Skovgaard das ehemals im Entwurf mit erhobenen Armen kniende und zu Moses emporblickende Volk Israel derart, dass die entsprechende Bibelstelle anhand der Körpersprache und Gesichtsmimik der Dargestellten im gegenwärtigen Fresko präziser abgelesen werden kann.[459]

Das sechste Triforium- respektive Wandfeld im südlichen Seitenschiff setzt das Alte Testament im Viborger Dom mit Einzelszenen aus Davids Jugend- sowie Regierungszeit fort: »David spielt vor Saul Harfe« (1. Sam 19, 9) und »David tanzt vor der Bundeslade« (2. Sam 6, 14–16).[460]

In konzentrierter Form und auf die wesentliche Aussage der Bibelstelle reduziert, präsentiert das Fresko die Episode des harfespielenden Davids, der mit Musikklängen den in Melancholie verfallenen König Saul erheitert (Abb. 65). Die Idee eines die Schwermut symbolisierenden geflügelten Wesens an der linken Rückenpartie des thronenden Königs, wie es der Entwurf von 1897 noch zeigt, wurde bei der Anfertigung des Kartons im Maßstab 1:3 verworfen. Die Überarbeitung zeigt die beiden Protagonisten nun seitenvertauscht und im Profil zueinander sitzend. Ihre Anordnung samt Saiteninstrument bildet somit eine eliptische Komposition innerhalb der bogenförmigen Wandfläche.[461]

»David tanzt vor der Bundeslade« (Abb. 66) versteht sich als ein Abschnitt der biblischen Erzählung von der langwierigen Rückführung der Bundeslade in die Stadt Davids. Im Skovgaardschen Fresko[462] ist die Szenerie über die gesamte Wandfläche ausgedehnt und ist trotz des Fenstereinschnitts als eine einheitliche Malerei mittels übergreifender Bildmotive (Stadtmauer, Grasfläche) aufzufassen. Durch die vom Bildrand beschnittene Darstellung der mit einem blauen Tuch verhüllten Bundeslade ein-

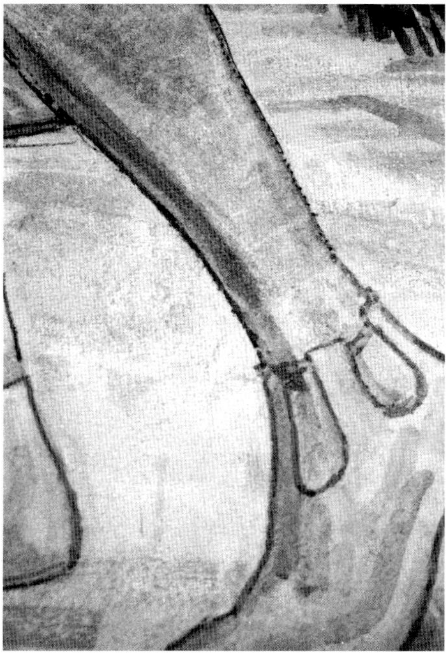

20 Detail zu David tanzt vor der Bundeslade, Fresko (vgl. Abb. 66)

schließlich der Schritthaltung ihrer Träger und Begleiter auf der rechten Seite wird der Moment des Tragens und der »*eben erfolgten*« Ankunft vor der Stadtmauer suggeriert. Unterstützt wird dieser Eindruck von der Gestik sowie Schritt- und Körperhaltung Davids, der dem Zug voraustanzt[463] und von Businebläsern und einer Menschenmenge empfangen wird. Im rechten oberen Bildteil ist Michal, die Tochter Sauls, dargestellt, die mit zwei Dienerinnen das Geschehen verfolgt.[464]

Die Maltechnik offenbart sich erneut auch hier in eindrucksvoller Weise besonders anhand eines vergrößerten Bildausschnitts. Das hierfür gewählte Detail aus dem David-Fresko zeigt das linke Unterbein und teilweise den Schuh des tanzenden Davids auf der hellen Wegfläche (Abb. 20). Deutlich zu erkennen ist die zeichnerische Pinselführung, die mit einigen wenigen, gezielt gesetzten Strichen Davids Schuh beziehungsweise Schienbein und Wade in transparenter Farbausführung modelliert oder den Weg andeutet. Zudem lassen sich die der Freskierung vorausgegangenen Arbeitsschritte nachvollziehen, etwa anhand der schwarz gepunkteten Umrisslinien von Bein und Schuh, die man als Kohlestaubpartikel identifizieren kann. Beim Andrücken des perforierten Kartons auf den frisch verputzten Malgrund blieben diese Partikel am Putz haften.

Dem Verlauf der biblischen Erzählungen folgend wählte Skovgaard für die siebte und letzte Wandfläche im nördlichen Seitenschiff beziehungsweise Triforium mehrere Szenen aus dem Zyklus des Propheten Elia.[465] Die ursprünglich im Entwurf von 1897 vorgelegten Themen »Elias erweckt den Sohn der Witwe« und »Elias Himmelfahrt« im Seitenschiff-Feld wurden ersetzt durch »Das Gottesurteil auf dem Berg Karmel« (1. Kön 18, 19–38) und »Androhung des göttlichen Strafgerichtes durch Elia an Achab« (1. Kön 21, 18–22). Das Thema im Triforium »Elia wird von Raben am Bache Kerit gespeist« (1. Kön 17, 4–6) ist unverändert vom Entwurf von 1897 übernommen und lediglich in seiner Darstellungsform überarbeitet.[466]

Die Episode vom »Gottesurteil auf dem Berg Karmel«, die sich dem Betrachter narrativ und eindringlich darbietet, füllt ungefähr zwei Drittel der zur Verfügung stehenden Wandfläche beiderseits des Rundbogenfensters (Abb. 67). Sie beinhaltet die Entscheidung durch einen Wettstreit zwischen den Baalspropheten und Elia, der beweisen soll, »*wer von beiden, Jahwe oder Baal, der mächtigere ist [...]*«;[467] am Ende wird schließlich das Volk Israel zur Abkehr von Baal gebracht. Die rechte Bildhälfte stellt den Moment dar, in dem ein von Jahwe gesandter Blitz in das von Elia dargebrachte Brandopfer fährt und dieses entzündet, während die im Hintergrund stehenden Israeliten und Baalspropheten und der von seinem Thron aufgesprungene König über Israel, Achab, auf das Ereignis mit entsprechender Gestik und Mimik reagieren. Zwischen den beiden Szenen, größtenteils von der Fensterlaibung überschnitten, ist der noch an seinen Hörnern zu identifizierende Baal[468] auf einem Karren platziert. Auffällig hierbei ist die Ausführung von Wagen und Baal in Art einer Umrisszeichnung, die äußerst sparsam Schattierungen u. a. in den Flügelpartien einsetzt.

Die Szene im oberen Bilddrittel beinhaltet die Begegnung zwischen Elia und König Achab in Nabots Weinberg, der durch die heimtückische Ermordung Nabots in den Besitz Achabs überging und gibt als Konsequenz daraus den Moment der Androhung des göttlichen Strafgerichtes durch den Propheten wieder. Die Freskierungsarbeiten für dieses Feld nahm der Künstler persönlich vor.[469]

Als Motive der letzten Triforienfelder auf der Nord- beziehungsweise Südseite fügen sich »Elias wird von Raben am Bache Kerit gespeist« (Abb. 68) sowie »Daniel in der Löwengrube«[470] (Dan 6, 17–24) vor neutralem, mit breitem Pinsel ausgeführten Bildgrund und flächig gehaltener Szene nahtlos in die Reihe der bisherigen Darstellungen ein (Abb. 69).[471] Wenige Malstriche genügten, um den Bach als solchen, das changierende Gefieder der Raben, das Fell oder die Mähne der Löwen in Anwendung eines zeichnerischen Duktus zum Ausdruck zu bringen. Mit Hilfe der im Dom häufig praktizierten Überschneidung von Bildelementen (Rabe, Löwe) wird dem Betrachter die Dramatik der Erzählung eindringlich und lebendig vermittelt.

Die siebte und letzte Wandfläche (Abb. 70) im südlichen Seitenschiff gliedert sich in mehrere Erzählungen aus dem Leben des Predigers Johannes des Täufers in »Johannes predigt und tauft am Jordan« (Mt 3, 5–11) / »Johannes' Enthauptung« (Mt 14, 10) im unteren rechten beziehungsweise linken Bildbereich und darüber, durch einen schmalen roten Streifen getrennt, »Salomes Tanz« (Mt 14, 6–7) rechts und »Salome mit dem Haupt Johannes'« (Mt 14, 11). Die im Entwurf von 1897 festgelegte Aufteilung und Auffassung dieser Szenen wurde für den die Freskierung vorbereitenden Karton beibehalten.[472]

In einer für den Betrachter eindeutigen Haltung und Gestik steht Johannes der Täufer am Flussufer predigend vor einer ihm zugewandten Zuhörerschaft aus Frauen, Männern und Jugendlichen. Ein auf einem Stein sitzender junger Mann streift sich das Gewand ab, um die Taufe im Fluss zu empfangen. Die Darstellungsweise ist auch in diesem Fresko eine »*erzählende*«, die den Bibeltext in eine lebendige Bildsprache umsetzt, den Rezipienten das Geschehen unmittelbar vor Augen führt[473] oder ihm sogar die Leserichtung vorgibt. So lenkt der Künstler den Betrachterblick über die ausgestreckten Finger Johannes', die in die darüberliegende Handlung ragen, auf Salomes Tanz, der wiederum das weitere Schicksal des Predigers einleitet.[474] Salomes tänzerische Darbietung mit wehendem Schleier zu König Herodes' Geburtstag wird von diesem mit einem Wunsch belohnt. Angestiftet durch Salomes Mutter Herodias[475] verlangt diese die Enthauptung Johannes', auf die der Blick diagonal von Salomes »*Blickrichtung*« und Körperdrehung ausgehend weiter in die linke untere Bildhälfte über den stehenden Mann mit der Schale gelenkt wird.

Auch »Johannes' Enthauptung« konfrontiert den Betrachter durch eine lebendige Schilderung des Vorgangs. In aller Eindringlichkeit ist der unmittelbar bevorstehende Moment der im Gefängnis stattfindenden Enthauptung des Predigers veranschaulicht: Johannes kniet in Gebetshaltung vor dem Henker, der mit erhobenem Schwert zum Schlag ausholt. Ein zweiter Mann, der die Schale für den abgeschlagenen Kopf bereithält, schaut angewidert zur Seite.

Im linken oberen Freskoteil findet die Johannes-Geschichte ihren Abschluss. Salome bringt das Haupt Johannes' auf einer Schale an Herodes' Festtafel. Diese sowie der einheitliche Fliesenfußboden und die Wandgliederung im Szenenhintergrund verzahnen die beiden oberen Handlungsstränge trotz zeitlicher Differenz und tragen zu einer ausgewogenen Bildkomposition bei.

Vergleichbar der oberen Szene im Abraham-Feld auf der dritten Wandfläche im südlichen Seitenschiff, »Zerstörung Sodoms und Lots Flucht«, fällt auch im Johannes-Feld die unterschiedliche Ausführung von unterer und oberer Bildhälfte auf. Während locker und breit gesetzte Malstriche beim Fluss, bei den Gewändern oder der Modellierung von Körperpartien in der unteren Szenerie zu beobachten sind, kennzeichnet die obere eine feinere, in zarten Abstufungen gehandhabte Pinselführung beim Inkarnat oder Tischtuch und eine akurate Wiedergabe von Details (Fliesenornament, Verzierung des Throns).

Die Unterschiede zwischen oberer und unterer Bildhälfte lassen sich auch darauf zurückzuführen, dass sowohl die Salome-Szenen als auch die »Zerstörung Sodoms und Lots Flucht« als Probemalereien mit Kaseinfarben in der Zeit von 1899 bis 1900 entstanden waren und nicht mehr al fresco überarbeitet wurden.[476] Erst 1921 wurde

»Salomes Tanz« aufgrund von Feuchtigkeitsschäden von Stevns erneuert, der den ursprünglichen Skovgaardschen Vorgaben stilistisch folgte.[477]

Am 29. Juni 1906 besichtigte das »Kirkesyn« zum letzten Male die Ausmalungsarbeiten, die noch bis Ende September[478] mit Ausbesserungen oder Umarbeitungen von Bilddetails andauerten und mit der offiziellen Abreise Skovgaards am 4. Oktober endgültig abgeschlossen waren.

Im Protokoll des »Kirkesyns« ist zu lesen, dass »*die Erwartungen, die [das Kirkesyn usf.; d. Verf.] an die Ausmalung gestellt habe sowie der Gehalt der Fresken und deren Wirkung im Kirchenraum auf eine sehr schöne Art und Weise zufriedenstellen würden*«.[479] Man schlage trotz der Bedenken zur Christusfigur im Zentrum vor, die doch am stärksten die »*Eigentümlichkeit des Künstlers*« in »*Zeichnung und Linienführung*« aufweise und wahrscheinlich durch eine Umgestaltung den »*schönen Eindruck*« zerstören werde,[480] dass Skovgaard mit dem Entwurf für eine neue Bemalung der Holzdecke betraut werden solle.

Die künstlerischen Mitarbeiter: Kurzbiographien

Als im Jahr 1906 die gesamte Ausmalung abgeschlossen werden konnte, signierte und datierte Joakim Skovgaard das zuletzt angefertigte Fresko »Thronender Christus, umgeben von den Scharen der Seligen« mit den Initialen »*JS 1906 NLS • AL • VM • JM • SN*«. Diese Namenskürzel sind oberhalb des Granitgesims auf der Nordseite der Apsis angebracht und vom Betrachter nicht einsehbar. Dahinter verbergen sich die Vor- und Nachnamen **J**oakim **S**kovgaards sowie die seiner engsten Mitarbeiter **N**iels **L**arsen **S**tevns, **A**rne **L**ofthus, **V**iggo **M**adsen, **J**ohan **M**ielche und des Maurergesellen **S**øren **N**ielsen.[481] Skovgaard kennzeichnete wohl die jahrelange Arbeit an den Fresken zum einen als ein Gemeinschaftswerk, dem er Anerkennung zollte. Zugleich würdigte er mit dieser Geste eine Leistung, die nur unter der steten und zuverlässigen Mithilfe der Genannten entstehen konnte. Das Wirken dieser Mitarbeiter, die hauptsächlich von Anfang an teilweise sogar schon bei den Vorarbeiten bis zum Abschluss des Projekts an der Ausmalung beteiligt waren, wurde für die Nachwelt festgehalten und geehrt.

Anhand einiger von Skovgaard minutiös geführter Rechnungs- und Lohnzettel lassen sich jedoch noch weitere Namen zusammenstellen. Es erhöht sich die Zahl der Mitarbeiter auf insgesamt 14, die während der gesamten sechsjährigen Ausmalungsphase ständig oder für spezielle Freskieraufgaben zeitweise im Dom oder im Skovgaardschen Atelier bei der Anfertigung der Kartons tätig waren. Durch das aufgefundene Quellenmaterial ergibt sich die Möglichkeit, diese außerhalb des skandinavischsprachigen Raumes nahezu unbekannte »Künstlergruppe« gemeinsam zu dokumentieren und in der vorliegenden Arbeit zum ersten Mal einer breiten Öffentlichkeit vorzustellen. Die folgenden, knapp gehaltenen Biographien beziehen sich auf die Zeit der Dom-ausmalung und legen den jeweiligen künstlerischen Erfahrungsstand des einzelnen Mitarbeiters bei Aufnahme seiner Tätigkeit in Viborg dar. Die Reihenfolge der Kurzbiographien wurde aus der Anzahl der Jahre, die ein Mithelfer jeweils im Viborger Dom tätig war, chronologisch erstellt. Auffallend an den lexikalischen Biographien der Mitarbeiter ist, dass fast alle, die im Viborger Dom arbeiteten, die gleichen Ausbildungsstätten besucht hatten, nämlich »Zahrtmanns skole«[482], die sich an der Kunst Italiens und Griechenlands orientierte und/oder die »Tekniske Selskab Skole« in Kopenhagen. Interessanterweise war auch Skovgaard zeitweise an der »Zahrtmanns Skole« verpflichtet, die er im Herbst 1888 vorübergehend während einer Italienreise seines Freundes und Kollegen Kristian Zahrtmann (1843–1917) beaufsichtigt hatte.

Niels Larsen Stevns (1864–1941)

Niels Larsen Stevns wurde 1884–1887 als Handwerksmaler bei Lund & Hansen und zeitgleich auf der »Tekniske Selskab Skole« in Kopenhagen unter Henrik Grønvold (1858–1940) ausgebildet; 1887 ging er an die Kunstakademie. Im Herbst 1888 begegneten sich Stevns und Skovgaard zum ersten Mal in der »Zahrtmanns skole«, wo Skovgaard vorübergehend als Lehrer tätig war. Trotz der allgemein ablehnenden Haltung Skovgaards gegenüber der Aufnahme neuer Schüler und seines persönlichen Rats an den jungen Stevns, nicht die künstlerische Laufbahn einzuschlagen, ließ sich dieser nicht von seinem Vorhaben abbringen.[483] Er besuchte u. a. weiterhin die Dekorationsschule der Kopenhagener Akademie (1892–1894) und bis Mitte der 1890er-Jahre die »Zahrtmanns skole«. Überzeugt von einer Arbeit Stevns bezog Skovgaard den jungen Künstler für weitere Aufgaben ein.[484] Es begann eine langjährige Zusammenarbeit zwischen beiden, in denen Stevns sich als versierter Künstler innerhalb verschiedenster Bereiche wie Holzschnitzerei, Bildhauerei oder Malerei einschließlich der Herstellung von Vorstudien erwies.

Stevns war der erste künstlerische Mithelfer an dem Ausmalungsprojekt in Viborg, der bis zur Fertigstellung aller Fresken beteiligt war. Schon 1896 unternahm er in Verbindung mit der bevorstehenden Ausmalung des Doms seine erste Studienreise von Mai bis Juli nach Italien und München, wo er die Freskotechnik in »Keims fabrik« studierte.[485] Dann half er um 1898 bei den Vorbereitungen für die Probemalereien im Dom, die ab 1899 bis 1900 durchgeführt wurden. Ab Mai 1901 bis Oktober 1906 arbeitete er stets den Sommer und Herbst über im Viborger Dom und im Winter, meist von Januar bis März, im Skovgaardschen Atelier in Kopenhagen, wo er Kartons nach Skovgaardschen Vorzeichnungen sowie eigene Modellstudien anfertigte. Die Entlohnung betrug zehn Kronen pro Tag für Freskenarbeiten beziehungsweise neun für restliche Aufgaben.

1900 begleiteten Stevns und zwei weitere Viborg-Mithelfer, Johan Mielche und Rudolf Siegfred (Rud-)Petersen, Skovgaard auf einer vom Kultusministerium genehmigten Italienreise, die sie nach Ravenna, Rom und Pompeji führte und als Vorbereitung auf die Ausmalung des Viborger Doms diente. Stevns erhielt umfassenden Einblick in die Fresko- und Mosaikkunst des Mittelalters und der Renaissance, die er im April 1904 auf einer zweiten Italienreise erneut mit Skovgaard vertiefen konnte. 1905 leitete Skovgaard einen Auftrag für ein Altarbild an Stevns weiter, das für die Hersom-Kirche, nordöstlich von Viborg gelegen, bestimmt war. Da Stevns eigenständiger Entwurf keinen Beifall fand, bat man ihn um die Anfertigung einer Kopie des Skovgaardschen Freskos »Jesus bei Martha und Maria«.[486] In Skovgaards Erinnerungen war Stevns ein Mitarbeiter gewesen, der stets rechtzeitig und ohne Eile zur Arbeit in den Dom gekommen und am Abend nur schwer vom Gerüst zu bekommen war.[487]

Thorvald Bindesbøll (1846–1908)

Nach der Ausbildung zum Architekten an der Akademie, die Thorvald Bindesbøll 1876 verließ, wandte er sich Anfang der 1880er-Jahre dem Kunstgewerbe zu. Er engagierte sich auf dem Gebiet der Keramik zunächst gemeinsam mit seinen Freunden Niels und Joakim Skovgaard, August Jerndorff und Theodor Philipsen, dann eigenständig und schließlich in den 1890er-Jahren mit Svend Hammershøi (1873–1948). Bindesbøll schuf eine neuartige Form der Keramikdekoration, die wegweisend für das Kunsthandwerk in Dänemark der nächsten Zeit wurde.[488] Aber auch dem dänischen Buchhandwerk, wo er wiederum mit Joakim Skovgaard und Jerndorff zusammenarbeitete, und der Silberschmiedekunst gab Bindesbøll neue Impulse und erregte damit Aufmerksamkeit auf Weltausstellungen in Chicago (1893) oder Paris (1900).[489]

Die Vorbereitungen zur Ausmalung des Viborger Doms sowie deren jahrelange Durchführung begleitete »Bølle«, wie ihn Skovgaard freundschaftlich nannte, von Anfang an als hochgeschätzter Ratgeber und Kritiker. Handwerklich tätig wurde er bei der mit Skovgaard kooperativ durchgeführten Ausarbeitung dekorativer Aufgaben wie der Gewölbeornamentik entlang der Kreuzgrate in den beiden Seitenschiffen und verschiedener dekorativer Details in den Fresken.[490] Aus seiner Hand stammten die Entwürfe zu den Glasmosaiken über der Orgel und in der Apsis sowie die Ornamente für die lichtertragenden Bronzeengel zu beiden Seiten des Hochaltars.

Rudolf Siegfred (Rud-)Petersen (1871– ?)

1890 wurde Rudolf Siegfred Petersen von der »Tekniske Selskab Skole« in Kopenhagen unter Henrik Grønvold als Geselle entlassen und setzte das an der Akademie im Jahr 1888 aufgenommene Studium in Kopenhagen bis Januar 1892 fort.

Zwischen 1899 und 1901 hielt er sich in Viborg auf. Für seine Tätigkeit im Jahr 1900 erhielt Petersen nachweislich für den Monat Juli 231 Kronen und für August nochmals 414,50 Kronen.[491] Weitere Auszahlungsbelege fehlen. Im gleichen Jahr nahm er an der vorbereitenden Italienreise mit Skovgaard, Stevns und Mielche teil. Petersen war wie Mielche in der »Viborger Zeit« von Skovgaard als zeichnungsberechtigte Person bei der Einlösung von Überweisungen, die das Kultusministerium ausgestellt hatte, eingesetzt.[492]

Petersen, der sich in späteren Jahren auch mit anderen Techniken der Malerei eingehend beschäftigte, wandte die in Viborg gelernte Freskotechnik in nachfolgenden Projekten bis Anfang 1950 an, mitunter gemeinschaftlich mit Stevns.[493]

Johan Christoffer Mielche (1866–1917)

Nach der Aufnahme in die allgemeine Vorbereitungsklasse der Akademie in Kopenhagen im Dezember 1883 wurde Johan Christoffer Mielche deren Schüler bis zum Mai 1896. Im Anschluss daran ging er auf die »Zahrtmanns skole«.

Im Juni 1900 kam der damals 34-jährige Kunstmaler als Mitarbeiter bei der Durchführung der Probemalereien im Viborger Dom hinzu und blieb neben Stevns an der gesamten Ausmalung bis 1906 beteiligt. Auch Mielche half oftmals über die Wintermonate bis in den März hinein bei den Vorbereitungen an den Kartons und arbeitete den Sommer über an den Fresken für acht bis zehn Kronen je nach Tätigkeit. Vereinzelt oblagen ihm auch Verwaltungsangelegenheiten. Mielche war neben Skovgaard und Rudolf Petersen zeichnungsberechtigt, zum Beispiel bei der Ausstellung von Banküberweisungen, Quittungen und der Annahme von Rechnungen oder Materialbestellungen.[494] Skovgaard hatte beim Kultusministerium erfolgreich durchgesetzt, dass auch Mielche im Jahr 1900 an der als Dekorationsvorbereitung gedachten Italienreise teilnehmen konnte.

Nach der Ausmalung in Viborg, die Mielche 1917 auf 18 Seiten in Gedichtform festgehalten hatte,[495] nahm er an weiteren kirchlichen Dekorationsarbeiten teil.

Herman Albert Gude Vedel (1875–1948)

Im Anschluss an die »Tekniske Selskab Skole« war Herman Albert Gude Vedel von Oktober 1894 bis zum Mai 1897 Schüler an der Kopenhagener Akademie. Zwischen 1896 bis 1899 besuchte er wie viele andere (zukünftige) Skovgaard-Mithelfer die »Zahrtmanns skole« in Kopenhagen. Als Vedel nach Viborg kam, hatte er mit der Porträtmalerei begonnen.[496]

Neben Stevns, Mielche und Petersen war Vedel ebenfalls an den Probemalereien im Viborger Dom vermutlich mehrere Wochen im Sommer 1900 beteiligt, wofür er die Summe von 388 Kronen erhalten hatte. Möglicherweise hatte Vedel bei den vorbereitenden Arbeiten im März 1900 an circa 14 Tagen für jeweils fünf Kronen am Tag mitgeholfen.[497]

Arne Wallem Lofthus (1881–1962)

Der Norweger Arne Wallem Lofthus wurde zu Beginn des Jahres 1901 als Schüler der 1899 beigetretenen »Tekniske Selskab Skole« unter Henrik Grønvold in Kopenhagen auf dessen Empfehlung Gehilfe bei Skovgaards Ausmalung in Viborg.[498] Skovgaard mangelte es zu dieser Zeit an Kräften, da Stevns eigene Arbeiten zu versehen hatte und Mielche aus Krankheitsgründen einen Monat pausieren musste. Während seiner »Viborger Zeit« besuchte Lofthus von Januar bis Februar 1902 und erneut im Januar 1903 die »Zahrtmanns skole« in Kopenhagen. Laut Lohnzettel[499] blieb Lofthus bis Ende September 1906 mit der Ausmalung in Viborg verbunden und wurde in den Sommermonaten ebenso wie Stevns, Mielche und Madsen mit Freskierungen betraut, wofür er anfangs vier, ab 1902 fünf, 1903 sechs und 1906 zehn Kronen erhielt.

Die Domausmalung in Viborg und ein durch sie gewonnener solider Umgang mit der Freskotechnik sowie Lofthus' Interesse an dekorativen Aufgaben verhalfen ihm ab 1909 zu zahlreichen zum Teil monumentalen Dekorationsaufträgen in Dänemark und Norwegen, wo er diese Technik anwandte.[500]

Søren Nielsen (1872–1922)

Søren Nielsen war als Handwerker im Viborger Dom tätig. Der Maurergeselle bereitete ab 1901 und fortlaufend während der gesamten Ausmalung jeden Tag den frischen Putzgrund für die Freskierungen vor. Auf einem Gemälde von 1902 hielt der Künstler Poul S. Christiansen (1855–1933) Nielsen neben Lofthus, Mielche, Stevns, Skovgaard, Maurermeister Jensen und Lehrling Bird auf dem Gerüst arbeitend fest.[501]

Johannes Kragh (1870–1946)

Von 1885 bis 1886 besuchte Johannes Kragh die »Tekniske Selskab Skole« in Kopenhagen unter Henrik Grønvold und war parallel dazu dessen Privatschüler bis 1887. Anschließend war er bis Mai 1888 Akademie-Eleve und danach für ein Jahr auf der »Kunstneres Studieskole« bei Peder S. Krøyer (1851–1909). Als Skovgaard den Dänen für spezielle Freskenarbeiten im Juni 1901 für 14 Tage nach Viborg holte, war ihm Kragh kein Unbekannter. Zwischen 1890 und 1895 hatte Kragh bereits unter Niels und Joakim Skovgaard gearbeitet[502] und war an weiteren Ausschmückungsarbeiten in Kopenhagen, etwa in der Zionskirche Mitte der 1890er-Jahre und der Apsis der Christkirche (1899) beteiligt. Er war neben den Skovgaard-Brüdern einer der Künstler, der bei Kirchenausmalungen eine neue, dekorative Richtung einschlug. Gegen 1900 waren große Figurenkompositionen ein Stilmerkmal der Kraghschen Malerei geworden. Diese und Kraghs Erfahrungen in der Ausführung von Wandgemälden sowie seine Studien altchristlicher Kunst unter anderem in Rom und Ravenna, Florenz und Orvieto waren geradezu ideale Voraussetzungen für eine Mithilfe an Skovgaards Ausmalungsprojekt im Viborger Dom.

In Viborg bestand Kraghs Aufgabe in der Vorbereitung und der Durchführung der mittleren Szene des insgesamt dreiteiligen Freskos auf der Fensterfläche im südlichen Querschiff, »Das Scherflein der Witwe« sowie in der Anfertigung von drei Engeln auf Kartons im Maßstab 1:1 und 1:3. Die Arbeit an »Das Scherflein der Witwe« stellte Kragh mit 84 Kronen in Rechnung, daneben ließ er sich für Atelierarbeiten (15

Kr.), die Kartonanfertigung (150 Kr.), den 14-tägigen Aufenthalt in Viborg (200 Kr.), Reisekosten (17 Kr.) sowie die Ausgaben für Modelle (20 Kr.) auszahlen.[503] Der 31-Jährige, zu dieser Zeit bereits ein renommierter Künstler, konnte sich seine Tätigkeiten in Viborg dementsprechend vergüten lassen. Damit übertraf Kraghs Arbeitslohn von 200 Kronen für zwei Wochen die sonst üblichen Arbeitslöhne der künstlerischen Mitarbeiter.[504]

Kragh wurde ab 1906 mit zahlreichen Fresken- sowie Glasmalereien in Dänemark beauftragt.[505]

Albert Petersen (1875– ?)

Nach einer Malerlehre ging Albert Petersen an die »Tekniske Selskab Skole« in Kopenhagen von 1894 bis 1895, im Anschluss an die Vorbereitungsklasse der Akademie, an der er bis 1902 Schüler war.

Noch als Akademieschüler war Petersen nachweislich zwischen dem 1. und 25. Mai 1901 für insgesamt 20 Arbeitstage Mithelfer im Viborger Dom. Für die ersten neun Tage erhielt er vier Kronen, für weitere elf erhöhte sich der Tageslohn auf siebeneinhalb Kronen, was möglicherweise durch ein verantwortliches Tätigkeitsfeld, etwa durch Freskenarbeiten, erklärt werden kann.[506]

Malergeselle Bird (?)

Ab März 1902 und dann regelmäßig in den Sommermonaten bis 1906 war Bird[507] als Malergeselle nachweislich mit Arbeiten im Viborger Dom beschäftigt.[508] Auch Bird ist auf dem Christiansen-Gemälde von 1902 im Bildvordergrund verewigt. Es zeigt ihn bei der Perforierung einer Zeichnung auf einem Karton im Maßstab 1:1. Dieser Karton wurde, wie im Hintergrund zu sehen ist, anschließend von den Künstlern in den frischen Putz gedrückt und ließ mit Hilfe von Kohlenstaub die Konturen der einzelnen Motive an der Putzfläche zum Malen bereit zurück. Birds Mithilfe wurde zwischen drei bis fünf Kronen pro Arbeitstag vergütet, an Sonntagen mit zwei Kronen.

Valdemar Jørgensen (1879–1929)

Nach einer Malerlehre in Svendborg und Vejle kam Valdemar Jørgensen um 1899 auf »Zahrtmanns skole«, erlernte um 1901/1902 die Freskomalerei bei Benediktinern in Belgien und hielt sich danach in Italien im Kloster Monte Cassino auf, wo unter Leitung von Pater Desiderius Lenz, dem Begründer und Leiter der Beuroner Kunstschule, große Dekorationen al fresco entstanden.

Am 1. Dezember 1902 begann Jørgensen, gut gerüstet in der Freskotechnik, als Mithelfer im Skovgaardschen Atelier in Kopenhagen und half wochenweise bis Ende März 1903 bei anstehenden Kartonarbeiten mit, für die er pro Arbeitstag drei, später vier Kronen erhielt. Ab Juni befand er sich bei den Ausmalungsarbeiten in Viborg, das er vermutlich im August 1903 wieder verließ.[509]

Johannes Edouard Hohlenberg (1881–1960)
Von 1898 bis 1900 war Johannes Edouard Hohlenberg Schüler auf Luplau Janssens (1869–1927) gemeinsam mit dessen Schwager Viggo Pedersens (1854–1926) geführten privaten Malerschule,[510] danach von 1900 bis 1902 auf der »Zahrtmanns skole«. Noch im Jahr 1902 bereiste er Italien.

Lohnzettel belegen eine Mitarbeit Hohlenbergs im Atelier Skovgaards in Kopenhagen ab Dezember 1902, wo er die darauffolgenden Monate bis April 1903 für vier Kronen pro Tag arbeitete. Anschließend war Hohlenberg ab Juni bis Mitte Juli in Viborg tätig.[511] Danach ist keine Mitarbeit mehr nachweisbar. Ab 1906 wohnte Hohlenberg fünf Jahre lang in Paris und war Mitglied im »Le Salon de la Société Nationale« und »Salon d'Automne«.[512]

Sigurd Olrik (1874–1921)
Nach seiner Ausbildungszeit an der Kopenhagener Akademie von Oktober 1894 bis Mai 1900 trat Sigurd Olrik 1901 in »Zahrtmanns skole« ein, die er 1902 verließ.

Für den Viborger Dom war Olrik in Skovgaards Atelier im März 1902 mit Vorarbeiten beschäftigt.[513] Im Juli war er 23 Tage lang vor Ort in Viborg tätig.[514]

Viggo Madsen (1885–1954)
1899 kam der Sohn des Kunsthistorikers und Malers Karl Madsen (1855–1938) an die »Tekniske Selskab Skole« zu Henrik Grønvold und ab 1902 für zwei Jahre auf »Zahrtmanns skole«, 1904 debütierte er in einer Ausstellung auf Charlottenborg.

Viggo Madsen, zwei Jahre jünger als Lofthus, wurde vermutlich ab Februar 1903 fester Mitarbeiter und half im Winter bei den Vorbereitungen sowie im Sommer bei der Ausmalung im Viborger Dom mit. Bis September 1906 war er nachweislich im Dom tätig und führte etliche Freskierungen durch. Als Lohn erhielt er bei Einstellungsbeginn drei, ab 1903 dreieinhalb beziehungsweise vier, dann fünf und sieben,[515] ab 1904 sechs Kronen pro Arbeitstag. Parallel dazu arbeitete Madsen an eigenen Gemälden und stellte 1904 erstmals in Charlottenborg aus, danach regelmäßig im Ausland zum Beispiel in New York oder Stockholm. Skovgaard beschrieb Madsen 1916 rückwirkend als einen Mithelfer, der mit »*großem Verständnis für Farben und Größenverhältnisse*« an Freskierarbeiten ging.[516] Die Mitarbeit in Viborg verhalf ihm schließlich zu Aufträgen für Altarbilder und kirchlichen Dekorationsarbeiten in ganz Dänemark.

Karl Holger Jacob Schou (1870–1938)
Nach Besuchen auf diversen privaten Malerschulen wurde Karl Holger Jacob Schou um Neujahr 1887 in der »Zahrtmanns skole« in Kopenhagen aufgenommen, an der er mit Unterbrechungen bis 1900 blieb. Seit 1890 begann er zunächst allein auf Charlottenborg auszustellen, dann gemeinsam mit anderen Zahrtmann-Schülern und schließlich in der Vereinigung »Den frie udstilling«, deren Mitglied er 1901 wurde. In den 1890er-

Jahren gehörte Schou dem Kreis der sogenannten »Fynboerne« an, einer Gruppe dänischer Künstler, die von der Insel Fünen stammten und sich in »Zahrtmanns skole« kennengelernt hatten.

Der 33-jährige Schou war bereits als Figuren-, Bildnis- und Landschaftsmaler bekannt, als er im Dezember 1903 für vier Arbeitstage, im Januar 1904 an 19 sowie im Februar an zehneinhalb Arbeitstagen im Skovgaardschen Atelier für vier Kronen am Tag bei den Vorbereitungen zur Ausmalung im Viborger Dom mithalf.[517] Eine direkte Beteiligung an der Ausmalung im Dom ist dem Quellenmaterial aber nicht zu entnehmen.

Knud Petersen (?)

Knud Petersen war nachweislich im Jahr 1904 für Vorbereitungen und an der Ausmalung im Viborger Dom tätig. Er arbeitete von Januar bis Februar in Kopenhagen für drei Kronen pro Arbeitstag sowie zwischen dem 27. Mai und 10. Juni im Dom für insgesamt 80 Kronen.[518]

Povl Jerndorff (1885–1933)

Nach einer Malerlehre, dem Besuch auf Foss' Zeichenschule[519] und der Ausbildung an der »Tekniske Selskab Skole« in Kopenhagen trat Povl Jerndorff 1904 in die Akademie ein und blieb dort bis Herbst 1910.

Der 20-jährige Sohn des Malers und »Kirkesyn«-Mitglieds August Jerndorff kam noch als Akademie-Eleve für einen Sommer nach Viborg, nachweislich in der Zeit von Mitte Juli bis 30. September 1905. Für seine Mithilfe erhielt Jerndorff zweieinhalb Kronen täglich.[520]

Hans Henrik Schou (1884–1949)

Von 1904 bis 1905 besuchte Hans Henrik Schou[521] den Unterricht an der »Tekniske Selskab Skole« unter Henrik Grønvold und wurde im Oktober 1905 von der Akademie aufgenommen, die er im Mai 1909 verließ.

Aus einer Quelle vom 13. Juni 1906 wird bekannt, dass der Akademie-Eleve vorübergehend einige Monate lang in Viborg tätig war.[522] Für seine Mithilfe erhielt er pro Arbeitstag zweieinhalb Kronen und die Erstattung seiner Reisekosten.

Ingeborg Andreasen-Lindborg (1875–1950)

Nach dem Abgang vom »Chicago Art Institute« trat Ingeborg Andreasen[523] im März 1900 der von Caroline Emilie Mundt (1842–1922) und Henriette Marie Antoinette Luplau (1848–1925) geleiteten Zeichenschule für Frauen[524] bei. Im September 1904 ging sie von dort ab. Neben diversen Amerika-Aufenthalten wohnte sie einige Jahre abwechselnd in Paris und in Dänemark.[525]

Für vier Wochen, vom 12. Juni bis zum 12. Juli 1906,[526] hatte die damals noch unter ihrem Geburtsnamen geführte Ingeborg Andreasen während eines zweiten längeren

Aufenthalts in Dänemark als einzige Frau der gesamten Ausmalungszeit im Viborger Dom mitgearbeitet.[527] Skovgaard schrieb am 17. Juni 1906 an seine Ehefrau Agnete, »*Fräulein Andreasen sei nun an die Stelle von Schou getreten.*«[528] Zwei vorhandene Rechnungszettel über die Rückerstattung der Reisekosten sowie Materialauslagen geben jedoch keine weiteren Aufschlüsse über einen längeren Aufenthalt in Viborg.[529]

Daniel Hvidt (1889– ?)
Nach dem Besuch der Zeichenschule unter der Leitung von Caroline Emilie Mundt (1849–1922) und Henriette Marie Antoinette Luplau (1848–1925) ging Daniel Hvidt von 1904 bis 1906 an die »Tekniske Selskab Skole« und ab Mai 1906 an die Akademie in Kopenhagen.

Im Zusammenhang mit der Ausmalung im Viborger Dom taucht sein Name auf mehreren undatierten Quittungen auf. Er muss dort 15 Arbeitstage im Julimonat eines nicht bekannten Jahres gearbeitet haben, für die er jeweils zweieinhalb Kronen erhalten hatte.[530] Nach Weilbachs Kunstnerleksikon hielt sich Hvidt 1906 im Viborger Dom auf.[531]

Wenn auch nicht zum eigentlichen Mitarbeiterstab gehörend, so waren zwei der Söhne Skovgaards, Johan Thomas (1888–1977) und Morten Christian (1894–1914), im Jugend- beziehungsweise Kindesalter im Dom zu Viborg zeitweise anwesend und »*waren darüber begeistert, mit Hand anzulegen!*«, wie sich der Zweitälteste, Johan Thomas im Jahr 1975 in einem Journal-Interview erinnerte.[532] Wann und wie oft er und sein Bruder Morten Christian im Dom mithalfen, sich mit den Kartons abmühten, deren Zeichnungen mit einer Hutnadel perforiert wurden, ist aus dem Quellenmaterial nicht ersichtlich.

Ähnlich verhält es sich mit Ludvig Find, den Jens Vellev in seiner Publikation »Joakim Skovgaards Fresken im Dom zu Viborg«[533] aus dem Jahr 1988 in die Liste der Mitarbeiter aufnahm. In den vorgefundenen und eingesehenen Rechnungen, Lohnzetteln und Quittungen erscheint sein Name jedoch nicht.

Der vollendete Freskenzyklus: Resümee und Reaktion in Dänemark

Nach sechs intensiven Ausmalungsjahren beendete Joakim Skovgaard im September 1906 den großangelegten biblischen Freskenzyklus im Dom. Trotz unterschiedlicher Maltechniken präsentieren sich die Bilder in ihrer kompositorischen, motivlichen und farblichen Ausgestaltung als eine ausgewogene Arbeit.[534] In diesem Gemeinschaftswerk von Skovgaard als verantwortlichem Künstler und seinen künstlerischen Mitarbeitern[535] stehen zum Beispiel die mit breitem Pinselstrich ausgeführten »Paradiesbilder«, deren hell verputzte Mauerflächen sichtbar durchschimmernd als Bildgestaltungsmittel miteinbezogen wurden[536] neben den wie Mosaiken wirkenden Triforienmotiven oder den Wandflächen im Querschiff. Mit ihren flächefüllenden, farbigen Hintergründen, Landschafts- oder Architekturdarstellungen wirken sie wie mächtige, über die Wände gespannte Teppiche.

Neben der harmonischen Abstimmung der Fresken aufeinander war Skovgaard daran gelegen, die Wandbilder der räumlichen Situation und dem vorgegebenen architektonischen Rahmen des Viborger Dominneren anzupassen. Seiner Meinung nach sollte ein Kirchenraum »*in seiner architektonischen Schönheit, die Mauerflächen eben als Flächen bewahrt werden.*«[537] Diese theoretischen »*Leitgedanken*« lassen sich im Dom mehrfach umgesetzt wiederfinden. Die Fresken fügen sich den rundbogigen Wandfeldern ein und erhalten durch Einfassungen aus Granit beispielsweise bei den Triforien- und Querschiff-Feldern ebenso eine Rahmung wie die Seitenschiff-Felder durch ornamentale beziehungsweise einfarbige Umrandungslinien.[538] Innerhalb der begrenzten Wandfelder breiten sich die zumeist flächig gehaltenen Malereien aus. Nur selten entsteht der Eindruck räumlicher Tiefenwirkung. In dieser Durchführung wird Skovgaard seiner oben erwähnten Anschauung überwiegend gerecht, die besagt, dass »*ein Kirchenraum in seiner architektonischen Schönheit*« und »*Mauerflächen eben als Flächen bewahrt*« und nicht – so könnte man weiter folgern –, durch eine die räumliche Tiefe suggerierende Malweise aufgelöst werden sollte,[539] die zudem die architektonischen Gegebenheiten stilistisch sprengen würde.

Von Bedeutung war für Skovgaard weiterhin, dass »*ein Wandbild in hohem Grade für den Raum gedacht werden soll, den es schmücken wird.*«[540] Für seine künstlerische Arbeit bedeutete dies die harmonische Abstimmung eines Wandbildes auf den Raum, im Falle des Viborger Doms also die Einfügung der Fresken an den im »*romanischen Stil*« gehaltenen Kirchenraum in technischer wie stilistischer Hinsicht. Er habe sich daher für die Freskomalerei als adäquate Technik für den Viborger Dom entschieden, so Skovgaard. Seine anfänglich in romanischem Stil ausgeführten Dekorationszeichnungen habe er im Laufe der Zeit hinter sich gelassen und einen eigenen Stil entwickelt.[541] Darunter verstand er die Inspiration durch romanische Vorlagen sowie traditionelle Bildschemata und -formen aus dem unerschöpflichen Fundus kirchlicher Kunst, die er nach eigenen Vorstellungen in eine moderne und zeitgemäße, nicht in Kontrast zum Dominneren stehende Bildsprache übersetzte. Doch welche Beweggründe hätten Skovgaard dazu veranlassen können, sich gegen die ursprünglichen, im romanischen Stil gehaltenen Zeichnungen zu entscheiden und damit die Forderungen des »Kirkesyns« nach einer stilgetreuen Innendekoration zu verwerfen? Nun wusste Skovgaard, wie an anderer Stelle bereits erwähnt, durchaus um die Problematik, dass einerseits Material, Ausführung und Stil einer Dekoration dem Umfeld entsprechen sollten, dass andererseits – und dies schien ihm von nicht geringerer Bedeutung –, der Künstler seinen eigenen Malstil zu finden habe, der der Umsetzung seiner Intentionen und zugleich der dekorativen Aufgabe gerecht werde. Mit dem Verwerfen des im romanischen Stil gehaltenen Entwurfs machte Skovgaard seinen Auftraggebern deutlich, wie wichtig ihm die Loslösung von kopierten Stilvorgaben und die Findung eines eigenen Stils waren, der zudem seine individuelle künstlerische Position stärken half. In der Entscheidung für die Freskotechnik, die an die Tradition früherer Kirchenausmalungen anknüpft und sie dadurch wieder aufleben lässt, wurde jedoch eine Anpassung an den Bau auf einer allerdings sich nicht sogleich erschließenden Ebene vollzogen.

Wie fielen nun zeitgenössische Reaktionen auf dieses Monumentalwerk aus? Schon frühzeitig fand die Ausmalung des Doms in Text- und Bildbeiträgen ihren Weg in die Öffentlichkeit, etwa durch die dänische Zeitung »Politiken«, durch fachbezogene Zeitschriften,[542] Kirchenführer[543] oder den opulent ausgestatteten, 1909 erschienenen Bildband[544] über den Viborger Dom. Die Abhandlungen wurden in vielfacher Hinsicht um eine persönliche Note durch Erläuterungen Joakim Skovgaards ergänzt, beispielsweise zum Werdegang der Ausmalung, Inhalt und Stil seiner Freskenbilder oder zu technischen Belangen sowie seinen künstlerischen Mitarbeitern.[545] Insgesamt betrachtet reagierten die dänischen und deutschen Kritiker lobend und anerkennend auf die Ausmalung, die sie als »*Mesterværk*«, »*den skønneste Tempelhal*«, »*die zweite Großtat der neueren nordischen Kunst*« oder als »*enestaaende Storvärk i [...] hele Danmarks Malerkunst*« bezeichneten. Die Texte spiegeln den Stolz auf das nationale Denkmal wider, das »*en Ære for den danske Nation, snart et europæisk Berømmelsessted*«[546] sei und erwiesen Skovgaard Ehrerbietung, indem sie ihm einen herausragenden Platz unter den zeitgenössischen Künstlern Dänemarks einräumten.

Als Ausdruck der Zufriedenheit empfahl das »Kirkesyn« dem Kultusministerium, Skovgaard die Neubemalung der Mittelschiffdecke zu übertragen, die in »*Harmonie mit der übrigen Kirchendekoration*«[547] gebracht werden sollte. In den Jahren 1912 bis 1913 hielt sich Joakim Skovgaard abermals in Viborg auf und führte diese neue Aufgabe mit Niels Larsen Stevns und Viggo Madsen durch.[548]

Die Viborger Fresken im Kontext religiöser Malerei

»*Grundtvigske kunstner*« oder »*grundtvigske billedkunst*« sind Schlüsselwörter, die in der Literatur zu Joakim Skovgaard und namentlich im Zusammenhang mit den Dom-Fresken fast schon selbstverständlich angewandt wurden und immer noch werden. Dass die Lebensauffassung des Künstlers von ethischen und religiösen Grundsätzen Nikolaj Frederik Severin Grundtvigs, dem bedeutenden Volkserzieher und Theologen Dänemarks im 19. Jahrhundert geprägt war und ferner Skovgaards Bildkunst auf Anschauungen im grundtvigschen Sinne basierte, musste dabei nicht weiter definiert oder näher erklärt werden.[549]

Kirche, Religion und Erweckungsbewegungen im 19. Jahrhundert

Die Förderung der Religionsfreiheit, eine Lockerung des Verhältnisses von Staat und Kirche, vor allem aber das Phänomen, die Bildung eigenständiger, volkstümlicher religiöser Erweckungsbewegungen[550], die sich mit der offiziellen Kirche auseinandersetzten, sind einige der Faktoren, die sich im Laufe des 19. Jahrhunderts auch in Dänemark[551] entwickelten und mitunter tiefgreifende Veränderungen im kirchen- und kulturpolitischen Bereich nach sich zogen.

Dänische Kirchengeschichte im Überblick

Nach 1800 traten Ereignisse ein, die nicht nur das Land politisch und wirtschaftlich in eine Krise trieben,[552] sondern auch – durch die zu dieser Zeit in ganz Nordeuropa entstehenden volkstümlich religiösen Erweckungsbewegungen – ein Fundament für spätere kirchliche, aber auch demokratisch-politische Richtungen bildeten. Immer mehr Universitätstheologen und Priester brachen mit rationalistisch-aufklärerischen, dem 18. Jahrhundert verhafteten Vorstellungen und wandten sich der Bedeutung und einem besseren Verständnis der Heiligen Schrift zu. Infolgedessen kam es zu einer

Neubewertung der Bibel, einer verstärkten Verbreitung religiöser Schriften und der Rückkehr zum lutherischen Bekenntnis.[553] Gestärkt wurde dieses »Bibelchristentum« einerseits durch die nach englischem Vorbild gegründete »Det danske Bibelselskab« im Jahr 1814, die das religiöse Leben im Lande fördern sollte sowie andererseits durch die Neuübersetzung des Neuen Testamentes, die 1819 erschien.[554]

Obwohl der Zuspruch der anfänglich eher regional entstandenen Erweckungsbewegungen auf einen kleinen Teil der Bevölkerung und des Klerus begrenzt war – eine landesweite nationale Bewegung entfaltete sich bald darauf durch den sogenannten Grundtvigianismus –, kam die Staatskirche nicht umhin, auf die Entwicklungen innerhalb ihrer Basis zu reagieren. Denn die Erweckungsbewegung ging gegen rationalistische Pfarrer und aufklärerische Katechismen radikal vor, errichtete ihre eigenen Freischulen und verbreitete unter der Bevölkerung Gottes Wort.[555] Auswirkungen auf die Staatskirche blieben nicht aus: Gegen 1830 kam es innerhalb der Kirche zu einem abrupten »*Übergang von der Aufklärung zu Biblizismus, Konfessionalismus und Antirationalismus*«.[556]

Ab den 1830er-Jahren verstärkten sich liberale und religionsfreiheitliche Strömungen, »*deren Ziele häufig mit denen der Erweckungsbewegungen zusammenfiel[en]*«.[557] Diese kulminierten schließlich nach der Abschaffung des Absolutismus im dänischen demokratischen Grundgesetz vom Juni 1849, das das Verhältnis von Staat und Kirche regelte sowie die Religionsfreiheit festlegte. Religion und Kirchenleitung, die bis dahin als Staatsangelegenheit gegolten hatten und die der König ebenso überwachte wie die Einhaltung des lutherischen Glaubens, den die Bürger nicht ablegen konnten, wurden neubewertet. Jeder Gläubige hatte beispielsweise das Recht, sich der Gemeinde anzuschließen, die seine Glaubensüberzeugung vertrat und keinem Bürger konnten aufgrund seines Glaubensbekenntnisses der Zugang zu bürgerlichen oder politischen Rechten verwehrt werden.[558] Obwohl die Kirche, nun »Folkekirke« genannt, durch das Grundgesetz eigene Rechte erhielt, war der Staat dazu verpflichtet, sie weiterhin zu unterstützen,[559] beispielsweise in der Bereitstellung eines jährlichen Etats oder durch die Aufrechterhaltung der theologischen Fakultät. Unterstellt war die »Folkekirke« neben dem Kulturwesen und der Schule dem neu eingerichteten Kultusministerium, dem »Ministerium for Kirke- og Undervisningsvæsen«,[560] das der liberal gesinnte, ehemals als Pfarrer tätige Ditlev Gothardt Monrad (1811–1887) leitete.[561] Seine Vorstellung von einer Verfassung, die die kirchliche Selbstverwaltung regeln sollte, scheiterte mangels eines rechtzeitig gestellten Antrags und sollte – wenn auch nur zeitweise – durch die Errichtung des »Kirkelige Råd« (1883) in Erfüllung gehen. Ein Gesetz von 1855, das u. a. den Austritt aus einer Gemeinde in eine andere erlaubte, sowie das Wahlgemeindegesetz von 1868, das die Gründung freier Gemeinden innerhalb der »Folkekirke« bewilligte,[562] waren wichtige, besonders von den Anhängern Grundtvigs bejubelte Voraussetzungen, die die Befreiung der Pfarrer von jedem dogmatischen und liturgischen Zwang sowie die Loslösung der Gläubigen von einer bestimmten Kirche und deren Vorsteher verlangten. In der Errichtung freier Kirchengemeinden beispielsweise in Kopenhagen ab 1890 fand die geforderte Selbstbestimmung und Regelung kirchlicher Interna ihre praktische Umsetzung, die die Aus- oder Umgestaltung von Kirchen ebenso betraf wie die Planung und Ausstattung neuer Kirchenprojekte, über die der Kirchengemeinderat in Eigenverantwortung entscheiden konnte.

Auf die nach der Jahrhundertmitte durch politische und wirtschaftliche Umwälzungen entstandenen Probleme, wie die teilweise Verarmung der Landbevölkerung oder die rasante Zunahme von Arbeitern in Städten und an Industriestandorten, die eine religiöse Betreuung erschwerten, reagierte die Kirche wenig flexibel. Der Einfluss auf und der Kontakt zu diesen Schichten ging zunehmend verloren.[563] Die ehemals dominierende Stellung von Kirche und Theologie in der Gesellschaft schwand zusehends infolge der allgemeinen politischen, sozialen und kulturellen Entwicklungen. Großen Zuspruch fand dagegen ab 1876 der Sozialismus[564] sowie weiterhin auch religiöse Gruppierungen wie die pietistische Erweckungsbewegung »Indre Mission«[565] (gegründet 1861), die durch ihre Verkündigung weite Teile der Bevölkerung zu einem religiösen Leben anzuregen vermochte. Aber auch intellektuelle Kreise äußerten Kritik an Kirche und Religion. So forderte beispielsweise der Schriftsteller Georg Brandes (1842–1927) gar die Befreiung Dänemarks von der Religion und die Anerkennung des Humanismus-Gedankens, denn die Bedingung des Fortschritts im Lande sei, so Brandes, der *»freie Gedanke und die freie Humanität«*.[566]

Zwei große Erweckungsbewegungen können am Ende des 19. Jahrhunderts genannt werden.[567] 1896 wurde »Det københavnske Kirkefond« eingerichtet, der die Teilung groß angewachsener Pfarrbezirke sowie den Neubau von Kirchen anstrebte, um in den verkleinerten, vor allem aus Zugezogenen bestehenden Gemeinden, eine wirkungsvolle soziale Gemeindepflege und -betreuung sowie ein besseres Verhältnis zwischen Pfarrer und Bevölkerung gewährleisten zu können.[568] Die zweite volkskirchliche Bewegung, die sogenannte »Tredje Retning«, die sich weder dem Grundtvigianismus noch der »Indre Mission« anschließen wollte, forderte eine Zusammenarbeit von beiden Seiten, um die zersplitterte Kirche zu einen und zu *»sammeln«*.[569]

Überblickt man die Situation der Kirche im ausgehenden 19. Jahrhundert, kann man ihr kaum eine gefestigte und gestärkte Position bescheinigen. Vielmehr stand den gesellschaftlichen Veränderungen der letzten Jahrzehnte, dem anwachsenden Sozialismus und den politischen Kämpfen zwischen Stadt und Land sowie den verschiedenen Gesellschaftsklassen eine geschwächte, verhältnismäßig unaufgeschlossene Kirche gegenüber. Diese war trotz *»mehrerer Versuche zwischenkirchlicher Arbeit«*[570] um 1900 weiterhin in verschiedene, sich untereinander befehdende Richtungen zersplittert und gebärdete sich zunehmend orthodox.

Grundtvig und Grundtvigianismus

Nikolaj Frederik Severin Grundtvig und seine Ideen von Kirche und Volk sind vielerorts, nicht nur in Dänemark, bis heute noch Gegenstand einer (kritischen) Beschäftigung, wobei sich sowohl kirchliche als auch politische Gruppierungen an der Diskussion und Auslegung der grundtvigschen Gedanken beteiligen.[571] Grundtvigs große Bedeutung für die Entwicklung des dänischen Kirchen- und Volkslebens begründet sich in seiner enormen Vielseitigkeit und Produktivität. Er wirkte nicht allein als Geistlicher, Volkserzieher, Politiker und Historiker, sondern auch als nordischer Philologe, Altertumsforscher sowie Kirchenlieddichter. Grundtvig trug maßgeblich zur Erstarkung der Volks- und Kirchenbewegung bei und hinterließ ein ebenso reichhaltiges wie mannigfaltiges Œuvre, das zu einem festen Bestandteil der dänischen Kultur geworden ist. Dies ist auch heute noch in vielen Bereichen spürbar, und zeigt sich beispielsweise darin, dass man in Dänemark immer noch regelmäßig einen großen Teil der Psalmen und Lieder Grundtvigs singt und als kostbares Erbe ansieht.

Nikolaj Frederik Severin Grundtvig (1783–1872): Notizen zu Biographie und Gedankenwelt

Grundtvig wurde 1783 in Udby auf Seeland als Sohn eines Pastors geboren. Nach dem Studium der Theologie in Kopenhagen trat er von 1805 bis zum Frühjahr 1808 seine erste Stelle als Hauslehrer auf dem Gut Egeløkke auf Langeland an.[572] Zurück in Kopenhagen, beschäftigte sich Grundtvig eingehend mit philosophischen Schriften sowie der altnordischen Literatur und Mythologie und begann eigene literarische Arbeiten zu vertiefen. Das Resultat war die Veröffentlichung seines Buches »Nordens Mythologi« noch im Jahr 1808, das als wissenschaftlicher Forschungsbeitrag auch in Schweden und Deutschland große Beachtung fand. Die zwei Jahre später von seinem 76-jährigen Vater erbetene Rückkehr nach Udby, der den Sohn aus Altersgründen als Hilfspfarrer benötigte, zwangen Grundtvig, seine literarischen Vorhaben und die Lehrerstelle an einem Gymnasium in Kopenhagen vorerst aufzugeben. Die als Voraussetzung für das Priesteramt benötigte Probepredigt, die Grundtvig im März 1810 hielt und im Mai drucken ließ, handelten ihm neben einem Verweis des Konsistoriums[573] die Ablehnung seiner Anstellung als Hilfspfarrer ein. Die nächsten Monate, die er erneut in Kopenhagen verbrachte, waren einerseits geprägt von der Wiederaufnahme literarischer Arbeiten, andererseits überschattet von Zweifeln am eigenen Glauben, die sich nachgerade zu einer seelischen Krise auswuchsen. Der psychische Zusammenbruch ereilte ihn am Jahresende. Im Verlauf der Genesung im elterlichen Haus gelangte Grundtvig zu der Erkenntnis, dass *»die Schöpfung und Christus die Ecksteine der Geschichte und die Leitung durch die göttliche Vorsehung die Erklärung* *ihres Verlaufs seien«*.[574] Auf dieser Grundlage des nun für sein Leben existentiell gewordenen Christenglaubens begann Grundtvig Unglauben und rationalistisches Christentum in Predigten und Schriften zu bekämpfen. Allerdings führten diese, wie auch die provokanten Auftritte bei Pfarrkonventen, zu einer zunehmenden Isolierung und verhinderten die Vergabe einer festen Pfarrstelle, um die er sich nach dem Tod des Vaters 1813 vergeblich bemühte. Aufgrund dieser zukunftslosen Perspektive betrachtete Grundtvig 1815 seine Predigttätigkeit als beendet.

In den folgenden Jahren beschäftigte sich Grundtvig intensiv mit der Geschichtsschreibung. Enthusiastisch setzte er sich mit der Geschichte und Entwicklung Dänemarks auseinander, dem er eine besondere Position einräumte:[575] Durch Gottes Gnade würde das dänische Volk zu einem lebendigen Christenglauben und einem bewussten Dänentum erweckt werden, das durch das lebendige Wort geschehen müsse. Diese Gedanken, die er in seiner von 1816 bis 1819 herausgegebenen Zeitschrift »Danne-Virke« ausformulierte, wurden in der Folgezeit heftig diskutiert. Durch die Übersetzungen von »Saxos Danmarks Krønike« (1818–1822) aus dem mittelalterlichen Latein oder von »Bjowulfs Drape« aus dem Angelsächsischen (1820) in ein lebendiges und volkstümliches Dänisch, setzte Grundtvig seine Vorstellungen in die Praxis um.[576]

König Frederik VI., der Grundtvigs schriftstellerische Arbeiten ab 1818 mit einem jährlichen Salair unterstützte, verhalf ihm 1822 zu einer lang ersehnten Pfarrstelle an der Erlöserkirche im Kopenhagener Stadtteil Christianshavn. Hier widmete sich Grundtvig in den nächsten vier Jahren eingehend literarischen wie seelsorgerischen Arbeiten, versammelte Gottesdienstbesucher um sich und vertiefte die ihn künftig begleitende zentrale Auffassung, dass nicht die Bibel die Grundlage des christlichen Glaubens bilde, sondern das lebendige Wort des Herrn. Dieses sollte nicht nur im Glaubensbekenntnis, sondern auch bei Taufe und Abendmahl der versammelten Gemeinde verkündet werden. Ein Verbot seiner Predigttätigkeit im Jahr 1826 unterbrach schließlich Grundtvigs Arbeit und führte zu seinem Entschluss, die Erlöserkirche noch im selben Jahr zu verlassen. Ihm war untersagt worden, den Psalm »Den signede Dag« zur Tausendjahrfeier für Sankt Ansgar, dem ersten Missionar Dänemarks, in seiner Kirche singen zu lassen.

Die 1830er-Jahre waren von verschiedenen Ereignissen geprägt. Es erschienen zahlreiche, zu Grundtvigs Hauptwerken zählende Schriften, wie zum Beispiel »Nordens Mythologi eller Sindbilled-Sprog« (1832), das 401 Psalmen umfassende »Sang-Værk til den danske Kirke« (1836–1837) oder auch »Skolen for Livet« (1838). Sie führen Grundtvigs frühere Gedanken fort oder enthalten neue Ansichten und Ideen etwa zur Erneuerung des Kirchenliedes oder *»zu einer freien, lebendigen und natürlichen Volksbildung«* durch eine dem ganzen Volk dienende Schule.[577] Hinzu kamen im Jahr 1837 öffentliche Vorlesungen zu aktuellen Themen, die zu Grundtvigs wachsendem Erfolg und Bekanntheitsgrad beitrugen und ihm eine feste Pfarrstelle an der Vartov-Kirche in Kopenhagen ab 1839 einbrachten, wo sich fortan eine stetig wachsende Anhängerschaft sammelte.[578] Hier waren seine Psalmen in ständigem Gebrauch und die Vartov-Gemeinde entwickelte sich bald schon zu einem vorbildhaften Zentrum für andere Gemeinden.

Grundtvigs Pläne, eine Hochschule für das Volk zu schaffen, das er anhand der dänischen Sprache und Geschichte an Gemeinwesen und Gesellschaft heranführen wollte, fanden ebenso wachsende Beachtung wie seine Ansichten als Politiker mit Sitz im Reichstag zwischen 1848 und 1858. Mit einer extrem liberalen Einstellung, die er während seines Englandaufenthaltes 1829 bis 1831 schätzen gelernt hatte, forderte Grundtvig Freiheit in erster Linie im Schulwesen, in kirchlichen und religiösen Angelegenheiten und vertrat darüber hinaus vehement die Interessen des Bauernstandes. Fragen zum Volkstum, zur Politik, Kirche oder Kirchenpolitik, die er in unzähligen Abhandlungen erörterte, vernachlässigte Grundtvig in dieser Zeit ebenso wenig wie die Abfassung von Kirchenliedern und Gedichten.

Trotz vieler Anfeindungen und mancher Kritik seitens Kirche und Politik war um Grundtvigs kirchlichen, »*folkeligen*«[579] oder politischen Ideen im Laufe der Jahre eine in der dänischen Bevölkerung wurzelnde Kulturbewegung, der sogenannte Grundtvigianismus, entstanden, der sich vor allem in Grundtvigs letzten Lebensjahren großen Zuspruchs erfreute.

Anlässlich des 50-jährigen Ordinationsjubiläums und in Anerkennung seines Lebenswerkes ernannte König Frederik VII. im Jahr 1861 Grundtvig zum Bischof mit dem Rang des Bischofs von Seeland, d. h. des Primas der dänischen Kirche. Mit diesem Titel jedoch erhielt Grundtvig, der Zeit seines Lebens mit Widerständen seitens der Kirche zu kämpfen hatte, keine Leitungsgewalt oder die Pflichten eines Bischofs, sondern den Ehrenvorrang. Nikolaj Frederik Severin Grundtvig starb am 2. September 1872 im Alter von fast 89 Jahren.

Der Grundtvigianismus als Erweckungsbewegung

Unter den Erweckungsbewegungen Dänemarks im 19. Jahrhundert spielte der Grundtvigianismus als Kirchen- und Volksbewegung eine bedeutende Rolle, die – zusammengefasst – die Freiheit der Kombination »*Volksherrschaft, Kirche und Schule*« einforderte.[580] Durch den sogenannten Kirchenkampf zwischen Anhängern der grundtvigschen Partei[581] und der dänischen Staatskirche in den Jahren 1825 bis 1834 wurde Grundtvig auch zur Leitfigur der Versammlungsbewegung. Über diese fanden seine Ideen, u. a. die einer freien dänischen Volkskirche, Verbreitung, vor allem durch den Theologen Jakob Chr. Lindberg (1797–1857). Mit Hilfe des Kirchenblattes »Nordisk Kirke-Tidende« (1833–1841)[582] und einer ausgedehnten Reise schuf Lindberg Kontakt zwischen der Vartov-Gemeinde, dem grundtvigschen Zentrum in Kopenhagen, und anderen Erweckungsbewegungen im Lande.[583] Unterstützung erhielt er dabei von einer Reihe junger Priester, die sich in den 1830er-Jahren der grundtvigschen Bewegung angeschlossen hatten.[584]

Parallel hierzu erhielt der Grundtvigianismus neue Impulse. Ausgelöst wurden sie unter anderem durch die Hochschulschriften Grundtvigs seit 1836, durch seine Vorträge für die akademische Jugend von 1838 und durch den Vortragsverein »Danske Samfund«, der 1839 in Kopenhagen gegründet wurde, dessen Vorsitz Grundtvig innehatte. Damit war neben der kirchlichen Seite auch die Grundlage für einen Volksgrundtvigianismus gegeben, »*der sich an das Volk als ganzes wendete und die Liebe zum Vaterland und den Sinn für das »gemeinsame Beste« wecken wollte.*«[585] Seit etwa 1840 verbreitete sich diese »folkelige« Richtung unter großem Aufsehen auch auf dem Land und fand Zustimmung in allen Bevölkerungsschichten.[586] Die zu dieser Zeit überwiegend christlich-erbaulichen, in den 1860er-Jahren nach außen hin offener werdenden Versammlungen ermöglichten es jedermann, Grundtvigs Predigten, seinen Schriften, Kirchen- und Volksliedern sowie in späteren Jahren seinem Anliegen einer Wiederbelebung dänisch-nordischer Mythen und Sagen zu begegnen.

Überhaupt stellten die 1860er-Jahre für den Grundtvigianismus einen Höhepunkt dar. Zum einen wurde dessen Zentrum in Kopenhagen, die Vartov-Gemeinde, an der Grundtvig als Priester von 1839 bis zu seinem Tod 1872 wirkte, durch sein Gemeindeleben sowie seine gepflegte Gemeinschaft beim Abendmahl und Kirchengesang Vorbild für andere grundtvigschen Gemeinden Dänemarks.[587] Zum anderen erzielte die folkelige Seite des Grundtvigianismus vor allem nach dem deutsch-dänischen Krieg von 1864 einen Durchbruch in der seit etwa zwei Jahrzehnten existierenden Volkshochschulbewegung, der »højskolebevægelsen«, die bis 1870 zur Einrichtung von mehr als 50 Schulen führte.[588] Die ehemals für die »Bauern- und Bürgerklasse« als »*Schutz gegen alle [...] Unterdrückung*« gegründeten Bildungsanstalten, die durch »*Muttersprache und Geschichte des Vaterlandes das Volksbewußtsein*«, die Übernahme von Verantwortung in der Gesellschaft wecken sollten, unterwiesen auch in den 1860er-Jahren junge Menschen aus allen Schichten mehrere Monate lang in Landesgeschichte, Rechnen, Schreiben und der dänischen Sprache anhand von Vorträgen und Gesprächen.[589] Nach ihrem Hochschulaufenthalt riefen viele ehemalige Schüler Freischulen, Versammlungshäuser, Genossenschaften, Turnvereine und anderes mehr ins Leben und initiierten Treffen, an denen Hochschullehrer Vorträge hielten.

Mitprägend für die Glanzzeit des Grundtvigianismus in den 1860er-Jahren waren auch die großangelegten Freundestreffen in Kopenhagen, die seit 1863 alljährlich an Grundtvigs Geburtstag, am 8. September, stattfanden. Bei diesen Zusammenkünften offenbarte sich der Grundtvigianismus am deutlichsten als eine »*kirkelig-folkelige*« Richtung, die sich trotz interner Meinungsverschiedenheiten nach außen als einheitliche Erweckungsbewegung präsentierte. Mit dem Tod Grundtvigs 1872 traten diese schon länger schwelenden Gegensätze allerdings offen zutage und führten in den darauf folgenden Jahren zu einer nicht mehr aufzuhaltenden Spaltung des grundtvigschen

Kreises in eine kirchliche und »folkelige« Anhängerschaft.[590] Selbst auf politischer Ebene kam es unter den Grundtvigianern zu Abspaltungen und Neuformierungen. Der einstmals als klar abgegrenzt geltende Begriff »Grundtvigianismus« wurde von zunehmend unterschiedlichen Bestrebungen und mitunter diametral verlaufenden Ansichten unterwandert und war für die beiden letzten Jahrzehnte des 19. Jahrhunderts nicht mehr zutreffend.[591] Die große Erweckungsbewegung war in viele grundtvigsche Kreise aufgesplittert.

Bedeutung erlangte der Grundtvigianismus noch einmal auf kirchlichem Gebiet in der Hauptstadt. Ab 1890 wurde hier mit Bezug auf Grundtvigs Verkündigung die »Københavns valgmenighed« gegründet. Diese erste freie Gemeinde Kopenhagens trat nun neben Grundtvigs Gemeinde, die bislang als alleiniges Zentrum gegolten hatte. Weiterhin erfolgte im Jahr 1894 die Einweihung der Frederiks Kirke, der sogenannten Marmorkirche, die in Dänemarks Hauptstadt neben Vartov, Frederiksberg und der Holmens Kirke eine weitere starke grundtvigsche Freigemeinde bildete. Begünstigt wurde die grundtvigsche Richtung aber auch durch den ab 1894 amtierenden Minister im »Kirke- og Undervisningsvæsen«, Vilhelm Bardenfleth (1850–1933), der dieser nahe stand. Er war maßgeblich an einem Gesetz für das Volksschulwesen beteiligt.

Joakim Skovgaards Beziehung zu grundtvigschen Kreisen

Zwischen den Familien Skovgaard und Grundtvig bestand bereits über mehrere Generationen hinweg eine mehr oder weniger enge Verbindung, die sich auf verschiedene Weise ausdrückte. Die Mutter Joakim Skovgaards, Georgia Marie Louise Schouw beispielsweise, war seit ihrer Jugend mit Grundtvigs Tochter Meta befreundet und Georgias Vater, Joachim Frederik Schouw, unter anderem Botaniker und Vorsitzender des gesetzgebenden Reichstages, erhielt zum Tode seiner Ehefrau im März 1844 ein Trost spendendes Gedicht von Grundtvig.[592] Als im Jahr 1851 Georgia Marie Louise Schouw und der Künstler Peter Christian Skovgaard – den Grundtvig auch persönlich kannte –, heirateten, führte Grundtvig die Trauung durch. Es war selbstverständlich, dass ihre Kinder Joakim, Niels und Suzette in einem von Grundtvigs kirchlichen wie »folkeligen« Ansichten geprägten Haus aufwuchsen, das den Kontakt zu anderen Grundtvigianern pflegte[593] und eine grundtvigsche Schule besuchten.[594] Zu den weiteren Gepflogenheiten des Elternhauses gehörten das tägliche Singen von Grundtvigs Psalmen und Liedern sowie die Teilnahme an Gottesdiensten der Vartov-Kirche, der sie angehörten. Hier wurde am 16. April 1871 Joakim Skovgaard von dem mittlerweile 88-jährigen Bischof Nikolaj Frederik Severin Grundtvig konfirmiert.[595]

In direkten Kontakt zur Grundtvig-Familie trat Joakim Skovgaard im Alter von elf Jahren, als er sich 1867 mit dem zwei Jahre älteren Frederik Lange Grundtvig (1854–1903), dem dritten Sohn Grundtvigs, anfreundete. Gemeinsam gaben sie ab 1868 etwa ein Jahr lang »Brevduen« heraus[596], eine Zeitschrift, die sie und ihre Freunde mit Gedichten, Texten und Illustrationen bestückten. Noch bis 1870 kann diese Zusammenarbeit nachgewiesen werden, die etliche illustrierte Gedichtbändchen in gedruckter Form hervorbrachte.[597] Vermutlich musste die Arbeit an »Brevduen« durch die Aufnahme Joakims an die Kopenhagener Akademie im September 1871 aufgegeben werden.

Über ein Jahrzehnt später begann mit den 1885 als Auftragsarbeit fertiggestellten Zeichnungen zu N. F. S. Grundtvigs Lied »Den signede dag« Skovgaards persönlicher Durchbruch auf dem Gebiet der Illustrationskunst. Im Laufe seines künstlerischen Schaffens bereicherte er dieses um viele Beispiele textbegleitender beziehungsweise -interpretierender Illustrationen hauptsächlich zu Gedichten und Liedern Grundtvigs.

Über Skovgaards enge Verbindungen zu verschiedenen Volkshochschulen wurde er mit kulturellen und politischen Debatten der Zeit sowie Reformgedanken und Ideen aller Art konfrontiert.[598] So pflegte er intensive Kontakte zu den Volkshochschulen in Vallekilde[599] auf Seeland, die von dem mit Grundtvig befreundeten Ernst Trier (1837–1893) geleitet wurde, zu der in Hillerød, der ab 1895 Holger Begtrup (1859–1937)[600] vorstand oder auch zum neugrundtvigschen Freundeskreis um Johan J. N. Borup (1853–1946). Neben der freundschaftlichen Beziehung zum »højskole-Zirkel« war Skovgaard Mitglied der freien Vartov-Gemeinde und der »Københavns valgmenighed«. In diesem grundtvigschen Kreis, der sich ab 1890 intensiv für die Errichtung freier Gemeinden einsetzte, gingen beide Skovgaard-Brüder an künstlerische und administrative Arbeiten mit großem Engagement heran.[601] Aus diesen unterschiedlichen grundtvigschen Umfeldern heraus verstand Joakim Skovgaard sein vom Grundtvigianismus geprägtes Künstlerdasein und Kunstschaffen. Als gläubiger Mensch wollte er dieses vereint in den Dienst grundtvigscher Angelegenheiten stellen. Unterstützung erfuhr dieses Anliegen durch Skovgaards Wahl zum Ratsmitglied der Vartov-Gemeinde im Jahr 1890. In der Wahl zum Kirchengemeinderat und in dessen Bauausschuss sah Skovgaard vordergründig die Aufgabe, sich als Künstler bei Angelegenheiten zum Bau und zur Ausstattung von Kirchen einzubringen. Dabei war es sein erklärtes Ziel, sich durch eine nach »*außen gewandte Kunst [...] seinem Volk*« als nützlich zu erweisen. Als Landschafts- oder »*Verkaufs*«maler wollte er hingegen nicht arbeiten müssen.[602]

Skovgaards Vorstellungen von Arbeit und seine generelle Haltung als Künstler sollten sich bereits kurze Zeit später erfüllen. Zu Beginn der 1890er-Jahre waren die Pläne zum Neubau und zur Ausschmückung der ersten grundtvigschen »Valgmenighedkirke« in Kopenhagen, der zukünftigen Immanuelskirke,[603] konkreter geworden. Beide Skovgaard-Brüder wurden mit Zustimmung des Gemeinderates bei Fragen der Baugestaltung miteinbezogen und waren hauptverantwortlich für die Farbgestaltung, die Ausführung von Wanddekorationen und für das Altarbild. Gegen 1893 zeichnete Joakim einen Entwurf, der für die allerdings nie realisierte Ausmalung des Chorgewölbes Christus in der Mandorla thronend (über der Weltkugel?) vorsieht, flankiert von Engeln und in einer darunterliegenden Reihe von den Scharen der Erlösten – ein Thema, das der Künstler Jahre später in leichter Abwandlung im Apsisgewölbe des Viborger Doms umsetzte.[604] Obwohl die Bleistiftskizze der Immanuelskirke grob und in Teilen vermutlich abgerieben überliefert ist, sind die dicht aneinandergereihten, sich überschneidenden und in ein starres Bildschema gezwängten Figurenreihen zu erkennen, die noch stark byzantinischen Vorbildern verhaftet sind.

Der Wunsch von Niels und Joakim Skovgaard, einer grundtvigschen Kirchengemeinde eine adäquate Kunst zu geben, konnte in der Architektur, Ausgestaltung und im Inventar der Immanuelskirke zum ersten Male in großem Umfang verwirklicht werden.

Religiöse Malerei auf dem Weg zur Erneuerung

Die Fresken im Viborger Dom entstanden in einer Zeit, in der das kulturelle Leben Dänemarks von vielfältigen Strömungen und Veränderungen durchzogen wurde.[605] Künstler oder Schriftsteller fanden im erstarkenden nationalen Selbstbewusstsein und in der Identifikation mit dem Heimatland, die sich in der Rückbesinnung auf Tradition und Brauchtum, in der Aufwertung dänischer Mythen und Dichtung oder in der Entdeckung heimischer Landschaften äußerte, zu neuen Ausdrucksformen und Motiven.

Ungefähr zeitgleich zur Entstehung der Viborger Fresken lässt sich eine auf subjekte Erfahrung, Erinnerung und Verinnerlichung ausgerichtete Strömung beobachten. Die in den 1880er-Jahren auf literarischem und theologischem Gebiet manifestierte Anschauung, griff ab den frühen 1890er-Jahren auf die bildende Kunst über. Die 1892 von »Den frie udstilling« organisierte Ausstellung mit Gemälden van Goghs und Gauguins, die zahlreiche skandinavische Künstler inspirierte, bedeutete dann den Durchbruch der als Symbolismus bezeichneten Kunstrichtung. Inwieweit die religiöse Malerei davon berührt wurde, wird noch zu prüfen sein.

Schließlich fiel die Ausmalung in ein Jahrhundert, dem man allgemein einen Mangel an Kontinuität religiöser oder christlicher Kunst nachsagte. Einerseits mag dieser auf den Machtverlust der Kirche zurückzuführen sein, die ursprünglich ein starker Auftraggeber für die Künstler war. Andererseits, beispielsweise in Deutschland, kann sich die Diskontinuität durch eine anti-modernistische Haltung der Kirche erklären lassen. Eine Auffassung, die durch die beiden Sätze »*der Subjektivitiät des Künstlers eine Schranke setzen*« und die Kunst zur »*Dienerin der Theologie*« degradieren, treffend charakterisiert wird.[606]

Die folgende, komprimierte Darstellung geht auf die allgemeine Situation der religiösen Malerei und ihre Präsenz im 19. Jahrhundert mit besonderem Blick auf kirchenbezogene Arbeiten ein. Sie dient weiterführend zur Herausarbeitung und Verdeutlichung der gegen Ende des Jahrhunderts auftretenden Tendenzen und Neuerungen.

Allgemeine Situation im 19. Jahrhundert in Dänemark

Zu Beginn des Jahrhunderts wurden religiöse Themen aus der Bibel besonders in der hoch angesehenen Historienmalerei für wirkungsvolle, in akademischer Manier angelegte Szenen und Kompositionen verwendet, für die beispielsweise der junge Christoffer Wilhelm Eckersberg (1783–1853) mehrmals mit Medaillen ausgezeichnet wurde.[607] So finden sich in seinem umfangreichen Œuvre allein etwa 50 Bilder mit biblischen Szenen und Motiven, darunter Altartafeln, die zumeist Kirchen auf Seeland in Auftrag gegeben hatten.[608] Diese Anzahl an Arbeiten sollte allerdings nicht darüber hinwegtäuschen, dass für Eckersberg wie für viele andere auch, die Beiträge zur religiösen Malerei, so bedeutend sie auch sein mochten, nur *einen* Teil ihres künstlerischen Wirkens ausmachten.

Allgemein lässt sich zu Eckersbergs Zeit ein Anstieg auftragsbezogener Altarbilder beobachten, die auffallenderweise an Maler gingen, die mit der Genremalerei in Deutschland oder dem Malstil der Nazarener in Rom verbunden waren.[609] Der große Bedarf an Altartafeln wiederum war eine Folge etlicher, in der ersten Hälfte des 19. Jahrhunderts in Gemeindeeigentum übergegangene Kirchen, die sich nun selbst um Instandsetzung und Kirchenausstattung zu kümmern hatten. Anstelle des alten Altarbildes erhielten aber auch einige Kirchen eine verkleinerte Ausgabe der 1839 in Vor Frue Kirke in Kopenhagen aufgestellten Christusfigur »Kommer til mig« von Bertel Thorvaldsen (1770–1844).

Um 1850 gewann die Genremalerei zunehmend an Bedeutung. Ihr Ausgangspunkt lag vor allem in dem von Niels Laurits A. Høyen propagierten Ziel einer nationalen Bildkunst, in der die Landschaft und Geschichte sowie das Volksleben Dänemarks zu Hauptthemen avancieren sollten. Auch die religiöse Malerei wurde vom Genre geprägt: Einige Künstler schilderten die religiösen Seiten dänischen Bauern- und Volklebens oder verlegten biblische Szenen in eine nordisch-dänische Landschaft. Andere behandelten biblische Themen in der Art eines Genrebildes, wie zum Beispiel Wilhelm Marstrand (1810–1873), der ihnen bisweilen ein zeitgenössisches Milieu unterlegte. In den Augen eines befreundeten Priesters waren Marstrands biblische Szenen aus den 1860/70er-Jahren von weitaus größerer Bedeutung als ihnen seiner Meinung nach bislang zugemessen wurde. In ihrer historisch und geschichtstreu ausgeführten Art sah Marstrands Freund die *»Aufrichtung biblischer Kunst aus seiner Misere«* durch die Ablösung der *»verderblichen, ästhetisch-idealen«* sowie *»fahlen und langweiligen, die Kirchen füllenden nazarenischen Bilder«*[610] – eine Forderung, die Marstrand aufgrund fehlender Auftragsarbeiten seitens der Kirche nie erfüllen konnte.

Dass die dänische Kirchengeschichte im 19. Jahrhundert von tief greifenden religiösen Volksbewegungen geprägt war, spiegelte sich auch in der Malerei wider. Unter den zahlreichen Malern, die beispielsweise der grundtvigschen Erweckungsbewegung um 1850/60 nahestanden, ist auch Christen Dalsgaard (1824–1907) zu nennen. Einen

Namen machte sich der Künstler vor allem mit auftragsbezogenen Altarbildern und religiösen Arbeiten wie etwa für die Vallekilde højskole[611] sowie für freie Kirchengemeinden. Zu nennen wären beispielsweise die Gemeinden Ryslinge/Fünen, Dänemarks erste freie Kirchengemeinde, sowie Øster Jølby/Mors, Jütlands erste »valgmenighed«, die Altartafeln in Auftrag gaben.[612] An Dalsgaards religiös-verinnerlichten, keinesfalls sentimental-pietistischen Auftragsarbeiten, denen ein psychologisches Moment ohne jegliche Effekthascherei anhaftet, bewunderten Zeitgenossen die genau beobachtete Charakter- und Ausdrucksschilderung der Dargestellten.

Ein anderer Künstler, den auch grundtvigsche Kreise verehrten, war Carl Bloch (1834–1890). Seine Werke – unter ihnen zahlreiche, oft kopierte Altartafeln – genossen große Popularität und Anerkennung. Die Ausstattung der königlichen Kapelle in der Kirche von Schloss Frederiksborg mit 23 religiösen Szenen zwischen 1865 und 1879 steigerten seinen Bekanntheitsgrad noch. Allgemein lobte man an Blochs Bildern den Einsatz von hell-dunkel Effekten oder von speziellen Lichtwirkungen, die auf Übernatürliches oder Heiliges im Bild hinweisen und man schätzte an seinen ungemein erzählerisch gehaltenen, technisch brillant ausgeführten Arbeiten den »*kaum noch zu überbietenden*« hohen Grad an realistischer Wiedergabe von menschlichen Reaktionen oder sublim wiedergegebenen Gefühlen, die die Gestalt Christi beispielsweise zu einem »*mitfühlenden, mitleidenden und zur Umkehr mahnenden*« Menschen machen würden; damit rücken seine Bildfiguren, die verraten könnten, »*welche sich wirklich christlich verhält und welche nicht*«, in die Nähe der in der »Folkekirke« weit bis ins 19. Jahrhundert lebendig gebliebenen Auffassung, dass »*tugendhaftes und moralisches Betragen oft die Garantie für echte religiöse Gesinnung*« sei.[613]

Carl Bloch, dessen Arbeiten bisweilen von einer geradezu unerbittlichen realistischen Darstellungsweise gekennzeichnet sind, blieb dennoch – oder vielleicht gerade deshalb – bis um 1890 der tonangebende Künstler in der religiösen Malerei Dänemarks. In den 1880er-Jahren versuchten etliche Maler den vorherrschenden Blochschen Realismus zu durchbrechen und eine neue Innerlichkeit zu schaffen, wie beispielsweise Axel Helsted (1847–1907).[614] Er ist den Künstlern zuzurechnen, die in ihren religiösen Bildern auf eine fast penetrante ethnographische und archäologische Genauigkeit bedacht waren und wie Helstedt an biblische Orte reisten, um lokale Studien anzufertigen. Diese Richtung geriet alsbald in eine Sackgasse. Auch sie vermochte auf Dauer der religiösen Kunst keine neuen Impulse geben, da ihre detaillierte Erzählhaltung zu viel vorgibt, dem Betrachter keinen Platz für Interpretation, eigene Gedanken und Kontemplation lässt.

Dass eine Entfaltung der religiösen Kunst innerhalb der Kirche und ihrer von Traditionen bestimmten Bildauffassung nur bedingt möglich war, verdeutlichen folgende Beispiele. Eine gesetzliche Regelung zu Beginn der 1860er-Jahre ließ die Aufstellung neuer Altarbilder beziehungsweise neuen Inventars nur mit ministerieller Genehmigung zu. Das 1861 durch Monrad, Leiter des Kultusministeriums, erlassene, auf kirchliche Angelegenheiten bezogene Gesetz (»lov om kirkesyn«), regulierte die Pflichten von Kircheneigentümern und legte fest, dass eine aus einem Propst und zwei Baukundigen bestehende Aufsicht dem Ministerium sowie dem Nationalmuseum bei der Beurteilung des »*künstlerischen Werts*« z. B. von Kirchenbauten oder kirchlichem Inventar zur Seite zu stehen hätten.[615] Das vom Kultusministerium erlassene Gesetz zur Genehmigung des Altarschmucks verwies auf folgende Einhaltung: Neben der Verwendung alter Altarbilder waren in Einzelfällen auch solche aus Gips oder stattdessen die Aufstellung einer gipsernen Christusfigur beziehungsweise eines bronzierten Zinkkreuzes erlaubt. Bei der Anbringung eines neuen Altarschmuckes sollte auf eine »*Maleri af kunstnerisk Værdi*« geachtet werden, die die übrige Kirchenausschmückung wiederum in ihrem Wert nicht mindere und zudem zur Andacht stimme.[616] Zusammengefasst bestimmte das Gesetz die Zulassung einer – in den Augen ausgewählter Sachverständiger – stimmungsvollen, die Andacht nicht störenden Malerei, die eine im Gesetzestext nicht näher erläuterte künstlerische Qualität aufweisen sollte.

Ähnliches war noch drei Jahrzehnte später wirksam, als ein Referent zum Thema »Vor kirkers kunstneriske udsmykning« vor der Priesterkonferenz in Kristiania 1894 verlauten ließ, dass ein jeder Kirchenschmuck eine »*kirchliche Bedeutung haben*« solle, prunklos sein und auf die »*kirchliche Handlung*« hinleiten sollte. Außerdem müsse der Altar in einfacher, doch möglichst »*künstlerischer*« Ausführung vor allem das Leben Jesu oder die Person Christi darstellen. Schließlich dürfe die Ausschmückung einer Kirche keine »*schreienden*« Farben und »*prunkvollen Einzelheiten*« aufweisen.[617]

Diese Aussagen beleuchten die Situation jener Künstler nur allzu gut, die sich der Ausführung kirchlicher Auftragsarbeiten verpflichteten: sie mussten sich innerhalb eines mehr oder weniger eng gesteckten, von konventionellen Vorstellungen geprägten Rahmens bewegen, der eingehalten werden musste und der kaum Freiraum für künstlerische Gestaltungen bot. Dies vermag auch eine Erklärung dafür sein, warum im Laufe der Zeit religiöse Bilder zunehmend in ein konventionell-akademisches Schema verfielen und sich nicht nur in ihrer Thematik ähnelten.

Tendenzen um 1900

Eine von Paris ausgehende, internationale Strömung, der Symbolismus, erfasste im letzten Jahrzehnt des 19. Jahrhunderts die Poesie, Literatur und Malerei Dänemarks.[618] Bereits in den 1880er-Jahren hatte es erste Anzeichen einer neuen Kunstanschauung gegeben, die das »*Recht und die Pflicht des Künstlers auf subjektive, stimmungsschaffende Interpretation seines Motivs*« betonten.[619] Der dänische Künstler Thorvald Bindesbøll beispielsweise, der sich in den frühen 1880er-Jahren mehrere Male in Paris aufgehalten hatte, verarbeitete unterschiedliche Anregungen u. a. aus der japanischen oder keltischen Ornamentik zu einer eigenwilligen Ornamentsprache. Mit diesen asymmetrischen, phantasievollen oder vegetabilen Formen in kräftigen Farben trug Bindesbøll auch zur Neubelebung der dänischen Keramik bei.

Symbolismus und religiöse Malerei

Das Wort Symbolismus verwendete der dänische Dichter und Schriftsteller Johannes Jørgensen in einem im April 1893 in »Politiken« veröffentlichten Artikel, der sich auf die Gauguin- und van Gogh-Ausstellung im Jahr zuvor bezog. Darin unterbreitete Jørgensen dem Leser folgende Gedanken:

»*Denn für den Symbolismus ist das Subjektive wesentlich und die Wiedergabe der Wirklichkeit ohne Wert. Für den Symbolismus ist die Wirklichkeit nur der Ausdruck einer Stimmung und der symbolistische Maler gestaltet deshalb in seinen Bildern die Formen und Farben der Natur je nach Bedarf seiner Stimmung um.*

Ein Symbolist [...] drückt sich mit Zeichen aus. [...] Seine Meister sind die archaischen Griechen, Florentiner, die Deutschen des 15. Jahrhunderts und [...] die Japaner. Seine Bestrebungen sind nicht darauf gerichtet, zu analysieren, [...] wie die Impressionisten dies interessierte [...]. Formen und Farben bleiben bei ihm klar, entschieden [...]. [Sein Interesse gilt dem] Simplifizieren, Stilisieren, der dekorativen Wirkung.«[620]

Seine Überlegungen setzte Jørgensen in weitaus vertiefter Form in der Zeitschrift »Taarnet« fort, von der 1893/94 lediglich zwei Jahrgänge erschienen.[621] Unter Jørgensen als verantwortlicher Redakteur wurde »Taarnet« zum öffentlichen Sprachrohr und Diskussionsforum für symbolistische Literatur, Kunst und Anschauungen in Dänemark und bedeutend für die Verbreitung französischer Symbolisten wie Stéphane Mallarmé oder dem Nabi-Anhänger Jan Verkade. Neben Jørgensen beteiligten sich auch Schriftsteller wie Viggo Stuckenberg, Simon Koch oder Sophus Claussen mit Beiträgen und die Künstler Mogens Ballin, Ludvig Find, Fritz Syberg, Jens Ferdinand Willumsen u. a. mit Vignetten, Illustrationen zu Volksweisen, Zeichnungen und Skizzen.[622]

Ab dem Dezemberheft 1893 neigte »Taarnet« zu einer betont katholisch-religiösen Haltung, die fortan alle weiteren Hefte durchzog. Zu diesem Zeitpunkt bekannte sich der Maler Mogens Ballin zum Katholizismus und übte auf Jørgensen eine nachhaltige Faszination aus.[623] Bewusst entstanden aus diesem Umfeld heraus Artikel und Beiträge katholischen Inhalts, die in ihrer Programmatik geradezu anmaßend und befremdlich auf die damalige Leserschaft in dem überwiegend protestantischen Dänemark wirken mussten: »*Jede Kunst, die nicht das Absolute schildert, ist blasphemisch und unnützlich. Außerhalb des Katholizismus keine Festigkeit und keine Erlösung – nichts ohne Verdammnis.*«[624] Es muss an dieser Stelle wohl schwerlich noch darauf hingewiesen werden, dass eine derartige katholische Dominanz und vehemente Betonung des Religiösen innerhalb des Symbolismus in der dänischen Kunst ohne größere Folgen blieb.

Umso interessanter sind die vom Symbolismus und seinen Merkmalen ausgehenden Impulse, die in grundtvigschen Künstler-Kreisen Aufnahme fanden und die Tatsache, dass religiöse, vom Grundtvigianismus geprägte Künstler und ihre Arbeiten in »Taarnet« vorgestellt wurden. Im April/Mai-Heft 1894 rezensierte Mogens Ballin nachgerade enthusiastisch das in »Den frie udstilling« ausgestellte Gemälde »Kristus i de dødes rige« von Joakim Skovgaard. In seinen Augen war das Bild *»eine gewaltige, ja die gewaltigste Begebenheit in der Welt der Ideen – der Sieg des Lichts«* und ein Meisterwerk idealistischer Kunst (Abb. 44); *»fast Unvorstellbares«*, so Ballin weiter, habe der Künstler durch die Christusfigur auszudrücken versucht, in die er *»all' seine große Seelenkraft«* gelegt hätte, auf eine gewisse Art sogar *»das Licht selbst verkörpere«*.[625]

Über diesen gedanklichen Prozess, den Ballin über Idee (*»Sieg des Lichts«*) und Christusgestalt (*»einzig und allein die Pracht des ewigen Lichts«*) zu Skovgaard (*»Verkörperung des Lichts«*) zieht, kommt der Autor zu dem Fazit, dass nun endlich der ersehnte Künstler erschienen sei und die Kunst der Gegenwart das Licht wieder erreiche.[626] Anders ausgedrückt: »Taarnet« sah in Skovgaard den nachgerade idealen Vertreter der neuen symbolistischen Kunstrichtung und stellte seine Bildidee und -auffassung in den Dienst des Symbolismus – ungeachtet dessen, was der Künstler aus seiner grundtvigsch geprägten Glaubens- und Lebenseinstellung heraus eigentlich vermitteln wollte. Ballin interessierte am Inhalt und an der Darstellungsweise des Gemäldes die symbolistische Ideen- beziehungsweise Formensprache und nicht – bewusst oder als Katholik? –, die in der Verkündigung Grundtvigs und für Skovgaard bedeutende zentrale Aussage, dass durch den Glauben an Christus und seinen Sieg über Tod und Teufel die Getauften aus der Hölle errettet werden.[627]

Obwohl Skvogaards religiöse Bilder wohlweislich aus einer grundtvigsch geprägten Einstellung heraus erarbeitet wurden, hatte Ballin gleichwohl nicht Unrecht, wenn er den Künstler dem Kreis bedeutender Symbolisten zuordnete. In derselben »Taarnet«-Rezension zur »Den frie udstilling« beschrieb Ballin Skovgaards Aquarell »Adam der giver Dyrene Navne« mit den Worten: *»interessant und äußerst dekorativ«*.[628] Ruft man sich noch einmal die oben zitierte Symbolismus-Definition Jørgensens ins Gedächtnis, wird verständlich, dass der im Aquarell offensichtliche dekorative Stil Skovgaards systematisch der neuen Kunstrichtung zugeordnet wurde.

Und in der Tat lassen sich Einflüsse des Symbolismus schon in frühen religiösen Arbeiten Skovgaards ausmachen. Ein Beispiel ist die 1890 entstandene Altartafel »Kristus fører røveren ind i paradiset« (Abb. 25) für die Kirche der Insel Mandø.[629] Skovgaard thematisiert hier seine Vorstellung vom Paradies, das er als eine blühende, üppige und vegetationsreiche Landschaft sieht, die durch eine Mauer vom Erdendasein abgegrenzt und von einem Engel bewacht wird.[630] Der Schächer, der durch das Paradiestor gelangte, wird von Christus empfangen und erhält von prachtvoll gekleideten Engeln Kleider. Die Eigenschaften, die »Taarnet« einige Jahre später als wesentliche Kriterien symbolistischer Kunst ausgeben sollte, sind in Skovgaards Paradies-Bild bereits vorhanden: eine dekorative Wirkung der Gewänder und in Gold ausgeführten Gloriolen, die Tendenz zu einfachen Formen am Beispiel der schwungvoll gesetzten Mauer und schließlich in der Bildinspiration, in die Grundtvigs Vorstellungen einflossen: in ihrem Erscheinungsbild symbolisiert die Christusgestalt den Rettungsgedanken, wodurch der Mensch vom Tod erlöst, zum Leben in der Gemeinschaft mit Gott erweckt wird.[631]

Symbolistische Merkmale vereinen auch die 1899 in farbigem Glasmosaik ausgeführten Tympanonfelder über den Eingangstüren der Kopenhagener Immanuelskirke, die Niels und Joakim Skovgaard entworfen hatten.[632] »Der gute Hirte« (Abb. 21) ist ein eindrucksvolles Beispiel für die Betonung des Dekorativen: Die mit klar umrissenen Linien und in flächigen Formen ausgeführte Szene des Christus symbolisierenden, Schafe hütenden Hirten füllt das gesamte Feld aus.

21 Joakim Skovgaard: Der gute Hirte, Mosaik (1899), nördliches Tympanonfeld an der Immanuelskirche in Kopenhagen

»Jeg er kristen«: Skovgaards religiöse und künstlerische Haltung

Das im Jahr 1894 ausgestellte Monumentalgemälde »Kristus i de dødes rige« brachte Skovgaard bei seinen Bestrebungen, aus dem christlichen, von grundtvigschen Verkündigungen und Anschauungen geprägten Glauben heraus eine Kunst für die Öffentlichkeit zu schaffen, einen bedeutenden Schritt weiter. Wie sehr er seine Vorstellung vom religiösen Kunstwerk als Spiegel des eigenen Glaubens verwirklichen konnte, zeigte sich nicht zuletzt darin, dass viele Grundtvigianer von der inhaltlichen Botschaft des Bildes aufrichtig begeistert waren. Es sorgte aufgrund seiner ungewöhnlichen, gewaltigen und Normen sprengenden Formsprache selbst in diesen Kreisen für Furore, wurde aber auch kritisiert.[633]

Skovgaard konkretisierte seine Vorstellungen zum Verhältnis von Kunst, Christentum und christlichem Künstlerdasein um 1890 in Briefen an Freunde und Verwandte.[634] Sein Anliegen war die Bewältigung seines Künstlerdaseins und die Durchführung künstlerischer Aufgaben als bekennender Christ und Mitglied der freien Kirchengemeinde Vartov. »*Jeg er kristen*«, bekannte Skovgaard, und somit sei er dazu geschaffen, die Hände zu gebrauchen, »*um auf diese Weise das Christentum zu bezeugen*«.[635] Der Betrachter solle sehen, dass ein Bild von einem Christen gemalt sei.[636] Desweiteren lag ihm am Herzen, eine Kunst schaffen, die »*nach außen*«, d. h. auf die Öffentlichkeit gerichtet war, damit er »*seinem Volk etwas geben könne.*«[637] Nach Fertigstellung der Altartafel für die Mandø-Kirche im Jahr 1890 schrieb Skovgaard an seinen früheren Schullehrer u. a.: »*[...] jeg kan næsten sige kristelig glæde jeg har haft af den altertavle til Mandø Kirke [...]*« und da er ja wisse, dass »*Gott ihm diese Freude gegeben hätte*«, wäre er bemüht gewesen, in »*seinem Namen und zu seiner Ehre*« zu arbeiten.[638]

Inwiefern waren nun Skovgaards ethische und religiöse Einstellungen mit der Gedankenwelt Grundtvigs verknüpft? Welche Bedeutung hatte sie für Skovgaards eigenes Verständnis von Kunst und dem damit verbundenen religiös geprägten Künstlerdasein? Im folgenden soll nun ansatzweise eine Zusammenstellung von Gemeinsamkeiten beider Personen aufgezeigt werden. Es soll auf Bezugspunkte aufmerksam gemacht werden, die zur christlich-religiösen Seite des Grundtvigianismus sowie zu Grundtvigs Ansichten zur Kunst beitragen können. In Grundtvigs Œuvre machen diese im Vergleich zu den Veröffentlichungen über das Christen- und Volkstum oder zur dänischen Nationalität lediglich einen Bruchteil aus. Nichtsdestotrotz erweisen sie sich als essentielle, nicht zu unterschätzende Dokumente, die Grundtvigs »*Kunstansichten*« darlegen.[639]

Im allgemeinen sah Grundtvig von der Kunst die Gefahr ausgehen, dass ansonsten existentiellen und ethischen Grundwerten im Leben untergeordnete Dinge durch die Zuwendung eines Künstlers eine neue, ihnen nicht zustehende Gewichtung bekommen würden.[640] Seinen oftmals indirekten Aussagen nach zu urteilen, betrachtete Grundtvig die bildende Kunst demnach als »*Werkzeug*«. Zweckgebunden angewendet, könne dieses wiederum rückwirkend die Wirkung und Qualität von Kunstwerken bestimmen.[641]

Was Grundtvig darunter verstand, entschlüsselt ein Gedicht aus dem Jahr 1839 über den dänischen Bildhauer Bertel Thorvaldsen.[642] Dieses und ein weiteres, ebenfalls Thorvaldsen zugeeignetes Gedicht, enthalten die einzigen direkten Äußerungen Grundtvigs über Künstler. Im ersten rühmt Grundtvig die Großtat des international angesehenen Dänen, die vorrangig darin bestünde, dass der »*Kämpfer-Geist des Nordens*« (»Nordens Kæmpe-Aand«) durch seine Kunstwerke wiedererweckt wurde. Nüchtern betrachtet, war Thorvaldsen in den Augen Grundtvigs somit deshalb ein bedeutender Künstler, weil man seine Werke dem nationalen Erweckungsgedanken und schließlich der Wiederbelebung und Stärkung der dänischen Kultur zunutze machen konnte. Allgemein gesagt war ein Künstler also umso bedeutender, je aktiver er an der wichtigen Aufgabe im »Nordens Kæmpe-Aand« – der christlichen und nationalen Erweckungsbewegung und ihrem Programm –, teilnahm und seine Kunstwerke als »*Werkzeug*« und mit »*folkeopløftende og -oplysende kraft*« einsetzte.[643] Und noch weiter gefolgert, war demnach ein Kunstwerk, das der Volkserweckung diente und deren Pläne unterstützte, in dieser Funktion bedeutender als sein ideales und schönes Erscheinungsbild.[644]

Ähnlich wie Grundtvig betrachtete Skovgaard die Kunst als ein »*Werkzeug*«, das in den Dienst der Sache gestellt werden sollte. Sein Anliegen war, »Københavns valgmenighed« zu stärken und mit einem öffentlichen Kunstwerk »*dem Volk etwas [zu] geben*«. Darin sah Skovgaard in grundtvigschem Sinne eine aufklärerische Wirkung. Aktiv – eben so, wie Grundtvigs Auffassung nach ein Künstler sein sollte – stellte sich Skovgaard in künstlerischer und kirchenorganisatorischer Hinsicht in den Dienst der erneut aufkeimenden grundtvigschen Bewegung um 1890, die sich für die Errichtung der »Københavns valgmenighed« einsetzte und war bei Dekorationsarbeiten in der Vallekilde højskole involviert.[645]

Eine andere, unumstößliche Ansicht Grundtvigs lautete »*Menneske først og kristen saa*«. In dieser Reihenfolge, »*zuerst der Mensch und dann der Christ*« lag für ihn persönlich die Grundlage seines christlichen Glaubens. Eine Haltung, die sich in dem zweiten Künstler-Gedicht äußert, das Grundtvig zum Tode Thorvaldsens verfasste. Hierin lobt er den Einsatz des Künstlers im Kampf für die dänische Kultur und unterstreicht die von Thorvaldsen dabei bewiesene »*echte Menschlichkeit*«. Interessanterweise ließ sich Grundtvig nicht von der Tatsache beirren, dass der Bildhauer dem Christentum kaum zugetan war. Die Frage, warum nun Grundtvig, der selbst zeitlebens vehement für ein lebendiges, geistlich-fundiertes Leben auf der Basis des Christentums eintrat, mit Thorvaldsen als »*Ungläubigen*« dennoch übereinstimmen und ihn sowie seine Werke respektieren konnte, kann insofern beantwortet werden, als dass Grundtvig der menschlichen Seite des Künstlers Vorrang einräumte und nicht der Unterscheidung von Christ und Nicht-Christ.

Skovgaards Ansichten zum Verhältnis von Menschsein, Christentum und Kunst dokumentiert das folgende aufschlussreiche Zitat: »*Das eine ist meine Kunst, und mit dieser stehen die zwei anderen in Verbindung. Das Zweite ist meine Familie, für sie und für mich den Lebensunterhalt zu schaffen, dafür wende ich meine Kunst an [...]. Das Dritte ist dieses, daß ich gerne mit meiner Kunst nach außen arbeiten würde, um etwas für mein Volk sein zu können. Um in meiner Kunst erkannt zu werden, daß ich Christ bin, um auf diese Weise das Christentum bezeugen zu können [...].*«[646] In dieser unmissverständlichen Äußerung hatte er die Lebenshaltung der Grundtvigianer verinnerlicht, nach der Mensch und Christ, menschliches und christlich-religiöses Leben oder Volkstum und Christentum etc. als untrennbare »Leitlinien« betrachtet werden.

In einem Punkt entfernte sich Skovgaard allerdings von Grundtvigs »Kunst-Ansichten«: Er, der sich als Künstler für den christlich-religiösen »Kunst-Pfad« entschieden, sich diesem verpflichtet hatte und – konkret –, »*[...] om jeg i min kunst kan vise, at jeg er kristen, [...],*«[647] war unnachgiebig der Meinung, dass ein Künstler ein Christ sein müsse, um entsprechend qualitätvolle und »*wahre*« Aufgaben erfüllen zu können. Qualität und »*Wahrheit*« entstand nach Skovgaards Meinung erst dann, wenn ein christlicher Künstler sich und seine Arbeit als Werkzeug Gottes sah und ein Kunstwerk den Glauben sowie das Christsein des Künstlers widerspiegelte.[648] Der Leitgedanke Grundtvigs, »*zuerst der Mensch, dann der Christ*«, war sozusagen von Skovgaard in eine Symbiose von »*Mensch u n d Christ*« umgewandelt und unter Einbeziehung des Künstlerdaseins erweitert worden.[649] Da lag es nicht fern, dass er letztendlich als offenkundiges Problem für die zukünftige Kirchenkunst ihre Ausführung durch Nicht-Christen sah.[650]

Bedeutung der Fresken für die religiöse Kunst

Die Vorbereitungen für die Ausmalung des Viborger Doms begannen am Ende eines Jahrhunderts, das der christlichen oder religiösen Kunst insgesamt kaum bedeutende Betätigungsfelder einzuräumen vermochte. Wohl fand in der ersten Jahrhunderthälfte eine Wiederbelebung der christlichen Monumentalmalerei durch die »Nazarener« in Deutschland statt, die bis weit nach 1850 ausstrahlte. Doch eine grundlegende Aufwertung der religiösen Kunst war damit nicht verbunden – zu sehr war das »*eigentliche Interesse der Kunst des Jahrhunderts den gegenwartsnahen und ästhetischen Problemen zugewandt.*«[651] Das Genrestück war in der religiösen Malerei weit verbreitet und seitens der Kirche bestanden die meisten Aufträge in der Produktion von Altartafeln. In Dänemark waren unzählige, heute kaum mehr bekannte Künstler damit beschäftigt, gemeindeeigene Kirchen mit Werken auszustatten. Daraus entwickelte sich eine mehr oder weniger flache und charakterlose Einheitskunst, die in den nächsten Jahrzehnten Bestand hatte. Eine Bereicherung und Erweiterung erfuhr die religiöse Kunst beispielsweise in den Bildern Christen Dalsgaards, einem der grundtvigschen Erweckungs- und Hochschulbewegung ab 1860/70 nahestehenden und für sie arbeitenden Künstler.[652] Namentlich in diesen Auftragsarbeiten fand Dalsgaard zu einer Ausdrucksweise, die klar das Seelenleben der dargestellten Personen schilderte.[653]

Ende der Achtziger, Anfang der Neunziger Jahre ging durch das Geistesleben Dänemarks eine Welle des Aufbruchs. Auf dem Gebiet der Kirchenmusik beispielweise regte 1887 der Organist Thomas Laub (1852–1927) die Erneuerung des seinerzeit romantisch geprägten Kirchengesangs an, der sich unter anderem durch eine ausschweifende Melodik auszeichnete, und der stattdessen zum rhythmischen Choral der Reformationszeit und der Gregorianik zurückkehren sollte.[654] In der Literatur wurde das Bauernvolk als Thema sowie die »Heimatdichtung« entdeckt und einige Theologen ergriffen Partei für die sogenannte »erfaringsteologi«, die besagt, dass der Christenglauben durch eine innere und subjektive Erfahrung unumstößlich gegenüber objektiven Einwirkungen her bestimmt sei.[655]

Auch in der bildenden Kunst fand die Betonung des Subjektiven über eine neue symbolistische Ideen- und Formensprache Aufnahme, die sich etwa durch »Den frie udstilling« oder die Zeitschrift »Taarnet« verbreiten konnte. Unter diesem Einfluss entstanden religiöse Arbeiten, die von bisherigen genrehaft realistischen oder gefühlsüberladenen Bildtypen abrückten. Der Maler und Bildhauer Johannes Kragh beispielsweise fand über Studien italienischer Werke der Frührenaissance zu einem dekorativen Stil in seinen Wand- und Glasmalereien. Diese sollten nach seiner Vorstellung mit den architektonischen Gegebenheiten korrespondieren und die »*Würde des Ortes*« – aus welchem Jahrhundert auch immer – respektieren.[656] Kragh, der darin ein wesentliches Merkmal der religiösen Kunst sah, hatte in Joakim Skovgaard einen Gleichgesinnten, der forderte, dass »*ein Wandbild in hohem Grade für den Raum gedacht sein müsse, den es schmücken sollte*«.[657]

Skovgaards frühe religiöse Arbeiten entstanden in jener Phase des geistesgeschichtlichen Aufbruchs, in der auch die Errichtung der »Københavns valgmenighed« ab 1890 fiel. Inhalt und Form durchbrachen den herkömmlichen Fundus biblischer Motivik. In ihnen verschmolzen vielfältige Ideen von außen mit persönlichen Ansichten von Kunst und Religion zu einer Art »*religiösem Symbolismus*«. Das bedeutet, dekorative Stilelemente und ein dem Bild innewohnender symbolischer Gehalt traten in Gemeinschaft mit persönlichen, bei Skovgaard im Grundtvigianismus wurzelnden Glaubensansichten. Mit diesen Neuerungen, die schon im Gemälde »Kristus fører røveren ind i paradiset« und schließlich in monumentaler Form in den Fresken des Viborger Doms zum Ausdruck kamen, waren Grundlagen einer Reform für die religiöse Malerei gegeben.

Einige von Skovgaard für den Freskenzyklus des Viborger Doms ausgewählte Motive sind insofern bemerkenswert, als dass es sich um außerhalb des kanonischen Bibeltextes stehende Themen handelt, die Skovgaard in seiner unnachgiebig grundtvigsch geprägten Haltung bei dem äußerst konservativ eingestellten Bischof Swane durchsetzen konnte. Swane, der den Erweckungsbewegungen im Ganzen nicht sehr aufgeschlossen gegenüberstand, war im Bischofskollegium bekannt für seine anachronistische Haltung in theologischen wie kirchlichen Fragen. Stets suchte er konservative Interessen zu wahren und war besonders schlecht auf jene zu sprechen, die »*eine widerliche Mischung aus grundtvigschem und linksgerichtetem Unwesen propagierten*«.[658] Ungeachtet dessen setzte Skovgaard das in Hochschulkreisen vielgesungene Grundtvig-Lied »I Kveld blev der banket paa Helvedes Port« in den Chorraum des Domes und durchkreuzte damit konservative Ansichten ebenso wie mit dem Thema »Sendboten des Herrn« im südlichen Querschiffgewölbe, das der »*frihed for fantasien*«, also der subjektiven Auslegung des Künstlers entsprungen war.[659]

Aus seiner unerschütterlichen religiösen Auffassung und künstlerischen Haltung, die er mit den Worten »*jeg er kristen*« gleichsam auf den Punkt gebracht hatte, organisierte Skovgaard die Durchführung der Fresken, die aufgrund ihres inhaltlichen und formalen Erscheinungsbildes der religiösen Kunst um 1900 wichtige Impulse zu einer Neuordnung in mehrfacher Hinsicht geben konnten. Skovgaard legitimierte in der Ausmalung die glaubensbedingt subjektive, außerhalb konventioneller Auffassungen stehende Interpretation eines Themas in einer motivlich neuen Zusammenstellung und erweiterte den biblischen Themenkreis nicht nur für die religiöse Malerei im allgemeinen, sondern darüber hinaus für die dänische »Folkekirke« im besonderen. Das bedeutete zum einen, dass symbolistische Tendenzen wie dekorative Stilelemente und ein dem Kunstwerk innewohnender symbolischer Gehalt in die christlich-religiöse wie kirchliche Kunst einziehen konnten; zum anderen wurden die Fresken zum Wegweiser für eine Umorientierung religiöser Kunstwerke, deren Themen durch die subjektive Vorstellung und Auslegung eines Künstlers entstehen sollten. Für Skovgaard entsprang diese Vorstellung aus dem im Grundtvigianismus wurzelnden Glauben, den er als christlicher Mensch und Künstler durch seine Kunst an die Öffentlichkeit weitervermitteln wollte.

Einem die Fresken im Viborger Dom aus einer glaubensoffenen Haltung heraus betrachtenden Besucher kann diese religiöse Einstellung und die Botschaft des Künstlers verständlich werden. Denn ihm präsentiert sich eine »Bilderbibel«, die ihn durch das Alte und Neue Testament führt – vergleichbar den wortgewaltigen und bilderreichen Predigten oder Botschaften Grundtvigs[660] –, und ihm die Szenen in einer eingängigen, von Sentimentalitäten befreiten und vor allem erzählerischen Bildsprache vorstellt.[661] »*Meinem Volk etwas geben*«, war Skovgaards Wunsch, der in den öffentlich zugänglichen Fresken ebenso verwirklicht werden konnte wie sein Vorsatz, als christlicher Künstler arbeiten zu dürfen. Dem christlich-religiösen Charakter der Ausmalung war ein »folkeliger« Grundzug beigetreten.

Zur religiösen und kirchlichen Kunst außerhalb Dänemarks – einige Beispiele

Der am Ausgang des 18. Jahrhunderts sich ausbreitende Säkularisierungsprozess (Enteignung von Kirchengut, Schließung von Klöstern, Zerstörung alter Kunstwerke usf.) hatte für die christliche Bildkunst im Jahrhundert darauf weitreichende Folgen: Die Position der Kirche als Auftraggeberin der Künstler war erheblich geschwächt und entzog der religiösen Malerei bedeutende Existenzgrundlagen. Begab sich ein Künstler dessen ungeachtet dennoch auf das Gebiet religiöser Darstellungen, fand er keine Anleitungen vor und war auf vergangene Bildtraditionen, »*auf das überlieferte Angebot ikonographischer Bildvorstellung*«[662] oder individuelle Lösungen angewiesen. Einerseits ergaben sich dadurch mannigfaltige Darstellungsmöglichkeiten christlich-religiöser Motive, die allerdings auch zur Erfindung völlig neuer Bildmotive aus einer subjektiven Sicht führen konnten.[663] Andererseits entstand eine Orientierungslosigkeit, zu der die Kirche in Sachen Kunst nicht unerheblich beitrug: »*Wo kirchliche Aufträge an Maler vergeben werden, da unter restaurativen Gesichtspunkten: man möchte den alten Glauben sichtbar machen*«.[664] Ein Künstler, der diesem Postulat (nach einer möglichst traditionsgebundenen Kunst) nicht folgen mochte und »*den Glauben auf den Boden der neuen Wirklichkeit stellen [wollte]*«,[665] wurde mit Arbeiten für die Kirche erst gar nicht berücksichtigt.

In jenem Jahrhundert, das von einer richtungslosen und uneinheitlichen christlichen Bildkunst geprägt war, der mal mehr oder weniger eine genrehafte oder historisierende, mal eine psychologisierende oder soziale Komponente[666] anhaftete, sind dennoch Strömungen auszumachen, die die christlich-religiöse Kunst nachhaltig prägten und ihr – wenn auch oftmals nur zeitweise – eine neue Grundlage geben konnten. Immer wieder beschäftigten sich einzelne Künstler oder Künstlergemeinschaften aus einer inneren Überzeugung und Glaubenshaltung heraus mit religiöser Kunst, um sie in verschiedener Hinsicht mit »*neuem Leben zu erfüllen*«. Vielerorts kam es zu Erneuerungsbestrebungen, die im folgenden anhand einiger chronologisch aufgeführter Beispiele verdeutlicht werden sollen.

In Deutschland beziehungsweise Italien[667] strebte eine Gruppe junger Künstler, die »Nazarener«, wie sie auch spöttisch benannt wurden, ab 1810 eine Reform der Kunst auf religiöser Grundlage nach Vorbildern altdeutscher (Dürer) und italienischer Malerei (u. a. Raffael) an. Sie erhielten in der ersten und noch in der zweiten Malergeneration etliche Aufträge für Altarbilder und Kirchendekorationen (zum Beispiel Münchener Ludwigskirche, ab 1840; Apollinariskirche bei Remagen, 1843/1851), die in einer für den Betrachter verständlichen Gestik und Haltung der Figuren, in Art einer stummen Pantomime gehalten waren, der aber eine gewisse Theatralik nicht abgesprochen werden kann. Der den Werken anhaftende katholisierende Zug machte sie allerdings auch zu einem idealen »*Instrument pastoraler Praxis*«[668] der traditionsgebundenen Kirche. In der zweiten Jahrhunderthälfte wurde die weiterhin an religiösen Werken der Nazarener orientierte Malerei zunehmend in Frage gestellt und kritisiert, da sie mehr und mehr zu einer leicht süßlichen Darstellungsweise, zu einem »*unpersönliche[n] Schematismus der Komposition und [einer] glatte[n] Maltechnik*«[669] verkommen war.

Eine ähnliche Tendenz war in England zu beobachten. 1848 hatte sich in London nach dem Vorbild der »Lukasbruderschaft« der Nazarener die Bruderschaft der »Präraffaeliten« gegründet.[670] Vergleicht man ihre Werke miteinander, fällt bei beiden eine klare Linearität und starke Farbigkeit auf. Obwohl es bei beiden Gruppierungen mit ihrer »*gegen die Zeitströmung stehenden christlich begründeten Ästhetik [...] [s]tets um die Erneuerung der Kunst aus dem frommen Geist des christlichen Mittelalters*«[671] ging, forderten die Präraffaeliten zusätzlich zu den nazarenischen Idealen (einer nationalen und religiösen Erneuerung) das Streben nach Treue zur Natur (»*truth to nature*«).[672]

William Holman Hunt (1827–1910) beispielsweise schuf mit dem zwischen 1851 und 1853 entstandenen Gemälde »Das Licht der Welt« ein in England gefeiertes religiöses Kunstwerk.[673] Die Gründe hierfür waren einleuchtend: man sah in ihm die Abkehr von katholischen Traditionen und die Schaffung von Ausdrucksformen, die dem englischen Protestantismus eine »*bildliche Entsprechung*« brachten: Katholisches wurde durch Protestantisches ersetzt »*und de[r] feste [...] Glauben an die Nachahmung alter Meister durch das neue Credo der »Naturtreue«*«.[674] Diese Verpflichtung der Präraffaeliten an den Naturalismus bedeutete für ihre religiöse Malerei, deren Werke heute eher als sentimental bezeichnet werden, die Wiedergabe der »*geschichtlichen ‚Wahrheit'*« und einer »*glaubwürdige[n] Information*«.[675] Hunt löste diese Ansprüche durch Reisen zu historischen biblischen Stätten, wo er Lokalstudien anfertigte, um seinen biblischen Bildern die bis ins Detail gehenden, archäologischen Genauigkeiten geben zu können. Obwohl sich die eigentliche Bruderschaft der Präraffaeliten 1853 auflöste, existierte eine präraffaelitische Malweise auch noch in den nächsten Jahrzehnten, bis sie um 1900 von Einflüssen des französischen Impressionismus zurückgedrängt wurde.[676]

Ein anderer Versuch, die christliche Kunst auf katholischer Seite neu zu begründen, ging in der zweiten Jahrhunderthälfte, ab 1871, vom Kloster Beuron aus,[677] das die Ausbildung einer eigenständigen, streng geometrischen und antinaturalistischen Formensprache bewirkte. Der Begründer der sogenannten »Beuroner Kunstschule«[678], Peter (Pater Desiderius) Lenz (1832–1928), wollte durch die Mittel der Kunst die katholische Kirche erneut als Auftraggeberin und autoritäre Institution festigen: »*Die katholische Kirche in der mordernen Zeit hat ein gar ärmliches sichtbares Gewand; sie hat den Dienst der Kunst noch verschmäht. Wenn sie [...] die Kunst einmal wieder in Gnaden aufnimmt, [...] dann wird sie in Pracht und hehrer Majestät [...] einherschreiten als die große, liebliche Herrscherin, die Alle beseeligen und Alles heiligen kann.*«[679] Er kritisierte die offiziellen kirchlichen Auffassungen und verurteilte die »*im kirchlichen Historis-*

22 *Peter Lenz: Kreuzigungsfresko (1870). Innenraum der St. Mauruskapelle nahe Beuron*

mus des 19. Jahrhunderts wiederbelebten mittelalterlichen Kunststile« einschließlich sämtlicher Erneuerungsbemühungen auf dem Gebiet der christlichen Kunst, auch die der Nazarener in ihrer Rückbesinnung auf das Mittelalter.[680] Bereits vor Gründung der Beuroner Kunstschule hatte Lenz um die Mitte der 1860er-Jahre die Hauptprinzipien seines »*Formenkanons*« für die »*wahre*« Erneuerung der katholischen religiösen Kunst erstellt, die er in den ästhetischen Qualitäten der Kunst der Ägypter und in der archaisch-griechischen Skulptur gefunden zu haben glaubte: eine Abkehr von Perspektive und Schattierungen, eine Rückkehr zu klaren geometrischen Formen, zu flächiger Stilisierung, zu Typisierung und schließlich Abstraktion.

Im Erstlingswerk von Lenz, die circa zwei Kilometer von der Ortschaft Beuron entfernt liegende St. Mauruskapelle (1868 bis 1870), spiegeln Bau und Ausstattung dessen Vorstellungen beispielhaft wider. Vorhalle und Innenraum bilden im Grundriss einfache, fast quadratische Räume. Das Fassadenfresko präsentiert sich in einem streng kompositionellen Aufbau und einer reliefartigen Malweise und in den Figurendarstellungen der inneren Freskendekorationen fand Lenz zu einer Bildlösung, die auf einer »*abstrakt-dekorativen linearen Ordnung und [einer] darin gegebenen Zeichenhaftigkeit der Ausdrucksform*« beruht (Abb. 22, 23).[681]

Die Auflösung der Klostergemeinde infolge des Kulturkampfes im Jahr 1875 – darunter zu verstehen ist die von 1871 bis 1887 zu datierende Auseinandersetzung zwischen dem preußischen Staat und der katholischen Kirche im neugegründeten Deutschen Reich – unterband jedoch nicht die Ideen Lenz und seiner Mitarbeiter. Sie blieben ihrem Kunstideal auch während ihres Asyls in St. Emaus, Prag, und erneut nach ihrer Rückkehr in das Kloster Beuron treu, wo 1899 die Künstlerschule neu errichtet wurde. In den 1890er-Jahren, in denen die Kunst allgemein eine Aufbruchstimmung erlebte, entdeckten etliche Künstler aus dem Umkreis des Symbolismus, der Nabis, des deutschen oder holländischen Jugendstils das Kunstideal der Beuroner Schule wieder[682], mit dem sich nach 1900 auch zahlreiche Schweizer Kunstmaler auseinandersetzten.[683]

23 Peter Lenz: Prozession der Nonnen, Detail des Freskos (1870). Eingangshalle der St. Mauruskapelle nahe Beuron

Die französische Künstlergruppe »Nabis« (Erleuchtete, Propheten) lernte Beurons Ideen über Paul Sérusier (1864–1927)[684] und Jan (Pater Willibrord) Verkade,[685] ab 1894 Malermönch unter Lenz, kennen, die auch das Nabis-Mitglied Maurice Denis (1870–1943) begeisterten und Eingang fanden in einige seiner zahlreichen Aufsätze und Schriften. Denis gilt als Begründer einer katholischen Erneuerung der französischen Kunst und schuf als christlicher, dem Katholizismus zugewandter und zugleich symbolistischer Maler und Theoretiker Staffeleibilder und Dekorationen auch religiösen Inhalts, die er auffasste als eine »*ebene Fläche, mit Farben bedeckt, die nach einer gewissen Ordnung aneinander gereiht sind*«.[686]

Auch auf protestantischer Seite sind im späteren 19. Jahrhundert Erneuerungsbestrebungen und Fragen nach einer Neugestaltung der Beziehung von Kunst und Kirche auszumachen. Noch lange Zeit wirkte das Spätnazarenertum katholischer Herkunft (neben München oder Düsseldorf) in Berlin vor allem durch Werke Peter von Cornelius' nach (figürliche Komposition, Typologie der Bildfiguren etc.). Selbst in der bedeutenden Zeitschrift zur Kirchenkunst, das »Christliche Kunstblatt«, war das nazarenische Ideal jahrzehntelang tonangebend, bis sich Theoretiker wie Künstler – obwohl einige noch der Nazarener-Tradition entstammten – Gedanken zu einer religiösen Kunst machten, die in Übereinstimmung mit dem Protestantismus gebracht werden sollte.[687] Herausgefordert durch die zunehmend erstarkte katholische Kirche und ihre Dogmenpolitik organisierte die evangelische Kirche 1887 »*zur Sicherung reformatorischer Grundsätze*« die erste Jahresversammlung mit dem Ziel, eine Einheit durch alle sozialen Schichten zu erreichen[688] – ein Vorhaben, das sich schließlich bis in die Kunst auswirkte.

Betrachtet man die Themen, die protestantische Künstler auswählten, beherrschte das Christusbild (Leben, Lehren und Leiden) nach der Jahrhundertmitte die protestantische Ikonographie, die theoretisch im 1866 zum ersten Male herausgegebenen »Christlichen Kunstblatt« vorbereitet worden war.[689] Aber auch Gleichnisse gehörten dem speziellen Bildkanon dieser Malerei an, die beispielsweise Wilhelm Steinhausen

(1846–1924) vorrangig wählte und für die protestantische Kunst festigte.[690] Darüber hinaus sah man im Protestantismus die »*Quelle aller monumentalen Kunst, aller Historienmalerei, deren Aufgabe eben darin besteht, [...] erziehend, bildend, erhebend auf das Volk einzuwirken [...]. Nur der Protestantismus vermag aus all den angeführten Gründen [...] eine wahrhaft religiöse Kunst zu schaffen, [...].*«[691] Diese Anforderungen erfüllten beispielsweise Eduard von Gebhardts (1838–1925) Wanddekorationen für das Kloster Loccum in Niedersachsen (1884 bis 1891) oder für die ehemalige Friedenskirche in Düsseldorf (1900 bis 1907). Den in einem sachlichen Realismus, ja geradezu mit suggestiver Wirklichkeitsillusion ausgestatteten, volkstümlichen Historienbildern kann aus heutiger Sicht allerdings ein Hang zum Theatralischen und eine Überfrachtung an Details nicht abgesprochen werden.[692]

Ein Künstler, der sowohl für die katholische als auch protestantische Seite arbeitete, war Hermann Schaper (1853–1911). Um 1900 war er einer der bekanntesten Vertreter der Monumentalmalerei in Deutschland (Ausmalung des Bremer Doms ab 1899, heute Fragment; Mosaiken in der Vorhalle der Gedächtniskirche in Berlin, 1895 vollendet; in der Erlöserkirche in Bad Homburg, 1908 vollendet, usf.).[693] Das Ziel seines größten Auftraggebers und Mäzens, Kaiser Wilhelm II., war die Etablierung der evangelischen Staatskirche und des wilhelminischen Machtanspruches gegenüber der katholischen Kirche und letztendlich dem Primat Roms. Den Vorstellungen und dem Willen des Kaisers gemäß sollte dieses Ziel durch prachtvolle Kirchenbauten und -ausstattungen erreicht werden, die sich an der Romanik und der Mosaikkunst Ravennas zu orientieren hatten. In der Adaption des christlich-byzantinischen Stils für zahlreiche kirchliche Neubauten feierte der Monarch die »*Verherrlichung des Kaisertums von Gottes Gnaden*«[694] sowie die Glorifizierung des Hohenzollernhauses und demonstrierte auf eine politisch-ideologische Weise die Wiederbelebung von »*Thron und Altar als restaurative Einheit*«[695]. Und Schaper folgte dem Willen des Kaiserhauses und schuf prachtvolle Mosaiken in einer figürlichen und ornamentalen Vielfalt, worunter sich Ornamente befinden, die als fast wörtliche Zitate von Mosaiken im Grabmal der Galla Placidia und aus San Vitale in Ravenna nachgewiesen werden können.[696]

Hermann Schaper wird auch als Vertreter einer Erneuerungsbewegung in der Kirchendekoration innerhalb des Historismus angesehen,[697] die ab etwa 1880 einen längeren Prozess in Gang setzte und um 1900 ihren Höhepunkt erreichte: Mittelalterliche Vorbilder, die bislang nur als »*inhaltlicher und formaler Ausgangspunkt künstlerischer Arbeit*« herangezogen wurden, ansonsten eher als »*unvollkommen und roh*« galten, die es nach den »*Kunstregeln der Gegenwart*« zu verbessern galt, erfuhren eine Neubewertung, indem ihnen eine eigenständige Auffassung und Ästhetik zugesprochen wurde.[698] Schaper, der Verbindungen zu Theoretikern und Architekten und somit entsprechende Kenntnisse hatte, widmete sich der Ornamentik einer Zeit, die man damals »*germanische Frühkunst*« nannte. Hier war es vor allem das Flechtband, das er variierend benutzte.

Wie Pia Heckes herausarbeitete, sind Schapers Kirchenausschmückungen »*Zeugnisse des Bemühens um eine neue Form der Darstellung von Glaubensinhalten sowie das Bemühen um eine neue «kaiserliche» Kunst, die an Traditionen des frühen Christentums anknüpfte,*«[699] und weniger, so könnte ergänzt werden, Zeugnisse einer neuen, im theologischen Sinne verstandenen protestantischen Kunst, um die die Kirche allgemein bemüht war.[700]

Die skizzierte Entwicklung von den Nazarenern und Präraffaeliten, über die asketisch-archaische Auffassung der streng katholischen Beuroner Kunstschule zu den Nabis und den Beispielen einiger protestantischer Künstler brachte »*gewiß eine christlich religiöse Erneuerung der Kunst. Eine eigentliche Erneuerung der christlichen Kunst gelang dabei allerdings kaum.*«[701] Obwohl beide Kirchen sowie das Kaiserhaus versucht hatten, eine neue Tradition christlicher Kunst hervorzubringen, mussten sie nach Pia Heckes überzeugender Feststellung scheitern, da »*sie nicht von Gläubigen und Gemeinden getragen wurden, sondern von Gelehrten, Kirchen- und Kunsthistorikern entwickelt und oktroyiert worden waren*«.[702] Zeitgenossen stellten wohl die diversen Ansätze einer Neubelebung fest, waren zugleich aber der Meinung, dass Kunst und Religion sich weit voneinander distanziert hätten. Schuld gaben sie der zunehmend individualistischer gewordenen Kunst, die ihre Volkstümlichkeit verliere und der Kirche, die »*in ihrem Desinteresse gegenüber solchen Erneuerungsbestrebungen sich um diese künstlerische Kraft der Moderne bringe.*«[703] Das Ziel einer neuen christlichen Kunst konnte also nur dann erreicht werden, wenn die moderne Kunst aus »*ihrer bedrohlichen ästhetischen Randlage*« befreit und »*ihr für die christliche Tradition eine breite Anwendung*« zugesichert wurde und zugleich der christlichen Tradition »*zu einer zeitgemäßen Anschaulichkeit*« verholfen wurde.[704]

Resümee

Im November 1909, drei Jahre nach der Fertigstellung der Fresken im Viborger Dom, ernannte die Generalversammlung der »Gesellschaft für dekorative Kunst« Skovgaard einstimmig zu ihrem Ehrenmitglied. Sie setzte sich dafür ein, dass er die Leitung der Dekorationsschule an der Kopenhagener Akademie erhielt. Die Gesellschaft begründete ihre Entscheidung damit, dass die Ausmalung einen »*schönen und gediegenen Ausdruck*« erhalten habe, an dem sich auch »*noch kommende Generationen erfreuen würden*«.[705] Skovgaards Tätigkeit an der Dekorationsschule sollte bis 1921 eine kontinuierliche und qualitätvolle Ausbildung auf dem Gebiet der Dekorationskunst gewährleisten.[706]

Doch darüber hinaus hatte die einflussreiche »Gesellschaft für dekorative Kunst« mit ihrer Wahl auch noch andere Zeichen gesetzt. Sie akzeptierte Skovgaards dekorativ monumentalen Stil und wies den Fresken gleichsam normgebende Funktion zu. Einheimische Künstler, die sich mit Kirchenkunst beschäftigten, kamen mehr oder weniger nicht umhin, sich mit der größten monumentalen Aufgabe um 1900 in einer der wichtigsten Bischofskirchen des Landes auseinanderzusetzen. Und war die gewaltige, »*kommende Generationen erfreuende*« Dekoration gewissermaßen nicht auch ein kulturhistorisches Ereignis für das ganze Land, das zur Stärkung der nationalen Identität und des Selbstbewusstseins der Dänen beitrug?[707]

Stolz war man auf Joakim Skovgaard und gleichermaßen auf seinen Bruder Niels, die dem Land eine speziell dänische, sprich grundtvigsche, kirchliche Kunst gegeben hatten: »*Zuerst mit den Brüdern Joakim und Niels Skovgaard haben wir meiner Meinung nach eine solche dänische, kirchliche Kunst erhalten*«, schrieb 1908 Konstantin-Hansen und fügte bezeichnenderweise hinzu, dass beide aufgrund der Kraft, die aus der »*geistigen Erneuerung entsprungen sei, die mit Grundtvig im Land stattgefunden hätte*«, »*k i r k e l i g e*« Künstler wären.[708]

Aber auch hinter Äußerungen wie »*dem Volk etwas geben*« oder »*[...] ein dänischer Charakter [...]*« verbergen sich unbestritten Andeutungen eines wiedererwachten Nationalstolzes. Schon beim Neubau der Immanuelskirke wollte Skovgaard einen »*dänischen*«, d. h. romanischen Charakter, und nicht einen »*deutschen mit Turmspitzen*« verwirklicht wissen, der mit dem allgemeinen Interesse Grundtvigs am »*Altchristlichen*«

(oldkristelige) verbunden werden sollte. Er wünschte sich ein Kunstwerk, das »*groß und breit im Charakter*« Grundtvigs Persönlichkeit und dessen Verdienste um die Erweckungsbewegung widerspiegeln sollte.[709] In der Synthese »*dänischer und altchristlicher Stil*« mit grundtvigschem Tenor schien Skovgaard schließlich einen Weg gefunden zu haben, der seinen Vorstellungen entsprach. Vorausgesetzt, beide Stile würden frei gehandhabt, d. h., den Anforderungen der Gegenwart gerecht werden. Auf welche Weise Skovgaard diese »*Formel*« praktisch umsetzte, die »*Alt neben Neu*« nach dem schöpferischen Gestaltungswillen des Künstlers zulässt, zeigen eindrucksvoll die Freskenreihen des Viborger Doms: archaisch-stilisierte Formen werden von dekorativen abgelöst oder flächendeckende Farbaufträge folgen auf großzügig ausgeführte Pinselschraffuren.

Skovgaard hatte eine Brücke in die »*oldkristelige*« Zeit geschlagen, in der Kirchenkunst als Ausdruck echter Frömmigkeit und wahren Glaubens verstanden wurde.[710] Da er sein Kunstschaffen als christlicher und zugleich grundtvigscher Künstler verstand, war es ihm theoretisch möglich, seine Arbeit auf jene Ebene zu stellen, auf der sich auch byzantinisch-frühchristliche Traditionen befanden. Dadurch wurde ihm ermöglicht, deren Motivik und Freskotechnik, die am Ende des 19. Jahrhunderts kaum mehr präsent war, aufzugreifen.[711] Vor diesem Hintergrund gab Skovgaard unter Einbezug symbolistischer Tendenzen der religiösen Kunst um 1900 neue Impulse. Anderen Künstlern zeigte er mögliche Formen einer zeitadäquaten Kirchenkunst auf – freilich unter der Prämisse, aus dem Glauben heraus an die Arbeit zu gehen. Im »*Glauben*« (tro) und als »*gläubiger Künstler*« (troende kunstner) sah Skovgaard seinen Lebensinhalt und konnte sich insofern an den mit »*neuem Anblick und neuem Verständnis*« gefertigten Bildern Dalsgaards erfreuen, »*da sie eben von einem Gläubigen gemalt waren.*«[712]

Noch in den 1930er-Jahren schienen Skovgaards Forderungen zur Ausführung von kirchlichen Werken durch christliche Künstler nach wie vor auch für andere Kunstschaffende relevant zu sein: »*Für einen Künstler, dessen Arbeit in der kirchlichen Kunst liegt, ist es hingegen eine notwendige Voraussetzung, diesen [kirchlich-christlichen] Sinn zu haben. Derjenige, der dabeisein möchte, zu regeln, was zum Kirchenkult gehört, kann nicht außerhalb der Kirche sein.*«[713]

Der Verfasser Johannes Kragh, der an der Ausmalung des Viborger Doms vorübergehend als Mitarbeiter Skovgaards beteiligt gewesen war, hatte seine Meinung 1932 im Rahmen eines Aufsatzes zur Situation gegenwärtiger kirchlicher Kunst im Lande in der dänischen Zeitschrift »Kirken« veröffentlicht. War diesen Worten zu entnehmen, dass sich die Situation in den letzten vier Jahrzehnten seit Skovgaards Ermahnung kaum verändert hatte? Oder war diese Äußerung womöglich nur ein isoliertes Anliegen Kraghs? Sprach der Autor möglicherweise ausschließlich im Namen der vor allem in Skovgaardscher Tradition stehenden oder mit ihr in Berührung kommenden Künstler, denen es wichtig war, auf diese Problematik hinzuweisen?

Seiner Haltung »*Jeg er kristen*« blieb Skovgaard jedenfalls in diesen Jahren unbeirrbar treu, ob in Altarbildern, Freskomalereien für den sogenannten »Hochzeitsaal« im Kopenhagener Rathaus, in der Herausgabe des Buches »Bibelske Billeder« oder in den Glasmosaiken für die Apsis in der Domkirche zu Lund.

In der vorliegenden Arbeit mussten einige Aspekte bewusst unberücksichtigt bleiben und fächerübergreifende Themen, die sich mitunter nachgerade endlos verzweigten, konnten lediglich angerissen werden, da eine ausreichende und abgesicherte Beantwortung erst aus einem noch näher zu erforschenden Zusammenhang hätte vorgenommen werden können. Offen gelassen werden musste auch die faszinierende Frage, wie sich die religiöse Malerei in Dänemark n a c h 1910 im sogenannten »Skovgaard-Kreis« entwickelte[714] oder in Werken von Künstlern, die wie Elof Risebye, ein ehemaliger Skovgaard-Schüler, in einer ägyptisierenden oder expressiven Manier auf den »Viborger Stil« reagierten.[715] Religiöse Arbeiten Niels Larsen Stevns' im Skovgaard Museet Viborg führen beeindruckend vor Augen, warum aus den Reihen des Skovgaard-Kreises gerade die Kunst Stevns' alsbald schon eine Wende in der dekorativen Malerei herbeiführen konnte, die sich nun auf koloristischer Grundlage vollzog. Auffällig sind die reiche Farbpalette an klaren, ungebrochenen Tönen, effektvollen Gegensätze zwischen Licht- und Schattenbereichen und ein breiter, bisweilen ungestümer Malduktus, der die Möglichkeiten der Freskotechnik bis zum Äußersten ausreizt (Abb. 24). Ein Exkurs innerhalb dieser Arbeit hätte Stevns' künstlerischen Auffassung, die weitaus größere Aufmerksamkeit verdient, freilich nur sehr bedingt gerecht werden können.[716]

Aber auch außerhalb Dänemarks waren um die Jahrhundertwende Theoretiker wie Künstler auf der Suche nach einer zeitadäquaten religiösen, glaubensimmanenten Kunst. In Frankreich beispielsweise setzten kirchliche Kreise große Hoffnung auf Maurice Denis (1870–1943), der bereits im Alter von 13 Jahren seinem Tagebuch den Entschluss anvertraute, ein christlicher Maler zu werden.[717]

In Deutschland äußerte man mit Blick auf Denis: »*Zu einem Monumentalmaler gehört eine vornehme, hohe Lebensauffasung, eine aufrichtige Vertiefung in die Heilslehre, eine schlichte, ehrerbietige, vom Herzen kommende Wiedergabe der religiösen Stoffe, ein Schaffen [...] möglichst unabhängig von allerlei Begutachter oder Besteller*« und stellte fest, »*[...] daß die moderne Kunst sehr wohl für große religiöse Aufgaben sich eignet, wenn ein tiefgläubiger, religiös empfindender [...] Künstler [...] an sie herantritt [...]*«.[718] Obwohl zahlreiche katholische wie protestantische Künstler in Deutschland diese Voraussetzungen in ihren Arbeiten erfüllten, dämmten traditionsverhaftete Vorstellungen der Kirchen die Wahl moderner Stilmittel bis weit ins frühe 20. Jahrhundert ein.[719]

Betrachtet man die Ausmalung des Viborger Doms vor diesem Hintergrund, stellt sie sich als ein frühes Beispiel einer Symbiose von christlich beseelter Kunst einerseits und auf der Höhe der Zeit stehenden künstlerischen Ausdrucksmitteln andererseits dar. Skovgaard war, wie gezeigt wurde, nicht der einzige Künstler, der am Ende des 19.

24 Niels Larsen Stevns: Kristus helbreder en spedalsk, Öl auf Leinwand (1903), Skovgaard Museet Viborg

Jahrhunderts innerhalb der religiösen Kunst nach zeitadäquaten Ausdrucksmitteln strebte und im Verlaufe der Entwicklungsphasen (Entwurf – Karton – Ausführung) zu einer schrittweisen Vereinfachung der Formensprache fand. Andere, wie beispielsweise Künstler der Beuroner Kunstschule oder auch Hermann Schaper, entwickelten Vorstellungen, die anhand ihrer Merkmale wie Stilisierung oder Großflächigkeit, geometrische oder vereinfachende Formen bereits Reinhold Hartmann (1954) allgemein als »*archaisierende Kunstrichtung*« innerhalb der religiösen Kunst um 1900 typisiert hatte.[720] Können jene Kennzeichen bei den Viborger Dom-Fresken wohl festgestellt werden, finden sich darüber hinaus weitere Charakteristika, die Skovgaards Werk innerhalb jener, eher groben Klassifizierung hervorheben und diesem eine bedeutende, seinerzeit der religiösen Kunst zukunftsweisende Stellung zukommen lassen, wie sie sich in beeindruckender Weise v. a. in den »Paradiesbildern« äußert. Hier entstand aus der Synthese vereinfachter Formen oder dekorativer Stilelemente mit einer lasierenden Malweise, einem lockeren, zeichnerischen Pinselduktus und einer bisweilen expressiven Farbigkeit ein künstlerischer Stil, der bisherige Auffassungen weit hinter sich ließ. Hier fanden sich mannigfaltige Anregungen und Impulse, die weiterentwikkelt werden konnten, wie Stevns dies vermochte.

Eine weitere Bedeutung liegt darin, dass die Viborger Fresken schließlich eine Neubewertung der kirchlichen Dekorationskunst nicht allein in Dänemark und dem skandinavischen Raum in Gang setzten. In Norddeutschland beispielsweise trug die Flensburger Künstlerin Käte Lassen (1880–1956) im frühen 20. Jahrhundert zur Wiederbelebung der religiösen monumentalen Figurenmalerei bei. Der erste Auftrag dieser Art war das 5,90×5,10 Meter große Fresko in der Heilands-Kirche in Flensburg-Weiche, das 1910 entstand und dem weitere folgten.[721]

Sollte diese Arbeit bewirken, dass künftige, mit religiöser Kunst, kirchlichen Dekorationen oder Monumentalmalerei am Ende des 19., Anfang des 20. Jahrhunderts sich befassende Studien die Fresken im Dom zu Viborg als herausragendes Beispiel kirchlich-religiöser Kunst in ihre Überlegungen und Beurteilungen miteinbezögen, so wäre dem eigentlichen Anliegen dieser Arbeit mehr als Genüge getan.

25 Joakim Skovgaard: Kristus fører røveren ind i paradiset , Öl und Gold auf Leinwand (1890), Den Hirschsprungske Samling Kopenhagen

26 Die Sendboten des Herrn, Fresko

27 Die sieben Engel mit den Posaunen des Jüngsten Gerichts und ein opfernder Engel, Fresko

28 Pfingsten, Fresko

29 Vertreibung aus dem Paradies, Fresko

30 Versuchung Jesu, Das Scherflein der Witwe, Jesus segnet die Kinder, Fresko

31 Das Gleichnis vom Großen Gastmahl, Fresko

32 Die Streitengel des Herrn, Fresko

33 Das letzte Abendmahl, Jesus im Garten Gethsemane, Fresko

34 Kain und Abel, Fresko

35 Tempelreinigung, Heilung der blutflüssigen Frau, Heilung des Gichtbrüchigen, Fresko

36 Einzug in Jerusalem, Auferweckung des Lazarus, Jesus bei Maria und Martha, Fresko

37 Kreuzigung, Fresko

38 Die Juden an den Flüssen Babylons, Fresko

39 Der Wiederaufbau der Mauern von Jerusalem, Fresko

40 Adam gibt den Tieren Namen, Fresko

41 Die neu erschaffene Eva, Fresko

42 Auferstehung, Christus führt die Erlösten aus der Hölle ins Paradies, Fresko

43 Christi Himmelfahrt, Fresko

44 Joakim Skovgaard: Kristus i de dødes rige, Öl auf Leinwand (1891–1894), Statens Museum for Kunst Kopenhagen

45 Thronender Christus, umgeben von den Scharen der Erlösten, Fresko

46 Sündenfall, Fresko

47 Adam bearbeitet den distelübersäten Acker, Fresko

48 Eva mit ihren Kindern Kain und Abel, Fresko

49 Christus mit Siegesfahne besiegt die Schlange, Fresko

50 Abels Begräbnis, Fresko

51 Sintflut und Noahs Dankopfer, Fresko

52 Noah empfängt die Taube, Fresko

53 Abrahams Fürbitte, Erscheinung in Mamre, Zerstörung Sodoms und Lots Flucht, Fresko

54 Isaak trägt das Holzbündel auf dem Weg zur Opferung, Opferung Isaaks, Rückkehr Isaaks und Abrahams zu Sara, Fresko

55 Abrahams Knecht Eliezer begegnet Rebekka am Brunnen, Fresko

56 Gott verheißt Abrahams Nachkommenschaft, Fresko

57 Jakobs Kampf mit dem Engel, Jakobs Traum, Fresko

58 Joseph deutet Pharaos Traum, Fresko

59 Versöhnung Jakobs mit Esau, Fresko

60 Täuschung Jakobs durch Josephs blutigen Rock, Fresko

61 Untergang der Ägypter im Roten Meer, Fresko

62 Auffindung Moses am Nil, Fresko

63 Moses am brennenden Dornbusch, Fresko

64 Moses Abstieg vom Berg Sinai, Anbetung des goldenen Kalbes, Moses bringt neue Gesetzestafeln, Fresko

65 David spielt vor Saul Harfe, Fresko

66 David tanzt vor der Bundeslade, Fresko

67 Das Gottesurteil auf dem Berg Karmel, Androhung des göttlichen Strafgerichtes durch Elia an Achab, Fresko

68 Elias wird von Raben gespeist, Fresko

69 Daniel in der Löwengrube, Fresko

70 Enthauptung Johannes', Johannes' Predigt, Salomes Tanz, Fresko

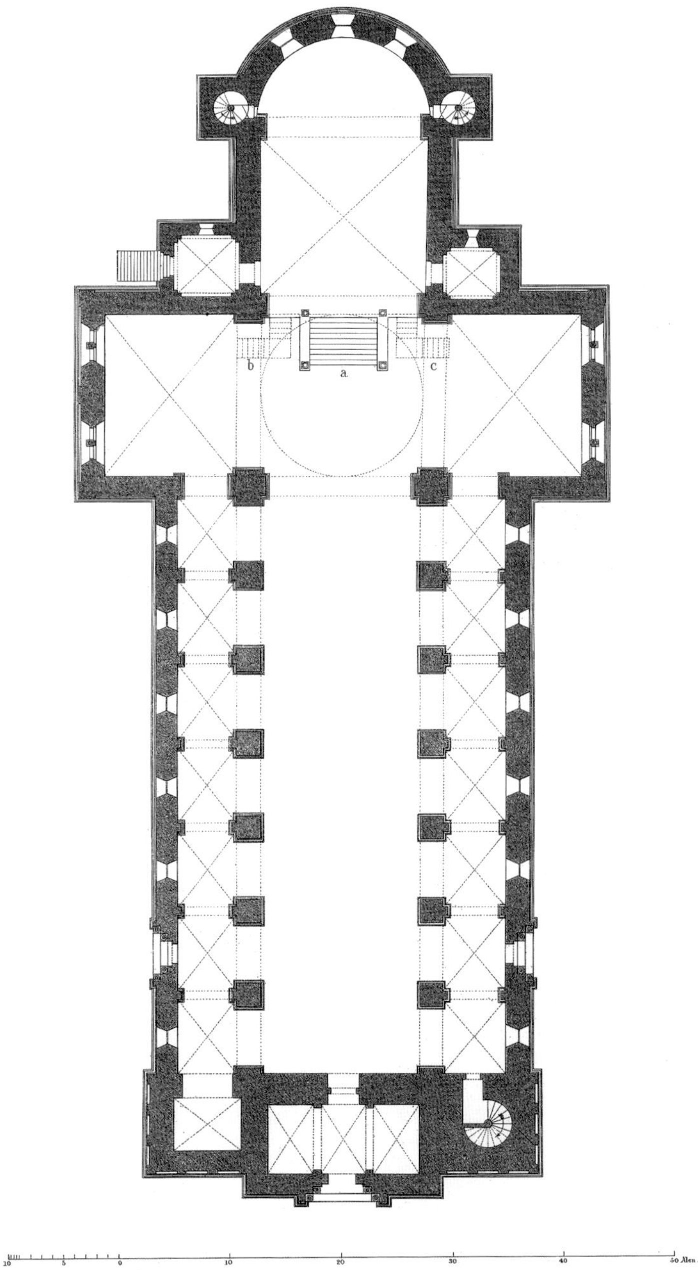

71 Grundriss des Domes nach der Restaurierung

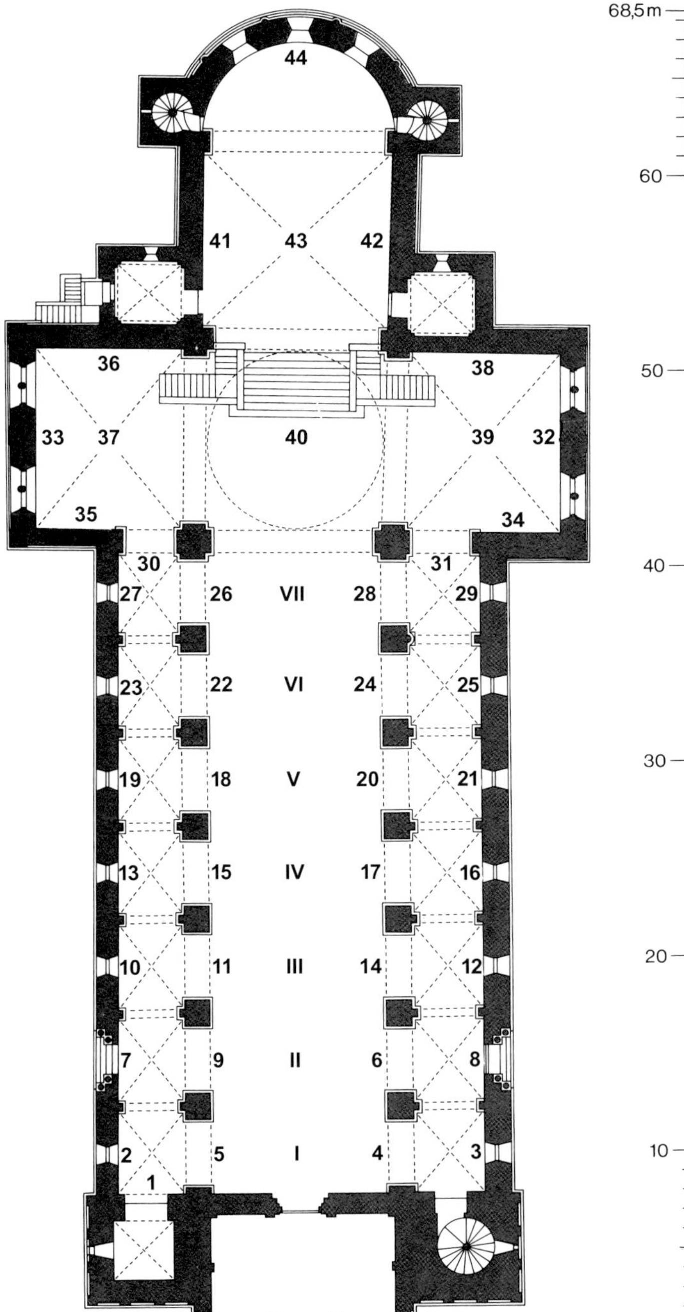
68,5 m
60
50
40
30
20
10
0
44
41
43
42
36
38
33
37
40
39
32
35
34
30
31
27
26
VII
28
29
23
22
VI
24
25
19
18
V
20
21
13
15
IV
17
16
10
11
III
14
12
7
9
II
6
8
2
5
I
4
3
1

Grundriss des Viborger Doms: Die Zahlen 1 bis 44 lokalisieren die folgenden Themen und Motive der Fresken

1 *Adam gibt den Tieren Namen*
2 *Die neuerschaffene Eva*
3 *Sündenfall*
4 *Eva mit ihren Kindern Kain und Abel*
5 *Adam bearbeitet den distelübersäten Acker*
6 *Christus mit Siegesfahne besiegt die Schlange*
7 *Vertreibung aus dem Paradies*
8 *Kain und Abel*
9 *Abels Begräbnis*
10 *Sintflut und Noahs Dankopfer*
11 *Noah empfängt die Taube*
12 *Abrahams Fürbitte / Erscheinung in Mamre / Zerstörung Sodoms und Lots Flucht*
13 *Isaak trägt das Holzbündel auf dem Weg zur Opferung / Opferung Isaaks*
14 *Gott verheißt Abrahams Nachkommenschaft*
15 *Abrahams Knecht Eliezer begegnet Rebekka am Brunnen*
16 *Jakobs Kampf mit dem Engel / Jakobs Traum*
17 *Versöhnung Jakobs mit Esau*
18 *Täuschung Jakobs durch Josephs blutigen Rock*
19 *Joseph deutet Pharaos Traum/ Joseph gibt sich seinen Brüdern zu erkennen*
20 *Auffindung Moses am Nil*
21 *Untergang der Ägypter im Roten Meer*
22 *Moses am brennenden Dornbusch*
23 *Moses Abstieg vom Berg Sinai / Anbetung des goldenen Kalbes / Moses bringt neue Gesetzestafeln*
24 *David spielt vor Saul Harfe*
25 *David tanzt vor der Bundeslade*
26 *Elias wird von Raben gespeist*
27 *Das Gottesurteil auf dem Berg Karmel / Androhung des göttlichen Strafgerichtes durch Elia an Achab*
28 *Daniel in der Löwengrube*
29 *Enthauptung Johannes d. Täufers / Predigt Johannes d. Täufers / Salomes Tanz*
30 *Die Juden an den Flüssen Babylons*
31 *Der Wiederaufbau der Mauern von Jerusalem*
32 *Versuchung Jesu / Das Scherflein der Witwe / Jesus segnet die Kinder*
33 *Tempelreinigung / Heilung der blutflüssigen Frau / Heilung des Gichtbrüchigen*
34 *Das Gleichnis vom Großen Gästemahl*
35 *Einzug in Jerusalem / Auferweckung des Lazarus / Jesus bei Maria und Martha*
36 *Das letzte Abendmahl / Jesus im Garten Gethsemane*
37 *Die Streitengel des Herrn*
38 *Kreuzigung*
39 *Die Sendboten des Herrn*
40 *Pfingsten / Die vier Evangelisten*
41 *Auferstehung / Christus führt die Erlösten aus der Hölle ins Paradies*
42 *Christi Himmelfahrt*
43 *Die sieben Engel mit den Posaunen des Jüngsten Gerichts und ein opfernder Engel*
44 *Thronender Christus, umgeben von den Scharen der Erlösten*

Die Zahlen I bis VII lokalisieren die folgenden Motive der Decke

I *Moses und David / Die eherne Schlange*
II *Verkündigung*
III *Heimsuchung*
IV *Christi Geburt*
V *Darbringung im Tempel*
VI *Taufe Christi*
VII *Die vier großen Propheten: Jesaja, Jeremia, Hesekiel und Daniel*

Übersicht über die zyklischen Verbindungen der einzelnen Themen und Motive (1 bis 44) unter Einbezug der Deckengemälde (I bis VII)

Adam- und Eva-Zyklus (1–9, I, II)
Aus der Geschichte Noahs (10, 11)
Aus der Geschichte Abrahams und seiner Nachkommen (12–17, III, IV)
Aus der Geschichte Josephs (18, 19)
Aus der Geschichte Moses (20–23, V, VI)
Aus der Geschichte Davids (24, 25)

Interpretatorische Zusammengehörigkeit

Aus der Geschichte des Propheten Elias (26, 27)
Daniel in der Löwengrube (28)
Aus der Geschichte Johannes d. Täufers (29)
Die Juden an den Flüssen Babylons (30)
Wiederaufbau der Mauern von Jerusalem (31)
Aus dem Leben Jesu mit Tod, Auferstehung, Himmelfahrt, Der Thronende Christus (32–44)

Anmerkungen

1 Zitiert nach Jens Vellev: Joakim Skovgaards Fresken im Dom zu Viborg (dt. Ausgabe), Viborg 1988, S. 28.

2 In den Jahren 1941 bis 1945 sowie 1950 und 1963 bis 1964 wurden einige Fresken zum ersten Mal restauriert. Seit den frühen 1990er-Jahren erfolgten weitere umfangreiche Restaurierungen, die teilweise erst 1997 abgeschlossen werden konnten. Siehe hierzu Nationalmuseets restaureringsplan for Joakim Skovgaards kalkmalerier i Viborg Domkirke, Juni [3]1996 bzw. Oktober [2]1994, der im Dom als Faltblatt ausliegt.

3 Ein Ausspruch des Bischofs Søderblom aus Uppsala; Hinweis in: Bavnen, Ugeskrift for Fri Skole, Fri Kirke, Nr. 13, 30. årg., 1933, Sp. 241.

4 Siehe Emil Hannover: Fortegnelse over den Hirschsprungske Samling af danske kunstneres arbejder. Aar 1902 skænket af Heinrich Hirschsprung og hustru til den danske Stat, 1911, Inv.-Nr. 1759–2073. 1911 war für die Sammlung ein neues Gebäude in Kopenhagen von Hermann Baagøe Storck errichtet worden.

5 Nach den Bestimmungen des dänischen Kirchenrechts sollte ein »neues« Kirchengebäude »ein vollständiges Äquivalent« des alten und sogar »des gleichen Stils« sein; vgl. Danske Kirkeret 1891, S. 748f. Diese Bestimmungen waren zwischen 1870 und 1881 erlassen worden.

6 Siehe Erik Horskjær (Hrsg.): De danske Kirker. Midtjylland, Bd. 12, København 1969, S. 16f. Der Dom wurde zum Vorbild für Kirchen-Umbauten z. B. für die in Hørup (1874), in Ålborg (1878) oder in Jebjerg für Vor Frue Kirke (1924, [sic!]). Vgl. Bent Rying, Gregers A. Jensen (Hrsg.): Danmark. Midtjylland fra Salling til Djurs, Bd. 1, København 1973, S. 242.

7 Brief vom 23. Juli 1897 von Bischof Hans Jørgen Swane an das Kultusministerium in Kopenhagen. Rigsarkivet, Kopenhagen, Cultus-Min. 1. Dept. VV 883 – 26/7 97, 1956.

8 Ministeriet for Kirke- og Undervisningsvæsenet under Ledelse af Kunstforeningen i Kjøbenhavn (Hrsg.): Viborg Domkirke. Joakim Skovgaards Billeder. Domkirkens Historie, Kjøbenhavn 1909.

9 Georg Saxild: Joakim Skovgaards Billeder i Viborg Domkirke. Arbejdets Historie, Kjøbenhavn 1915.

10 Die deutsche Ausgabe erschien ein Jahr später unter dem Titel Jens Vellev: Joakim Skovgaards Fresken im Dom zu Viborg, Viborg 1988.

11 K. G. Brøndsted: Viborg Domkirke og Joachim Skovgaard, in: Vor Fremtid. Tidsskrift for konservativt nutidsarbejde, 4. Aarg., 1910–1911, S. 8.

12 Kristofer Sinding-Larsen: Joakim Skovgaard i Viborg domkirke, in: Kunst og Kultur, Bd. 3, 1912/13, S. 234.

13 Francis Beckett: Kunstværker og Kunstnere i Danmark, in: Tidsskrift for Industri, 10. Aarg., 1909, S. 79.

14 Vgl. Sv. Zachariassen: Det grundtvigske i Joakim Skovgaards billeder, in: Kirken. Tidsskrift for kirkelig orientering, IV. Aarg., 1932, S. 100f.

15 Emil Hannover: Neuere Strömungen in der dänischen Malerei, in: Zeitschrift für Bildende Kunst, N. F. 14. Jg., 1903, S. 301.

16 Beispielsweise der Artikel von Wilhelm Wanscher: Die Wandgemälde von Joakim Skovgaard im Dome zu Viborg, in: Kunst, XIV, 1913, S. 181–190; von J. H. Andresen: Der Dom zu Viborg und seine Wandgemälde, in: Nordland, illustrierte Halbmonatsschrift für deutsch-nordischen Kulturaustausch, Heft 10, 1913, S. 7f.; der Aufsatz von Peter Jessen: Joakim Skovgaards Fresken im Dom zu Viborg, in: Wieland, 5. Jg., Heft 12, 1920, S. 9–11 oder Albert Dresdner: Joakim Skovgaards Bilderbibel, in: Kunst und Künstler. Illustrierte Monatsschrift für Kunst und Kunstgewerbe, 24. Jg., 1926, S. 491–494.

17 Hans Hildebrandt: Wandmalerei. Ihr Wesen und ihre Gesetze, Stuttgart und Berlin, S. 169f. 462 Abbildungen und 266 Hilfszeichnungen des Verfassers unterstreichen seine mitunter in »blumiger Sprache« gehaltenen, inhaltlich jedoch interessanten Aspekte. Allerdings unterliegt Hildebrandt in diesem Kapitel (»Die Stilfrage bei zeitlicher Verschiedenheit von Wandmalerei und Bauwerk«) der irrigen Annahme, beim Viborger Dom handele es sich um eine »um das

Jahr 1200 errichteten romanischen Granitbasilika«.

18 Darauf aufmerksam machte mich Herr Dr. Ulrich Althöfer, Verfasser der Dissertation »Der Architekt Karl Siebold (1854–1937) – Kirchenbau und Gutachtertätigkeit. Ein Beitrag zur Geschichte des evangelischen Kirchenbaus in Westfalen«, Phil. Diss. Universität Münster 1995.

19 Angenommen von der Universität Tübingen. Die Dissertation liegt nur in maschinenschriftlicher Form vor.

20 Friedrich Deneken: Joakim Skovgaard und seine Wandgemälde im Dom zu Viborg, in: Zeitschrift für Bildende Kunst, N. F. 19. Jg., 1908, S. 146.

21 Es war allerdings nicht beabsichtigt, jedes Bildmotiv mit potentiellen Vorbildern oder zeitgenössischen Arbeiten zu vergleichen und anhand aller vorgefundenen Skizzen und Studien dessen Entstehungsprozess minutiös nachzuzeichnen, zumal das Ziel dieser Arbeit nicht das einer Monographie war.

22 P. C. Skovgaards Landschaftsmalerei ist gekennzeichnet durch die Darstellung einfacher, jedoch ohne Pathos wirkungsvoll arrangierter Motive, mit der er u. a. den »großen klassischen Landschaftsstil« prägte; siehe Katalog der Ausstellung: P. C. Skovgaard Udstilling i 150 året, Skovgaard Museet Viborg 1967, S. 7. Seine Bilder, die einen »folkelige« Realismus – im Sinne von volkstümlich –, widerspiegeln, erhielten große Bedeutung für die weitere Entwicklung der dänischen Kunst; vgl. Henrik Bramsen: Peter Christian Thamsen Skovgaard, in: Dansk Biografisk Leksikon, Bd. 13, København 1983, S. 473ff. Weiterführende Literatur zu P. C. Skovgaard siehe z.B. Henning Høirup (Hrsg.): Joakim Skovgaard. Minder fra barndom og ungdom, Viborg 1962, S. 17–36 oder Karl Madsen: P. C. Skovgaard og hans sønner, København 1918.

23 Die 12-jährige Suzette Skovgaard kam nach dem Tod ihres Vaters in das Haus des Malers Thorald Læssøe, mit dessen Kindern sie aufwuchs. 1885 und 1886 stellte sie auf Schloss Charlottenborg aus und war Mitbegründerin der Vereinigung »Den frie udstilling« im Jahr 1891, an der sie sich mit einzelnen Unterbrechungen bis 1927 beteiligte. Seit den 1890er-Jahren arbeitete sie gemeinsam mit ihren Brüdern und u. a. mit Theodor Bindesbøll auf dem Gebiet der Keramik. Suzette Skovgaard, die mit Künstlerinnen wie Edna Frølich, Elise Konstantin-Hansen oder Sophie Holten befreundet war und zahlreiche Studienreisen nach Deutschland, Italien, Ägypten oder Frankreich unternahm, wandte sich neben Landschaften, Porträts und Blumenbildern auch Buchillustrationen, Goldschmiedearbeiten und Stickereien für Altardecken in dänischen Kirchen zu; siehe näher Merete Bodelsen: Suzette Cathrine Holten, in: Dansk Biografisk Leksikon, Bd. 6, København 1980, S. 547f.

24 Joakim Skovgaard erinnerte sich in den 1880er-Jahren an die frühen Zeichnungen zu Insekten oder Tieren aus dem Zoologischen Garten, die sein Bruder und er stets dem Vater vorlegten, um dessen Meinung zu hören; siehe Høirup 1962, S. 56f.

25 1854 bis 1855 bereisten P. C. Skovgaard und seine Ehefrau gemeinsam mit dem dänischen Kunsthistoriker Niels Lauritz Høyen zum ersten Male Italien, 1869 erneut mit Marstrand; 1862 fuhren er, Høyen und Marstrand zur Weltausstellung nach London, an der sich P. C. Skovgaard beteiligte. In den Erinnerungen von Joakim und Niels Skovgaard an den Vater fallen u. a. Künstlernamen wie Delaroche, Vernet, Breton, Millet, Rembrandt, Corregio, Mantegna oder Raffael. Siehe Joakim Skovgaard, Niels Skovgaard: Erindringer om P. C. Skovgaard, in: Tilskueren, Maanedsskrift for Litteratur, Kunst, Samfundsspørgsmaal og almenfattelige videnskabelige skildringer, 25. Årg., 1908, S. 321–324.

26 La Cour war mit der Skovgaard-Familie eng befreundet und wohnte von 1861 bis 1884 in deren Haus im Rosenvængets Hovedvej 27, Kopenhagen. Er übernahm die Vormundschaft für die weitere künstlerische Ausbildung von Niels und Joakim nach dem Tode ihres Vaters. Marstrand wohnte den Sommer über bei den Skovgaards; siehe näher Høirup 1962, S. 40 und S. 51f. Joakims Mutter Georgia war eine hervorragende Kunststickerin, die nach Zeichnungen ihres Mannes und der Künstler Lundbye, Roed oder Hansen Stickereien anfertigte und der neueren dänischen Kunststickerei wichtige Impulse gab; siehe Høirup 1962, S. 41.

27 Skovgaard durchlief zunächst die »allgemeine Vorbereitungsklasse«, dann die Vorbereitungsklasse an der Modellschule im Januar 1873, in die er schließlich im Januar 1874 eintrat; siehe Weilbachs Kunstnerleksikon, Bd. III, Kopenhagen 1952, S. 219.

28 Zu Weber siehe Harald Ditzel: En kunstner i svøb. Joakim Skovgaards tre første ophold i Viborg 1874–1876 belyst gennem Skovgaard-Breve fra og til Viborg, Viborg 1971, S. 267.

29 Der Reiseweg führte über Deutschland und Norditalien nach Florenz und Rom, wo sie von November 1882 bis Juni 1883 lebten, weiter über Sora, Civita d'Antino, über Neapel nach Olympia und zum Peleponnes; vgl. Weilbach Bd. III, 1952, S. 219.

30 Weilbach Bd. III, 1952, S. 219.

31 Weilbach Bd. III, 1952, S. 219 schlüsselt auf, ob es sich um eine Sommer- oder Herbstausstellung handelt.

32 Eine ausführliche Auflistung der Ausstellungen auch nach seinem Tod 1933 unter Angaben des jeweiligen Jahres findet sich bei Weilbach Bd. III, 1952, S. 219.

33 Dokument im Skovgaard Museet Viborg, SKm 2413.

34 Weitere Auszeichnungen siehe Weilbach Bd. III, 1952, S. 219.

35 »Herr Figurmålare Joakim Skovgaard« wurde im Auftrag des Königs von Schweden und Norwegen geehrt; das Dokument befindet sich im Skovgaard Museet Viborg, SKm 2367.

36 Verliehen durch den König von Dänemark; Skovgaard Museet Viborg, SKm 2363.

37 Verliehen durch den König von Norwegen; Skovgaard Museet Viborg, SKm 2402.

38 Das Dokument ist im Skovgaard Museet Viborg, SKm 2431. Eine große Retrospektive in »Den frie udstilling« sowie eine Ausstellung in Den Hirschsprungske Samling, Kopenhagen, mit Vorarbeiten zum Viborger Dom waren aus Anlass des 70. Geburtstages organisiert worden; siehe Sigurd Schultz: Skovgaard, Joakim Frederik, in: Dansk Biografisk Leksikon, Bd. 3, København 1983, S. 467.

39 1928 überreichte die Stockholmer Akademie Skovgaard die höchste Auszeichnung, die Tessins Medaille in Gold; Weilbach Bd. III, 1952, S. 219.

40 Die Veröffentlichung basiert auf der Bestellung durch den Verein »Fremtiden«.

41 Herausgegeben von Thomas Laub und Axel Olrik.

42 Das in drei Hefte unterteilte Buch erschien mit dem ersten Heft 1923, dann 1924 und mit dem letzten 1925. Holger Begtrup schrieb auf Bitten Skovgaards den Text, der auf der Bibel und auf Liedern Grundtvigs basiert; siehe Holger Begtrup: Bibelske Billeder af Joakim Skovgaard, København 1925, S. 305.

43 Weitere Beispiele zu Buchillustrationen siehe Weilbach Bd. III, 1952, S. 220.

44 Unter der Bezeichung »Keramografik« stellte Skovgaard 1886 zum ersten Male keramische Arbeiten auf Charlottenborg aus; siehe Schultz 1983, S. 465.

45 Vereinzelt tauchen religiöse Motive bei Keramiken auf, z. B. auf zwei Schüsseln mit »Sankt Michaels kamp med dragen« (1888) und die teilweise in plastischer Ausformung gehaltene Dekoration »Eva med Slangen« (1888), beide Kunstindustriemuseum Kopenhagen. Hinweise bei Weilbach Bd. III, 1952, S. 220.

46 Das Bild (83×123 cm) entstand während des Stipendiataufenthaltes in Italien 1886. Siehe Knud Voss: Dansk Kunsthistorie. Billedkunst og Skulptur. Friluftsstudie og virkeligheds-skildring 1850–1900, København 1974, S. 190f.

47 Der Autor Emil Hannover merkt z.B. an, dass das Bild »besser gemalt sein könnte, weniger unruhig und viel reiner und fester in der Farbgebung«. Die Darstellung der sich innerhalb eines Augenblicks abspielenden Szene sei jedoch »mit der Hand eines Meisters« gegeben, die »eine Legende lebendig werden ließ«; siehe Emil Hannover: Dansk Malerkunst paa den nordiske Udstilling 1888, in: Tilskueren. Maanedsskrift for Literatur, Samfundsspørgsmaal og almenfattelige videnskabelige Skildringer, 5. Årg., 1888, S. 518f.

48 Pastor Sigurd Konstantin-Hansen war der Auftraggeber. 1897 erwarb Den Hirschsprungske Samling, Kopenhagen, das 119×173 cm große Gemälde vermutlich aus klimatischen Gründen. Thematisiert wird Jesu Verheißung vom Paradies an den an seiner Seite gekreuzigten Schächer.

49 Im Besitz des Statens Museum for Kunst, Kopenhagen. Das Lieblingslied seiner Mutter »I Kveld blev der banket paa Helvedes Port« nach dem Text von Grundtvig wurde zur Inspirationsquelle für das 351,5×489,0 cm große, als Hauptwerk der Frühzeit und des Symbolismus angesehene Gemälde. In die Debatten hatten sich u. a. der Kunsthistoriker und Humanist Prof. Julius Lange (1838–1896) sowie der Kunsthistoriker und Maler Karl Madsen (1855–1938) eingeschaltet. Während Lange in polemischem Unterton u. a. die »künstlerische Stärke des Bildes« in »der dekorativen Wirkung von Farben und Massen« vermutete und seiner Ansicht nach der Betrachter »weitaus mehr beeindruckt und ergriffen wäre vor dem großen Bildthema«, wenn dieses in einem weißgekalkten »alten Kirchenraum« stünde, verweist Madsen neben einigen »Unvollkommenheiten« wie »Adams formlosen Leib« oder die »nicht ganz zufriedenstellende Farbenwirkung« auf die mittlerweile bedeutende Stellung des »intelligenten, fähigen und hochentwickelten« Künstlers Joachim Skovgaard und beendet seinen Artikel »wir haben wahrscheinlich seit Zeiten hier in Dänemark keinen namhafteren«; siehe Karl Madsen: Joachim Skovgaard-Udstillingen, in: Tilskueren. Maanedsskrift for Litteratur, Kunst, Samfundsspørgsmaal og almenfattelige videnskabelige Skildringer, 12. Årg., 1895, S. 312–318.

50 August Jerndorff zum Beispiel schlug dem Viborger Bischof Hans Jørgen Swane (1821–1903) sowie dem Viborger Domarchitekten Hermann Baagøe Storck (1839–1922) schon 1890 vor, Skovgaard als Maler von »Kristus i de dødes rige«

zu protegieren. Eine geradezu enthusiastische Begeisterung darüber herrschte vor allem unter den Grundtvigianern; siehe Schultz 1983, S. 466.

51 Eine ausführliche Liste zu den Arbeiten der späten 1890er-Jahre und nach der Jahrhundertwende bei Schultz 1983, S. 466 und Weilbach Bd. III, 1952, S. 222f.

52 Weitere Werke siehe Weilbach Bd. III, 1952, S. 221f.

53 In den Jahren 1525/26 hielt Tausen öffentliche Predigten in Viborg und weihte in dieser kurzen Zeit andere Prediger zu Priester; siehe Martin Schwarz Lausten: Hans Tausen, in: Dansk Biografisk Leksikon, Bd. 14, København 1983, S. 378–385.

54 Neben Viborg waren dies Ribe, Århus und Vestervig.

55 Näheres hierzu siehe Vilhelm Lorenzen: Viborg Domkirke, in: De gamle danske domkirker, København 1948, S. 125–139, hier S. 126.

56 Erik Glipping war 1259 in der Viborger Domkirche gekrönt worden.

57 1501 und 1567 wüteten Brände. Nach dem letzten Kirchenbrand hatten die Westtürme zum Beispiel hohe, schlanke Turmspitzen erhalten; siehe Jens Vellev: Viborg Domkirke i 900 år, Viborg 1986, S. 16 und S. 20.

58 Die Instandsetzung und die stetige Pflege der Bausubstanz wurden im 18. Jahrhundert hauptsächlich aus finanziellen Gründen wiederholt unterbrochen. Siehe N. J. Israelsen: Viborg gamle domkirke, in: Historisk Samfund for Viborg Amt (Hrsg.): Fra Viborg Amt, Årbog, 41. Årg., 1976, S. 13–46. In den 1770er-Jahren waren erneut umfangreiche Ausbesserungen vonnöten; siehe J[ohannes] E[lbek]: Joakim Skovgaard og Viborg Domkirke, in: Ord og Billeder, Novbr.-Decbr., 1910, S. 13.

59 Zum einen gab es wieder ausreichend Baumaterial, zum anderen hatte der Staat Gelder bereitgestellt, um die während der Nutzung als Speicher entstandenen Schäden beseitigen zu können; siehe Israelsen 1976, S. 51.

60 Høyen, 31 Jahre alt und Professor für Geschichte und Mythologie an der Kopenhagener Kunstakademie, bereiste seit 1829 das Land. Zwei Jahre später begann er mit königlicher Unterstützung die Ausarbeitung einer Kunstgeschichte Dänemarks. Høyen trug wesentlich dazu bei, dass das Interesse an der älteren Kunstgeschichte, an mittelalterlichen Kirchen und ihrer Instandhaltung im eigenen Land geweckt wurde; siehe Christian Elling: Niels Lauritz Andreas Høyen, in: Dansk Biografisk Leksikon, Bd. 7, København 1981, S. 75–78.

61 Die Aufzeichnungen umfassen insgesamt zehn Seiten; Hinweis bei: Henning Høirup: Viborg Domkirke. Tanker i hundredåret for genrejsningen, in: Viborg Stifts Årbog 1975, S. 10f. Nach Høyens Tod gab J. L. Ussing in den Jahren 1871, 1874 und 1876 dessen gesamte Schriften in drei Bänden heraus, unter denen sich die vollständige Abhandlung über den Viborger Dom und seiner Baugeschichte befindet. N. L. Høyen: Viborg Domkirke, in: J. L. Ussing (Hrsg.): Niels Laurits Høyens Skrifter, 2. Bd., Kjøbenhavn 1874, S. 374–423.

62 Høirup 1975, S. 11. Darüber hinaus hatte Høyen während seiner Aufenthalte in Deutschland mittelalterliche Kirchenbauten in Meissen, Ulm oder Bamberg kennengelernt, in Italien mannigfaltige Kunstwerke studiert und stand neugotischen Tendenzen in der Architektur aufgeschlossen gegenüber; siehe Elling 1981, S. 75.

63 Høyens Idee einer »zurückführenden Restaurierung« – im Sinne von »Nutidens Restavration gaar altsaa ud paa at bevare Monumentets oprindelige Charakter [...]«, zitiert nach Høyen 1874, S. 416 –, stand zu der Zeit nicht alleine. Eugène-Emmanuel Viollet-le-Duc (1814–1879), seit 1840 Mitglied der in Frankreich konstituierten »Commission des Monuments Historiques«, war der Meinung, ein mittelalterliches Gebäude zu restaurieren, bedeute nicht, es zu reparieren oder wiederaufzubauen, sondern in seinen originalen Zustand zurückzuversetzen, so dass das Ergebnis so weit wie möglich seinem idealen Prototyp angeglichen sein würde; Beispiele hierfür sind u. a. St. Madeleine (1840–1859), Vézelay oder die Kathedrale in Amiens (1849–1875); siehe H. A. Meek: Architectural conservation and restoration, c. 1800 – c. 1900, in: The Dictionary of Art, Bd. 2, S. 319–321. In Schweden war der Architekt Helgo N. Zettervall (1831–1907), der von 1868–1880 die umfangreichste Restaurierung der Domkirche zu Lund durchführte, begeistert von Viollet-le-Ducs Theorien zu Restaurierungsproblemen und überzeugter Anhänger des »reinen Stils«; siehe zu Lund: Eiler Græbe: Lunds Domkirke. Vejledning for besøgende, Lund 1975, S. 50f. sowie Svenskt Konstnärs Lexikon, Bd. V, Malmö 1967, S. 746.

64 1843 bis 1845 war Nebelong zuständig für die Restaurierung des Doms in Ribe.

65 Seit einiger Zeit mussten die Chorgewölbe durch ein Eisenband gehalten werden. 1862 sah man sich gezwungen, die sich öffnenden Gurtbögen im Mittelschiff mit Eisenankern und -schienen zu sichern; siehe Florian Martensen-Larsen: Indvielsen af Viborg domkirke 1876, in: Historisk Samfund for Viborg Amt (Hrsg.): Fra Viborg Amt, Årbog, 41. Årg., 1976, S. 67.

66 Høirup 1975, S. 14. Archivalische und archäologische Untersuchungen 1969 konnten etliche

Fehlschlüsse jener Rekonstruktion aufdecken. Beispielsweise, dass für den romanischen Ursprungsbau in nicht geringem Umfang Ziegelsteine als Baumaterial benutzt worden waren. Høyen und Nebelong hingegen ließen den Dom ausschließlich mit maschinell angefertigten Granitsteinen aufbauen (Vellev 1986, S. 8f.), obwohl Høyen wusste, dass auch Kalktuff verwendet worden war (Høyen 1874, S. 392f.). Høyen irrte auch in der Annahme, das Mittelschiff sei mit einer Flachdecke und nicht mit Gewölben ausgestattet; siehe Zeichnung bei Vellev 1986, S. 11.

67 Beispielsweise wurde die von Königin Margarete im Jahr 1393 gestiftete Kapelle Vor Frue oder das Kapitelhaus vom Beginn des 15. Jahrhunderts beim Wiederaufbau nicht berücksichtigt.

68 Høyen starb 1870, Nebelong 1871.

69 Maßgeblich beteiligt an dem Gesetz war Bischof D. G. Monrad, der erneut 1859 Kultusminister wurde und die Pläne seines Freundes Høyen gut kannte. Alle Kirchen waren demnach einer jährlichen Besichtigung unterworfen; Hinweis bei Høirup 1975, S. 14.

70 Høirup 1975, S. 14f.

71 Kultusminister Monrad wiederum hatte diese Lösung für das »Lov om Kirkesyn« gefunden; Høirup 1975, S. 16.

72 Siehe auch Erik Moltke, Elna Møller, Vibeke Michelsen (Hrsg.): Sønderjylland, XX–XXIII. Kunsthistorisk oversigt og Registre, (Danmarks Kirker), København 1963, S. 94–107.

73 Høirup 1975, S. 18f.

74 Im Zuge jener Debatten war teils aus fachlichen, teils aus ökonomischen Gründen beschlossen worden, die ehemals im Rekonstruktionsplan von Nebelong und Høyen bewahrten Kapellen Sct. Kelds und Sct. Anna am nördlichen beziehungsweise südlichen Seitenschiff abzureißen; Høirup 1975, S. 19.

75 Dieser Gebäudeteil im Westen (der oberste Teil der Türme sowie der Abschluss des Langhauses zwischen den Türmen), der zur Zeit Høyens und Nebelongs kaum mehr originäre Bausubstanz aufwies, gab hinsichtlich seines ursprünglichen Erscheinungsbildes Anlass zu Spekulationen, die zu unterschiedlichen Konstruktionsvorschlägen führten. Nebelongs Westfassaden-Lösung beispielsweise, die sicherlich aus der Überzeugung heraus entstand, »authentisch« zu sein, wurde – wie der Vergleich mit dem heutigen Gebäudeteil zeigt –, nicht in die Praxis umgesetzt. Hinweise bei Høirup 1975, S. 20f. Genannt wird hier allerdings nicht der für die heutige Westfassade verantwortlich zeichnende Architekt. Eine reizvolle, hier jedoch vom eigentlichen Kapitel-Thema zu weit abführende Überlegung wäre, inwieweit romanische Kirchen aus dem skandinavischen Raum oder gar aus der rheinländischen Region möglicherweise als Vorlage in die Rekonstruktionspläne miteingeflossen sind. Anhaltspunkte hierfür gibt der Artikel von Alfred Kamphausen: Deutsche und skandinavische Kunst. Begegnung und Wandlung, Schleswig 1956, S. 14f.

76 Storcks »Restaurierungsphilosophie« basierte ebenfalls auf Viollet-le-Ducs Gedanken zur Restaurierung historischer Gebäude, die, so Storcks Vorstellung, in einem »vollkommenen, ursprünglichen Zustand« wiedererstehen sollten, »doch mit Rücksicht auf eventuelle später hinzugekommene Bauteile, sofern diese historischen oder ästhetischen Wert« besäßen. Zudem müsse ein Architekt »aufmerksam sein gegenüber der lokalen Prägung eines Gebäudes« und dessen »Persönlichkeit«. Storck konnte hierin auch auf das Kirchengesetz vom Februar 1861 zurückgreifen, das eindeutig die »Rückführung historischer Kirchen in ihren ursprünglichen Stil« forderte, sofern die Gelegenheit dafür gegeben war; siehe Karin Kryger: Hermann Baagøe Storck, in Dansk Biografisk Leksikon, Bd. 14, København 1983, S. 134ff.

77 Storcks Äußerung geschah Jahre nach der Fertigstellung. Hinweis bei Høirup 1975, S. 22.

78 Storck stand damit in der Tradition der goldenen Altäre Jütlands, die zwischen 1150 und 1250 ihre Blütezeit hatten.

79 Lund hatte den Prophetenporträts Gesichtszüge von seinerzeit bekannten Persönlichkeiten verliehen. So ähneln zum Beispiel Ezechiel dem Viborger Bischof Otto Laub, Micha dem Künstler Constantin Hansen und Jeremias dem Dichter Hans Christian Andersen; siehe Ditzel 1971, S. 45 und 46f.

80 Joakim Skovgaard malte neben Engelsköpfen den Propheten Joel, der angeblich Ähnlichkeiten mit seinem Vater aufwies; Ditzel 1971, S. 47 und 68.

81 In den Jahren 1912 und 1913 führte Joakim Skovgaard neue Deckengemälde auf Holz aus, die über die Lundsche Bemalung montiert wurden.

82 Der junge Skovgaard nennt in einem Brief an »Fru Højen« vom 14. August 1874 die Verwendung von »Kalkfarve« im Viborger Dom; siehe Ditzel 1971, S. 82.

83 Anhand eines um 1877 entstandenen Fotos können die meisten Themen identifiziert werden. Allerdings sind die Bemalungen der Gewölbe im Querschiff und der größte Teil vom Chorraum-Gewölbe kaum erkennbar; Abb. in: Theodor Oppermann: Joakim Skovgaards billeder i Viborg Domkirke, Kjøbenhavn 1916, S. 9. Auf einem Foto von ca. 1880 sind teilweise die Vierungskuppel und Ornamentbänder im nördli-

chen und südlichen Querschiff zu erkennen; vgl. Vellev 1986, S. 7.

84 Skovgaard hatte am 1. August an seinen Bruder Niels nach Kopenhagen geschrieben, dass Lund ihn angewiesen habe, ein Lamm aus dem 12. Jahrhundert (!) zu malen; Ditzel 1971, S. 75.

85 Siehe näher Martensen-Larsen 1976, S. 59–67.

86 Der 34×77 cm große aquarellierte Entwurf für die nördliche Langschiffwand wird aufbewahrt im Skovgaard Museet, Viborg, SKm 12.463.

87 So Høirup 1975, S. 19.

88 Siehe Martensen-Larsen 1976, S. 65f.

89 Martensen-Larsen 1976, S. 60 und 63. Die »Illustreret Tidende« veröffentlichte zudem Zeichnungen.

90 Der Beitrag von J. L. Ussing, Professor für klassische Philologie und Archäologie, ist abgedruckt in Jørgen Swanes Buch über die Dom-Einweihung; siehe Martensen-Larsen 1976, S. 73–74.

91 Sätze von Høyen wie beispielsweise »Vi have rejst de ældste Minder, som kunde vidne herom, men det er derfor ogsaa vor Pligt at værne om dem, som vi endnu have tilbage.«, zeigen stolz auf die vorhandenen Kunstschätze im Lande, die es zu bewahren gilt; Høyen 1874, S. 423. Allgemein angemerkt, wurde die Herausbildung eines Nationalbewusstseins – ein Phänomen, das sich in ganz Europa finden lässt – zu einem maßgeblichen, politisches Denken und Handeln beherrschenden Faktor, der sich durch das gesamte 19. Jahrhundert zog. Siehe allgemein nach 1800: Gerd Wolfgang Weber: ›Das nordische Erbe‹. Die Konstruktion ›nationaler‹ Identität aus Vorzeitmythos und Geschichte in Skandinavien und Deutschland, in: Bernd Henningsen / Janine Klein / Helmut Müssener / Solfrid Söderlind (Hrsg.): Wahlverwandtschaft. Skandinavien und Deutschland 1800 bis 1914, Ausstellungskatalog Berlin 1997, S. 44–48.

92 Høyen 1874, S. 422.

93 Im Rigsarkivet, Kopenhagen, finden sich unter den verwahrten Archivalien aus dem »Ministeriet for Kirke- og Undervisningsvæsenet. 1. Eksp. ktr. – journalsager« mit den Stempeln Cultus-Ministeriet 1. Dept. QQ 1079, SS 277, VV 883 und YY 901 aus den Jahren 1891 bis 1898 zahlreiche Beispiele zum Briefwechsel zwischen Swane und dem Kultusministerium.

94 Außerhalb aller Formalitäten wurde das »Ministeriet for Kirke- og Undervisningsvæsenet« (Ministerium für Kirchen- und Unterrichtswesen) stets als Kultusministerium bezeichnet, selbst wenn es nur den kirchlichen Teil seines Tätigkeitsbereiches betraf. Errichtet worden war dieses sofort nach den politischen Umwälzungen im März 1848 und bestand bis April 1916, als es sich in ein »Kirkeministerium« und in ein »Undervisningsministerium« aufspaltete. Untergliedert war das Kultusministerium in drei Geschäftsstellen (kontor), darunter auch das 1. Kontor oder 1. departement, das zuständig für das Kirchenwesen im gesamten Königreich war. Vgl. Kirke. Undervisning. Kultur. Ministeriet for Kirke- og Undervisningsvæsenet (Kultusministeriet) 1848–1916, S. 135ff., in: Wilhelm von Rosen (Hrsg.): Rigsarkivet og hjælpemidlerne til dets benyttelse, II, 1848–1990, 1. Bd. Statsrådet, Domstole, Ministerier og departementer, Odense 1991.

95 Niels Larsen Stevns, Johan Mielche und Rudolf S. (Rud-)Petersen waren Skovgaards Reisebegleiter.

96 Trotz der im Jahr 1889 eingebauten Heizung traten weiterhin feuchte Stellen im Mauerwerk auf, die Skovgaard dazu zwangen, Innenwände und Gewölbe präparieren und neu verputzen zu lassen. Vorsorglich ließ er durch eine Prüfanstalt den alten Putzgrund auf mögliche schädliche Stoffe an den Stellen prüfen, die nicht abgeschlagen und erneuert werden sollten.

97 Das »Haandbog i den danske Kirkeret« unterscheidet zwischen »ordinære Syn« (gewöhnliche Kirchenaufsichtsbehörde) und »særlige Syn« (besondere Kirchenaufsichtsbehörde) mit folgender Definition: »Unter gewissen Umständen kann die Behörde einer Kirche der besonderen Aufsichtsbehörde entzogen werden [...] und [...] selbst als »særlige Syn« fungieren[...]«, beispielsweise im Falle einer Kircheninstandsetzung, deren Durchführung in den Händen von drei sachkundigen, eigens vom Kultusministerium ernannten Männer liegen müsse. Außerdem könne ein »særligt Syn« vom Kultusministerium eingesetzt werden, wenn es um Angelegenheiten bei »vorzüglich wichtigen Kirchen«, beispielsweise Domkirchen gehen würde; siehe Henning Matzen og Johannes Timm: Haandbog i den danske Kirkeret, Kjøbenhavn 1891, S. 701f. Der Einfachheit halber ist in dieser Arbeit die Bezeichnung »Kirkesyn« verwendet worden, die jedoch das »særlige Kirkesyn« meint.

98 »[...] nicht nur die verputzten Flächen im Chor und Querschiff, aber auch die granitverkleideten Flächen im Hauptschiff und die Außenmauern der Seitenschiffe sollten eine bildliche Dekoration haben [...].«; Rigsarkivet, Kopenhagen, Cultus-Min. 1. Dept. QQ 1079–30/12 91, 4002.

99 Schon im Juni 1886 bemerkte das »Kirkesyn« nach einer Inspektion des Viborger Doms, dass die Kirche mit einem »Varmeapparat« ausgestattet werden sollte, der für die »Austrocknung der Kirchendekorationen« von Nutzen sei; Hinweis Rigsarkivet, Kopenhagen, Cultus-Min. 1. Dept. RR 611 – 42/1891.

100 Zu der Zeit bestand das »Kirkesyn« aus Museumsdirektor Mollerup, Staatsarchitekt Prof. L. Fenger und Architekt Prof. Storck.

101 So konstatierte die dem »Kirkesyn« unterstellte »Inspection for Viborg Domkirke« nach den Wintermonaten 1889/90 Flecken auf dem mit Farbe bestrichenen Versuchsfeld im Apsisgewölbe, durch das festgestellt werden sollte, ob das Mauerwerk überall ausreichend getrocknet war und Malereien aufnehmen konnte. Das um Rat gebetene »Kirkesyn« schlug eine Ummauerung des Apsisgewölbes mit einem neuen und hochwertigen Material vor sowie eine Isolierung seiner Außenmauer mit Asphalt. Das Kultusministerium wurde von diesen Problemen erst am 11. Juli 1890 in Kenntnis gesetzt, nachdem das »Kirkesyn« seinen Vorschlag sorgfältig ausgearbeitet hatte; Rigsarkivet, Kopenhagen, Cultus-Min. 1. Dept. QQ 1079.

102 Der Hinweis war nicht, wie sonst üblich, auf den doppelseitigen Akten-Umschlag handschriftlich festgehalten, sondern auf einem beigelegten Notizzettel; Rigsarkivet, Kopenhagen, Cultus-Min. 1. Dept. QQ 1079 – 9/890.

103 Jerndorff kam 1890 nach Viborg, um Bischof Swane zu porträtieren. Swane wandte sich bezüglich der Ausmalung vermutlich an Jerndorff, da er von dessen jahrelanger Mithilfe an der Restaurierung der Fresken von Hansen und Hilker in der Kopenhagener Universität wusste, wo er sich Sachkenntnisse zur Wandmalerei erwerben konnte; siehe Høirup 1975, S. 28.

104 Für die Skt. Peterskirche, Slagelse oder die Jesuskirche, Valby z. B.; siehe Merete Bodelsen: August Andreas Jerndorff, in: Dansk Biografisk Leksikon, Bd. 7, København 1981, S. 356.

105 Rund drei Jahrzehnte später erinnerte sich 1929 Skovgaard in einem Interview an den Besuch von Jerndorff, der mit der Aufforderung zur Ausmalung gekommen war. Angeblich hatte Jerndorff dem Bischof mitgeteilt, dass Skovgaard für die Ausmalung geeignet sei, der »[...] »Kristus i de dødes rige« gemalt habe«; siehe Holger Jerrild: Hos Joakim Skovgaard, in: Gads Danske Magasin. Dansk Tidsskrift, n. r. 23. Aarg., 1929, S. 579. Das Gemälde war jedoch zu der Zeit noch nicht fertig, es entstand ab 1891. Jerndorff hatte vermutlich eine große vorbereitende Skizze zum Gemälde gesehen. 1890 war jedoch Skovgaards Altartafel »Kristus fører røveren ind i paradiset« für die Kirche auf Mandø fertiggestellt, die – aus heutiger Sicht – als *das* Werk angesehen wird, das Skovgaards christliche Kunst einleitete.

106 Interessanterweise befürworteten zwei Mitglieder des »Kirkesyns«, Prof. Fenger und Dr. Petersen in dem Bericht an das Kultusministerium vom 15. Dezember 1891 eine begrenzte Ausmalung, die sich hauptsächlich auf den verputzten Chor und den Querschiffsbereich beschränken solle. Prof. Storck hingegen sprach sich auch für eine Bemalung auf den Granitflächen aus; Rigsarkivet, Kopenhagen, Cultus-Min. 1. Dept. QQ 1079 – 30/12 91, 4002.

107 Im April 1892 bat die »Viborg Stiftsóvrighed« das Kultusministerium um einen Architekten, dem alle anfallenden Aufgaben des Doms übertragen werden sollten. Verwiesen wurde hierbei auf den ortsansässigen August Wiinholt (Rigsarkivet, Kopenhagen, Cultus-Min. 1. Dept. SS 277 – 25/4 92, 1464). Im Oktober 1892 wandten sich dann das »Kirkesyn« (Rigsarkivet, Kopenhagen, Cultus-Min. 1. Dept. SS 277 – 25/10 92, 3600) und im Dezember die »Inspection for Viborg Domkirke« (Rigsarkivet Kopenhagen, Cultus-Min. 1. Dept. SS 277 – 35/1892) an das Kultusministerium und baten um »Architektenbeistand«. Noch 1893 gingen Briefe zu dieser Sache an das Ministerium. Ein Schreiben vom 16. Juli 1894 (Rigsarkivet, Kopenhagen, Cultus-Min. 1. Dept. UU 901, 2217) enthält schließlich die Berufung des Viborger Architekten Wiinholt.

108 Der Bischof schien über den nur zögerlich in Gang kommenden Verlauf der Angelegenheit zunehmend ungeduldiger zu werden: Er, Skovgaard, könne (auf den Beginn der Ausmalung) warten, worauf Swane zur Antwort gab, er aber nicht. Rigsarkivet, Kopenhagen, Privatarkiv 6409/9: amtsforvalter Jørgen Swanes slægtsarkiv, arkivets afsnit 12: Familiehistorie (gr. III.A.3, Brief vom 28. März 1892).

109 Der dänische Reichstag beziehungsweise das Abgeordnetenhaus.

110 Privatarkiv 6409 / Swane: Brief vom 28. März 1892 von Skovgaard an Swane. Im selben Brief erbittet Skovgaard von Swane Themenvorschläge für verschiedene Wandflächen.

111 Skovgaard Museet Viborg, SKm ohne Nr. Im Jahr 1895 hatte Skovgaard just die Altartafel »Mariä Verkündigung« für die Heiliggeistkirche in Kopenhagen fertiggestellt.

112 Skovgaard Museet Viborg, SKm ohne Nr.

113 Hinweis in einem Brief von Skovgaard vermutlich aus Norwegen an seine Ehefrau Agnete vom 16. September 1895; Skovgaard Museet Viborg, SKM Nr. 52.

114 Am 24. November 1895 bedankte sich Skovgaard bei dem Bischof für den angenehmen Viborg-Aufenthalt und teilte ihm die Themenwahl mit; Privatarkiv 6409 / Swane.

115 Brief vom 30. November 1895 von Skovgaard an Bischof Swane; Privatarkiv 6409 / Swane.

116 Den Brief vom 24. November 1895 an Swane (Privatarkiv 6409/Swane) beschließt eine Tuschskizze, die Skovgaards Vorstellung jener »Farb-

proben« wiedergibt: auf einer rechteckigen Fläche werden die Farben in kleinen Kästchen verteilt, das gesamte Feld ist von einem Ornamentband umgeben. Für die geplante Ausführung in den kommenden Wintermonaten hatte Skovgaard den Maler Niels Larsen Stevns ausgewählt.

117 Vgl. Brief vom Januar 1896 von Skovgaard an Bischof Swane; Privatarkiv 6409/Swane. Vorgesehen waren die 12, im Kreis thronenden Apostel und die vier Evangelisten in den Gewölbezwickeln. Wichtig war für ihn ein Motiv, das »[...] dekorativt virker bedst [...]«.

118 Skovgaards Idee, über den Triforien auch Engel zu platzieren, wurde nie umgesetzt. Auch im frühen Dekorationsentwurf (um 1876) für die nördliche Langschiffwand sah Skovgaard – allerdings für die Wandflächen zwischen den Triforienfeldern – Engelsgestalten vor.

119 Brief vom 13. August 1896 von Skovgaard an Bischof Swane; Privatarkiv 6409 / Swane.

120 Der 12-teilige Entwurf (»12 Udkast til Freskodekoration in Viborg (Lent by Royal Museum of fine Arts, Print Room, Kopenhagen«) wird aufbewahrt in der Kupferstichsammlung (Kobberstiksamlingen) im Statens Museum for Kunst, Kopenhagen, unter der Inv.-Nr. 5569–5580. Die Maße der einzelnen kolorierten Zeichnungen (Aquarell und Bleistift) differieren, die der großen Zeichnungen liegen zwischen ca. 61 bis 64 cm×105 bis 132 cm, die der kleineren bei ca. 53 bis 64 cm×ca. 62 bis 75 cm.

121 Siehe »Kirkesyn«-Gutachten vom 5. November 1897; Rigsarkivet, Kopenhagen, Cultus-Min. 1. Dept. VV 883 – 5/2 98, 413.

122 Das Schreiben vom 7. Januar 1898 richtete Skovgaard an das »Kirkesyn«; Rigsarkivet, Kopenhagen, Cultus-Min. 1. Dept. VV 883 – 5/2 98, 413.

123 Die mit (*) gekennzeichneten Themen oder Wandflächen wurden von Skovgaard um 1900 überarbeitet. Die mit (**) markierten Motive wurden in der Ausmalungsphase von 1901 bis 1906 im Viborger Dom nicht mehr berücksichtigt. Weitere Motiv- oder Themen-Änderungen, die der Künstler im Laufe der Jahre vornahm beziehungsweise die während der Ausmalung direkt vor Ort im Dom stattfanden, sind von einer (*)-Kennzeichnung an dieser Stelle ausgeschlossen und werden im Kapitel »Die Fresken im Dom zu Viborg: Entstehung und Ausführung durch Joakim Skovgaard und Mitarbeiter« erwähnt.

124 Interessanterweise ist das Motiv des Opferlammes mit Siegesfahne in der Fläche über dem Triumphbogen identisch mit dem von 1874, welches Skovgaard als Lehrling ausgeführt hatte.

125 Skovgaard Museet Viborg, SKm ohne Nr., datiert vom 3. Juli 1897. Interessanterweise hatte Skovgaard bereits am 26. Januar des gleichen Jahres in einem Brief an Bischof Swane eine mögliche Verwendung der »frescoteknik« erwähnt.

126 Der Brief befindet sich unter anderen in einer Mappe ohne eigene Inventarnummer im Skovgaard Museet Viborg. Dass der Umgang mit der Kaseintechnik für Skovgaard ein vertrauter war, kann man im 1909 vom »Ministeriet for Kirke- og Undervisningsvæsenet« herausgegebenen Buch über die Domkirche auf S. 23 nachlesen, allerdings ohne weiteren Zusatz, wann oder wie er jene kennengelernt oder möglicherweise angewandt hatte. Eventuell war sie für die ursprünglich vorgesehene Gewölbeausmalung in der neuerbauten Immanuelskirche in Kopenhagen gedacht worden, die Skovgaard mit »kalkfarve på vægge og loft« – vielleicht mit Kasein als Bindemittel? –, ausführen wollte; siehe: Ulla Kjær og Poul Grinder-Hansen: Immanuelskirken, Viborg 1993, S. 24. Möglicherweise kann dieser Satz auch auf das 1899 friesartig ausgeführte Wandbild »Adam giver Dyrene Navne« in seinem Kopenhagener Haus, Rosenvængets Hovedvej 27, bezogen werden; Hinweis in: Jan Zibrandtsen: Joakim Skovgaards Monumentalmaleri, in: Tidskrift för Konstvetenskap, 1, XXII. Årg., 1938/1939, S. 104.
Dem Kultusministerium lag ein von Skovgaard zugesandter, 29-seitiger Leitfaden für Künstler, Handwerker und Dekorationsmaler (»Gerhardts Casein-Bindemiddel fremstillet ved Ant. Richard Fabrik af Kemisk-Tekniske Produkter Düsseldorf«) vor. Das Exemplar befindet sich im Rigsarkivet, Kopenhagen, unter Cultus-Min. 1. Dept. V.V. 883, 1956 B nebst einem Begleitschreiben von Skovgaard. In diesem betont er, dass die Kaseintechnik in Deutschland seit nun mehr als 50 Jahren erfolgreich von dem Genremaler Fritz Gerhardt für die unterschiedlichsten Aufgaben eingesetzt worden sei und in ihrer einfachen Anwendung sowie großen Haltbarkeit kaum übertroffen werden könne. Auch im Kopenhagener Raum würde diese verläßliche Methode bereits von anderen Künstlern angewandt.

127 Möglicherweise war ein schematisierter Dom-Grundriss von 1898 ausgestellt, der den Überblick zu sämtlichen Bildmotiven teilweise in ausführlicher Beschreibung erleichterte. Dieser sorgfältig gezeichnete und mit den Bildthemen beschriftete Plan befindet sich im Skovgaard Museet Viborg und wurde vermutlich nach der mit »4/9 1898« datierten und von Skovgaard signierten Skizze (Rigsarkivet, Kopenhagen, Cultus-Min. 1. Dept. VV 883, 3872, Fin. Udv. i 1898–

99, Journ. No. 7 1–1 und 7 1–2) angefertigt. Sie besteht aus zwei Einzelblättern: Seitenschiffe, Triforien und (in roter Tinte notierte Themen der schon vorhandenen) Holzdecke sowie Querschiffwände und -gewölbe, Chorraum, -gewölbe und Apsis sind jeweils auf einem Blatt angeordnet. Die einzige Abweichung zum Entwurf von 1897 besteht in der Vertauschung der beiden Motive »Der gute Hirte« und »Ich bin der Weinstock« zwischen nördlichem und südlichem Querschiffgewölbe.

128 Der Titel der Zeitschrift lautet vollständig: Arkitekten. Meddelelser fra akademisk Architekt Forening, Bd. 1, No. 8, Januar 1899, S. 61–69.

129 Über den ausgestellten Entwurf hielt auch Georg Saxild noch viele Jahre nach der vollendeten Ausmalung fest: »Als der Entwurf [...] ausgestellt wurde, erstaunte, ja verblüffte er beinahe in seiner prachtvollen, dekorativen Haltung und mit dem Reichtum an Phantasie in der wimmelnden Mannigfaltigkeit von Kompositionen und von Stand- und Bewegungsmotiven. Es war offenbar, dass Joakim Skovgaard [...] der Mann für die große und umfassende Dekoration war. [...]«. Vgl. Georg Saxild: Joakim Skovgaards Dekoration af Viborg Domkirke, in: Joakim Skovgaards Billeder i Viborg Domkirke. Arbejdets Historie, udgivet af Forening af Booghandværk, Kjøbenhavn 1915, S. 2.

130 Laut Saxild 1915, S. 2f. waren dies das »Johannes- und Abrahamfeld«.

131 Saxild 1915, S. 57. Der Brief an das Kultusministerium datiert vom 30. Juli 1899.

132 Saxild 1915, S. 57f. Durch die Erweiterung der Wandfläche entstand eine neue Situation hinsichtlich der Aufteilung einzelner Szenen. Diese wurden 1899 überarbeitet und den neuen Gegebenheiten angepasst.

133 Saxild 1915, S. 58f.

134 Den Hirschsprungske Samling in Kopenhagen verwahrt diese Entwürfe im Maßstab 1:9 unter Inv.-Nr. 1899 (»Versuchung Jesu« / »Scherflein der Witwe« / »Jesus heilt einen Gichtbrüchigen«, ca. 97,5×78,5 cm), Inv.-Nr. 1902 (»Tempelreinigung« / »Heilung der blutflüssigen Frau« / »Jesus segnet die Kinder«, ca. 100×80 cm), Inv.-Nr. 1908 (»Einzug in Jerusalem« / »Auferweckung des Lazarus« / »Jesus bei Maria und Martha«), Inv.-Nr. 1927 (»Kreuzigung«, 88 × 62 cm), Inv.-Nr. 1906 (»Gleichnis vom Großen Gastmahl«, ca. 86×61 cm), Inv.-Nr. 1919 (»Jesus in Gethsemane« / »Das letzte Abendmahl«, ca. 88,5×64 cm), Inv.-Nr. 1884 (»Streitengel des Herrn«, ca. 147×134 cm) sowie unter Inv.-Nr. 1893–1896 und 1897–1898 einige kolorierte Zeichnungen zu den »Sendboten des Herrn«.

135 So äußerte sich Skovgaard beispielsweise am 27. Juni 1900 aus Viborg in einem Brief (Skovgaard Museet Viborg, SKM 55 Nr. 51) an seine Ehefrau Agnete zur Neugestaltung des nördlichen Querschiffgewölbes, dem er das Thema »Die Streitengel des Herrn« (Abb. 32) gegeben hatte. Seine Disposition begründete der Künstler durch die inhaltliche Verklammerung mit dem darunterliegenden »Gethsemane-Bild« (Abb. 33), das ebenfalls neu lokalisiert wurde. Demnach symbolisierten die Schwert tragenden Engel die Legionen Gottes, die dem verratenen Jesus zur Hilfe eilen könnten; vgl. Mt 26,53.

136 Die Wandmalerei subsumiert die Verfahren Secco-, Kalk- und Freskomalerei, die ihrerseits in Varianten ausgeführt werden können. Bisweilen werden in der Literatur die Termini nicht klar voneinander unterschieden, der Begriff »Wandmalerei« erfährt in diesem Fall eine willkürliche Gleichsetzung mit dem Terminus »Fresko«. Zur Begriffsbestimmung siehe Albert Knoepfli, Oskar Emmenegger, Manfred Koller u. a.: Wandmalerei. Mosaik. (Reclams Handbuch der künstlerischen Techniken, Bd. 2), Stuttgart 1997, S. 22f.

137 So führten u. a. chemisch-technische Entwicklungen in der aufstrebenden Farbindustrie in der ersten Hälfte des 19. Jahrhunderts zur industriellen und damit kostengünstigeren Massenherstellung und Erfindung von Farbpigmenten, die die ansonsten materialaufwendigere Leimfarben- gegenüber der Kalkfarbentechnik begünstigte; vgl. Rino Fontana: Technische Neuerungen in der Kirchenmalerei des 19. Jahrhunderts, in: Unsere Kunstdenkmäler. Nos monuments d'art et d'histoire. Nostri monumenti storici, 36. Jg., Heft 1, 1985, S. 35f.

138 Paul Philippot: Die Wandmalerei. Entwicklung. Technik. Eigenart. Wien und München 1972, S. 147.

139 In der Literatur schwanken die Datierungsangaben zur genauen Entstehung des Begriffs. Während Alexander Eibner: Entwicklung und Werkstoffe der Wandmalerei vom Altertum bis zur Neuzeit, Neudr. d. Ausg. von München 1926, Niederwalluf bei Wiesbaden 1970, S. 19f., die erste Hälfte des 14. Jahrhunderts angibt, spricht Knoepfli u. a. 1997, auf S. 22, von der »angeblich im 15. Jahrhundert in Italien eingeführten Bezeichnung [...]«.
Entstanden war der Begriff zur Unterscheidung von der vermutlich älteren Form der Wandmalerei, der Seccotechnik (dem Malen auf trockenem Grund), im Gegensatz zum »buon fresco«. Letzteres besteht aus zwei Putzschichten: der unteren (arriccio), auf die die Vorzeichnung bzw.

Monumentalskizze ausgeführt wird und der oberen (intonaco), die die Malerei aufnimmt, die kurz vor Malbeginn auf die Wand gebracht wird; Eibner 1970, S. 19ff. Eine knappe, dennoch informative Übersicht zum Trecento und Quattrocento und ihren Techniken findet sich bei Philippot 1972, S. 81ff. und S. 91–97 mit Quellenangaben.

140 So beispielsweise den italienischen Künstlern der Renaissance und des Barock, die in groß angelegten Fresken(-Zyklen) die Technik vollendet beherrschten und die Freskomalerei zu einer neuartigen Intensität und Auffassung brachten. Im 18. Jahrhundert hatte dann die Freskomalerei beispielsweise mit Giovanni Battista Tiepolo (1696–1770) oder Franz Anton Maulbertsch (1724–1796), die als letzte große Freskenmaler des Barock gelten sowie den unzähligen Freskanten in Bayern und Tirol eine intensive Nachblüte erlebt.
Zu einer umfassenden Darstellung der Geschichte der Freskomalerei und ihrer technischen Entwicklung, die eine äußerst komplexe ist und aufgrund des thematischen Schwerpunkts der Arbeit nicht ausführlich behandelt werden kann, sei neben einschlägigen Lexikaartikeln beispielsweise verwiesen auf Richard and Deborah Zuccarini: Fresco history and technique, in: The Sacred Art Journal, sept. 1992, vol. 13, nr. 3, S. 103–112; Ernst Hans Gombrich: Means and Ends. Reflections on the History of Fresco Painting. (Walter Neurath Memorial Lectures), London 1976; Philippot 1972; Eibner 1970, S. 481–483 speziell zur Wandmalerei im 19. Jahrhundert; Kurt Wehlte: Freskotechniken. Einführung in die Freskotechniken, in: Ders.: Werkstoffe und Techniken der Malerei. Mit einem Anhang über Farbenlehre, Ravensburg 1967, S. 275ff.; Brigitte Briesenick: Wandmalerei, in: Hans H. Hofstätter: Geschichte der Kunst und der künstlerischen Techniken, München 1965, S. 17–32; Kurt Herberts: Wände und Wandbild. Die Wandbildtechniken, ihre baulichen Voraussetzungen und geschichtlichen Zusammenhänge, Stuttgart 1953 oder auf Ernst Berger: Quellen und Technik der Fresko-, Oel- und Tempera-Malerei des Mittelalters von der byzantinischen Zeit bis einschliesslich der »Erfindung der Ölmalerei« durch die Brüder van Eyck (= Beiträge zur Entwicklungsgeschichte der Maltechnik. III. Folge), unveränderter Neudruck der Ausgabe München 1912, Walluf b. Wiesbaden 1973.

141 Die Widerstandsfähigkeit eines Freskos ist durch den chemischen Ablauf zu erklären, der diesem zu seiner Haltbarkeit verhilft: Nachdem der Mörtel, eine Mischung aus (Fluss-)Sand mit gelöschtem Kalk (Calciumhydroxyd), in mehreren Putz-Schichten auf die Wand gebracht und der Malvorgang abgeschlossen ist, beginnt ein Umwandlungsprozess des Kalks zum unlöslichen Calciumcarbonat. Während des allmählichen Trocknens steigt das Hydroxyd an die Putzoberfläche, umschließt und bindet die Farbstoffe, verbindet sich mit der beim Brennen verlorengegangenen Kohlensäure der Luft und wird hierbei zum Calciumcarbonat. Nach dem vollständigen Abtrocknen der Oberfläche ist eine Sinterhaut entstanden, die dem Putz samt Malereien die entsprechende Festigkeit verleiht. Siehe Philippot 1972, S. 12f. und das Kapitel »Freskomalerei«, in: Lexikon der Kunst, Bd. 2, München 1996, S. 591–593.

142 Für Frankreich siehe zum Beispiel Stefan Germer: Historizität und Autonomie. Studien zu Wandbildern im Frankreich des 19. Jahrhunderts. Ingres, Chassériau, Chenavard und Puvis de Chavannes, Hildesheim, Zürich, New York 1988, S. 113f.: Eine ablehnende Haltung dekorativen Aufgaben gegenüber und das protegierte Tafelbild im Salon nennt Germer als Faktoren für den Rückgang der Freskomalerei. Traktate, Manuskripte oder Bücher, die ehemals zur Verbreitung und Erhaltung der Freskomethode bis ins 18. Jahrhundert beigetragen hatten, waren vergessen oder wurden als Quellen (noch) nicht gelesen. Öl, Leim oder Kasein waren die Materialien, die weniger aufwendig im Seccoverfahren Anwendung fanden. Laut Knoepfli u. a. 1997, S. 358, bestand nur noch abseits der großen Kunstzentren eine kontinuierliche Überlieferung der barocken Freskotechnik.

143 Nach den Grabungen ab 1738 in Herculaneum, ab 1748 auch systematisch in Pompeji war ein wachsendes Interesse an der Kunst und ihren Themen jener Zeit entfacht worden, das zu einer Wiederbelebung der Antike und zu (irreführenden) Rekonstruktionen antiker Wandmalerei-Techniken führte. Zur Thematik siehe näher Peter Werner: Pompeji und die Wanddekoration der Goethezeit, München 1970, bes. S. 133ff. Nach 1800 kursierten diverse Hypothesen zur Technik pompejianischer Wandgemälde, die zunächst der Enkaustik- und der Ganosis-, danach der Freskohypothese den Vorzug gaben; siehe Eibner 1970, S. 482.

144 Siehe etwa Germer 1988, S. 113–115, der hier die wenigen Fresko-Versuche französischer Künstler erwähnt: Maurice Denis (1870–1943) benutzte die Freskotechnik z. B. 1893 für St.-Germain-en-Laye.

145 1821 wurde das »Libro dell'arte« (ca. 1390) von Cennino Cennini zum erstenmal herausgegeben, das 1844 in London als englische, 1858 in Paris als französische und schließlich 1871 in Wien als deutsche Ausgabe erschien und zur

Neubelebung der Freskotechnik beitrug. Das Traktat behandelt u. a. die Herstellung von Freskofarben, nennt ihre Einsatzbereiche und gibt Hinweise auf die benötigten Gerätschaften.

146 Analytisch-chemische Untersuchungen zu Kalk und Mörtelzusammensetzungen und deren Herstellung rückten seit dem frühen 19. Jahrhundert in den Mittelpunkt; siehe z.B. Eibner 1970, S. 484–508 mit Nennung zahlreicher Forscher. Man gründete Institutionen wie die »Versuchsanstalt für Maltechnik« oder die »Gesellschaft für rationale Malverfahren«, siehe Briesenick 1965, S. 28. In Frankreich kannte man zudem die traditionelle Methode der auf die Wand geklebten Leinwand, u. a. bei Puvis de Chavannes zu finden; vgl. Philippot 1972, S. 147.

147 Ausführliche Darstellungen zur Ausgangssituation und zum künstlerischen Programm der Nazarener siehe beispielsweise Gisela Balke: Das Freskenwerk Philipp Veits. Ein Beitrag zur Geschichte des Freskos im 19. Jahrhundert, Phil. Diss. Berlin 1986; Herbert Schindler: Nazarener. Romantischer Geist und christliche Kunst im 19. Jahrhundert, Regensburg 1982; Frank Büttner: Peter Cornelius: Fresken und Freskenprojekte, Bd. 1, Wiesbaden 1980, S. 56ff.; Magdalena Droste: Das Fresko als Idee. Zur Geschichte öffentlicher Kunst im 19. Jahrhundert (Kunstgeschichte: Form und Interesse, Bd. 2), Münster 1980.

148 Die Freskomalerei als öffentliche Malerei, durch die die deutsche Kunst erneuert werden sollte, war für Cornelius die höchste künstlerische Aufgabe. Am 10. Oktober 1814 schreibt Cornelius diesbezüglich seinem Berliner Verleger Georg Andreas Reimer, im November erhält Joseph Görres, Herausgeber des Rheinischen Merkurs, einen inhaltlich identischen Brief. Ausführlicher siehe Droste 1980, S. 14–19 und 25f. Siehe auch Balke 1986, S. 9f. und Frank Büttner: Peter Cornelius in Düsseldorf, in: Wend von Kalnein (Hrsg.): Die Düsseldorfer Malerschule, Katalog zur Ausstellung Düsseldorf und Darmstadt 1979, S. 51f.

149 Eine u. a. unzureichende Auftragslage in Österreich und die antiakademisch eingestellte Haltung der Nazarener veranlassten ihre Auswanderung nach Italien.

150 Die Fresken mit Darstellungen aus der Josephsgeschichte entstanden in Gemeinschaftsarbeit von Cornelius, Overbeck, Gottfried Schadow (1764–1850) und Philipp Veit (1793–1877). Veit war unter ihnen angeblich der erste, der erfolgreich die Freskotechnik anwandte; siehe Balke 1986, S. 11.

151 Persönliche, oftmals mühselige und nicht immer erfolgreiche Fresko-Experimente der beteiligten Künstler ergänzte vermutlich mit eigenen Erfahrungen ein Handwerker, der noch unter Anton Raphael Mengs (1728–1779) bei Freskoarbeiten als Gehilfe oder Maurer für den Putzgrund tätig gewesen war. Ob dies eine Anekdote ist oder nicht: jene Person wird im Zusammenhang mit der nazarenischen Freskowiederbelebung immer wieder erwähnt, so von Hans Hildebrandt: Wandmalerei. Ihre Auflösung im 19., ihre Neubelebung im 20. Jahrhundert, in: Das Kunstwerk. Eine Zeitschrift über alle Gebiete der Bildenden Kunst, 8. Jahr, Heft 5, 1954/55, S. 3 oder bei Knoepfli u. a. 1997, S. 358.

152 Ludwig I. hatte als Kronprinz 1818 Italien bereist. Im Nazarenerkreis trat er als ein der neuen Kunst aufgeschlossener Förderer auf, der für seine (geplanten) Monumentalbauten in München eine entsprechende Malerei vorgesehen hatte; siehe Schindler 1982, S. 42.

153 Hinweis bei Marianne Schönenberg: Die Ausmalung des Speyerer Doms (1846–1853/62) durch Johann Baptist Schraudolph und seine Gehilfen, Phil. Diss. Köln 1989, S. 8.

154 Der Kirchenmaler Ernst Deger (1809–1885) freskierte beispielsweise nach mehreren Aufenthalten bei den Nazarenern in München ab 1837 die Apollinariskirche bei Remagen (1843 bis 1851). Hinweis bei Schönenberg 1989, S. 27. Deger war ein bedeutender Vertreter kirchlicher Kunst um 1850 in Deutschland. Berufungen von Münchner Nazarenern ließen weitere Zentren der Freskomalerei z. B. in Düsseldorf, Frankfurt oder Berlin entstehen.

155 Z.B. war Kritik an ihrer ungenügenden Ausdrucksfähigkeit laut geworden. Bereits in den 1830er-Jahren kam es immer wieder zu Vergleichen mit der Ölmalerei und ihrem reichen Kolorit; auch beklagte man, dass bestimmte landschaftliche oder architektonische Hintergründe nicht zufriedenstellend al fresco ausgeführt werden könnten. Siehe hierzu etwa Droste 1980, S. 52ff., mit zahlreichen Quellenangaben.

156 So gebrauchte z. B. der Künstler Johann Baptist Schraudolph (1808–1879) bei seinen Fresken im Dom zu Speyer (1846–1853/62) eine Mischung aus grob geriebenen Erdfarben, Magerquark und gelöschtem Kalk, die er mit Kalksinterwasser verdünnte und auf den frischen Putz auftrug. Siehe Schönenberg 1989, S. 54f.

157 Anonym in Heilbronn als eine Art Leitfaden erschienen, um »bittere Erfahrungen zu ersparen«, gewährt er auf 125 Seiten detaillierte Einblicke in die Praxis der Freskomalerei, der Herstellung von Putz und seiner Behandlung, dem Brennen von freskotauglichen Farben und beschreibt Fehlerquellen, die für die Zerstörung von Fresken verantwortlich sind.

158 In dieser Zeit äußern sich auch weiterhin (Kirchen-)Maler über die Zusammensetzung von Freskoputz und seinen reinen Materialien, wie etwa Friedrich Stummel: Technische Bemerkungen über Wandmalerei, in: Zeitschrift für christliche Kunst, 1889, Nr. 1, 2. Jg., Sp. 29f. Weit bis in das 20. Jahrhundert hinein lassen sich praxisbezogene Aufsätze und Schriften finden, etwa von Max Hasak: Haltbare Farben für die Ausmalung von Kirchen, in: Zeitschrift für christliche Kunst, 1912, Nr. 11, 25. Jg., Sp. 379–382 oder von dem Tiroler Historienmaler Heinrich Kluibenschädl: Praktische Anleitung zum Freskomalen nach der Manier der alten Meister in Tirol, München 1925. Zunehmend wurde das Fresko-Verfahren in das Lehrprogramm von Kunstschulen aufgenommen.

159 Schon 1825 klingt in einem Schreiben des preußischen Ministeriums an Peter von Cornelius, nun Direktor der Düsseldorfer Akademie, an, dass die Freskomalerei an der Akademie aufgrund der eingeschränkten Ausführungsmöglichkeiten nur Nebensache bleiben könne und werde; vgl. Droste 1980, S. 105f.

160 Bei der Ausgestaltung der Kirche St. Oswald im österreichischen Altmannsdorf wollten die Maler Führich, Kupelwieser, Ranftl und Steinle zu Beginn kaum entlohnt werden; Hinweis bei Rudolf Bachleitner: Die Nazarener, München 1976, S. 176f. Selbstbewusst gibt sich Hans von Marées in seinen Äußerungen »[...] zu zeigen, was ich leisten kann [...]« und »[...] obgleich mir wohl nie materielle Vorteile daraus entspringen werden. [...]«, anlässlich seines Vorhabens von 1873 Fresken für das Zoologische Institut in Neapel zu malen; in: Ludwig Grote: Hans von Marées. Die Fresken in Neapel (Werkmonographien zur bildenden Kunst, Nr. 35, hrsg. von Carl Georg Heise), Stuttgart 1958, S. 23f. u. 26. Damit ist auch die nazarenische Kunstauffassung von der gemeinsamen anstelle der individuellen Ausführung verschwunden. Zur Selbstverwirklichung siehe auch Germer 1988, S. 100f., der zugleich den Zwiespalt des Künstlers zwischen Broterwerb (Porträtmalerei) einerseits und »subjektivem Bedürfnis und Wunsch« (Wandmalerei) andererseits darlegt.

161 1863 war die »Beuroner Kunstschule« – das Kloster Beuron liegt im Donautal zwischen Sigmaringen und Tuttlingen –, von den Benediktinermönchen Pater Desiderius (Peter Lenz, 1832–1928), Pater Gabriel (Jacob Wüger, 1829–1892) und Pater Lucas (Fridolin Steiner, 1849–1906) gegründet worden und führte ab 1868 bis nach 1900 aktiv Werke aus. Der Architekt, Maler und Bildhauer Lenz war maßgeblich daran beteiligt, dass hauptsächlich die Freskomalerei eingesetzt wurde. Beispiele hierfür finden sich in der Maurus-Kapelle bei Beuron (1868–1870), in der Klosterkirche St. Gabriel in Prag (1888–1890) oder in der Abteikirche St. Hildegard in Eibingen (1909–1913); siehe allgemein: The Dictionary of Art, Bd. 3, London 1996, S. 890.

162 So rief ein »Berliner Kunstfreund« um 1890 zum Beispiel eine Stiftung für Fresken in Privathäusern ins Leben, deren Durchführung bei den sich jährlich abwechselnden Akademien in München, Berlin, Düsseldorf, Karlsruhe und Dresden obliegen sollte. In den USA entstand 1895 die »National Society of Mural Painters«; Knoepfli u. a. 1997, S. 361.

163 In der monumentalen Grisaille-Wandmalerei (5,90×5,10 m) an der Altarwand der Heilands-Kapelle in Flensburg-Weiche (1910–1912) mit 33 Figuren um eine lebensgroße Christusgestalt oder dem 5,60×11,30 m großen Fresko »Petri Fischzug« (gemalt 1920–1922) auf der Stirnwand des Flensburger Alten Gymnasiums der Künstlerin Käte Lassen (1880–1956) beispielsweise lassen sich interessante Querverbindungen zu den Fresken des Viborger Domes hinsichtlich einer neubelebten, figuralen Monumentalmalerei durch Skovgaard ziehen, auf die Ludwig Rohling: Käte Lassen. Das Werk der Malerin, Flensburg 1956, S. 63, hinweist. In ihrer Einmaligkeit und Bedeutung bedürfen sie noch einer umfassenderen, wissenschaftlichen Aufarbeitung und Würdigung. Vermutlich kannte Käte Lassen die Fresken des Viborger Doms: seit 1905 hielt sie sich alljährlich in Nordjütland auf; siehe zu Käte Lassen auch Ulrike Wolff-Thomsen: Lexikon schleswig-holsteinischer Künstlerinnen, Heide 1994, S. 185–188.

164 Der ursprüngliche Auftrag an Munch für die Wandbilder der Universität Kristiania (heutiges Oslo) lautete ausdrücklich al fresco, die er jedoch als Leinwandbilder in den Jahren 1911–1916 ausführte.

165 Sehr aufschlussreich sind hierzu die Biographien von Ingeborg Wikborg zu Krohg, Revold und Rolfsen in: The Dicitionary of Art, Bd. 18, London 1996, S. 464f. sowie Bd. 26, London 1996, S. 265f. und S. 553f.; desweiteren die Biographien im Norsk Kunstner Leksikon, Bd. 2, Oslo 1983, S. 648–655 (Krohg) sowie Bd. 3, Oslo 1986, S. 313–317 (Revold) und S. 354–360 (Rolfsen), oder John Askeland: Freskoepoken. Studier i profant norsk monumentalmåleri 1918–1950, Oslo 1965.

166 Henning Alsvik: Axel Julius Revold, in: Norsk Biografisk Leksikon, Bd. XI, Oslo 1952, S. 406.

167 A/S Sadolin og Holmblad & Co.s Eftf. (Hrsg.): Joakim Skovgaard: Nogle Optegnelser om Frescoteknik af J. Th. Skovgaard og Professor Joakim Skovgaard, in: Farveteknik i løse Blade,

III, København 1913, S. 8. Der Herausgeber war Mitinhaber der traditionsreichen Kopenhagener Fabrik »Sadolin & Holmblad & Co.«, über die Skovgaard Freskofarben für den Viborger Dom bezog. Eingesehen wurde ein Exemplar im Skovgaard Museet Viborg, SKm 5520, mit handschriftlich eingetragenen Korrekturen durch Skovgaard.

168 Auszüge zur Freskotechnik waren zunächst erschienen in einem Sonderdruck von Holger Begtrups »Tidsskrift« von 1907, S. 8f. (Skovgaard Museet Viborg, SKm 14133), dann im opulent ausgestatteten, vom Ministeriet for Kirke- og Undervisningsvæsenet 1909 herausgegebenen Foto- und Textband über den Dom (ca. 52×42 cm), zu dem Skovgaard den Ledereinband mit Prägeornamentik entworfen hatte. Hier beschreibt der Künstler ab S. 23f. die Technik allerdings in sehr verkürzter Form. Für die vorliegende Arbeit wurde ein Exemplar im Skovgaard Museet Viborg eingesehen.

169 Sadolin 1913, S. 9–12.

170 Sadolin 1913, S. 12ff. Weitere Veröffentlichungen in der Serie »Farveteknik in løse Blade« waren seitens der Farbenfabrik geplant. Damit konnten zum ersten Mal die Künstler selbst ihre Erfahrungen in diversen technischen Bereichen äußern. Skovgaard wurde am 1. April 1908 Professor für Dekorationskunst an der Kgl. Kunstakademie in Kopenhagen. Seit 1861 bestand hier ein Professorat für die Dekorationsschule, neben zwei Stellen für Bildhauerei und Architektur sowie drei für die Malerschule; Hinweis in: Norsk Aftenposten, 18.01.1908.
Auch auf wissenschaftlicher Seite trug man mit fortgeschrittenen Erkenntnissen und Untersuchungsverfahren zu einem besseren Verständnis bei. In Frankreich war in erster Linie Paul Albert Baudoüin (1844–1931) die bedeutende Person für die Verbreitung der Freskotechnik, vor allem nach 1900 durch Lehre und Schriften. In seinem Atelier bildete er Freskanten aus, wurde 1912 Leiter des neu errichteten »cours de fresque« an der Ecole des Beaux-Arts und gab zwei Jahre später das Handbuch zur Freskomalerei heraus (La Fresque. Sa Technique. Ses Applications, Paris 1914); siehe Saur Allgemeines Künstlerlexikon, Bd. 7, München, Leipzig 1993, S. 527f.

171 Eine interessante, hier jedoch von der eigentlichen Thematik wegführende Fragestellung wäre die nach möglicherweise in Skandinavien existenten Überlieferungen aus vorigen Jahrhunderten – so kannten beispielsweise Maler der romanischen Epoche und nach Skandinavien Zugewanderte das fresco buono und die sogenannte Kalkmalerei; Hinweis in Knoepfli u. a. 1997, S. 190f. Desweiteren interessant wäre die Frage, wann im skandinavischen Raum beziehungsweise in Dänemark überhaupt Wandmalereien für Künstler von Interesse wurden. Der als erster Kunsthistoriker in Dänemark angesehene Niels Lauritz Andreas Høyen (1798–1870) hatte ab den späten 1820er-Jahren das gesamte dänische Königreich bereist und anhand seiner Beschreibungen der wichtigsten Denkmäler die Grundlage für die Erforschung mittelalterlicher Kunstgeschichte gelegt. Jacob Kornerup (1825–1913), Archäologe und Maler, hielt in Zeichnungen Kalkmalereien dänischer Kirchen fest und gab bedeutende Anstöße für ihre Bewahrung; Hinweise in: Ditzel 1971, S. 240f. sowie S. 26 und 244.

172 Die Zeit für Aufträge war nicht günstig. Unter den in den 1830er-Jahren in Italien weilenden dänischen Künstlern – in Rom hatte sich neben den Nazarenern auch eine dänische Künstlerkolonie um den Bildhauer Bertel Thorvaldsen (1770–1844) gebildet –, erhofften sich nicht wenige durch Aneignung und Kenntnis des Freskierens Aufträge aus dem Heimatland; siehe dazu Hannemarie Ragn-Jensen: Die zweite Generation der dänischen Nazarener, in: Hafnia. Copenhagen Papers in the History of Art, no. 6, 1979, S. 156f. Einer der wenigen, die Aufträge erhielten, war Heinrich Eddelien (1802–1852), der sich auf der Rückreise von Italien in München aufhielt, Ausmalungen besichtigte und mit den vor Ort tätigen Freskomalern über die Behandlung des Kalkes sprach. Seine Erfahrungen und Fortschritte nutzte er für die eigene Aufgabe, der Ausschmückung der Kapelle Christians IV. im Dom zu Roskilde im Jahr 1844, über der er allerdings verstarb; siehe Ragn-Jensen 1979, S. 164f.

173 Diesen Sachverhalt nennt auch die »Statsprøveanstalt« in ihrem Gutachten vom 24. Januar 1900 über die Freskoproben von 1899 im Dom (Rigsarkivet, Kopenhagen, Cultus-Min. 1. Dept. VV 883 – 22/2 1900, 524). Bereits 1901 bis 1905 erfolgte die zweite große Restaurierung mit Kasein als Bindemittel (Hannemarie Ragn-Jensen: Constantin Hansen. A 19th-century Danish classicist, in: Hafnia. Copenhagen Papers in the History of Art, no. 10, 1985, S. 94). Hansen und Hilker hatten die Freskotechnik in München nach ihrem Italienaufenthalt erlernt (Hans Edvard Nørregård-Nielsen: Dansk Kunst, 2, Biografier, København 1983, S. 99 und 114). Hansen und sein Pompeji-Begleiter Jørgen Roed (1808–1888), ebenfalls Mitglied der dänischen Künstlerkolonie in Italien, waren wiederum eng mit Joakim Skovgaards Vater befreundet.

174 Per Brief nach München an Peter von Cornelius hatte sich Sandberg Ratschläge zur Technik eingeholt.

175 Als die ersten ihrer Art in Schweden seit langer Zeit werden bereits in der Septemberausgabe der Teknisk Tidskrift von 1895 die Fresken von John Ericsson für ein Mausoleum im schwedischen Filipstad beschrieben. Inwieweit diese außerhalb des Landes bekannt waren, muss an dieser Stelle dahingestellt bleiben; siehe Johan Knutsson: Mausoleum och nationalmonument. Kring John Ericssons mausoleum i Filipstad, in: Konsthistorisk tidskrift, Årg. LV, 1986, S. 24.

176 Das reiche Quellenmaterial befindet sich im Skovgaard Museet in Viborg und im Rigsarkivet in Kopenhagen. Das »Kirkesyn« für das Amt Viborg setzte sich aus folgenden Personen zusammen: Dr. phil. Mollerup, Prof. Storck, Prof. Fenger und Henry Petersen, der (ab 1899) von dem Historienmaler August Jerndorff abgelöst wurde. Das »Kirkesyn« hatte hierbei die Aufgabe, Vorbereitungen und Resultate (vor Ort) zu begutachten, zu protokollieren, und nach eigenen Maßstäben zu beurteilen. Diese wurden dem Kultusministerium nebst Vorkommnissen oder Planänderungen unterbreitet.

177 Das »Kirkesyn« kritisierte nach seiner Besichtigung am 10. Juni 1899, dass Skovgaard die Wasserglas- und Mineralmalerei nicht berücksichtigt hätte; Briefprotokoll, datiert vom 24. Juli 1899, Rigsarkivet, Kopenhagen, Cultus-Min. 1. Dept. VV 883–2/8 99, 2564.

178 In diesem Falle, so Skovgaard, sei die Zerstörung der Fresken auf die Gasbeleuchtung und auf die Verwendung der Farbe »lysokker« zurückzuführen. Der Brief vom 27. Juni 1899 an den »Kirkesyn«-Vorsitzenden Dr. W. A. Mollerup gerichtet, befindet sich unter anderen in einer Mappe ohne eigene Inv.-Nr. im Skovgaard Museet Viborg und ist vermutlich eine von Skovgaard für seine privaten Unterlagen vorgenommene Abschrift.

179 Matthiesens Patent sieht die Bemalung auf einem speziell präparierten Untergrund vor, der anschließend mit einer Metall- oder Elfenbeinwalze bearbeitet wird. Gleichzeitig wird der ansonsten natürliche Aushärtungsprozess des Putzes mit Hilfe von künstlich hergestellter Kohlensäure, die unter mehr oder weniger großem Druck über die Putzoberfläche geleitet wird, beschleunigt. Dabei kann sich augenblicklich der Kalk im Mörtel zu Calciumcarbonat umbilden; siehe Saxild 1915, S. 5. Interessanterweise schickte einige Jahre später, am 5. Februar 1904, das Kopenhagener Laboratorium Detlefsen & Meyer einen Brief an Skovgaard, dass Matthiesens Vorgehensweise – wie sie schon vermutet hatten – überhaupt nicht sein Patent sei. Bereits 1878 sei jenes von Fabrikant Heintzel in Lüneburg beschrieben worden und wäre demnach deutsches Patent (No. 4416) und Eigentum; Skovgaard könne daher ohne jegliche Anfrage um Genehmigung dieses Patent benützen (Skovgaard-Museet, Viborg, SKM 107 Nr. 9). Von der Methode Matthiesens hatte Skovgaard endgültig im Laufe des Jahres 1901 Abstand genommen, da er mittlerweile der Auffassung war, dass das »bestmögliche und gut behandelte Material« einem künstlichen Aushärtungsprozess und dessen Risiken vorzuziehen sei; Brief vom 8. August 1901 von Skovgaard an das Kultusministerium; Rigsarkivet, Kopenhagen, Cultus-Min. 1. Dept. ØØ 883–14/8 01.

180 Brief vom 27. Juni 1899 von Skovgaard an den »Kirkesyn«-Vorsitzenden und Museumsdirektor Dr. W. A. Mollerup; Skovgaard Museet Viborg, ohne Inv.-Nr.

181 Der Däne Oscar Matthiesen hatte sich in Italien ab 1894 intensiv mit der Freskomalerei auseinandergesetzt und erhielt 1898 bis 1899 in Berlin Freskounterricht. Zu seinen Werken zählt eine Reihe dekorativer Aufgaben; siehe Hans Edvard Nørregård-Nielsen: Dansk Kunst, 2, Biografier, København 1983, S. 188f.

182 Eingesehen wurde eine Abschrift im Skovgaard Museet Viborg, SKM 107 Nr. 8.

183 Als »Erfinderin« dieses Kalkputzes wird »Fröken cand. polyt. Agnes Klingberg« genannt (Brief vom 27. Juni von Skovgaard an Mollerup, Skovgaard Museet Viborg, ohne Inv.-Nr.). Außer, dass Klingbergs Patent den Putz tiefer aushärtet und dieser seine Porosität besser bewahrt, wird diese Methode nicht näher beschrieben.

184 Der Brief, datiert mit Juli 1899, befindet sich unter anderen in einer Mappe ohne eigene Inv.-Nr. im Skovgaard Museet Viborg.

185 Der Brief vom 21. Juli 1899 von Jensen an Skovgaard befindet sich unter anderen in einer Mappe ohne eigene Inv.-Nr. im Skovgaard Museet Viborg.

186 Der Brief vom 15. Juli 1899 befindet sich unter anderen in einer Mappe ohne eigene Inv.-Nr. im Skovgaard Museet Viborg.

187 Der nicht datierte Brief ist nach Maurermeister Jensens Vorschlag vom 21. Juli 1899 vermutlich noch im Sommer 1899 entstanden; Skovgaard Museet Viborg, Mappe ohne Inv.-Nr.

188 Brief im Rigsarkivet, Kopenhagen, Cultus-Min. 1. Dept. VV 883 – 2/8 99, 2564. Laut »Kirkesyn«-Aussage ließen technische wie künstlerische Gründe Skovgaards Wahl der Freskotechnik verständlich erscheinen, die zum einen in der zu bewältigenden Ausführung auf dem angenehmeren feinen und feuchten Putzgrund lägen. Zum anderen wiesen Skovgaards Malereien »Eigentümlichkeiten« auf, die sich besonders vorzüglich in Fresko eigneten.

189 Zum Vergleich wurde auch ein Probestück aus der Universitäts-Vorhalle untersucht. Das Resultat, datiert mit 24. Januar 1900, schickte die »Statsprøveanstalt« Skovgaard, der es an das »Kirkesyn« weiterreichte. Samt einem Begleitschreiben, datiert vom 20. Februar 1900, ging es ans Kultusministerium weiter. Die Prüfanstalt kam zusammenfassend zu dem Ergebnis, dass keine Bedenken gegen das Malen auf Kalkputz in einem Raum bestünden, vorausgesetzt, dieser habe trockene Mauern, verfüge über ein ausreichendes Aufwärm- und Ventilationsverhältnis und keine Feuchtigkeit dringe von außen ein. Die Zerstörung der Fresken in der Kopenhagener Universität beruhe vor allem auf Verwendung einer schlechten Ockerfarbe sowie in der vorhandenen Feuchtigkeit und im Einsatz einer Gasheizung (Rigsarkivet, Kopenhagen, Cultus-Min. 1. Dept. VV 883 – 22/2 1900, 524).

190 In erster Linie wollte Skovgaard die Wirkung von Farben anhand von originalgroßen Darstellungen testen. Hierfür benutzte er überwiegend die Kaseintechnik, aber nur, wie er versicherte, aus Kostengründen. Für ihn stünde aufgrund der Resultate nun fest: »[...] ich wage es, ruhig mit Fresko fortzusetzen. Das ist ein erfreuliches Material, womit man schöne Resultate erreichen kann. [...]«. Seine Mithelfer habe er in die Handhabung der Freskotechnik frühzeitig eingewiesen; Brief vom 26. Juli 1900 an das Kultusministerium, Rigsarkivet, Kopenhagen, Cultus-Min. 1. Dept. ØØ 883 – 2/8 1900, 2258. Beigefügt ist ein neuer Kostenplan, der sich nun auf 116.656,52 Kronen beläuft, also 16.839 Kronen mehr bei Benutzung von Freskoputz anstelle trockenen Putzes (»tór puds«).

191 So erkundigte er sich etwa am 12. Januar 1901 bei seinem Freund Theodor Bindesbøll nach einem Maurermeister, der fähig wäre, einen »[...] guten Putz mit gutem Kalk auf einigen Ziegelstücken, die ich brennen ließ«, auszuführen; aber das Beste wäre »selbst das Verputzen zu lernen [...]«, um keine Zeit zu vergeuden; Skovgaard Museet Viborg, SKM 126 Nr. 21. Unter SKM 125 (ohne Inv.-Nr.) im Skovgaard Museet Viborg, findet sich ein Brief vom 13. Februar 1900 von August Jerndorff an Skovgaard, der ihn auf die beigelegte Freskofarben-Liste von Schmincke & Co aufmerksam macht; weiterhin eine undatierte Liste in bislang unbekannter Schrift zu »Anvendlige Farver til Fresco« und »Ikke anvendlige til Fresco«, eingeteilt nach Farbgruppen und Bezugsfirmen wie Schmincke, Farvemóller, Stelling oder Alfred Benson. Skovgaard folgte dieser in der Aufstellung einer eigenen Liste (Skovgaard Museet Viborg, SKM 119 ohne Inv.-Nr.). Jeder Farbe ist das Datum »mai 1901« (vielleicht das Kaufdatum?) zugefügt. Aus Rechnungszetteln wird ersichtlich, dass die Firmen Stelling sowie Detlefsen & Meyer freskotaugliche Farben für die Ausmalung später lieferten. Ob die Düsseldorfer Farbenfirma H. Schmincke & Co. überhaupt beauftragt worden war, konnte bislang nicht festgestellt werden: Hinweise darüber sind bislang in den dänischen Archiven nicht gefunden worden und das Firmenarchiv brannte im Krieg bis auf einige Unterlagen aus (freundlicher Hinweis von Frau Solbisky, Sekretariat der Firma H. Schmincke & Co., Erkrath). Auch im Skovgaard Museet Viborg, SKM 125 ohne Inv.-Nr. gibt es zwei Briefe von H. C. Nielsen (Mitarbeiter der »Statspróveanstalt«) vom 18. Mai und 4. Juli 1900 an Skovgaard bezüglich Freskofarben der Firmen Struer und Farvemóller und zum Ergebnis zu Farbuntersuchungen auf schädliche Inhaltsstoffe.

192 »Engelskrødt, Indiskrødt, Bjergrødt, Persisk Bjergrødt, Blodsten, Lysokker, Lysokker brændt, Terra di Siena brændt, Terra di Siena naturel, Benzon's Terra di Siena [...], Guldokker, Cromsur Baryt, Cromilte, Engelsk Cromilte, [...], Vertémerande, Cobalt Blaagrøn, Cobalt Oxyd, Cement sort (Mangansort).«, in: Sadolin 1913, S. 5f.

193 Etwa der Hinweis, dass einige der in klarem, kalkhaltigen Wasser angerührten Farben beim Auftrag an die Wand aufgrund des wechselnden Pinseldrucks eine unterschiedliche Tönung zeigen; siehe: Sadolin 1913, S. 8.

194 Die erste (unterste) Schicht ist ein grober Mörtelputz (aus Kalk und Hügelsand), der getrocknet sein muss, bevor der Feinputz (zugleich der Malgrund, hergestellt aus Kalk und Flusssand) aufgetragen und geglättet wird, in: Sadolin 1913, S. 6.

195 Die Matthiesen-Methode war 1901 von Skovgaard aufgegeben worden, da er zu der Überzeugung gekommen war, dass »[...] es das wichtigste sein wird, den bestmöglichen Putz zu erhalten, und dass die Aushärtung eine kleinere Rolle spielt, ich habe nach Beratung mit Herrn Architekt Wiinholt die Anordnung dafür gegeben, dass der Putz, der angewandt werden wird, geschlagener Kalk aus dem Kalkwerk in Glatved ist [...]«, in: Brief vom 25. Mai 1901 an Direktor Mollerup (Skovgaard Museet Viborg, Mappe ohne Inv.-Nr.). Gemeint ist das Kalkwerk in Glatved, das direkt an der Küste zum Kattegat (südlich von Grenå, nördlich von Ebeltoft) liegt; siehe hierzu J. P. Trap (Hrsg.): Danmark. Randers Amt, Bind VII,2, København [5]1963, S. 959. Für die Mischung von Farben in Kalkwasser hingegen nahm Skovgaard »geschlagenen Kalk« aus dem Kalkwerk in Mønsted (Sadolin

1913, S. 12). Laut J. P. Trap: Danmark. Viborg Amt, Bind VII,I, København 51962, S. 248f., wird der berühmten unterirdischen Grube in Mønsted seit fast 1000 Jahren Kalk entnommen.

196 Skovgaard hatte den Beitrag für die Gedenkfeier zu N. F. S. Grundtvigs Geburtstag am 8. September 1907 geschrieben und aufgrund seiner Abwesenheit vorlesen lassen.

197 Zitiert in: Begtrup 1907, S. 9.

198 Ministeriet for Kirke- og Undervisningsvæsenet 1909, S. 32.

199 Gutachten vom »Kirkesyn« an das Kultusministerium vom 4. Februar 1898; Rigsarkivet, Kopenhagen, Cultus-Min. 1. Dept. VV 883–5/2 98, 413.

200 Ditzel 1971, S. 94.

201 Ditzel 1971, S. 75. Zu malen hatte er auch einen Pelikan, der ihm nach eigener Aussage eher in dem geforderten »romanischem Stil« gelang, da er sich an einen »modernen« nicht habe erinnern können.

202 In: Kjær und Grinder-Hansen 1993, S. 19.

203 Bei der Beantwortung der Frage nach potentiellen Quellen für biblische Bilder, auf die Skovgaard zurückgreifen konnte, verdanke ich Herrn Dr. Thomas Bullinger außerordentlich wertvolle und aufschlussreiche Hinweise, die sich auf die »salmedigtning«, die Dichtung des dänischen protestantischen Kirchenliedes und hier in erster Linie auf kirchliche Psalmbücher und Gesangswerke von Nikolaj Frederik Severin Grundtvig beziehen. Aus dessen Liedgut wurde im Skovgaardschen Elternhaus täglich gesungen. Interessanterweise findet sich in der im Skovgaard Museet verwahrten Bibliothek aus dem Besitz von Joakim Skovgaard keine Bibel, jedoch mindestens 12, überwiegend seine Signatur tragenden Gesangsbücher, die in der Skovgaard-Familie oftmals weitergeschenkt wurden. Darunter auch die Ausgabe »Fest-Salmer. Tiende Oplag, Kjøbenhavn 1870«, die Skovgaard von Grundtvig erhalten hatte, wie eine Eintragung verlauten lässt: »Denne bog har jeg faaet af Grundtvig dengang jeg gik til Præsten hos ham, hver af Confirmanderne fik en J. Skovgaard«.

204 Skovgaard ließ sich allenfalls von der blauen Grundfarbe der Decke inspirieren, die er während der Ausmalung für die Gewölbe mit Engelsdarstellungen im Chorraum und Querschiff verwandte; er orientierte sich jedoch nicht an dem als vorbildlich und als Vorgabe angesehenen Malstil der Decke; Hinweis in: Saxild 1915, S. 90.

205 Nach Beendigung der Ausmalung ließ Skovgaard verlauten, dass seiner Meinung nach der Inhalt der Bilder ohne weitere Erklärung verstanden werden könne, besonders wenn man »dem historischen Gang in der Darstellung« folge. Da er seine Bilder schlicht und in einer deutlichen »Erzählhaltung« ausgeführt habe, sollte jeder dänische Christ sehen können, was diese darstellen; Begtrup 1907, S. 13.

206 Die folgenden Beobachtungen zum theologischen Programm des Freskozyklus hätten in dieser Form ohne die profunde Sachkenntnis von Georg Steckeler – dem ich an dieser Stelle herzlich danke –, nicht entstehen können. Diese Beobachtungen sind jedoch keinesfalls zu verstehen als eine umfassende Analyse oder feinnervige Exegese einzelner Fresken oder gar des gesamten Bildgefüges mit seinen alt- und neutestamentlichen Verknüpfungspunkten – ein sicherlich reizvolles Unterfangen für »eine(n) qualifizierten Kenner(in) der Materie«, dem »geistigen Gehalt« der Wandgemälde nachzuspüren. Für die vorliegende, im kunsthistorischen Bereich angesiedelte Arbeit schien jedoch die Aufklärung von theologischen Zusammenhängen unter den Fresken, wie sie sich in dieser Form nun präsentiert, ausreichend zu sein, um die Intentionen des Künstlers deutlich werden zu lassen. Hilfreich erwies sich die deutsche Ausgabe der Bibel mit den Erläuterungen der Jerusalemer Bibel, herausgegeben von Diego Arenhoevel, Alfons Deissler und Anton Vögtle, Freiburg, Basel, Wien 71968.

207 Siehe E. Weis: Johannes der Täufer, in: Lexikon der christlichen Ikonographie, Bd. 7, Freiburg 1974, Sp. 164–166.

208 Damit ist auch die thematische Verbindung zwischen Fresko und dem in der Apsiskonche aufgestellten vergoldeten Altar von 1876 hergestellt, dessen Motivik ebenfalls das Himmlische Jerusalem andeutet.

209 Im Freskenprogramm fehlt die ausführliche Darstellung des Jüngsten Gerichts, das im Viborger Dom mit der Darstellung »Sieben Engel mit den Posaunen des Jüngsten Gerichts und ein opfernder Engel« angedeutet wird. Für Grundtvigianer war nicht das Gericht, sondern der Retter-Gedanke von Bedeutung, den Skovgaards Bilder »Kristus fører røveren ind i paradiset« oder »Kristus i de dødes riget« widerspiegeln.

210 Die Erfassung der Seitenschiff- und Triforien-Themen geht hierbei vom Mittelschiff aus. Eine Skizze (S. 170 und S. 172) lokalisiert im Überblick die Szenen und deren thematische Verknüpfung innerhalb der einzelnen Zyklen.

211 Bei der Erneuerung der Holzdecke in den Jahren 1912–1913 mit den Gemälden Skovgaards wurde das Feld der Propheten um das Motiv »Die eherne Schlange« (4. Mose 21, 4–9) ergänzt, die sich mit Nimbus um ein Kreuz windet. Ein deutlicher Hinweis auf den zukünftigen Messias.

212 Arenhoevel ^{7}1968, S. 3.

213 Arenhoevel ^{7}1968, S. 3.

214 Arenhoevel ^{7}1968, S. 4.

215 Dazu gehörte die gesetzlich verankerte Reinigung der Mutter sowie die Opfergabe für das Kind (Lk 2, 22–24); siehe Arenhoevel ^{7}1968, S. 1447. Ein weiterer Hinweis auf das Alte Testament verbirgt sich in den mit romanischen Stilmerkmalen versehenen Innenraum der Szene; vgl. hierzu Harald Olbrich, Dieter Dolgner, Hubert Faensen u. a. (Hrsg.): Lexikon der Kunst, Bd. 2, München 1996, S. 82.

216 Jesus, der durch die Beschneidung selbst Angehöriger des Alten Bundes wurde, lässt sich durch die Taufe in den Neuen Bund führen.

217 Arenhoevel ^{7}1968, S. 386, Anm. 6, 1–23.

218 Siehe Arenhoevel ^{7}1968, S. 1024. Interessant ist hierbei, dass das Buch Daniel, das als »ein versiegeltes Buch« bezeichnet wird, der Offenbarung des Johannes im Neuen Testament entspricht, die nun u. a. das »Kommen des Herrn« offen nennt.

219 In den 1870er-Jahren geschah dies in Form von Porträtmedaillons, die nach der Skovgaardschen Neugestaltung der Decke in den Jahren 1912 und 1913 in ganzfigurige Darstellungen übergingen.

220 Siehe Arenhoevel ^{7}1968, S. 814, Anm. 137.

221 Ausführlicher zu dieser Zeit siehe »Einleitung zu den Büchern Chronik, Esra, Nehemia«, in: Arenhoevel ^{7}1968, S. 499 und 501.

222 Arenhoevel ^{7}1968, S. 1371, Anm. 4, 1–11.

223 Dorothea Kuhn: Auch ich in Arkadien. Kunstreisen nach Italien 1600–1900, Ausstellungskatalog Schiller-Nationalmuseum Marbach am Neckar 1966, Stuttgart 1966, S. 9. Hier finden sich weitere Beispiele wie diplomatische Reisen und solche zum Austausch von Gelehrsamkeit seit der Renaissance.

224 Vgl. Klaus Parlasca: Antikenbegeisterung, in: Gerhard Bott und Heinz Spielmann (Hrsg.): Künstlerleben in Rom. Bertel Thorvaldsen (1770–1844). Der dänische Bildhauer und seine deutschen Freunde, Ausstellungskatalog Germanisches Nationalmuseum Nürnberg 1991/1992 und Schleswig-Holsteinisches Landesmuseum Schloß Gottorf, Schleswig 1992, S. 33–43.

225 Rainer Schoch: Rom 1797 – Fluchtpunkt der Freiheit, in: Bott und Spielmann 1992, S. 17–23. Die ersehnte Unabhängigkeit aufgrund der Trennung von Akademien und alten Auftraggebern musste der Künstler nicht selten teuer bezahlen mit einer gesellschaftlichen Isolation und einer ständigen Kompromissbereitschaft zum Kunstmarkt und zu solventen Sammlern, wollte er sich ein Auskommen sichern.

226 Allgemein zu Thorvaldsen siehe z. B.: Bott und Spielmann 1992 oder Gerhard Bott (Hrsg.): Bertel Thorvaldsen. Skulpturen, Modelle, Bozzetti, Handzeichnungen. Gemälde aus Thorvaldsens Sammlungen, Ausstellungskatalog Wallraf-Richartz-Museum in der Kunsthalle Köln, Köln 1977, insbesondere S. 49f.

227 Joakim und Niels Skovgaard: Erindringer om P. C. Skovgaard, in: Tilskueren. Maanedsskrift for Litteratur, Kunst, Samfundsspørgsmaal og almenfattelige videnskabelige Skildringer, 25. Årg., 1908, S. 322.

228 Nicht nur Künstler oder Dichter, auch Theologen könnten genannt werden, die Italien aufsuchten. Siehe Jeg er i Italien! H. C. Andersen på rejse 1833–34, Ausstellungskatalog Thorvaldsens Museum, København und H. C. Andersens Hus, Odense 1990, S. 12f. und Vello Helk: Dansk-Norske Studierejser. 1661–1813 (Odense University Studies in History and Social Sciences vol. 139), Bd. I, Odense 1991, S. 132f.

229 Vgl. Weilbach Bd. III, 1952, S. 219.

230 Vgl. Aksel Rode: Joakim Skovgaards Udvikling 1884–94, in: Fra Skovgaard-Museet 1948–50, Viborg 1950, S. 7–18.

231 Skovgaard Museet Viborg, SKM 53 Nr. 13, Brief vom 30. Januar 1896 von Skovgaard aus Rom an seine Ehefrau Agnete.

232 Skovgaard Museet Viborg, SKM 48 Nr. 12.

233 Siehe Skovgaard Museet Viborg, SKM 53 Nr.2, Nr. 8 bis Nr. 14.

234 Das Aquarell befindet sich im Skizzenbuch von 1896; Skovgaard Museet Viborg, SKm Inv.-Nr. 265.

235 Siehe Skovgaard Museet Viborg, SKM 53 Nr. 15 bis Nr. 19A, Nr. 20, Nr. 41, Nr. 45A und Nr. 46.

236 Saxild 1915, S. 62.

237 Skovgaard Museet Viborg, SKM 55 Nr. 3A. Proportion und Perspektive in Mantegnas Fresken schienen ihm hingegen nicht mitteilsam zu sein.

238 Hinweis in einem Brief vom 5. Oktober 1900 von Skovgaard an seine Ehefrau Agnete. Skovgaard Museet Viborg, SKM 55 Nr. 4.

239 Brief Skovgaards vom 13. Oktober an den Viborger Bischof Swane (Privatarchiv 6409/ Swane).

240 Saxild 1915, S. 62f. Nach Skovgaards Aussage hätte er Anregungen für das Motiv des auferstehenden Christus im Viborger Fresko durch das Auferstehungsfresko Piero della Francescas in San Sepulcro erhalten, das jedoch überarbeitet wurde. Eine Abbildung hierzu in: Selskabet pro Ecclesia i samarbejde med Skovgaardmuseet i Viborg (Hrsg.): Joakim Skovgaard. Om Billederne i Viborg Domkirke, 1940, S. 31.

241 Am 18. Oktober 1900 berichtet Skovgaard aus Pompeji seiner Frau Agnete, dass sie einem Italiener bei der Zubereitung und Ausführung des Malgrundes für ein Fresko »i lighed med det pompeianske« zusahen und feststellten, dass dies

sehr »interessant« gewesen sei und für Viborg nichts tauge, aber ihrer bisherigen Erfahrung [mit der Freskotechnik; d. Verf.] neues Vertrauen gäbe (Skovgaard Museet, Viborg, SKM 55 Nr. 11).

242 Skovgaard Museet Viborg, SKM 55 Nr. 11.

243 Skovgaard Museet Viborg, SKM 55 Nr. 21.

244 Rigsarkivet, Kopenhagen, Cultus-Min. 1. Dept. 3 C 1078 – 15/9 04,3074, Schreiben vom 6. September 1904 von Skovgaard an das Kultusministerium.

245 Skovgaard Museet Viborg, SKm 160, datiert mit 1886, bezeichnet als »Ferrantes Have«.

246 Statens Museum for Kunst, Kopenhagen, Kupferstichsammlung (Inv.-Nr. 5577, datiert und signiert u. li.: J.S. 1897, kolorierte Zeichnung: Aquarell, Bleistift, 54,5×70,8 cm).

247 Siehe zum Beispiel Francis Beckett: Fra Foraarsudstillingerne, in Kunstbladet, 1898, S. 146f.; V. Koch: Joachim Skovgaards Udkast til Viborg Domkirkes Dekoration, in: Arkitekten. Meddelelser fra Akademisk Architekt Forening, Bd. 1, No. 8, 1899, S. 69; Georg Saxild: J. Skovgaard. Viborg Domkirkes Dekoration, in: Tilskueren. Maanedsskrift for Litteratur, Kunst, Samfundsspørgsmaal og almenfattelige videnskabelige Skildringer, 23. Årg., 1906, S. 960.

248 Emil Hannover: Neuere Strömungen in der dänischen Malerei, in: Zeitschrift für Bildende Kunst, N. F. 14. Jg., 1903, S. 300.

249 Saxild 1906, S. 964.

250 J. H. Andresen: Der Dom zu Viborg und seine Wandgemälde, in: Nordland, illustrierte Halbmonatsschrift für den deutsch-nordischen Kulturaustausch, Heft 10, 1913, S. 8.

251 Friedrich Deneken: Joakim Skovgaard und seine Wandgemälde im Dom zu Viborg, in: Zeitschrift für Bildende Kunst, N. F. 19. Jg., 1908, S. 154.

252 »Joachims Traum« in der Arena-Kapelle in Padua beispielsweise kann als Vergleich herangezogen werden.

253 Die »Stilisierung nackter Partien [Arme, Beine]« und der »leicht abstrakte [...] Eindruck« bei bekleideten Figuren nennt schon Saxild 1906, S. 961.

254 Es entstanden vor Ort Aquarelle zu Farbstudien (Ornamente, Details von Deckengewölben etc.), die Skovgaard teilweise mit Farbangaben versah.

255 Einen Überblick zu sämtlichen Freskenthemen und ihrer Lokalisierung siehe Skizze (S. 170–171).

256 Die Grundlage hierzu bilden die ausführlichen Bibelzitate respektive Verse der beiden Dänen Nikolaj Frederik Severin Grundtvig (1783–1872) und Hans Adolph Brorson (1694–1764) zu jedem Fresko, erwähnt bei Theodor Oppermann: Joakim Skovgaards Billeder i Viborg Domkirke, Kjøbenhavn 1916, S. 15–30. Einige Fresken wurden um weitere, das Ereignis näher beschreibende Bibelstellen von der Verfasserin ergänzt.

257 Joakim Skovgaard: Niels Larsen Stevns og hans gode gerninger i Viborg Domkirke, in: Tilskueren. Maanedsskrift for Litteratur, Kunst, Samfundsspørgsmaal og almenfattelige videnskabelige Skildringer, 33. Årg., 1916, S. 312.

258 Freiräume in der Ausgestaltung einer Figur beispielsweise ließ Skovgaard dann zu, wenn ihr der Mitarbeiter in seiner Gestaltungsweise mehr Aussagekraft gegenüber der Vorlage gab oder solange sie sich in das Umfeld einer Szene einfügte.

259 Skovgaards langjähriger Mitarbeiter Arne Lofthus charakterisierte ihn in: Joakim Skovgaards dekorative Kunst, in: Kunst og Kultur, Bd. 14, 1927, S. 37.

260 Lofthus 1927, S. 37.

261 36 weitgehend als Aquarell entstandene Kartons im Maßstab 1:3 zu allen Seitenschiff-Feldern und ihren Endflächen oberhalb der Durchgänge zum Querschiff sowie zu sämtlichen Triforien, den Wand- und Fensterflächen im nördlichen und südlichen Querschiff sowie für das Vierungsgewölbe bewahrt Den Hirschsprungske Samling, Kopenhagen, auf. Nicht vorhanden sind hier die Kartons für den »Einzug in Jerusalem« und »Gethsemane/ Das letzte Abendmahl«.

262 Eine größere Anzahl an Kartons im Maßstab 1:1 findet sich im Skovgaard Museet Viborg.

263 Wichtig waren kalkechte Farben. Auf einem großen, undatierten Papierstreifen führte Skovgaard Farbproben aus, unter die er jeweils den Farbnamen notierte: »Barys«, »Alf. Benzons Terra di Siena«, »Blodsten«, »Terra di Siena«, »Brændt Terra di Siena«, »Sort Mangan«, »Vert emerande«, »Lys Cromilte«, »Cobalt«, »Cobalt oksyd«, »Mørk Cromilte«, »Persisk Bergrødt«, »Engels Bergrødt«, »Indisk Rødt«, »Engelsk Rødt«, »Brændt Lys okker«, »Guld okker«, »Lys okker«; Skovgaard Museet Viborg, SKM 19 ohne Inv.-Nr.

264 Speziell für das Jahr 1901 wurde in den vorhandenen Quellen kein Versicherungsschein vorgefunden. Da Skovgaard und sämtliche Mitarbeiter jedoch schon 1900 und dann regelmäßig in jedem Jahr bis 1906 versichert waren, kann dies auch für 1901 angenommen werden.

265 Skovgaard Museet Viborg, SKm ohne Nr., datiert vom 12. April 1901. Die 18.000 Kronen verstehen sich als der erste Teilbetrag von insgesamt 120.000 bewilligten Kronen.

266 Ein Notizbuch von 1896/97 (Skovgaard Museet Viborg, SKm Nr. 100, ca. 15×10 cm) gibt in grober Skizzierung die Bilderabfolge der Wandfläche im südlichen Querschiff wieder: »Versu-

chung« / »Heilung des Gichtbrüchigen« / »Heilung der blutflüssigen Frau«. Die beiden unteren Motive wurden mehrmals mit der Fläche des nördlichen Querschiffs getauscht. Der Entwurf von 1897 (Statens Museum for Kunst, Kopenhagen, Kgl. Kupferstichsammlung, Inv.-Nr. 5572) gibt die Situation der Malfläche vor dem Entfernen von vier Reihen Granit wieder. Er wurde überarbeitet und zeigt nun als Karton von 1899 (Den Hirschsprungske Samling, Kopenhagen, Inv.-Nr. 1899) im Maßstab 1:9 (ca. 97,5×78,5 cm) eine erweiterte Malfläche nach der Beseitigung der vier Granitreihen.

267 Im Entwurf von 1897 ist diese Dynamik noch nicht erreicht: Der Teufel, mit verschränkten Armen dargestellt und mit einem sackartigen Gewand bekleidet, ist als eine Art »kompakte Masse« diagonal zu den anderen Figuren gesetzt. Noch sind hier die Wolken als rötliche, horizontal verlaufende Wolken-»Bänder« gesetzt, die mehr dekorativen als dynamischen Charakter besitzen.
Die überarbeitete Fassung dieser Szene von 1899 als Karton im Maßstab 1:9, ist das direkte Vorbild für das im obigen Text beschriebene Fresko und seiner innewohnenden Dynamik. Einzig die den Berggipfel umgebende Wolkenmasse setzt sich auf dem Karton noch aus einzelnen Strängen zusammen, die volutenförmig auslaufen; Den Hirschsprungske Samling, Kopenhagen, Inv.-Nr. 1899.

268 Der Entwurf von 1897 lässt auch in diesem Punkt keine Dynamik aufkommen, da die beiden als Halbfiguren gehaltenen Engel aus dem oberen Wolkenband herausragen. Ihre Flügel folgen dem oberen Verlauf der Mandorla. Erst im Karton von 1899 ist dann, wie oben beschrieben, die Bewegung erreicht.

269 Durch Vermittlung des Kopenhagener Statens Museum for Kunst konnten zwei mit der Methode vertraute Spezialisten aus Italien nach Viborg geholt werden. Zunächst wurde das gesamte Fresko mit Leinwand überklebt, einen Tag nach dem Trocknungsprozess erfolgte eine zweite Beklebung mit dickerer Leinwand, die erneut trocknen musste. Danach wurde die äußerste dünne Putzschicht mit dem Fresko von oben nach unten gelöst, umgestülpt aufgerollt und schließlich im Museum von den Leinwandschichten gereinigt, ausgebessert und auf einen neuen Leinwandträger aufgezogen. Hinweise bei Saxild 1915, S. 95.

270 Stevns Malanteil beschränkt sich auf das Kornfeld einschließlich der beiden Figuren darüber sowie den Ochsenhändler und die Kühe; Hinweis: Saxild 1915, S. 95.

271 Das Kultusministerium gab die Erlaubnis, die Wandfläche nach unten durch das Abschlagen von vier Reihen Granit zu erweitern.

272 Hierzu existiert eine Entwurfsskizze. Die auf Pergament als eine Art Durchzeichnung in Tusche und Bleistift ausgeführte, 42,7×25,6 cm große Skizze ist hier mit 1897/98 datiert. Eine Datierung mit 1899 ist jedoch plausibler, da erst durch die Probemalereien im Jahr 1900 Skovgaards Entschluss zu einer Flächenausdehnung durch Abschlagen von vier Reihen Granit feststand; Skovgaard Museet Viborg, SKm Nr. 1704.

273 Dieselbe Aussage findet sich bereits einige Bibelstellen zuvor bei Lukas 14,13: »Sondern wenn du ein Mahl machst, so lade die Armen, die Krüppel, die Lahmen, die Blinden.«

274 Die Diagonalen werden beispielsweise gebildet aus einer optisch gedachten Linie zwischen Ochsenbesitzer und Kornfeld-Eigentümer oder zwischen den beiden vor dem Kornfeld sitzenden Alten, über die Mittelgruppe zu den drei Personen an der linken Treppenseite. Interessanterweise folgt die dem »Gastmahl« gegenüberliegende »Kreuzigung« dem verblüffend ähnlichen Schema von sich kreuzenden und parallelen Diagonalen.

275 Jahre später erinnerte sich Joakim Skovgaard an diverse Einzelheiten während der Ausführung, beispielsweise daran, dass Stevns den Ochsenbesitzer nach eigenen Studien eines Viehhändlers vom Viborger Markt angefertigt und die Charaktere viel besser getroffen habe, als Skovgaards Entwurf vorgab; Hinweise in: J. Skovgaard 1916, S. 313–315.

276 Saxild 1915, S. 70. Der ebenfalls auf S. 70 in Auszügen abgedruckte Antwortbrief Skovgaards an den Bischof lautet u. a.: »Ich kann nun ungefähr die Grenzen dafür ersehen, welche wir in dieser Arbeit erreichen können [...]. Wenn ich Sie nur in vielen Jahren erfreuen könnte.« Bischof Swane, der sich wünschte, die Ausmalung von Chor und Querschiff noch erleben zu können, starb 1903, drei Jahre vor Fertigstellung der kompletten Ausmalung.

277 Skovgaard selbst bekannte nach der Ausmalung freimütig, dass ihn »diese Engel« schon bei den Vorbereitungen »zu plagen« begannen. Auf nächtlichen Spaziergängen, so Skovgaard, waren ihm schließlich Lösungen für die Gewölbe in den Sinn gekommen. Begtrup 1907, S. 18.

278 Vom »Kirkesyn« war er zuvor um eine genaue Stellungnahme zu den Engeln gebeten worden; Skovgaard Museet Viborg, SKm ohne Nr. 1907. Ein Jahr nach der Ausmalung wurde diese Deutung veröffentlicht als: Joakim Skovgaard: Om Billederne i Viborg Domkirke, in: Begtrup 1907,

S. 18; Skovgaard Museet Viborg, SKm Nr. 14133. Hierin wird deutlich, dass Skovgaard darauf bedacht war, die Engelsdarstellungen im südlichen wie nördlichen Querschiffsgewölbe einander anzugleichen.

279 An dieser Stelle sei auf den Entwurf von 1897 verwiesen, für den Skovgaard insgesamt acht kreisförmig angeordnete, auf einem umlaufenden Wolkenband stehende Engel vorgesehen hatte, die mit erhobenen Armen das Medaillon mit der Symbolisierung Christi (»Ich bin der Weinstock«) über ihren Köpfen halten. Dieser Plan musste schließlich fallen gelassen werden, da die vom nördlichen und südlichen Gewölbezentrum herabhängenden Kronleuchter im Wege waren. Für den Bildgrund war ursprünglich durchgehend Blau vorgesehen. Bei Proben mit Kobaltblau, das Skovgaard vom »Kirkesyn«-Mitglied Prof. Fenger erhalten hatte, traten bezüglich der Farbintensität Schwierigkeiten auf. Noch 1902 stellte er fest, dass diese Farbe mal zu stark in Richtung blau, mal zu sehr nach schwarz tendierte und eine gewisse »Unruhe« ins Bild zu bringen drohte. Vgl. Ministeriet for Kirke- og Undervisningsvæsenet 1909, S. 21.

280 Saxild 1915, S. 67.

281 Saxild 1915, S. 67.

282 Am 26. Oktober 1901 untermauerten die »Kirkesyn«-Mitglieder übereinstimmend in einem Schreiben an das Kultusministerium Skovgaards Vorschläge; Skovgaard Museet Viborg, SKm ohne Nr.

283 Saxild 1915, S. 67.

284 Die Werke des Literatur- und Kunsthistorikers Dr. Theodor Bierfreund (1855–1906) zeigen – laut Dansk Biografisk Leksikon, Bd. 2, København [3]1979, S. 81 –, dass seine »persönliche Einstellung gegenüber Kunstwerken oft unsicher« und die kulturhistorischen Schriften stark von einer persönlichen »skønhedsglæde« geprägt gewesen wären.

285 Die Artikel wurden seinerzeit von Landesarchivar Georg Saxild zusammengetragen und befinden sich nun (vermutlich unvollständig) im Skovgaard Museet Viborg, SKm Nr. 12.220.

286 Dagegen lobte er die Vorgängerdekoration von F. C. Lund, die in Anordnung und Ausführung »vortrefflich und altkirchlich« gewesen sei.

287 Siehe Dansk Biografisk Leksikon, Bd. 9, København [3]1981, S. 320–323. Madsen hatte seinerzeit durch seine journalistische Tätigkeit Stellung gegen die Akademie und deren Ausstellungen bezogen und zur Gründung der unabhängigen Ausstellungs-Vereinigung »Den frie udstilling« im Jahre 1891 beigetragen, der u. a. auch Skovgaard angehörte. Madsen und Skovgaard kannten sich bereits seit den 1880er-Jahren aufgrund gemeinsamer Interessen an kunstgewerblichen und keramischen Arbeiten. Madsen hatte in diversen Artikeln für die »Tidsskrift for Kunstindustri« eine neue Methode für Unterglasurmalerei in der Kgl. Porzellanfabrik protegiert, für die auch Skovgaard zeitweise tätig war.

288 Madsen bezeichnete schließlich Bierfreunds unglaubliche Wichtigtuerei als »Frechheit«.

289 Bislang konnte nicht geklärt werden, ob sich Skovgaard persönlich daran beteiligt hatte und wenn ja, in welcher Form.

290 Beispielsweise in der schriftlichen Formulierung von August Jerndorff in einem privaten Schreiben vom 10. September 1901 an Skovgaard; Skovgaard Museet Viborg, SKm ohne Nr.

291 Das »Kirkesyn« wollte zudem gerne eine Antwort auf Bierfreunds Artikel parat haben, die offizielle Rückfragen hervorriefen. Siehe undatierter Brief an August Jerndorff; Skovgaard Museet Viborg, SKm ohne Nr. Skovgaards Antwortschreiben am 18. September gibt im wesentlichen die Aussagen wieder, die bei der Bildbeschreibung der »Sendboten des Herrn« Verwendung fanden. Siehe auch Saxild 1915, S. 69.

292 Hierzu merkte Skovgaard an, dass er wohl kaum besser die Eckzwickel mit einem anderen Motiv klären könne. Am Briefrand notierte er, dass er viel an diesen als auch an anderen Dekorationsteilen gearbeitet hätte; undatierter Brief an August Jerndorff im Skovgaard Museet Viborg, SKm ohne Nr.

293 Schreiben vom 26. Oktober 1901 an das Kultusministerium; Skovgaard Museet Viborg, SKm ohne Nr. Erwähnt wird auch die endgültige Ablehnung der sogenannten »Oskar Matthiesen Methode«, die zunächst beim Einsatz der Freskotechnik vorgesehen war.

294 Seine Pläne teilte Skovgaard am 14. August 1901 dem Kultusministerium mit. Etwaige Änderungen im Plan, so der Schreiber, müssten miteinbezogen werden, da aufgrund des schlechten oder dunklen Wetters ein Arbeiten unter dem Gewölbe unmöglich gemacht würde. Rigsarkivet, Kopenhagen, Cultus-Min. 1. Dept. ØØ 883–14/8 01.

295 Hinweis in dem Schreiben vom 30. Oktober 1902 von Skovgaard ans Kultusministerium. Rigsarkivet, Kopenhagen, Cultus-Min. 1. Dept. 3B 622–22/11 02, 3440.

296 Bereits im vergangenen Spätjahr hatte Maurermeister Jensen aus Viborg Skovgaard auf kleine Flecken hingewiesen, die man sich zunächst als herablaufende kalkhaltige Rinnsale erklärte, die vom darüberliegenden Gewölbe ausgingen, an dem momentan gemalt wurde.

297 Hinweis in dem Brief vom 7. Mai 1902 von Skovgaard aus Viborg an seine Ehefrau Agnete. Skovgaard Museet Viborg, SKM 56 Nr. 1.

298 Diese Methode, so Skovgaard in seinem Jahresabschlussbericht vom 30. Oktober 1902 ans Kultusministerium, würde seit gut sechs Jahren in Dänemark von dem Maurermeister J. J. Bruun sowie von Ingenieuren und der Staatsprüfanstalt dort eingesetzt werden, wo eine Fläche vollständig isoliert und gegen »Salpeterbefall« geschützt werden müsse. Laut Laboratoriums-Bericht würden Salpeter-Flecken dort entstehen, wo sich der rote, unter dem Putz liegende Mauerstein befinde, den es mit einer Schicht zu isolieren gelte. Bereits vorhandene Flecken auf der Dekoration könnten mit Wasser in mehrmaliger Anwendung entfernt werden; Rigsarkivet, Kopenhagen, Cultus-Min. 1. Dept. 3B 622–22/11 02, 3440. Am 4. Juni 1902 berichtete Skovgaard seiner Ehefrau Agnete von der »mörderischen Arbeit«, Adiodon auf die Wandfläche zu streichen, die sich nach der Behandlung uneben und »voller Löcher« zeige; Skovgaard Museet Viborg, SKM 56 Nr. 10.

299 Aus den vorgefundenen Quellen geht nicht eindeutig hervor, ob die Adiodon-Behandlung schon für dieses Gewölbe angewandt wurde.

300 Skovgaard Museet Viborg, SKM 56 Nr. 7.

301 In der Wiedergabe von Aposteln und Evangelisten folgte Skovgaard dem Entwurf von 1897. Sein Freund Bindesbøll hatte ihm auch bei der »Konstruktion« der Apostelthrone geholfen und stand immer wieder als Ratgeber bereit, beispielsweise bei der endgültigen Farbwahl für die Gewölbe; Saxild 1915, S. 72.

302 Die Idee zu einem ockergelben Bildhintergrund entstand bereits bei der Ausarbeitung des Kartons im Maßstab 1:3. Der in Den Hirschsprungske Samling, Kopenhagen, aufbewahrte, ca. 147×90,5 cm große Karton (Inv.-Nr. 1984) weist einen gelben Grund auf.

303 Hinweis in: Ministeriet for Kirke- og Undervisningsvæsenet 1909, S. 21.

304 Seiner Ehefrau Agnete hatte er aus Italien von guten »alten Mosaiken« berichtet. Jedoch wäre er sehr erstaunt gewesen, in einer Kirche einen »modernen Maler vorzufinden«, der hier im »alten Mosaikstil« dekorieren würde, indem er Mosaiken mit Hilfe von Farbe (!) nachbilde; Skovgaard Museet Viborg, SKM 55 Nr. 4.

305 Jedoch hatte Lund die Apostel stehend im Kreis angeordnet und ihre Namen senkrecht dazwischen gesetzt.

306 Brief im Rigsarkivet, Kopenhagen, Privatarchiv 6409/ Swane: Folgende Reihen stellte Skovgaard in seinen Skizzen auf (im Uhrzeigersinn von der obersten Position ausgehend gelesen): 1. Skizze: »Kirkens gamle dekoration«: Peter – Paulus – Andreas – Simon – Judas Thaddäus – Jakob d. Ä. – Johannes – Bartholomäus – Matthäus – Philipp – Jakob d. J. – Thomas und wieder Peter als Ausgangspunkt. Ob die Apostel vielleicht in dieser Reihenfolge saßen (!), so Skovgaard, wisse er jedoch nicht. Ein Vergleich mit einem Foto um 1880 (Vellev 1986, S. 7) gibt ausschnitthaft die Situation der Vierungskuppel wieder, die nicht mit Skovgaards angeführter Reihenfolge übereinstimmt. Die 2. Skizze: »Reihenfolge bei Matthäus«: Peter – Andreas – Jakob – Johannes – Philipp – Bartholomäus – Thomas – Matthäus – Jakob Alphäus – Lebbäus Thaddäus – Simon und wieder Peter als Ausgangspunkt. Die 3. Skizze, Skovgaards erster Vorschlag zeigt: Peter – Paulus – Andreas – Simon – Judas Thaddäus – Jakob – Bartholomäus – Matthäus – Philipp – Jakob d. J. – Thomas – Johannes und wieder Peter als Ausgangspunkt. Die 4. Skizze, Skovgaards zweiter Vorschlag: Peter – Paulus – Andreas – Simon – Judas Thaddäus – Bartholomäus – Matthäus – Philipp – Jakob d. J. – Thomas – Jakobus d. Ä. – Johannes und wieder Peter als Ausgangpunkt.

307 Damit folgte Skovgaard seinem zweiten Vorschlag spiegelverkehrt.

308 Das im Skovgaard Museet Viborg verwahrte, 33,9×22,9 cm große und mit »Joakim Skovgaard« unten rechts signierte Aquarell (SKm Nr. 230), ist vermutlich vor dem Entwurf von 1897 entstanden, da alle schlafenden Apostel im Garten Gethsemane in einer geschlossenen Gruppe wiedergegeben sind; zudem verläuft unterhalb der Bildfläche im Abstand von vier Granitreihen ein mäanderartiges Ornamentband aus Akanthusblättern, das bei allen anderen Vorarbeiten nicht mehr in Erscheinung tritt. Eine vermutlich nach dem Entwurf von 1897 entstandene Studie gibt als bereits erweitertes Wandfeld die »Gethsemane«-Szene mit einer zweigeteilten Apostelschar und einer großzügiger gehaltenen Abendmahlhandlung wieder (Skizze im Skovgaard Museet Viborg, 41,5×25,5 cm, SKm Nr. 1705). Eine Bleistiftskizze in Skovgaards 17,5×10,5 cm großen Skizzenbuch von 1900 (Skovgaard Museet Viborg, SKm Nr. 115) zeigt Jesus als eine leicht nach vorne gesunkene, kniende Gestalt.
Anhand der erwähnten Studien kann auch bei der Abendmahlsszene verfolgt werden, wie Skovgaard einzelne, hierfür vorgesehene Architekturteile immer wieder überarbeitete, und die Perspektive sowie den harmonischen Übergang zur oberen Bildhälfte korrigierte.

309 Skovgaard Museet Viborg, SKM 56 Nr. 12. Dem Brief an seine Frau ist eine kleine Skizze vom »Abendmahl« beigefügt. Anscheinend war der Sommer 1902 überwiegend feucht, da Skovgaard häufig krank war; Saxild 1915, S. 72.

310 Hinweis in Vellev 1988, S. 21. Das Gemälde befindet sich demnach in Privatbesitz.

311 Es handelt sich um »Daniel in der Löwengrube«; Saxild 1915, S. 73.

312 Nach dieser Farbprobe kam Skovgaard zu der Überzeugung, die Seitenschiffgewölbe weiß zu halten und sich nicht dem Vorschlag des »Kirkesyn«-Mitglieds Prof. Fenger nach einem blauen Gewölbegrund zu beugen; Saxild 1915, S. 73.

313 Hinweise in dem Bericht vom 30. Oktober 1902 an das Kultusministerium; Rigsarkivet, Kopenhagen, Cultus-Min. 1. Dept. 3B 622 – 22/11 02, 3440.

314 Lange vor Ausmalungsbeginn war dieses Mauerwerk mit Feuchtigkeit und Salpeterbefall durchsetzt, so dass eine Ummauerung der Apsiskonche notwendig war; siehe Saxild 1915, S. 74 und Skovgaard Museet Viborg, SKM 122 Nr. 159 und SKM 107 Nr. 33.

315 Eindrucksvolle Beispiele zum Jahr 1903 (zur Szene Kain erschlägt Abel: Studie zur Beinstellung Kains, zur Sitzhaltung Abels etc.) lassen sich in einem Lederfolianten (ca. 43×27,5 große, mitunter eingeklebte Blätter, Den Hirschsprungske Samling, Kopenhagen, Inv.-Nr. 2073) finden, den Skovgaard als Skizzenbuch zwischen 1901 und 1905 benutzt hatte.

316 Letztendlich fand der Vorschlag von Mitarbeiter Viggo Madsen Beachtung, für den Hintergrund Barytgelb zu wählen; Saxild 1915, S. 74.

317 Wie sich dieses Procedere überhaupt gestaltete, ob die bisherigen Fresken abgeschlagen und durch vorläufige in diesem Jahr ersetzt wurden, kann aus der vorgefundenen Quellenlage nicht rekonstruiert werden. 1927 erinnerte sich Arne Lofthus als ehemaliger Viborg-Mitarbeiter, dass die »Schrecken im Jahr 1903 ihren Höhepunkt erreicht hätten, da es so aussah, als ob all das bisher Fertiggemalte geändert werden müßte«, in: Lofthus 1927, S. 32.

318 Zur Mithilfe bei Farbproben hatte Skovgaard auch noch eine »fru cand. polyt Nielsen« für 50 Kronen angestellt; Hinweis in einem Schreiben vom 2. September 1903 an das Kultusministerium; Rigsarkivet, Kopenhagen, Cultus-Min. 1. Dept. 3C 1078 – 3/9 03, 2567.

319 Saxild 1915, S. 73.

320 Skovgaard schrieb am 25. Mai 1903 an seine Ehefrau Agnete, dass das Kain- und Abelfeld so gut wie fertig wäre; Skovgaard Museet Viborg, SKM 56 Nr. 18.

321 Arne Lofthus führte in seinem undatierten, ca. 16,7×10,2 cm großen Notizbuch (Skovgaard Museet Viborg, SKm Nr. 10147) genau Buch über seinen Malanteil bzw. den der Kollegen an den Fresken in den Seitenschiffen und Triforienfeldern. Den Tod Abels führte er selbständig durch, während die Opferung Kain und Abels in gemeinsamer Arbeit mit Skovgaard entstand.

322 In seinem Bericht vom 25. August 1903 an das Kultusministerium in Kopenhagen verweist Skovgaard abermals mit Nachdruck auf die zeitraubenden, aber notwendigen Verbesserungen an den Gewölben, vor allem an der Vierungskuppel. Bislang vorgenommene Proben im Chorgewölbe (1902) und in der Apsis (Sommer 1903) hätten ihn bestärkt, farbliche und formale Änderungen vorzunehmen (Rigsarkivet, Kopenhagen, Cultus-Min. 1. Dept. 3C 1078, ohne Nr.). Zu bedenken gilt hierbei auch, dass die Farben nach ihrem Auftrag zunächst den Winter über in der beheizbaren Kirche trocknen mussten, bevor eine endgültige Beurteilung der Gewölbe, vor allem der goldgelben Vierungskuppel hinsichtlich ihrer farblichen Qualität im darauffolgenden Jahr vorgenommen werden konnte.

323 Skovgaard Museet Viborg, SKM 56 Nr. 21, Brief datiert vom 9. Juni 1903.

324 Ob zuerst an der Fenster- oder Westwand, möglicherweise sogar an beiden parallel gearbeitet wurde, ist unklar.

325 Das unterste Bildmotiv, die »Heilung des Gichtbrüchigen«, war ursprünglich in derselben Position für das südliche Querschiff vorgesehen.

326 Vgl. Ursula Peters: Stilgeschichte der Fotografie in Deutschland. 1839–1900, Köln 1979, S. 194f.: »Um die Zufälligkeit [...] augenfällig zu machen, mit der die Außenwelt ins Blickfeld des Betrachters gerät, wird eine Bildform geschaffen, die bereits auf den fotografischen Schnappschuß hinweist.«

327 Die »blutflüssige Frau« wird in der Legenda Aurea als Martha von Bethanien identifiziert; Hinweis bei J. Anstett-Janssen: Martha von Bethanien, in: Lexikon der christlichen Ikonographie (= LCI), Bd. 7, 1994, Sp. 565. Unklar bleibt, ob Skovgaard von dieser Identifikation wusste; immerhin wählte er zwei weitere Szenen aus (»Christus bei Maria und Martha« und »Auferweckung des Lazarus«), in denen Martha eine Rolle spielt.

328 In einem Schreiben vom 1. Oktober 1903 an seine Ehefrau Agnete äußerte sich Skovgaard freudig zu den Farben in der Szene »Heilung des Gichtbrüchigen«, die bei Sonnenbestrahlung »prächtig« wären; Skovgaard Museet Viborg, SKM 56 Nr. 23.

329 Bereits 1900 war dieses Thema mit Kaseinfarben gemalt worden und wurde nun al fresco ausgeführt; Saxild 1915, S. 75.

330 Hierfür könnte eine Stelle aus einem handschriftlich von Skovgaard verfassten Vortrag über

seine Ausmalung am 18. November 1906 sprechen, die unter »1903« einen »Indtog 1904« verzeichnet. Den bildlichen Beweis könnte ein Foto in der Zeitschrift Illustreret Tidende, Bd. 44, Nr. 11, 1902–03, S. 172 liefern, das etliche Änderungen im Vergleich zum Fresko zeigt (beispielsweise bei der Steinmauer oder den ausgebreiteten, mit Zweigen bedeckten Tüchern).

331 Vgl. hierzu auch das Kapitel »Änderungen am Entwurf von 1897«.

332 Skovgaard Museet Viborg, SKm Nr. 1701, unbezeichnete Bleistiftzeichnung, 23,2×25,8 cm.

333 Vgl. Abbildung in: Kunstmuseets Aarsskrift, København, Bd. 20/21, 1933–34, S. 3 mit dem Hinweis auf ein Aquarell, aufbewahrt in der Kupferstichsammlung im Statens Museum for Kunst, Kopenhagen.

334 Die kolorierte Zeichnung hat Den Hirschsprungske Samling, Kopenhagen, Inv.-Nr. 1908.

335 Lazarus von Bethanien, befreundet mit Jesus, der ihn von den Toten auferweckte, war wiederum der Bruder Marias (oftmals auch mit dem Zusatz Magdalena genannt) und Marthas von Bethanien; vgl. J. Anstett-Janssen: Martha von Bethanien, in: LCI Bd. 7, Sp. 384f., 515ff. und 565ff.

336 Neben den Freskierarbeiten wurden 1903 auch die Granitverkleidungen am Orgel- und Triumphbogen vollständig durchgeführt. Nach Skovgaards Ansicht würde die von F. C. Lund bemalte Holzdecke dadurch an Geltung gewinnen; siehe Brief vom 1. Oktober 1903 von Skovgaard an Ehefrau Agnete, Skovgaard Museet Viborg, SKM 56 Nr. 23.

337 Hinweis in einem Brief vom 24. Juli 1904 von Skovgaard ans Kultusministerium; Skovgaard Museet Viborg, SKm ohne Nr., lose Blattsammlung.

338 Der Aufenthalt diente zur Erholung bisheriger Ausmalungsstrapazen; Saxild 1915, S. 76.

339 Bereits am 8. Juni 1904 konnte Skovgaard seiner Ehefrau Agnete unter anderem von »gutgehenden Arbeiten«, besonders im südlichen Querschiffgewölbe berichten; schon am nächsten Tag wolle er den goldgelben Bildgrund der Mittelkuppel in Angriff nehmen. Skovgaard Museet Viborg, SKM 56 Nr. 34.

340 Hinweis in einem Schreiben vom 6. September 1904 von Skovgaard ans Kultusministerium (Cultus-Min. 1. Dept. 3C 1078 – 15/9 04, 3074). Die jahrelangen Ausbesserungen an den Gewölben waren vonnöten gewesen, wie Skovgaard sich rechtfertigte, um seinen Vorstellungen von harmonisch wirkenden Gewölben so nahe wie möglich zu kommen; von allen Gewölben wäre das Chorgewölbe unter den »wenigsten Beschwernissen« entstanden; siehe Ministeriet for Kirke- og Undervisningsvæsenet 1909, S. 22. Kaseinproben waren in diesem Bereich bereits zwei Jahre zuvor durchgeführt worden.

341 Hinweis in Saxild 1915, S. 77f. und in einem Brief von Skovgaard an seine Ehefrau Agnete vom 25. September 1904, der die Ausführung einer »Eva« nennt; Skovgaard Museet Viborg, SKM 56 Nr. 38.

342 Skovgaards Vortragsmanuskript vom 18. November 1906 über seine Dekorationen lässt die Triforienfelder unbenannt; Skovgaard Museet Viborg, SKm 12.207.

343 Saxild 1915, S. 77.

344 Hinweis bei V. Osteneck: Scherflein der Witwe, in: Lexikon der christlichen Ikonographie, Bd. 4 , Sp. 534 mit Beispielen.

345 Der Künstler Johannes Kragh führte u.a. diese Szene aus, laut einer Notiz im Jahr 1901 (!) während eines 14-tägigen Viborg-Aufenthalts; siehe Skovgaard Museet Viborg, SKM 124 Nr. 1a. Bislang konnte in den eingesehenen Quellen und verwendeten Artikeln kein weiterer Hinweis auf die Entstehung der Szene im Jahr 1901 gefunden werden, daher fand ihre Beschreibung in diesem Kapitel Berücksichtigung.

346 Ein Teil der »Kreuzigung«, der vermutlich noch 1903 begonnen worden war, musste ebenfalls aufgrund von Salpeterbefall abgeschlagen werden; Hinweis in: Rigsarkivet, Kopenhagen, Cultus-Min. 1. Dept. 3 C 1078 – 15/9 04, 3074.

347 Skovgaard Museet Viborg, SKm Nr. 1798. Unter den überwiegend während der Griechenlandreise von 1896 festgehaltenen Eindrücken lassen sich in dem Büchlein vereinzelt auch Motiv-Ideen für Viborg finden.

348 Von 1900 datiertes, 17,5×10,5 cm großes Skizzenbuch, S. 55; Skovgaard Museet Viborg, SKm Nr. 115. Das von Skovgaard durchnummerierte Büchlein enthält neben etlichen Entwürfen für Viborg u. a. Reiseskizzen von Italien.

349 Die zumeist aus Kopenhagen stammenden Modelle waren häufig im Handwerksbereich tätig und hatten eine entsprechend kräftige Statur. Skovgaard notierte am Rande der Skizzen oftmals ihre Adressen und das Entgelt für die Sitzung, gelegentlich die ein oder anderen Vorzüge eines Modells. Beispiele finden sich u.a. in dem in Leder gebundenen Folianten von 1901–1905 in Den Hirschsprungske Samling, Kopenhagen, Inv.-Nr. 2073.

350 Die in Bleistift und Aquarell ausgeführten, signierten und datierten Studien sind neben vielen weiteren in einem als Skizzenbuch verwendeten Folianten (Blattgröße ca. 43×27,5 cm) vereinigt; Den Hirschsprungske Samling, Kopenhagen, Inv.-Nr. 2073, datiert von 1901–1905.

351 Maria und Johannes unter dem Kreuz werden neben zwei weiteren Frauen nur bei Joh 19, 25–

27 erwähnt, bei dem es heißt, dass Jesus seine Mutter Johannes anvertraut.

352 Das stilisierte Fluss-Motiv des Entwurfs (Statens Museum for Kunst, Kopenhagen, Kupferstichsammlung, Inv.-Nr. 5576, 64×75,3 cm) wurde im Karton (Den Hirschsprungske Samling, Kopenhagen, Inv.-Nr. 1832, ca. 100×106,5 cm) zum Ufersaum eines seichten Gewässers, in dem sich die vier Gestalten teilweise spiegeln. Auch reduzierte Skovgaard die Anzahl der Harfen von zwei im Entwurf auf eine im Karton.

353 Das Notizbuch von Arne Lofthus nennt Skovgaard als Ausführenden des Freskos.

354 Im Viborger Dom zählen zu jenem Zyklus weiterhin »Die neu erschaffene Eva«, »Sündenfall« als das »bedeutendste« Thema, »Eva mit ihren Kindern Kain und Abel«, »Adam bearbeitet den distelübersäten Acker«, »Vertreibung aus dem Paradies«, »Kain und Abel« sowie »Abels Begräbnis«; siehe allgemein H. Schade: Adam und Eva: Lexikon der christlichen Ikonographie (= LCI), Bd. 1, 1968, Sp. 41–70.

355 Hinweis im Notizbuch von Arne Lofthus.

356 In einem Skizzenbuch (ca. 20×14 cm) von Joakim Skovgaard, datiert zwischen 1902–07, findet sich eine Bleistiftskizze, die Adam sitzend zeigt. Nach wie vor ist die gesamte Bildfläche bis auf die Hinzufügung eines Gebüsches am rechten Rand von Tieren ausgefüllt (Skovgaard Museet Viborg, SKm Nr. 1802). Verschiedene Modell- und Studienzeichnungen zu Adam und dem Eisbären beispielsweise zeigen erneut, wie sorgfältig Skovgaard ein Thema vorbereitete. Vgl. Modellstudie zu Adam (Aquarell und Bleistift, ca. 48,5×55 cm, Den Hirschsprungske Samling, Kopenhagen, Inv.-Nr. 1760) sowie Bleistiftzeichnung zum Eisbären (21,1×30,7 cm, Skovgaard Museet Viborg, SKm Nr. 392).

357 Vgl. Notizbuch von Arne Lofthus, das für »Jerusalems mure« Skovgaard nennt.

358 Fallengelassen wurde bei der Freskierung 1904 der im Entwurf vorgesehene Vogel am linken Bildrand.

359 Studien zum dritten und vierten Maurer befinden sich in Den Hirschsprungske Samling, Kopenhagen, Inv.-Nr. 1835 (Kohle, Bleistift, 32×62 cm, bez. u. re.: J.S. 1904.) und Inv.-Nr. 1836 (Kohle, Bleistift, 56×32,5 cm, bez. li. Rand: J.S. 1904) und zum zweiten Maurer in einem Skizzenbuch von Skovgaard aus den Jahren 1903–1920 im Skovgaard Museet Viborg, SKm Nr. 1803 (Kohle, Bleistift, ca. 39×52 cm, bez. u. re.: JS 1904).

360 Skovgaard bezweifelte, dass ein zweiter Versuch eine »anmutigere« Eva-Figur hervorbringen würde; Hinweis in einem Brief vom 25. September 1904 von Skovgaard an seine Ehefrau Agnete; Skovgaard Museet Viborg, SKM 56 Nr. 38.

361 Skovgaard Museet Viborg, SKm Inv.-Nr. 1795. Die ca. 11,2×17,2 cm große Bleistiftskizze trägt zusätzlich die Inventarnummer 9446.

362 Aus dem im Kompositionsentwurf vorgesehenen dichten Hintergrund aus Blättern und Zweigen wurde im Entwurf von 1897 eine Grasfläche mit jeweils zwei Bäumen, zwischen deren Kronen dekorativ drei Putti platziert sind. Eine Bleistiftskizze aus einem mit 1902–07 datierten Skizzenbuch übernimmt die Anordnung der Bäume, verzichtet jedoch auf das Putti-Beiwerk; Skovgaard Museet Viborg, SKm Nr. 1802, ca. 20×14 cm.

363 Zu beiden Aktfiguren existieren von Skovgaard angefertigte Modellstudien, die sich in Den Hirschsprungske Samling, Kopenhagen, befinden (zu Adam: bez. u. re.: J.S. 1904, Bleistift, 50×38,5 cm, Inv.-Nr. 1762; zu Eva: bez. u. re.: J.S. 1904, aquarellierte Bleistiftzeichnung, 70×45,5 cm, Inv.-Nr. 1763).

364 »Dann baute Jahwe Gott die Rippe, die er vom Menschen genommen hatte, zu einem Weibe und führte es zum Menschen.« (1. Mose 2,22).

365 Noch am 30. August 1906 wurde diese Adam-Gestalt abgeschlagen und von Skovgaard bis zum Abend darauf erneuert; Hinweis in: Saxild 1915, S. 84.

366 In Begtrup 1907, S. 15, äußert sich Skovgaard näher zum Motiv der neu erschaffenen Eva, auf das er durch ein nach seinen Worten »herrliches« Bild Wilhelm Marstrands aufmerksam wurde. Seine Eva-Gestalt sollte jedoch nicht wie jene liegend und im Traum lächelnd dargestellt werden, sondern aufgerichtet, während Adam, der eben noch schlummerte, sich nun in knieender Haltung befindet. Vermutlich kannte Skovgaard auch das »Adam og Eva«-Bild von Julius Paulsen aus dem Jahr 1887, das Eva stehend vor dem vermutlich eben erwachenden Adam zeigt. Die effektvollen Hell-Dunkel-Kontraste vor einem diffusen Hintergrund erreichte Paulsen mit Hilfe des imaginären gleißenden Lichtstrahls von links oben, der partielle Körperstellen beider Akte betont – eine Art der Lichtführung, die Skovgaard wenig beeindruckte.

367 Skovgaards handschriftlich ausgearbeiteter Vortrag aus dem Jahr 1906 zur Ausmalung nennt allgemein für 1905 die Ausmalung von Chor, Triforien und Seitenschiff-Felder, für 1906 die Dekoration von Seitenschiff, Chor, Triforien und die Einsetzung von drei Glasmosaik-Fenstern in der Apsis; Skovgaard Museet Viborg, SKm Nr. 12.207. Wenig aufschlussreich gerade zu den Jahren 1905 und 1906 ist der Abschnitt bei Saxild 1915, S. 79–84.

368 Das Schreiben datiert vom 27. Juni 1905; Rigsarkivet, Kopenhagen, Cultus-Min. 1. Dept. 3C 1078 – 4/7 1905, 2583.

Hinzu kam, dass Skovgaard partielle Ummalungen von bereits abgeschlossenen und intakten Flächen ohne Schadstellen wiederholt vornahm, da ihm beispielsweise eine Farbgebung oder ein Detail nicht mehr zusagte.

369 Hinweis in einem Brief vom 1. Dezember 1906 von Skovgaard ans Kultusministerium; Skovgaard Museet Viborg, lose Blattsammlung in Mappe ohne eigene SKm Nr.

370 Intensiver kümmerte sich Skovgaard ab Sommer 1904 um die Realisierung des Entwurfs von Thorvald Bindesbøll; siehe Saxild 1915, S. 78 und 82.

371 Gedacht hatte Skovgaard auch an die Aufstellung eines »Ersatz-Altars« vor der Treppe zum Chor während der gesamten Ausmalung des Chorraumes, da der Hauptaltar für den Gottesdienst nicht zugänglich war; Hinweis in einem Brief vom 22. Mai 1905 an das Kultusministerium, Skovgaard Museet Viborg, ohne Inv.-Nr.

372 Saxild 1915, S. 79.

373 Hinweis in: Ministeriet for Kirke- og Undervisningsvæsenet 1909, S. 22.

374 Skovgaard orientierte sich hierbei an Grundtvig. Das Motiv der Seligen, die erlöst und von Engeln ins Paradies geführt werden, war auch Bestandteil byzantinischer Weltgerichtsdarstellungen. In westlichen Darstellungen ist es das Motiv der Auferstehung der Toten; vgl. B. Brenk: Weltgericht, in: Lexikon der christlichen Ikonographie (= LCI), 4. Bd., 1994, Sp. 514 und 519.

375 Hinweis in einem Schreiben vom 1. Dezember 1906 von Skovgaard an das Kultusministerium; Skovgaard Museet Viborg, der Brief ist lose aufbewahrt in einer Mappe ohne eigene Inv.-Nr. Das Auferstehungsfresko ist mit »1905« datiert.

376 »Christus fører de udløste fra Dødsriget til Paradis« heißt es unter dem Entwurf von 1897.

377 Ein früherer Kompositionsentwurf zeigt bereits die Verteilung der Themen in groben Zügen; Skovgaard Museet Viborg, SKm Nr. 1623, Bleistift, 33,7×32,8 cm, ca. 1897.

378 Ein zeitgenössisches Foto beispielsweise, höchstwahrscheinlich vom Ausmalungsjahr 1905, zeigt hinter Christus einen Engel, der den Sarkophag-Deckel weggezogen hat. Abb. in: Ministeriet for Kirke- og Undervisningsvæsenet 1909, S. 48.

379 Am 19. September 1905 schrieb Skovgaard nach Kopenhagen an seine Ehefrau Agnete, dass Stevns eine »wunderschöne« Eva gemalt habe, die »alles andere überstrahlt«; Skovgaard Museet Viborg, SKM 56 Nr. 47.

380 Thorvald Bindesbøll hatte die Ornamente und Rosetten sowie den Türklopfer in Form eines Löwenkopfes entworfen.

381 Näheres hierzu bei E. Lucchesi Palli: Höllenfahrt Christi, in: Lexikon der christlichen Ikonographie (= LCI), Bd. 2, Rom, Freiburg, Basel Wien 1970, Sp. 322–331. Hier auch der allgemeine Hinweis, dass die Darstellung der Höllenfahrt Christi in der abendländischen Kunst nach dem Mittelalter seltener wurde, Sp. 323.

382 Heute Statens Museum for Kunst, Kopenhagen, das das Gemälde 1911 ankaufte. Hier war es bis 1965 ausgestellt, wurde aber aufgrund des Museumsumbaus zusammengerollt und kam die nächsten 35 Jahre lang nicht mehr zum Vorschein. Im Jahr 2000 wurden umfassende Konservierungs- und Restaurierungsarbeiten eingeleitet und durchgeführt, die via Internet (http:// www.smk.dk/skovgaard/projektet.htm) anhand eines ständig aktualisierten Fotoberichtes verfolgt werden konnten.

383 Siehe E. Lucchesi Palli: Höllenfahrt Christi, in: LCI, Bd. 2, 1970, Sp. 323f. mit einigen Beispielen.

384 »Am Abend pochte es laut an der Höllenpforte« lautet die Übersetzung. Äußerung in Begtrup 1907, S. 16f. Der Autor Johannes Vedel vermutet in seinem Artikel Kristus i de dødes Rige, in: Højskolebladet. Tidende for Folkeoplysning, Nr. 39, 1894, Sp. 944: Skovgaard hätte durch seine häufigen Besuche an der Volkshochschule in Vallekilde das in diesen Kreisen gut bekannte Lied kennenlernen und sich durch einen Vortrag zum Thema Christi Höllenfahrt, gehalten von Ernst Trier, Leiter der Vallekilder Volkshochschule, inspirieren lassen können. Der vollständige Liedtext findet sich bei: Nik. Fred. Sev. Grundtvig: Sang-Værk til den Danske Kirke, 1. Bd., Kjøbenhavn 1837, S. 471–474 (Nachdr. København 1944).

385 Begtrup 1907, S. 17. Skovgaard wollte nicht die Propheten darstellen, die Christus tragen, wie es in Strophe 18, Vers 4, heißt.

386 Begtrup 1907, S. 17. Speziell zum Höllenmaul und Höllenschlund siehe B. Brenk / A. Brulhart: Hölle, in: Lexikon der christlichen Ikonographie (= LCI), Bd. 2, 1970, Sp. 317ff.

387 Skovgaard hingegen sah im Motiv des Sarkophags eine Fortsetzung der Kunsttradition, »det giver en absolut Ret, om man vil benytte den«; Ministeriet for Kirke- og Undervisningsvæsenet 1909, S. 49.
Den weiteren Wunsch des Bischofs nach einem weiß gekleideten Christus erfüllte Skovgaard nicht. Er beließ ihn rot gewandet, um die angestrebte Betonung des Bildzentrums nicht zu unterbinden; Hinweis in: Ministeriet for Kirke- og Undervisningsvæsenet 1909, S. 49. Bischof Poulsen war der Nachfolger des 1903 verstorbenen Bischofs Hans Jørgen Swane.

388 Interessanterweise hatte der dänische Künstler Carl Bloch (1834–1890) im Jahr 1877 dieses

Motiv für eine Altartafel für St. Jakob in Kopenhagen gewählt und in einer effektvollen Komposition arrangiert; siehe Kjær und Grinder-Hansen 1993, Fig. 96, S. 91. Bloch war ansonsten bekannt für humoristische Schilderungen und idyllische Alltagsepisoden; siehe auch: Dansk Biografisk Leksikon, Bd. 2, København 1979, S. 245–247.

389 Siehe Ministeriet for Kirke- og Undervisningsvæsenet 1909, S. 52.

390 Das Skovgaard Museet Viborg besitzt mehrere dieser eindrucksvollen, überwiegend 23×18 cm großen Bleistift- und Aquarellporträts, auf denen mitunter der Name des Porträtierten und sein Beruf notiert sind; vgl. zum Beispiel SKm Nr. 12.353, bez. oben re.: Elever på, bez. oben li.: JF; Blattrückseite: Elev fra Vallekilde oder SKm Nr. 12.358, bez. oben re.: Elever; Blattrückseite: fiskeren.

391 Hinweis in Theodor Oppermann: Joakim Skovgaards Billeder i Viborg Domkirke, Kjøbenhavn 1916, S. 30. Brorsons Verse lauten: »Den store, hvide Flok, vi se/ Som tusind Bjerge, dækt med Sne,/ Med Skov omkring/ Af Palme-Sving,/ For Tronen, hvo er de?«und »Det er den Helteskare, som/ Af hin den store Trængsel kom/ Og frelst opstod/ Ved Jesu Blod/ Til Himlens Helligdom!«

392 Dafür sprechen die vor einer jeden Ausmalungsperiode angefertigten Studien. So tragen die entsprechend der rechten Apsishälfte zuzuordnenden Motive die Datierung »1905«, jene der linken Seite das Datum »1906«.

393 In einem Brief vom 18. Mai 1906 an seine Ehefrau Agnete berichtete Skovgaard über den »heutigen vielversprechenden« Ausführungsversuch am Christuskopf; Skovgaard Museet Viborg, SKM 56 Nr. 54.

394 Für die Ausführung von einigen Erlösten bat er in einem Brief vom 9. Juni 1906 seine Ehefrau Agnete um die Zusendung von Porträts verschiedener namhafter Personen aus der Verwandtschaft und dem Freundeskreis.

395 Das Skovgaard Museet Viborg besitzt einen vermutlich älteren, ca. 18×29,5 cm großen Aquarellentwurf (SKm Nr. 222), der die Erlöserschar in akuraten horizontalen Reihungen kniend anstelle des Ausfallschrittes wiedergibt. Noch fehlt das Motiv der Quellströme unterhalb des Thrones, wie im Entwurf von 1897 dann vorhanden. Einige geringfügige Änderungen nahm der Künstler u. a. bei der vielköpfigen, aus Frauen, Männern und Kindern bestehenden Erlöserschar vor, die teilweise mit Palmwedeln in der Hand in aufrechter Haltung zu Christus schreiten. Den beiden Engeln im oberen, nun blau gehaltenen Bildteil wurden eine Harfe und ein Schriftband beigegeben.

396 Ungewöhnlich ist die Anzahl der Quellen, die ansonsten in einer Vierzahl dargestellt sind. Allgemein hierzu siehe J. Poeschke: Paradies beziehungsweise Paradiesflüsse, in: Lexikon der christlichen Ikonographie (=LCI), Bd. 3, 1971, Sp. 375–382 und Sp. 382–384.

397 Begtrup 1907, S. 21.

398 Skovgaard ließ über die Christus-Gestaltung verlauten, dass diese sich in ihrer »historischen Stilart« am engsten der alten »kirchlichen Tradition« anschließen würde; Ministeriet for Kirke- og Undervisningsvæsenet 1909, S. 54.

399 Begtrup 1907, S. 21. Darunter kann man die inhaltliche, als Heilsgeschichte verstandene Ausrichtung genauso verstehen, wie die formale Ausrichtung der übrigen Fresken auf die Apsis, dessen Fresko mit der Christusfigur den Blick des Betrachters auch noch im Mittelschiff über größere Distanzen auf sich lenkt und es erfahrbar macht.

400 Bereits byzantinische Weltgerichtsdarstellungen sind in verschiedene Szenen unterteilt; siehe hierzu den umfassenden Artikel mit Beispielen von B. Brenk: Weltgericht, in: Lexikon der christlichen Ikonographie (= LCI), Bd. 4, 1972, Sp. 513–523.

401 Siehe hierzu B. Brenk/A. Brulhart: Hölle, in: LCI, Bd. 2, 1970, Sp. 317f.

402 Das Motiv zu Christus, der inmitten des aus Aposteln und Engeln bestehenden Hofstaates thront, lässt sich schon auf einem byzantinischen Weltgerichtsbild, vermutlich aus dem 9. Jahrhundert nachweisen; siehe B. Brenk: Weltgericht, in: LCI, Bd. 4, 1972, Sp. 513.

403 Die »Auferweckung der Toten auf Geheiß eines Posaune blasenden Engels« ist ein weiteres Motiv der Weltgerichtsdarstellung; siehe B. Brenk: Weltgericht, in: LCI, Bd. 4, 1972, Sp. 514.

404 Davon ausgenommen sind die drei Endflächen der Seitenschiffe mit den Fresken von 1904 »Adam gibt den Tieren Namen«, »Die Juden an den Flüssen Babylons« und »Der Wiederaufbau der Mauern von Jerusalem«, das im nördlichen Seitenschiff liegende Fresko »Die neu erschaffene Eva« ebenfalls von 1904 und das Fresko im südlichen Seitenschiff »Kain und Abel« von 1903.

405 So hielt Skovgaard am 15. Mai 1906 fest: »Die Arbeit ist in Gang. Lofthus und Stevns malen Gewölbe«, in: Saxild 1915, S. 82.

406 Motive nach dem Sündenfall wie das »Verbergen von Adam und Eva«, »Die Vertreibung aus dem Paradies« etc. »wurden v. jeher als Gericht angesehen«; siehe H. Schade: Adam und Eva, in: LCI, Bd. 1, 1968, Sp. 62.

407 In einem Brief vom 26. Mai 1906 berichtet Skovgaard seiner Ehefrau von der Fertigstellung des sich versteckenden Paares Adam und Eva

und zweier Truthähne, worunter »[...] den ene ser lystent efter en græshopper [...]«; Skovgaard Museet Viborg, SKM 56 Nr. 55.

408 Skovgaard Museet Viborg, SKm Nr. 1795, zusätzlich erhielt jede einzelne Zeichnung im 11,2×17,2 cm großen Skizzenbuch eine eigene Inventarnummer, hier die Nr. 9442.

409 Skovgaard Museet Viborg, SKm Nr. 85, kariertes Notizbuch, ca. 14×8 cm.

410 Skovgaard Museet Viborg, SKm Nr. 68, kariertes Notizbuch, 15×10 cm.

411 Im Skovgaard Museet Viborg finden sich auch Studien zu Schlangen. Zwei Detailstudien in Öl auf Papier, die jeweils die markante, schuppenartige Ausprägung der Schlangenhäute wiedergeben (SKm Nr. 437, bez. u. re.: JS 1902, giftslange Java, 19,9×36,8 cm) sowie eine aquarellierte Zeichnung zu einer Python aus dem Jahr 1903 in einem Skizzenbuch (SKm Nr. 1802, bez. u. li.: J S. 1903, ca. 20×14 cm). Möglicherweise dienten beide vorbereitend auf die Schlangendarstellungen im Viborger Dom.

412 Von Niels Larsen Stevns wurden der arbeitende Adam und Eva mit ihren Kindern, von Lofthus und Madsen der Schlangentöter gemalt; Hinweise im Notizbuch von Arne Lofthus und auf einer in Den Hirschsprungske Samling, Kopenhagen, befindlichen kolorierten Zeichnung (Inv.-Nr. 1838), die Stevns als Ausführenden nennt. In einem Brief vom 18. Mai 1906 an seine Ehefrau Agnete erwähnt Skovgaard, dass Stevns an Eva und danach am »kleinen Kain« arbeite; Skovgaard Museet Viborg, SKM 56 Nr. 54.

413 Entsprechend lautet die Bibelstelle, die sich auf die Schlange bezieht: »Feindschaft will ich setzen zwischen dir und dem Weibe [Maria], zwischen deinem Sproß und ihrem Sproß [Christus]. Er wird dir den Kopf zermalmen, und du wirst ihn an die Ferse treffen.«

414 Im Entwurf von 1897 stellte Skovgaard Eva auf einem Stein sitzend und kochend dar, während sie ein Kind stillt. Das andere hält sich stehend an ihrem Kleid fest.

415 Laut Skovgaard wäre es »ungünstig«, den »Schlangenzertreter« an eine andere Stelle der Kirche zu verlegen, wo diese Botschaft – gemeint sind die Auferstehung und Überwindung des Todes – ausführlicher dargestellt sei; siehe Begtrup 1907, S. 14.

416 Skovgaard Museet Viborg, SKm Nr. 1795; Skizzenbuch von Skovgaard, 11,2×17,2 cm. Das entsprechende Blatt trägt die Inv.-Nr. 9461. In einem Skizzenbuch von 1902–1907 (Skovgaard Museet Viborg, SKm Nr. 1802, ca. 20×14 cm) gibt eine flüchtig skizzierte Bleistiftzeichnung den Engel oberhalb des Türsturzes wieder, wie er im Fresko erscheint.

417 Auch diese Situation hatte Skovgaard anhand einer männlichen und weiblichen Aktstudie sorgfältig vorbereitet, aufbewahrt in Den Hirschsprungske Samling, Kopenhagen: Inv.-Nr. 1767, Adam, bez. u. li.: J.S. 1904, Kohle und Bleistift, 66×48 cm und Inv.-Nr. 1768, Eva, bez. u. re.: J S. 1904, Mitte re.: Anna Margrethe mandag 9 1/4, Kohle und Bleistift, 61×49,5 cm. Das jeweils über die fertigen Zeichnungen gelegte Quadraturnetz diente den Mithelfern zur maßstabsgerechten Übertragung auf Kartons. Das Motiv der »Vertreibung« benutzte Skovgaard um 1903 auch für eine Radierung (Skovgaard Museet Viborg, SKm Nr. 20, Probedruck, unbez., 31,5×45 cm) und deren Vorstudien (beispielsweise SKm Nr. 3260, Bleistiftskizze, 14,5×22,6 cm oder SKm Nr. 3262, Motiv der Schlange im Detail, Tusche auf Pergament, 7,6×10,6 cm).

418 Der Engel wurde von Lofthus ausgeführt. Hinweis im Notizbuch von Arne Lofthus, Skovgaard Museet Viborg, SKm 10.147.

419 Erwähnt im Notizbuch von Arne Lofthus.

420 Vgl. G. Henderson: Abel und Kain, in: Lexikon der christlichen Ikonographie, Bd. 1, Freiburg 1994, Sp. 9. Häufiger kommt die Beweinung Abels durch Adam und Eva vor.

421 Der Entwurf und noch der vorbereitende Karton im Maßstab 1:3 (Den Hirschsprungske Samling, Kopenhagen, Inv.-Nr. 1770) zeigen drei weitere in den Fluten treibende Personen.

422 Hinweis im Notizbuch von Arne Lofthus.

423 Skovgaard, der nach eigener Aussage für dieses Fresko ähnlich wie für die »Kreuzigung« die »Realität« gesucht hat, beschreibt die »Sintflut« folgendermaßen: »[...] wenn jemand das Bild für ungemütlich befunden hat, ja, so habe ich eigentlich das erreicht, was ich wollte. Das war in der Tat keine gemütliche Situation [...]. Und das war mein Bestreben gewesen, alles so frisch und packend wie möglich zu erzählen [...].«; Begtrup 1907, S. 15f.

424 Hinweis im Notizbuch von Arne Lofthus. Die dem bogenförmigen Abschluss der Wandfläche folgenden Bänder hinter der Personengruppe können anhand eines Vergleichs mit dem Entwurf von 1897 als stilisierter Regenbogen gedeutet werden.

425 Änderungen finden sich z. B. in einem mit 1902–1907 datierten Skizzenbuch (Skovgaard Museet Viborg, SKm Nr. 1802, ca. 20×14 cm) oder einem mit 1903–1904 datierten Notizbuch (Skovgaard Museet Viborg, SKm Nr. 101, ca. 16,3×10,3 cm).

426 Hinweis im Notizbuch von Arne Lofthus.

427 Der Hinweis, dass Isaak-Szenen »im Zusammenhang größerer alttestamentlicher oder Genesis-

zyklen« erscheinen, findet sich im Lexikon der christlichen Ikonographie (= LCI), Bd. 2, Freiburg 1970, Sp. 352 unter dem Stichwort »Isaak«.

428 Siehe E. Lucchesi Palli: Abraham, in: Lexikon der christlichen Ikonographie (=LCI), Bd. 1, Freiburg 1968, Sp. 21–23.

429 Hinweis im Notizbuch von Arne Lofthus.

430 Ein anderer Typus sieht eine »halbkreisförmige Komposition an rundem Tisch« vor; siehe E. Lucchesi Palli: Abraham, in: LCI, Bd. 1, 1968, Sp. 21.

431 Die drei Gäste gelten aber auch als Typus der Trinität; siehe dazu E. Lucchesi Palli: Abraham, in: LCI, Bd. 1, 1968, Sp. 23.

432 Diese Unterschiede sind vermutlich weniger auf die technischen Anwendungsmöglichkeiten von Fresko- und Kaseinfarben zurückzuführen, da Skovgaard auch bei al fresco den Einsatz feiner Pinselstriche zu weich abgestuften Tonwerten beherrschte; plausibler hingegen könnte eine Erklärung der sich über Jahre des Ausmalungsvorgangs hinweg gewandelten Auffassung der Darstellungs- und Malweise sein, die nun eine großzügigere und grobstrukturierte Ausführung vorsah.

433 E. Lucchesi Palli: Abraham, in: LCI, Bd. 1, 1968, Sp. 23–28 weist auf zwei Typen zu »Abrahams Opfer« hin: Bilder, die die Handlung »ohne bewegte Schilderung« andeuten und die, »die den Höhepunkt des Geschehens wiedergeben«.

434 Begtrup 1907, S. 17. Zum Bildmotiv äußerte sich Skovgaard auch noch näher: »Viggo Pedersen meinte zwar, dass sie [Sara; d. Verf.] den fortgelaufenen Jungen mit einer ordentlichen Ohrfeige und den Mann mit scharfen Worten empfangen haben wolle und das ist ja möglich. Aber mir ging es darum, den Lobgesang für den Herrn auszudrücken, [...], nachdem Abraham Zeit dazu gehabt hatte, sich zu erklären [...].« Begtrup 1907, S. 17f.

435 Das Notizbuch von Arne Lofthus nennt Skovgaard als den Ausführenden des Isaak-Feldes.

436 Diese Szene reiht sich in das große Hauptthema »Brautwerbung um Rebekka« und »Isaak heiratet Rebekka« ein, weitere Hauptthemen zu Isaak wären beispielsweise die »Geburt und Beschneidung« oder die »Opferung«; siehe hierzu LCI, Bd. 2, 1970, Sp. 353f.

437 Hinweis im Notizbuch von Arne Lofthus.

438 Das Notizbuch von Arne Lofthus nennt Skovgaard und Madsen als Ausführende. Im Fresko wird die Geschlossenheit zwischen beiden Personen durch die tiefer geneigte Gestalt Abrahams und eine verringerte Distanz erreicht.

439 Im Entwurf von 1897 sind die Wolkenformationen in drei schmalen, waagerecht gelegten Wolkenbändern ausgeführt, die den Traum verdeutlichen. Das Notizbuch von Arne Lofthus weist Skovgaard als Maler von »Jakobs Traum« und »Kampf« aus, Lofthus für den Rest.

440 In einem mit 1899 datierten Notizbuch von Joakim Skovgaard finden sich drei Skizzen zu unterschiedlichen Kampfpositionen zwischen dem Engel und Jakob. Beide Gestalten sind in einer weitaus extremeren Verklammerung, Ringkämpfern vergleichbar, wiedergegeben; Skovgaard Museet Viborg, SKm Nr. 1801.

441 Der Bildaufbau des Freskos folgt dem des Entwurfs von 1897.

442 Hinweis im Notizbuch von Arne Lofthus.

443 Das Notizbuch von Arne Lofthus hält hierzu fest: »Josef og Farao. Figuren mest av Stevns, drömmen Lofthus. Triforie: Josefs blodige Kjortel. Skovgaard og Stevns.«

444 Vgl. 1. Mose 37,5–9.

445 Interessant ist hier erneut zu beobachten, wie Skovgaard die realen architektonischen Gegebenheiten im Seitenschiff des Viborger Doms ins Fresko integrierte: Die realen Fensterlaibungen werden zu Bestandteilen der fiktiven Thronnischen.

446 Dieses Thema findet sich, leicht überarbeitet, in einem mit 1902–1907 datierten Skizzenbuch Skovgaards; Skovgaard Museet Viborg, SKm Nr. 1802.

447 Vgl. Karton im Maßstab 1:3 aus dem Jahr 1905 in Den Hirschsprungske Samling, Kopenhagen, Inv.-Nr. 1861.

448 Siehe Notizbuch von Arne Lofthus.

449 Beispiele zu Moses-Zyklen finden sich bei H. Schlosser: Moses, in: Lexikon der christlichen Ikonographie, Bd. 3, Freiburg 1971, Sp. 289–293.

450 Die 11,2×17,2 cm große Skizze (mit der eigenen Inventarnummer 9462) ist im Skizzenbuch von 1890–95 enthalten, Skovgaard Museet Viborg, SKm Nr. 1795. Ersetzt wurden beispielsweise die beiden schwebenden Engel durch schreitende.

451 Ausgeführt von Lofthus, die beiden Szenen von Skovgaard; Notizbuch von Arne Lofthus.

452 Hinweis im Notizbuch von Arne Lofthus.

453 Der Entwurf von 1897 hingegen zeigt den Moment, wie die Dienerin den Binsenkorb aus dem Fluss zieht, während die Pharaonentochter zusieht.

454 Skovgaard malte »die Figur«, Lofthus »den Dornbusch« laut Notizbuch von Arne Lofthus.

455 Noch im Karton im Maßstab 1:3 (Abb. 28 in: Theodor Oppermann: Joakim Skovgaards Billeder i Viborg Domkirke, Kopenhagen 1916) hatte der Künstler den brennenden Dornbusch mit einer daraus hervorgehenden Gestalt über ca. zwei Drittel der Bildfläche ausgeweitet. Der Entwurf von 1897 hingegen entspricht der Fres-

ko-Situation nahezu identisch, nur ein angedeuteter Kopf mit Nimbus ragt aus dem brennenden Dornbusch.

456 Im Notizbuch von Arne Lofthus heißt es hierzu: »Sinai Bjerg: Skovgaard. Pikerner der danser. Lofthus.« Leider fehlt der Hinweis auf den Ausführenden der rechten Freskohälfte.

457 Der Karton in Den Hirschsprungske Samling, Kopenhagen (Inv.-Nr. 1789, ca. 170×153 cm) zeigt anstelle der dritten tanzenden Frau einen vor dem Kalb knienden Mann.

458 Bei der Gestaltung der tanzenden Frauen könnte sich Skovgaard möglicherweise an Volkstänzen orientiert haben, wie er sie bei diversen Griechenlandaufenthalten hätte sehen können. So existieren beispielsweise auf einem 25×34,8 cm großen Blatt Bleistiftskizzen zu einem tanzenden Paar und einer Frau sowie zwei Tanzschritt-Studien (Skovgaard Museet Viborg, SKm Nr. 412, hier datiert mit 1883–84). In einem seiner Skizzenbücher findet sich eine mit JS signierte und »Megav(r?)a 1896« datierte Bleistiftskizze, die sich an Händen haltende, im Kreis tanzende Frauen und Männer zeigt (Skovgaard Museet Viborg, SKm Nr. 265, ca. 9×17 cm). Und eine Tuschzeichnung auf Pergament, eine Kopie nach der Zeichnung »Kvinde dansen i Grækenland« (laut Inventar-Buch nach dem dänischen Künstler Janus la Cour) zeigt zwei Reihen en face tanzender, sich an den Händen haltender Frauen (Skovgaard Museet Viborg, SKm Nr. 2341, ca. 11,5×19,5 cm).

459 Die Bibelstelle 2. Mose 34, 30 dazu lautet: »Und [als sie] sahen, daß die Haut seines Angesichts glänzte, fürchteten sie sich, zu ihm zu nahen.«

460 Saxild 1915, S. 83 zufolge begann Skovgaard mit dem tanzenden David Ende Juni 1906.

461 Die Freskierung des Feldes wird Lofthus zugewiesen; Hinweis im Notizbuch von Arne Lofthus.

462 »David danser: Skovgaard« lautet die Angabe im Notizbuch von Arne Lofthus.

463 Der Entwurf von 1897 zeigt hingegen die gesamte Bundeslade und präsentiert den Einzug in einer »erstarrten« Form.

464 Im Entwurf von 1897, der die hinter der Stadtmauer liegenden Gebäude minutiös wiedergibt, beobachtet Michal aus einem Gebäudeteil links und weitere Personen auf der Stadtmauer das Geschehen unter ihnen.

465 In einem vom 24. Juni 1906 datierten Brief berichtet Skovgaard aus Viborg seiner Ehefrau Agnete von der Fertigstellung des »Elias in Nabots Weingarten«, dessen Gestalt nun im Gegensatz zur Zeichnung »einen guten Teil starrer im Rückgrat« geworden sei. Zudem wolle er sich demnächst »David der danser« zuwenden; Skovgaard Museet Viborg, SKM 56 Nr. 63.

466 So gibt der Entwurf von 1897 Elias inmitten von Pflanzen kniend am Flussufer sowie beide Raben in voller Größe wieder. Die Freskierung wurde von Arne Lofthus durchgeführt; Hinweis im Notizbuch von Arne Lofthus.

467 Arenhoevel 71968, Anm. zu Kapitel 18 Vers 24, S. 447.

468 Vgl. Lexikon der Kunst, Bd. 1, S. 370.

469 Hinweis im Notizbuch von Arne Lofthus.

470 Der Entwurf von 1897 sah für dieses Feld noch die zum Elia-Zyklus gehörende Szene »Hunde fressen Isebel« vor. Isebel, König Ahabs Frau, hatte Naboth heimtückisch töten lassen, um in den Besitz seines Weinbergs zu gelangen.

471 Lofthus führte die Elia-Szene aus, Stevns das Daniel-Motiv; Hinweis im Notizbuch von Arne Lofthus.

472 Einer der wenigen Kartons im Maßstab 1:3, der signiert und datiert ist: u. li.: J.S. 1905 und u. re.: J.S. 1905–06; Den Hirschsprungske Samling, Kopenhagen, Inv.-Nr. 1823.

473 Dem bibelkundigen Betrachter entgehen hierbei gewiss nicht die vielen, von Skovgaard ins Bild eingebrachten Details, wie beispielsweise der Stein in Johannes' Hand, der auf Vers 9 verweist: »Ich sage euch: Aus diesen Steinen da kann Gott dem Abraham Kinder erwecken.«

474 Ein »Vermalen« des Künstlers kann ausgeschlossen werden, da bereits der Entwurf von 1897 und der vorbereitende Karton von 1905/06 die über die rote Trennlinie ragende Hand aufweist und ein bewusstes Übergreifen auf den oberen Bildteil verdeutlicht.

475 Vorausgegangen war die Gefangennahme Johannes' auf Anweisung Herodes, nachdem ihm der Prediger den Verweis gab, »Es ist dir nicht erlaubt sie [Herodias, die Frau seines Bruders; d. Verf.] zu haben« (Matthäus 14, 4).

476 Dass auch das Johannes-Feld als Probefläche zur Findung der Maltechnik diente, siehe Saxild 1915, S. 3 und Vellev 1988, S. 32, der den Hinweis gibt, dass das Motiv »Salomes Tanz« nicht mehr al fresco gemalt wurde. Eigentümlich ist in diesem Zusammenhang der Hinweis im Notizbuch von Arne Lofthus: »Salome der danser Lofthus«. Lofthus war jedoch erst 1901, also nach den Probemalereien als künstlerischer Mitarbeiter nach Viborg gekommen. War möglicherweise nur die Salome-Gestalt 1905 oder 1906 umgemalt worden?

477 Stevns hatte Jahre später während eines Besuch der Viborger Domkirche Schäden an Fresken festgestellt. Siehe Brief vom 22. Juni 1921 an Skovgaard, der auch auf Flecken unterhalb der

Engelsflügel im Apsisfresko hinweist; Skovgaard Museet Viborg, SKM 107 Nr. 55. Der Vergleich von zeitgenössischen Fotografien mit dem heutigen Fresko zeigt, dass Stevns die ursprüngliche Ausführung des beschädigten Salome-Bildes kopierte. Ob er dabei das von der Schale tropfende Blut vom Haupt Johannes' hinzufügte oder die Mimik König Herodes änderte, konnte bislang nicht geklärt werden.

478 Am 25. September 1906 konnte Skovgaard nach Kopenhagen seiner Ehefrau mitteilen: »Wir sind fast fertig in der Kirche.« Saxild 1915, S. 84.

479 Saxild 1915, S. 83.

480 Hinweis in einem abschriftlichen Brief vom 17. Juli 1906 von Skovgaard ans Kultusministerium; Skovgaard Museet Viborg, SKm ohne Inv.-Nr. Das »Kirkesyn« sah es jedoch als bedenklich an, in diesem Punkte ihre Auffassung gegenüber dem Künstler geltend zu machen und forderte keine Umänderung der Apsismalerei.

481 Die Entschlüsselung der Initialen SN und biographische Hinweise gibt Vellev 1988, S. 7.

482 Diese Modellschule war aus Protest gegen die Kopenhagener Kunstakademie und ihrem starren Ausbildungsreglement gemeinsam von Johan Georg Frans Schwartz (1850–1917), August Jerndorff und Laurits Regner Tuxen (1853–1927) im Søkvæsthus in Kopenhagen 1880 eingerichtet worden, an der nun wie an der Akademie Aktzeichnen stattfand. Weitere Lehrer waren neben Schwartz und Tuxen auch Peder Severin Krøyer (1851–1909), später bekannt als einer der sogenannten Skagenmaler, die sich an der neueren französischen Kunst orientierten. Ab Januar 1885 hatte der mit Jerndorff befreundete Künstler Kristian Zahrtmann die Leitung dieser Institution übernommen, die dann als »Zahrtmanns skole« bekannt wurde. Bis zum Jahr 1908 und ohne Lohn führte der weiterhin nach Italien und Griechenland reisende Zahrtmann seine Schüler – die ihn oftmals begleiteten –, an Stil und Formsinn dieser beiden Kunstlandschaften heran. Zu Zahrtmann siehe auch Erik Mortensen: Kunstkritikkens og Kunstopfattelsens Historie i Danmark, Bd. II: Forfinelsens Pris, København 1990, S. 58f. oder Dansk Biografisk Leksikon, Bd. 16, København ³1984, S. 128–131.

483 In der Zeitschrift »Tilskueren« erinnerte sich Joakim Skovgaard rückblickend an diesen irrtümlich gegebenen Rat, wie sich dann im Laufe der Zeit herausstellen sollte: »Garstig habe ich einst Stevns, [...], geraten, vom Kunstweg abzugehen, [...]. Er war jung, und seine Unbeholfenheiten waren wohl deutlich, aber das währte nicht lange, bis ich begann, die Goldkörner zu unterscheiden.« Siehe J. Skovgaard 1916, S. 312.

484 Der Auftrag einer geschnitzten Engelschar für den Gemälderahmen von Skovgaards »Kristus i de dødes rige« ermöglichte Stevns, seine Kunstfertigkeit unter Beweis zu stellen und schließlich Skovgaard von der beabsichtigten Künstlerlaufbahn zu überzeugen. Weitere Arbeiten mit den Skovgaard-Brüdern waren u. a. die Ausschmückung der neuen Immanuelskirche in Kopenhagen, die Anfertigung der Relieffiguren für die Predella in S. Nicolai, Svendborg oder die Altaraufstellung in der restaurierten Kirche in Tveje Merløse mit Joakim Skovgaard; Hinweise bei Leo Swane: Niels Larsen Stevns, København 1951, S. 29f.

485 Stevns konnte mit Hilfe eines Stipendiums diese Reise antreten; Hinweis in: Dansk Biografisk Leksikon, Bd. 8, København ³1981, S. 587.

486 Der Durchbruch Stevns als selbständiger Künstler kam 1907. Mit großformatigen Altarbildern, farbenprächtigen Fresken in Kirchen und öffentlichen Einrichtungen, Steinmetzarbeiten und Landschaftsbildern schuf er sich im ganzen Land Anerkennung. Er kann aus heutiger Sicht als einer der bedeutendsten Vertreter religiöser Kunst in Dänemark gesehen werden, der die Freskomalerei in großen Zyklen bis weit in die 1930er-Jahre fortsetzte. Weiterführende Literatur siehe Dansk Biografisk Leksikon, Bd. 8, København ³1981, S. 586–588; Kapitel über Stevns bei Knud Voss: Dansk Kunst Historie. Billedkunst og Skulptur. Friluftsstudie og virkelighedsskildring 1850–1900, København 1974, S. 216–226 und Leo Swane: Niels Larsen Stevns, København 1951.

487 J. Skovgaard 1916, S. 313.

488 Bindesbøll hatte zum Beispiel eine eigene Pflanzenmotivik geschaffen, die jedoch nie auf einem direkten Naturstudium basierte; vgl. Bodil Busk Laursen (Hrsg.): Thorvald Bindesbøll: en dansk pioner, Ausstellungskatalog, Det danske Kunstindustrimuseum, København 1996 oder Dansk Biografisk Leksikon, Bd. 2, København ³1979, S. 130f.

489 Zahlreiche Beispiele, auch zu weiteren kunstgewerblichen Bereichen, siehe: Dansk Biografisk Leksikon, Bd. 2, København ³1979, S. 129–131.

490 Die Rosettenmuster der Paradiestüre im Fresko »Auferstehung« beispielsweise entwarf Bindesbøll.

491 Skovgaard Museet Viborg, SKM 124 Nr. 8 und Rigsarkivet, Kopenhagen, Cultus-Min. 1. Dept. ØØ 883 – 2/8 1900, 2257.

492 Skovgaard Museet Viborg, SKM 124 Nr. 9 k.

493 Zum Beispiel 1908 die Ausführung von Freskomalereien (ca. 80 lebensgroße Figuren in Nationaltrachten) für das Grundtvig-Haus gemeinsam mit Stevns und dem Skovgaard-Sohn Johan

Thomas; siehe Weilbachs Kunstnerleksikon, Bd. III, København 1952, S. 89.

494 Vgl. beispielsweise Skovgaard Museet Viborg, SKM 123 ohne Nr.: Rechnung vom 18. Juli 1902 von S. Friedlænder, Kgl. Hof-Papirhandel København, der die Bestellung von Pauspapier auf Mielches Namen ausstellte oder die Mitteilung des Viborger Maurermeisters Jensen vom 2. März 1902 (Skovgaard Museet Viborg, SKM 122 Nr. 160) an Mielche bezüglich durchgeführter Arbeiten an der Querschiffswand (Abschlagen der Granitreihen).

495 Auf 18 Seiten interpretierte Mielche den Inhalt eines jeden Freskobildes in jeweils vier bis acht Strophen variierend; siehe Skovgaard Museet Viborg, Skm ohne Nr.: »Johan Mielche – Billederne i Viborg Domkirke. 1917. For Johan-Mielche's Venner«.

496 Hermann Vedel war einer der zahlreichen Künstler, die im ausgehenden 19. Jahrhundert die Erneuerung alter Kunst, vorzugsweise der alten italienischen Malerei, suchten; siehe Niels Th. Mortensen: Dansk Billedkunst, Odense 1964, S. 98. Zu Vedel siehe auch Dansk Biografisk Leksikon, Bd. 15, København 31984, S. 326.

497 Rigsarkivet, Kopenhagen, Cultus-Min. 1. Dept. ØØ 883 – 2/8 1900, 2257 sowie zwei Rechnungszettel im Skovgaard Museet Viborg, SKM 122 Nr. 1 und 2, die auf eine mögliche Mitarbeit im März verweisen.

498 Über drei Jahrzehnte später erinnerte sich Lofthus noch daran, dass Skovgaard zur Zeit seiner Einstellung Kartons im Maßstab 1:3 für den kommenden Sommer und Detailstudien für einige 100 Figuren anfertigte; Hinweis in: Lofthus 1927, S. 29–40. Das Dansk Biografisk Leksikon, Bd. 9, København 31981, S. 102, gibt hingegen das Jahr 1900 als Beginn der festen Mitarbeit Lofthus' bis 1906 im Viborger Dom an.

499 Skovgaard Museet Viborg, SKM Nr. 146; die Notiz, vom 28. September 1906, listet die Arbeitstage im September, Auslagen für Materialien und die Erstattung der Reisekosten auf.

500 Zum Beispiel die Korskirken in Bergen, ca. 1909 und die Skærbæk Kirke in Sønderjylland, 1912. Lofthus wandte die Freskotechnik aber auch im Staffeleibild an, beispielsweise bei dem Stilleben mit Blumenkohl und Petersilie von 1920 im Skovgaard Museet Viborg.

501 Hier glättet Nielsen den aufgetragenen feinen Putz mit einer Spachtel und bereitet ihn zum sofortigen Bemalen für das bereits angefangene Fresko »Gethsemane« vor.

502 Hinweis in Weilbachs Kunstnerleksikon, Bd. 2, Kopenhagen 1949, S. 167. Leider ist hier nicht die Art der Tätigkeit genannt. Das Dansk Biografisk Leksikon, Bd. 8, København 31981, S. 247, nennt hingegen eine Mitarbeit von 1890 bis 1893, gibt für 1895 aber eine Mithilfe bei der Ausführung eines Altars von Joakim Skovgaard für die Skt. Nikolajkirche in Svendborg an.

503 Skovgaard Museet Viborg, SKM 124 Nr. 1a. In SKM 124 Nr. 1 werden zudem 361 Kronen für eine nicht näher definierte Arbeit im Dom aufgelistet.

504 Normalerweise erhielten die Mitarbeiter je nach ihrer Einstufung für den entsprechenden Zeitraum zwischen 52 und 124 Kronen. Im Lohn enthalten sind zudem zwei Kronen, die für Sonn- und Feiertage ausgezahlt wurden.

505 Beispiele lassen sich bis in die 1920er-Jahren hinein verfolgen; siehe Dansk Biografisk Leksikon, Bd. 8, København 31981, S. 248.

506 Skovgaard Museet Viborg, SKM 124 Nr. 8a.

507 Aus dem bisherigen Quellenmaterial waren Birds Lebensdaten nicht zu klären.

508 Skovgaard Museet Viborg, vgl. u. a. SKM 124 Nr. 2d, 2e, 2h, 2i, 2j und 2k.

509 Siehe Skovgaard Museet Viborg, SKM 124 Nr. 4, 4a–e, 4g–m.

510 Hinweis bei Uffe Andreasen: Johannes Edouard Hohlenberg, in: Dansk Biografisk Leksikon, Bd. 6, København 1980, S. 419.

511 Vgl. Skovgaard Museet Viborg, SKM 124 Nr. 3.

512 Dansk Biografisk Leksikon, Bd. 6, København 31980, S. 419f.

513 Skovgaard Museet Viborg, SKM 124 Nr. 6b.

514 Skovgaard Museet Viborg, SKM 124 Nr. 6b und 6c. Für die Arbeit im Juli erhielt er sieben Kronen pro Werktag und zwei pro Sonntag.

515 Mit dreieinhalb Kronen Arbeitslohn pro Tag im Jahr 1903 fing Madsen an und erhielt ca. ab Mitte Juli vier Kronen, bereits fünf Kronen für sieben Arbeitstage im September/Oktober; vgl. Skovgaard Museet Viborg, SKM 122 Nr. 92, SKM 122 Nr. 93 und SKM 122 Nr. 95.

516 J. Skovgaard 1916, S. 312f. Zu Viggo Madsen allgemein siehe: Dansk Biografisk Leksikon, Bd. 9, København 31981, S. 322.

517 Skovgaard Museet Viborg, SKM 124 Nr. 6a und Nr. 6. Allgemein zu Schou siehe: Dansk Biografisk Leksikon, Bd. 13, København 31983, S. 184f.

518 Wenig Aufschlüsse gibt ein mit 21. Februar 1902 datierter Brief von Francis Beckett (1868–1943, Kunsthistoriker, ab 1897 Direktor der Kgl. Afstøbningssamling im Statens Museum for Kunst, Privatdozent für Kunstgeschichte an der Universität Kopenhagen) an Joakim Skovgaard; siehe Dansk Biografisk Leksikon, Bd. 1, København 1979, S. 536f. Hierin wird Knud Petersen von Beckett als »bescheidener, fleißiger und genügsamer Mensch« empfohlen, der, obwohl noch Akademieschüler, gerne Arbeit im Viborger Dom bei Skovgaard haben wolle; Skovgaard Museet Viborg, SKm ohne Nr.

519 Hinweis in Dansk Biografisk Leksikon, Bd. 7, København [3]1981, S. 358.

520 Skovgaard Museet Viborg, SKM 122 Nr. 76 und 77 sowie SKM 122 ohne Nr.

521 Anhand bisheriger Recherchen lässt sich nicht nachweisen, ob eine verwandtschaftliche Beziehung zu Karl Holger Jacob Schou bestand.

522 Skovgaard Museet Viborg, SKM 122 Nr. 60 und SKM 122 Nr. 57.

523 Siehe Weilbachs Kunstnerleksikon, Bd. I, København 1947, S. 40f.

524 Caroline Mundt und Henriette Luplau schlossen Freundschaft in Vilhelm Kyhns Zeichenschule für Frauen, reisten 1875 nach München und mehrere Male nach Frankreich. Ihre etwa 35 Jahre lang gemeinsam geführte Zeichen- und Malschule war vielbesucht. Der Lexikonartikel nennt leider nicht, wo sich diese Schule befand; siehe Dansk Biografisk Leksikon, Bd. 9, København 1981, S. 214 und Bd. 10, København 1982, S. 111f.

525 Neben Radierungen und Miniaturen porträtierte die Künstlerin zahlreiche international berühmte Künstler ihrer Zeit, beispielsweise die französische Diseuse Yvette Guilbert, Star der Pariser Varietés oder Anna Pavlova, russische Primaballerina, deren Name eng mit den »Ballets Russes« verbunden ist.

526 Skovgaard Museet Viborg, SKM 122 Nr. 268 und 270.

527 Im Rigsarkivet, Kopenhagen, findet sich unter Cultus-Min. 1. Dept. 3F 632 ein von Skovgaard an das Kultusministerium geschickter, undatierter Rechenschaftsbericht über die Verwendung der Ausgaben von 17.862,45 Kronen im Finanzjahr 1905. U. a. listet er die Lohnkosten von 89 Kronen für Ingeborg Andreasen auf! Das Allgemeine Künstlerlexikon, Bd. 3, Leipzig 1990, S. 22, gibt den Hinweis, dass Ingeborg Andreasen im Sommer 1906 in Viborg mitgearbeitet hatte.

528 Skovgaard Museet Viborg, SKM 56 Nr. 60. Mit Schou ist vermutlich eher Hans Henrik Schou gemeint, der nachweislich bis Juni 1906 im Dom mitgeholfen hatte, als Karl Schou, der in den Wintermonaten 1903 und 1904 in Skovgaards Atelier tätig war. Zu Andreasen merkte Skovgaard im erwähnten Brief an, sie hätte in einem »weißen Kittel« zu arbeiten begonnen, trage aber inzwischen »gewöhnliche Kleidung« und käme auf den Gerüsten gut zurecht.

529 Skovgaard Museet Viborg, SKM 122 Nr. 268 und 270.

530 Vgl. Skovgaard Museet Viborg, SKM 122 Nr. 176, Nr. 177 und 178.

531 Weilbachs Kunstnerleksikon, Bd. 1, København 1947, S. 575. Hingegen taucht der Name David Hvidt in dem Rechenschaftsbericht von Skovgaard an das Kultusministerium auf, in dem der Künstler die Ausgaben für das Finanzjahr auflistete, unter anderem 103,10 Kronen für Hvidt; Rigsarkivet, Kopenhagen, Cultus-Min. 1. Dept. 3F 632.

532 Herrn Dr. Thomas Bullinger danke ich herzlich für den Artikel aus »Familie Journalen« vom 24. November 1975, o. S.

533 Vellev 1988, S. 17.

534 Motiv- oder Farbwiederholungen sind neben den Engelsdarstellungen in den Gewölben auch zwischen der jeweils zweiten und dritten Szene der nördlichen und südlichen Fensterwand im Querschiff zu finden. Sie zeigen beispielhaft, wie Skovgaard auf Lösungen bedacht war, die eine Ausgewogenheit in Bildaufbau, Farbgebung usf. sowohl innerhalb einer Szene, als auch übergreifend anstrebten.

535 Eine größtmögliche einheitliche Gesamtwirkung konnte erreicht werden, wenn sich die einzelnen Mitarbeiter an die (Karton-)Vorgaben hielten und sich diesen unterordneten oder zu einer noch besseren Lösung als Skovgaard fanden; vgl. Saxild 1915, S. 11. Daher scheint es kaum bedeutend zu sein, den von Saxild gegebenen Hinweis bis ins Detail entschlüsseln zu wollen: »Das wird eine schöne Aufgabe für zukünftige Kunsthistoriker werden, sorgfältig im Einzelnen festzustellen, was welcher der genannten Künstler gemalt hat, und was dem Pinsel des Meisters selbst zugeschrieben werden darf.« Bis zu einem gewissen Grade werden einzelne Künstler zumindest in den Seitenschiffen, Triforienfeldern sowie dem nördlichen Querschiffsgewölbe mit Hilfe des Notizbuches von Arne Lofthus namentlich fassbar und treten aus ihrer »anonymen Mitarbeit« heraus.

536 Saxild 1915, S. 13, bezeichnet diese Maltechnik als »Aquarellmanier«, nach der Chorraum- und Apsis-Fresken ausgeführt wurden.

537 Begtrup 1907, S. 12.

538 Vgl. allgemein Hans Hildebrandt: Wandmalerei. Ihr Wesen und ihre Gesetze, Stuttgart und Berlin 1920, S. 135f.

539 Allerdings weicht Skovgaard von diesem Vorsatz zumindest teilweise ab z.B. im »Einzug in Jerusalem« durch die Staffelung der Gebäude vor dem Himmel oder durch die dunkle Öffnung der Grabeshöhle in der darunterliegenden »Auferweckung des Lazarus«.

540 Begtrup 1907, S. 9.

541 Skovgaards Erklärung lautete, der »morgenländische Auftritt sollte zur Hälfte eingekleidet werden in einem mittelalterlichen nordischen Gewand, zur Hälfte sich an die Tradition der großen kirchlichen Kunst halten.« Begtrup 1907, S. 12.

542 Zum Beispiel bei Georg Saxild: J. Skovgaard. Viborg Domkirkes Dekoration, in: Tilskueren. Maanedsskrift for litteratur, samfundsspørgsmaal og almenfattelige videnskabelige skildringer, 1906, S. 941–965; Joh. Mielche: Et Kunstens Storværk. Joakim Skovgaard og Viborg Domkirke, in: Gads danske Magasin, 1906/1907, S. 21–29; Begtrup 1907 (u.a. mit einem Text von Skovgaard); Friedrich Deneken: Joakim Skovgaard und seine Wandgemälde im Dom zu Viborg, in: Zeitschrift für Bildende Kunst, N. F. 19. Jg., 1908, S. 145–154 oder K. G. Brøndsted: Viborg Domkirke og Joachim Skovgaard, in: Vor Fremtid. Tidsskrift for konservativt nutidsarbejde, 4. Aarg., 1910–1911, S. 8–18.

543 Durch die vollständige fotografische Wiedergabe aller Fresken, denen eine bau- und ausmalungsgeschichtliche Einführung sowie entsprechend zugeordnete Bibelverse vorausgehen, ist der gebundene, fünf Auflagen erreichende Kirchenführer wahrscheinlich der erste seiner Art: Theodor Oppermann: Joakim Skovgaards Billeder i Viborg Domkirke, Kjøbenhavn 1916. In neuerer Zeit kamen weitere hinzu: beispielsweise Selskabet pro ecclesia i samarbejde med Skovgaardmuseet i Viborg (Hrsg.): Joakim Skovgaard. Om Billederne i Viborg Domkirke, 1940 oder Henning Høirup: Skovgaards billeder i Viborg Domkirke, Viborg 1961, zwei weitere Auflagen folgten in den 1970er-Jahren.

544 Ministeriet for Kirke- og Undervisningsvæsenet under Ledelse af Kunstforeningen i Kjøbenhavn (Hrsg.): Viborg Domkirke. Joakim Skovgaards Billeder. Domkirkens Historie, København 1909.

545 Vgl. Begtrup 1907, S. 7–22, Sadolin 1913 oder Saxild 1915.

546 K. G. Brøndsted: Viborg Domkirke og Joachim Skovgaard, in: Vor Fremtid. Tidsskrift for konservativt nutidsarbejde, 4. Aarg., 1910–1911, S. 8.

547 Saxild 1915, S. 90.

548 (Undatierte) Notizzettel, Quittungen oder Rechnungen verweisen auch bei der Deckenbemalung abermals auf eine exakte Vorbereitung und Durchführung Skovgaards; vgl. hierzu SKM 125, Skovgaard Museet Viborg.

549 Ausführlich zur dänischen Kirchengeschichte siehe Martin Schwarz Lausten: Danmarks Kirkehistorie, 2. Ausgabe, Copenhagen ^{5}1998; Poul Georg Lindhardt: Kirchengeschichte Skandinaviens, Göttingen 1983 und Ders.: Dänemark, in: Evangelisches Kirchenlexikon. Internationale theologische Enzyklopädie, hrsg. von Erwin Fahlbusch, Jan Milic Lechmann, John Mbiti, Bd. 1, Göttingen 1986, Sp. 784–790 sowie Hal Koch og Bjørn Kornerup (Hrsg.): Den danske Kirkes Historie, Bd. VI und Bd. VII, Copenhagen 1954, 1958.
Für das vorliegende Hauptkapitel, dessen Ziel es ist, sich der Situation und Position der religiösen Malerei in Dänemark um 1900 am Beispiel der Fresken im Dom zu Viborg zu nähern, ist die nähere Beschäftigung mit Grundtvig und dem sogenannten Grundtvigianismus ebenso unumgänglich wie das darauf vorbereitende Kapitel zur dänischen Kirchengeschichte im 19. Jahrhundert, das anhand markanter Ereignisse und Einschnitte einen Überblick liefert. Mit dem darauf folgenden Kapitel, das Joakim Skovgaards Verbindung zu grundtvigschen Kreisen beleuchtet, sind erforderliche Voraussetzungen zum abschließenden Komplex über die religiöse Malerei erfüllt.

550 Die gesamte Bewegung, die als pietistische Erweckungsbewegung mit religiösen Motiven begann, war auch Ausdruck der zunehmenden Selbstständigkeit des Bauernvolkes, deren Höfe bereits 1807 zu 60 Prozent in Eigenbesitz übergegangen waren. Schwarz Lausten ^{5}1998, S. 197 und 213.

551 Im gesamten skandinavischen Raum sind Veränderungen in der protestantischen Kirche und Religion zu beobachten, auf die im Vergleich mit Deutschland ausführlich Nicholas Hope: German and Scandinavian Protestantism. 1700–1918, Oxford 1995, eingeht.

552 Nach den beiden britischen Seeangriffen auf Kopenhagen (1801 und 1807), die die Abtretung der dänischen Flotte nach sich zogen, trat das Land auf der Seite Frankreichs in den sieben Jahre währenden Krieg gegen Großbritannien, der Handel und Industrie lahm legte und schließlich zur Niederlage und zum Verlust Norwegens führte.

553 Vgl. Christian Chanel: Nordeuropa, in: Die Geschichte des Christentums. Religion – Politik – Kultur, dt. Ausgabe hrsg. von Norbert Brox, Odilo Engels, Georg Kretschmar, Bd. 11: Liberalismus, Industrialisierung, Expansion Europas (1830–1914), Freiburg – Basel – Wien 1997, S. 245ff. Siehe auch Schwarz Lausten ^{5}1998, S. 206.

554 Vgl. Lindhardt 1983, S. 76.

555 In Südjütland beispielsweise war um 1800 eine Erweckungsbewegung mit zwei gegensätzlichen Lagern entstanden, die sich jedoch im Kampf gegen jegliche rationalistische Ausprägungen einten; siehe Lindhardt 1983, S. 77f. Siehe hierzu auch das Kapitel »De første folkelige vækkelsesbevægelser« bei Schwarz Lausten ^{5}1998, S. 209–213.

556 Schwarz Lausten ^{5}1998, S. 252f.

557 Chanel 1997, S. 254.

558 Schwarz Lausten ^{5}1998, S. 239f.

559 Chanel 1997, S. 254. Die Bezeichnung Staatskirche wurde ersetzt durch Volkskirche (Folkekirke), die eine eigene, Jahrzehnte später realisierte kirchliche Verfassung haben sollte. Im Grundgesetz § 4 heißt es: »Die evangelisch-lutherische Kirche ist die dänische Folkekirke und wird als solche vom Staat unterstützt«; Schwarz Lausten ^{5}1998, S. 240.

560 Das Kultusministerium hatte die königliche Kanzlei abgelöst, die bislang die Verwaltung kirchlicher Angelegenheiten innehatte; vgl. Henning Matzen/Johannes Timm: Haandbog i den danske Kirkeret, Kjøbenhavn 1891, S. 193f.

561 Monrad wurde 1858 Direktor des Kultusministeriums, 1859 Kultusminister. Als zuständiger Schuldirektor für das ganze Land verbesserte er u.a. die Lehrergehälter und führte – gegen den Willen der Bischöfe – Examen für Frauen ein; vgl. Koch/Kornerup Bd. VII 1958, S. 69f.

562 Schwarz Lausten ^{5}1998, S. 242.

563 Dies hatte wiederum »einen dramatischen Rückgang der alltäglichen religiösen Praxis – abgesehen von der Feier der kirchlichen Hochfeste – zur Folge«; Chanel 1997, S. 584.

564 Demnach wurde Religion als Privatsache proklamiert und die Trennung von Staat und Kirche gefordert, die als »Werkzeug der Oberschicht« fungiere und eine »reine administrative Anstalt« sei. Die Sozialdemokratie verstand sich »als das »wahre Christentum«, Jesus als den ersten Sozialisten, die Urgemeinde als eine kommunistische Gemeinschaft und die Evangelien als Ausdruck sozialer Gerechtigkeitsforderung.« Ziel war, eine gerechte Güterverteilung zu erlangen; vgl. Lindhardt 1983, S. 91.

565 Einige Laien und Pastoren ergriffen die Initiative zur Beseitigung sozialer Missstände, leisteten kirchliche Sozialarbeit und Gemeindepflege und schufen caritative Einrichtungen nach dem Vorbild des evangelischen Theologen Johann Hinrich Wichern (1808–1881) in Deutschland; vgl. Chanel 1997, S. 589f. und Lindhardt 1983, S. 94f.

566 Schwarz Lausten ^{5}1998, S. 288. Brandes Gedanken, die in einer Vorlesungsreihe an der Universität Kopenhagen ab 1871 bekannt wurden, lösten eine Welle der Begeisterung aus und inspirierten auch Dichter und Künstler.

567 Weitere Gruppierungen nennt Schwarz Lausten ^{5}1998, S. 281–285.

568 Lindhardt 1983, S. 96. Mitunter hatten vor der erfolgreichen Gemeindeteilung einzelne Pfarrbezirke bis zu 70.000, von zwei Pfarrern »betreute« Mitglieder, die sich aus dem enormen Zustrom in die Städte erklären lassen. Nach der Verkleinerung großer Gemeinden kamen auf zwei Pfarrer höchstens 10.000 Mitglieder; vgl. Lindhardt 1983, S. 95. Vgl. auch Schwarz Lausten ^{5}1998, S. 275–279. Durch diese Bewegung entstand ein neuer Priestertypus mit dem Verständnis dafür, dass die Kirche eine soziale Verantwortung habe.

569 Siehe Schwarz Lausten ^{5}1998, S. 262f. Ab 1904 erhielt diese Bewegung die Bezeichnung »Kirkeligt Centrum«.

570 Lindhardt 1983, S. 90.

571 Christian Thodberg und Anders Pontoppidan Thyssen (Hrsg.): N. F. S. Grundtvig. Tradition und Erneuerung. Grundtvigs Visionen von Mensch, Volk, Erziehung und Kirche, und ihre Bedeutung für die Gegenwart (dt. Übersetzung: Eberhard Harbsmeier), Kopenhagen 1983, S. 17.

572 Um seinen Gefühlen gegenüber der Gattin des Gutsbesitzers Herr zu werden, stürzte sich Grundtvig zu dieser Zeit in ein intensives Studium der nordischen Mythologie und Schriften romantischer Philosophen.

573 Einige Geistliche aus Kopenhagen fühlten sich angegriffen und reichten eine Klage ein. In seiner Predigt »Warum ist des Herrn Wort aus dessen Hause verschwunden?« prangerte Grundtvig die Predigten seiner Zeit an als »prahlende Worte und kluge Reden [...] eitle Lehren, die nur Gebote von Menschen sind«, in: Thodberg/Thyssen 1983, S. 10.

574 Thodberg/Thyssen 1983, S. 11. Verbreitung fanden diese Worte in Grundtvigs 1812 erschienener Weltchronik, die für Aufruhr sorgte.

575 Grundtvig verglich aus einer geschichtlichen Perspektive heraus Dänemark mit dem ursprünglichen Israel, in dessen Geschichte Gott eingegriffen habe und kam zu dem Resultat, dass sich in alten Liedern und Sagen Dänemarks ein Sinn für Poesie und Geschichte wie im alten Israel äußere.

576 Gerade im Sagen- und Lieder-Teil in Saxos Geschichte Dänemarks sieht Grundtvig das »Zeugnis für das Herz des [dänischen] Volkes, das stets »den Sinn auf Liebe und Wahrhaftigkeit einstimmen muß«. Thodberg/Thyssen 1983, S. 120, siehe auch S. 445.

577 Thodberg/Thyssen 1983, S. 14f.

578 Vartov war ehemals eine Stiftung für ältere Damen. Von dieser freien Kirchengemeinde ging eine Erweckungsbewegung über das ganze Land aus und noch heute ist »Vartov lebender Mittelpunkt der grundtvigschen Arbeit in der Hauptstadt«; siehe Kgl. Dänisches Ministerium des Äussern (Hrsg.): Nikolaj Frederik Severin Grundtvig (1783–1872), Kopenhagen 1983, S. 66.

579 Das komplexe dänische Wort »folkelig« wird im Wörterbuch mit volkstümlich oder völkisch angegeben (ob die mitunter in der Literatur verwendete Vokabel »volklich« aussagekräftiger ist, mag dahingestellt sein). Meines Erachtens lie-

fern beide Vokabeln im Zusammenhang mit dem Grundtvigianismus eine wenig tiefgehende Übersetzung dessen, was »folkelig« letztlich umfasst: die Kultur, Sprache, Tradition, das Nationalbewusstsein usf. des dänischen Volkes. Daher wurde das Wort »folkelig« für die Arbeit übernommen.

580 Auf die Entwicklung der politischen beziehungsweise kirchenpolitischen Richtung des Grundtvigianismus wird hier nicht näher eingegangen; weiterführend siehe Koch / Kornerup Bd. VI 1958, S. 31ff., 68ff., 192ff. sowie 229ff.

581 Die Gegner Grundtvigs sprachen von »der Partei«, wenn sie damit die in ihren Augen neuorthodoxen, fanatischen Anhänger Grundtvigs meinten; vgl. Thodberg/Thyssen 1983, S. 401.

582 Neben der Verbreitung grundtvigscher kirchlicher Ideen fungierte die Kirchenzeitung auch als Sprachrohr gegenüber Behörden.

583 Lindbergs energisches Wirken ist vor allem in Jütland, auf Fünen und Langeland zu verfolgen; siehe Schwarz Lausten 51998, S. 230ff.

584 Die offizielle Kirchenleitung stand den Erweckungsbewegungen im allgemeinen misstrauisch und ablehnend gegenüber. Der geistliche Leiter der Kirche, der konservative Bischof Jakob Peter Mynster (1775–1854), war gegen den Grundtvigianismus und dessen Forderungen nach kirchlichen Freiheitsansprüchen und christlichen Versammlungen. Durch sie befürchtete er eine Auslösung politischer Unruhen. Die Einführung der Religionsfreiheit und ihre Verankerung im dänischen Grundgesetz vom Juni 1849 beendete die vielen Unstimmigkeiten und Zwistigkeiten; siehe Schwarz Lausten 51998, S. 234f.

585 Thodberg/Thyssen 1983, S. 402.

586 Ausführlicher hierzu siehe das Kapitel »Vækkelsernes sociale baggrund« bei Schwarz Lausten 51998, S. 236–238.

587 1868 trat das Gesetz über Wahlgemeinden in Kraft, das in den 1870er-Jahren zur Bildung zahlreicher freien Gemeinden mit freien Pastoren führte; vgl. hierzu ausführlich Thodberg/Thyssen 1983, S. 340–344.

588 Siehe Schwarz Lausten 51998, S. 248. Führend waren die Schulen in Rødding (1844 als erste dänische Volkshochschule überhaupt gegründet) sowie in Askov, Vallekilde und Testrup. An diesen auch als Erweckungsschulen bezeichneten Einrichtungen wurde Grundtvigs Gesangswerk besonders gepflegt und jeweils ein eigenes Liederbuch herausgegeben; vgl. Thodberg/Thyssen 1983, S. 360.
Allgemein gilt zu den im Laufe des 19. Jahrhunderts gegründeten Bildungseinrichtungen anzumerken, dass es sich um unterschiedliche Schulformen handelt, die von Grundtvigs Worten und Vorstellungen verschiedentlich beeinflusst wurden. Sein spezieller Traum von einer »Schule der Lehre für den ganzen Norden« (Gothenburg-Schule) mit Wissenschaftlern, die »ganz für die Pflege der Wissenschaft leben, frei von jedem Prüfungswesen, und in lebendiger Wechselwirkung die Wissenschaften [...] fördern«, wurde dergestalt nie verwirklicht; vgl. Hal Koch: Nikolai Frederik Severin Grundtvig 1783–1872 (Bremer Beiträge zur freien Volksbildung, Heft 4), Bremen 1960, S. 26f.

589 Siehe Thodberg/Thyssen 1983, S. 350f. und S. 353. In den 1860er-Jahren verwandte man den Begriff Volkshochschule anstelle von Bauernhochschule.

590 Der »folkelige« Flügel bestand vor allem aus Bauern, Frei- und Hochschulleuten sowie jungen Akademikern, der die Freiheit für Kirche und Volk gemeinsam auf politischem Wege erreichen wollte. Diesem Vorhaben widersprach die kirchliche, zumeist aus Priestern und Stadtbewohnern bestehende Richtung, die Politik und Volksbewegung trennen wollte. Siehe hierzu Schwarz Lausten 51998, S. 249ff.

591 Hierzu ist auch der sogenannte Neugrundtvigianismus zu zählen, der sich in den 1880er-Jahren anbahnte, als junge Wortführer die Erneuerung des Grundtvigianismus forderten und abermals die Diskussion über kirchliche Freiheit entfachten; vgl. Thodberg/Thyssen 1983, S. 424f. Dass ein Teil des kirchlichen Grundtvigianismus allerdings eine Zusammenarbeit mit der Inneren Mission einging, mag als Beispiel für die komplexe und komplizierte Geschichte des Grundtvigianismus in dieser Zeit genügen.

592 Hinweis bei Joakim Skovgaard: Minder om Moder, Georgia Marie Louise Schouw, gift Skovgaard, in: Højskolebladet, Nr. 51, 1931, S. 796. Im Oktober des gleichen Jahr hatte Grundtvig auch Georgia ein Gedicht zukommen lassen.

593 In den Erinnerungen Joakim Skovgaards taucht auch jene tief von Grundtvigs »folkeliger«, aber vor allem christlicher Verkündigung ergriffene Tante aus Nysø auf, die die Skovgaard-Familie in den Sommerferien bei sich aufnahm und Joakims Mutter in die grundtvigsche Richtung führte; siehe J. Skovgaard 1931, S. 797.

594 Den Hinweis auf die Hans Gregersens Schule im H. C. Ørstedsvej, Kopenhagen, geben Kjær und Grinder-Hansen 1993, S. 16.

595 Der von Grundtvig ausgestellte Konfirmationszettel ist im Skovgaard Museet Viborg, SKm 2237.

596 Siehe hierzu auch die Erinnerung von Suzette Cathrine Skovgaard, in: H[arald] Ditzel: To kunstnerfrø. Bidrag til belysning af samarbejdet

mellem Frederik Lange Grundtvig og Joakim Skovgaard 1868–1870, in: MIV (Museerne i Viborg amt), 2, 1972, S. 37f.

597 Harald Ditzel nennt einige dieser Exemplare, die z.B. die Titel »Billeder af Joakim Skovgaard med tilskrevne vers af F. L. Grundtvig« tragen; Ditzel 1972, S. 42–43.

598 Es schien, dass Skovgaard nach allen kulturellen Seiten hin offen war: einerseits war er soweit traditionsverhaftet, dass er sich nicht gegen die Akademie auflehnte, andererseits stellte er regelmäßig in »Den frie udstilling« aus.

599 Die Volkshochschule Vallekilde war nach dem Krieg von 1864 gegründet worden und zog 1866 in einen Neubau. Skovgaard war vermutlich über den Studienfreund und Maler Viggo Pedersen sowie die Familie Konstantin-Hansen zu Ernst Trier und der Vallekilder »højskole« gekommen. Ausführlicher siehe Nina Hobolth: Den grundtvigske vækkelsesbevægelses afspejlinger i dansk billedkunst fra ca. 1870 til ca. 1900, Århus universitet 1978, S. 60ff. (unveröff. Magisterarbeit).

600 Dokumentiert ist die Verbindung beispielsweise über 14 Briefe von 1896 bis 1902 (Det Kongelige Bibliotek, Kopenhagen, registriert unter Ny Kgl. Sml. 3912, 4°). Begtrup war Verfasser etlicher Abhandlungen über Grundtvig und schrieb 1925 den Text zu Skovgaards »Bibelske Billeder«; siehe Dansk Biografisk Leksikon, Bd. 1, København 1979, S. 543–545.

601 In einem Brief vom April 1890 an seinen Bruder Niels äußerte sich Joakim Skovgaard begeistert über diese Bewegung, in: Kjær und Grinder-Hansen 1993, S. 18.

602 Hinweise in: Kjær und Grinder-Hansen 1993, S. 19. In einem Brief vom 4. Januar 1891 an eine Tante wird diese Vorstellung noch deutlicher. Eher noch möchte Skovgaard als Handwerker arbeiten.

603 Siehe allgemein die Monographie zur Immanuelskirche von Kjær und Grinder-Hansen 1993. Die Grundsteinlegung erfolgte im Jahr 1892.

604 Realisiert wurden hingegen die von Joakim beziehungsweise Niels entworfenen Szenen (»Thronender Christus«, »Der gute Hirte«, »St. Jürgens Kampf mit dem Drachen«, »Heimkehr des verlorenen Sohnes« bzw. »Kampf des Hirten mit dem Wolf«), die eine venezianische Firma in Mosaik ausführte und die sich noch heute über dem Haupteingang bzw. den vier Seiteneingängen befinden. Das monumentale Altarbild mit dem Thema »Taufe am Pfingsttag« malte Niels.

605 Einen umfassenden und beispielreichen Einblick in die kulturelle Situation Skandinaviens, besonders von Norwegen, Schweden und Finnland gibt Lars Olof Larsson: Symbolismus in Skandinavien, Nachdruck in: Wege nach Süden. Wege nach Norden. Aufsätze zu Kunst und Architektur, Festgabe zum 60. Geburtstag, Kiel 1998, S. 418–438 (Erstdruck 1977).

606 Adolf Smitmans: Die christliche Malerei im Ausgang des 19. Jahrhunderts – Theorie und Kritik (Kölner Forschungen zu Kunst und Altertum, Bd. 2), Sankt Augustin 1980, S. 247, beziehungsweise Günter Rombold: Am Ende der sakralen Kunst?, in: Wort und Wahrheit. Monatsschrift für Religion und Kultur, 1. Halbjahr, 22. Jg., 1967, S. 47–52, hier S. 51.

607 1805 gewann er zwei Silbermedaillen und die kleine Goldmedaille, 1807 die große Goldmedaille; siehe Niels Th. Mortensen: Religiøs Malerkunst i Danmark, Bd. I, Odense 1944, S. 122.

608 Mortensen Bd. I 1944, S. 128.

609 Mortensen Bd. I 1944, S. 143f. Genannt werden die Kirchenämter und Künstler einschließlich der von ihnen gemalten Altäre und biblischen Bilder.

610 Hinweis bei Mortensen Bd. I 1944, S. 173f.

611 Hobolth 1978, S. 35–40.

612 Hobolth 1978, S. 26–35.

613 Hobolth 1978, S. 44f.

614 Siehe Mortensen Bd. I, 1944, S. 222ff.

615 Vgl. Matzen/Timm 1891, S. 89. Bis 1903 lag die Kirchenführung fest in Händen des Ministeriums und der Bischöfe. In den nächsten Jahren wurde das »Kirkesynslov« um weitere Paragraphen ergänzt, die festlegten, dass dem Kultusministerium vor der Genehmigung einer Kirchenrestaurierung oder eines -neubaus ein Entwurf des geplanten sowie Zeichnungen und Erläuterungen des bestehenden Gebäudes vorgelegt werden mussten.

616 Matzen/Timm 1891, S. 769. Die Paragraphen entstanden zwischen 1862 und 1885.

617 Abgedruckt, in: For kirke og kultur, 1. Bd., 1894, S. 459–469, hier S. 464f. und 466f. Der Referent, L. Dietrichson, rät von Themen wie Christi Taufe, der lehrende Christus oder Abendmahl, Kreuzigung und Auferstehung ab, die seiner Meinung nach ein Bild überlasteten und kaum empfehlenswert für eine Kirche wären.

618 Die bedeutenden Jahre des französischen Symbolismus lagen zwischen 1886 bis 1898.

619 Siehe Larsson 1998, S. 420f.

620 Das dänische Zitat findet sich bei Bo Hakon Jørgensen: Symbolismen – eller jegets orfiske forklaring, (Odense University Studies in Scandinavian Languages and Literatures vol 29), Odense 1993, S. 86.

621 Vgl. Johannes Jørgensen: Symbolisme, in: Taarnet. llustreret Maanedsskrift for Kunst og Literatur, 1. Bd., December 1893, S. 5 1–56. Siehe auch den Artikel von Simon Koch: Ludvig Find,

in: Johannes Jørgensen: Symbolisme, in: Taarnet. llustreret Maanedsskrift for Kunst og Literatur, 1. Bd., Oktober 1893, S. 22–30, der den Symbolismus näher beschreibt.

622 Siehe das Inhaltsverzeichnis von Taarnet vom Oktober 1893 bis März 1894.

623 Siehe Jørn Otto Hansen: Religiosität und persönliche Mythologie in der bildenden Kunst Skandinaviens, in: Robert Bohn, Michael Engelbrecht (Hrsg.): Weltgeltung und Regionalität. Nordeuropa um 1900 (studia septemtrionalia, Zentrum für Nordische Studien 1, Kiel), Frankfurt am Main, Berlin, Bern u. a. 1992, S. 108ff. 1896 trat Jørgensen in die katholische Kirche in Kopenhagen ein.

624 So Ballin; zit. nach Hansen 1992, S. 110.

625 Hansen 1992, S. 36f.

626 Der überschwengliche Originaltext lautet: »Ned i vort Mørke, i vor Kedsomhed straaler endelig en Gang et vældigt Geni, alle som længtes efter ham, modtage ham med begejstrede «Halleluja, Halleluja» en Ungdom som savnede en Mester vil flokkes om ham, vor Kunst naar atter frem i Lyset – Dæmoners hæslige Skikkelser forsvinde i de evige Skyggers ubønhørlige Forglemmelse.« Hansen 1992, S. 37.

627 »[...] aus meinem Glauben an Christus zu bezeugen, als den alleinigen Weg, den ich weiß, zum Vater und zum Heil. Das ist das Verhältnis zwischen meinem Glauben und meiner Kunst« äußerte Skovgaard oder »[...] der Christus aber, den wir brauchen, ist ein Retter [...] und siegt über den Tod und Drachen«, zitiert nach: Hobolth 1978, S. 94 und S. 90.

628 Hobolth 1978, S. 38. Dieses Motiv findet sich im Viborger Dom wieder.

629 Stellt man dieser Altartafel das drei Jahre zuvor entstandene Gemälde »Englen rører vandet i Bethesdas Dam« gegenüber, wird deutlich, wie Skovgaard neuere Kunstströmungen in seinen Werken verarbeitete.

630 Anregung für das Bildmotiv fand Skovgaard auf seiner Italienreise 1886 in Civita d'Antino/Abruzzen.

631 Hobolth 1978, S. 65f. weist daraufhin, dass Ernst Trier über das Altarbild einen Vortrag hielt, bevor es nach Mandø kam.

632 Joakim Skovgaards Skizzen entstanden 1895.

633 Beispielsweise kritisierte Julius Lange die Christusgestalt als »unschöne Marionette mit einem Holzklotz in der Mitte als Körper und angesetzten Stangen als Arme und Beine«; Kjær und Grinder-Hansen 1993, S. 64f.

634 Ähnliche Äußerungen des Bruders Niels können an dieser Stelle nicht weiter berücksichtigt werden.

635 Kjær und Grinder-Hansen 1993, S. 19f.

636 Hobolth 1978, S. 68 bezüglich der Mandø-Altartafel: »[...] aber dennoch ist das mein größter Wunsch für mein Bild, dass man auf diesem sehen kann, dass es von einem Christen gemalt ist, und dass dies so lange wirken möge, so Gott eben die religiöse Richtung will.«

637 Kjær und Grinder-Hansen 1993, S. 19.

638 Hobolth 1978, S. 76.

639 Zur Orientierung diente mir das ausgezeichnete und übersichtlich dargelegte Kapitel gleicher Thematik in der bereits erwähnten Magisterarbeit von Nina Hobolth. Gedankt sei an dieser Stelle herzlich Frau Ann Thorbøll, Nordjyllands Kunstmuseum, Ålborg, für die rasche Zusendung der Arbeit.

640 Hobolth 1978, S. 10.

641 Hobolth 1978, S. 10.

642 Das Gedicht trägt den Titel »Vølunds Værksted«, abgedruckt in Grundtvigs »Poetiske Skrifter«; Hobolth 1978, S. 11.

643 Hobolth 1978, S. 11f.

644 Hobolth 1978, S. 14. Die Herleitung der übernommenen These ist äußerst schlüssig.

645 Hobolth 1978, S. 60f.

646 Kjær und Grinder-Hansen 1993, S. 19.

647 Hobolth 1978, S. 76.

648 Hinweis in: Kjær und Grinder-Hansen 1993, S. 90.

649 Skovgaard hatte nach der Fertigstellung der Mandø-Altartafel verlauten lassen, dass er Künstler wie die »alten Griechen« hoch schätzte, obwohl sie keine Christen gewesen wären – aber Menschen, die wie Grundtvig »die Angelegenheiten der Menschen besonders führten«. Daran anschließend warf ihm Skovgaard jedoch vor, dass »er sich aus Kunst nichts gemacht« und »Kunst eine Augenweide« genannt habe. Er, Skovgaard, wisse aber auch »wieviel christliche Freude« er beim Malen des Altarbildes gehabt habe. Vgl. Hobolth 1978, S. 76.

650 Vgl. Kjær und Grinder-Hansen 1993, S. 90.

651 Vgl. Stephan Waetzoldt: Bemerkungen zur christlich-religiösen Malerei in der zweiten Hälfte des 19. Jahrhunderts, in: Triviale Zonen in der religiösen Kunst des 19. Jahrhunderts (Studien zur Philosophie und Literatur des neunzehnten Jahrhunderts, Bd. 15), Frankfurt am Main, S. 36.

652 Ausführlich zu Dalsgaard als grundtvigscher Künstler siehe Hobolth 1978, S. 28–53.

653 »[...] meine Figuren lebendig zu bekommen, und deren Seelenleben mit Kraft und Klarheit darzustellen; das schien und scheint mir noch das Hauptsächliche in der Kunst zu sein [...]«; zit. nach Hobolth 1978, S. 47f. Vgl. auch Günter Bandmann: Kirchliche Kunst im 19. und 20. Jahrhundert, in: Hubert Jedin (Hrsg.): Hand-

buch der Kirchengeschichte, Bd. VI: Die Kirche in der Gegenwart, Freiburg. Basel. Wien 1973, S. 297–315.

654 Laub konnte sich gegen die Anhänger romantischer Kirchenmusik nicht durchsetzen und musste die Herausgabe von Melodien und Psalmen im »'kirkelige romances' stil« erleben, der »fuldkomment modsvarede klunketidens syn på kirkebygning, kirkeinventar, dekorationskunst etc.«, in: Koch/Kornerup Bd. VII 1958, S. 297.

655 Gegen 1880 kamen diese Vorstellungen auf. Schwarz Lausten [5]1998, S. 289.

656 Vgl. Johannes Kragh: Kirkelig kunst i nutidens Danmark, in: Kirken. Tidsskrift for kirkelig orientering, IV. Aarg., 1932, S. 37. Eine erste größere Kirchenausmalung mit Kaseinfarben führte Kragh um 1893 in der Zionskirke in Kopenhagen durch.

657 Begtrup 1907, S. 9.

658 Koch/Kornerup Bd. VII 1958, S. 188.

659 Der dänische Kunsthistoriker Julius Lange beschrieb diese Situation mit den treffenden Worten: »[...] In der Stille und Dunkelheit, oder wenn das äußere Auge nicht sieht, bekommt der Geist die Ruhe, eine Auswahl aus dem zu treffen, was die Erinnerung birgt, da tauchen Bilder vor dem inneren Auge auf, [...]«; zit. nach Larsson 1998, S. 421.

660 »Ich finde, es ist gut, wenn man weiß, auf ein biblisches Bild zu sehen gleichsam als höre man das Wort der Bibel.«, so die Erklärung Skovgaards, in: Under Guds Ord. Nyt og gammelt til vejledning i evangeliet, Nr. 68, Skive 1951, o. S.

661 Für Skovgaard, der auf »Inhalt und Erzählung« Wert gelegt hatte, konnten dekorative Stilelemente der Querschiffgewölbe oder Paradiesbilder neben archaisch-stilisierten Formen wie sie die Vierungskuppel wiedergab ebenso existieren wie Anleihen aus der altgriechischen oder »mittelalterlichen nordischen« Schuh- oder Kleidertracht, durch die er zu einem eigenen Stil fand. Vgl. Begtrup 1907, S. 12.

662 Hans H. Hofstätter: Das Christliche in der Malerei des 19. Jahrhunderts, in: Das Münster, 31. Jg., 1978, S. 47.

663 Durch die Loslösung der Künstler aus dem fürstlichen und klerikalen Mäzenatentum waren sie zu freien Produzenten geworden, die den zunehmend stärker werdenden Interessen des Kunstmarkts gegenüberstanden und auf diese immer wieder reagierten mussten.

664 Hofstätter 1978, S. 47.

665 Hofstätter 1978, S. 47.

666 Die sprunghafte Entwicklung der Genremalerei seit den 1830er-Jahren erreichte auch die religiöse Bildkunst mit Schilderungen des sonntäglichen Kirchgangs beispielsweise. Szenen des Neuen Testamentes wurden aber auch als geschichtliche Ereignisse behandelt und zum Beispiel in die Römer- oder Reformationszeit verlegt, die von der katholischen und protestantischen Kirche als »unzulässige Tendenzen einer Verweltlichung und Vermenschlichung des neutestamtentlichen Heilsgeschehens scharf verurteilt [wurden]« (Friedrich Gross: Jesus, Luther und der Papst im Bilderkampf 1871 bis 1918. Zur Malereigeschichte der Kaiserzeit, Marburg 1989, hier S. 24). Bei Gross 1989, ab S. 17ff., finden sich weitere Beispiele.

667 1809 in Wien als »Lukasbund« gegründet, der aufgrund der unzureichenden Auftragslage nach Italien umsiedelte. Hier lebten die österreichischen und deutschen Künstler seit 1810 in Rom im Kloster Sant' Isidoro in einer christlich-geprägten Gemeinschaft.

668 Hofstätter 1978, S. 50.

669 Günter Bandmann: Kirchliche Kunst im 19. und 20. Jahrhundert, in: Hubert Jedin (Hrsg.): Handbuch der Kirchengeschichte, Bd. VI: Die Kirche in der Gegenwart, Freiburg. Basel. Wien 1973, S. 308.

670 Allgemein siehe z.B. Tim Barringer: Die Präraffaeliten. Wie sie malten, wie sie dachten, wie sie lebten. (Dt. Übersetzung Christine Ammann), Köln 1998 oder Gisela Hönnighausen (Hrsg.): Die Präraffaeliten. Dichtung, Malerei, Ästhetik, Rezeption, Stuttgart 1992. Von einem direkten Einfluss der Nazarener auf die Präraffaeliten kann weniger gesprochen werden, auch wenn es zwischen einzelnen Personen verschiedentlich zu Kontakten kam oder die Freskotechnik und einige nazarenische Bildwerke bewundert wurden. Vielmehr standen die »deutschen Präraffaeliten« bei den britischen nicht gerade in hohem Ansehen, die den nazarenischen Bildern ob ihrer katholischen Frömmigkeit wegen abneigend gegenüberstanden; vgl. L. D. Ettlinger: Nazarener und Praeraffaeliten, in: Festschrift für Gert von der Osten, Köln 1970, S. 205–220, hier S. 205.

671 Peter-Klaus Schuster: »München leuchtete«. Die Erneuerung christlicher Kunst in München um 1900, in: Ders. (Hrsg.): »München leuchtete«. Karl Caspar und die Erneuerung christlicher Kunst in München um 1900, München 1984, S. 36.

672 Bandmann 1973, S. 309. Siehe auch Barringer 1998, S. 56ff. und S. 60ff.: John Ruskin (1819–1900), Kunst- und Gesellschaftskritiker, der die Präraffaeliten maßgeblich beeinflusste, hatte 1843 »Modern Painters« herausgegeben, den ersten Band eines insgesamt fünfbändigen Projek-

tes. Hier verteidigte er den Naturalismus und wirkte vor allem auf Hunt und dessen extreme Naturtreue.

673 Heute im Keble College Oxford; eine zweite Version von 1899 kam 1908 in die St. Paul's Cathedral, London, wo es einen »exponierten Platz als Ikone des englischen Protestantismus« erhielt; Barringer 1998, S. 118 (abgebildet S. 117).

674 Barringer 1998, S. 118. Neben Hunt können Ford Madox Brown (1821–1893) und John Everett Millais (1829–1896) als weitere Künstler genannt werden, die diese Prinzipien in der religiösen Bildkunst befolgten.

675 Bandmann 1978, S. 309. Ruskin hatte 1851 formuliert, nur das zu malen, was die Maler sehen oder wie eine Szene in Wirklichkeit hätte sein können; nach Barringer 1998, S. 119.

676 Nach der Auflösung wurde das ehemalige Mitglied Dante Gabriel Rossetti (1828–1882) zum Mittelpunkt eines Künstlerkreises, dem u. a. William Morris (1834–1896) und Edward Burne-Jones (1833–1989) angehörten. Durch Morris, der in Abkehr zur Industrialisierung die Kunst vom Handwerk her erneuern wollte und 1861 die kunstgewerblichen Werkstätten (Mitarbeiter u. a. Rossetti, Burne-Jones, Madox Brown) gründete, wurden präraffaelitische Prinzipien wie handwerkliche Treue und gemeinsame Arbeit weitervermittelt.

677 Der um 1864 durch Peter Lenz und Jakob Wüger in Rom gegründete künstlerische Klosterbund, die beide Schüler nazarenischer Künstler waren, scheiterte mit seinem Plan eines Kunstklosters mit fester Klosterordnung zur Pflege der christlichen Kunst und ließ beide in das Kloster Beuron eintreten. Siehe Schuster 1984, S. 37.
Weitere Literatur zur Beuroner Kunst siehe beispielsweise Martha Dreesbach: Pater Desiderius Lenz OSB von Beuron. Theorie und Werk. Zur Wesensbestimmung der Beuroner Kunst, Phil. Diss. München 1957; P. Suso Mayer: Beuroner Bibliographie. Schriftsteller und Künstler während der ersten hundert Jahre des Benediktinerklosters Beuron 1863–1963, Beuron 1963 oder Harald Siebenmorgen: Die Anfänge der »Beuroner Kunstschule«. Peter Lenz und Jakob Wüger 1850–1875. Ein Beitrag zur Genese der Formabstraktion in der Moderne, Sigmaringen 1983.

678 Streng genommen kann von der Gründung einer »Kunstschule« erst 1894 gesprochen werden, als Lenz, der aufgrund des »Kulturkampfes« nach St. Emaus, Prag, gegangen war, mit dem dortigen Abt die ersten Voraussetzungen dafür schuf. Wichtig war dem Abt die Vereinigung von Künstler- und Priesterberuf. 1895 wurde die Künstleroblatenschule nach St. Gabriel in Prag verlegt und 1899 in Beuron neu konstituiert. Siehe Dreesbach 1957, S. 188ff.

679 Siebenmorgen Sigmaringen 1983, S. 78.

680 Siebenmorgen Sigmaringen 1983, S. 80ff. Besonders auf katholischer Seite hatte man den Anschluss an historische Stile propagiert.

681 Siebenmorgen Sigmaringen 1983, S. 148f. Zum Bau und zur Ausstattung siehe näher S. 131ff.

682 Harald Siebenmorgen: »Kulturkampfkunst«. Das Verhältnis von Peter Lenz und der Beuroner Kunstschule zum Wilhelminischen Staat, in: Ekkehard Mai, Stephan Waetzoldt und Gerd Wolandt (Hrsg.): Ideengeschichte und Kunstwissenschaft, Philosophie und bildende Kunst im Kaiserreich (=Kunst, Kultur und Politik im Deutschen Kaiserreich, Schriften eines Projektkreises der Fritz-Thyssen-Stiftung, Bd. 3), Berlin 1983, S. 427.

683 Vgl. hierzu Stefanie Wettstein: Ornament und Farbe. Zur Geschichte der Dekorationsmalerei in Sakralräumen der Schweiz um 1890, Zürich 1996, S. 57f.

684 Sérusier, Leitfigur der Nabis, begegnete 1897 in Beuron Pater Desiderius Lenz, dessen Hauptschrift »Zur Ästhetik der Beuroner Kunstschule« er ein Jahr später ins Französische übersetzte und die auf Denis große Wirkung zeigte.

685 Siehe Dreesbach 1957, S. 218ff. Bei Verkade verband sich Beuroner Abstraktion mit der starken Farbigkeit und Flächigkeit der Nabis. Siehe auch Schuster 1984, S. 37f.

686 S. Staudhamer: Maurice Denis, in: Die christliche Kunst. Monatsschrift für alle Gebiete der christlichen Kunst und der Kunstwissenschaft sowie für das gesamte Kunstleben, IV. Jg., Nr. 5, 1908, S. 103.

687 Vgl. Ekkehard Mai: Programmkunst oder Kunstprogramm? Protestantismus und bildende Kunst am Beispiel religiöser Malerei im späten 19. Jahrhundert, in: Ekkehard Mai, Stephan Waetzoldt und Gerd Wolandt (Hrsg.): Ideengeschichte und Kunstwissenschaft, Philosophie und bildende Kunst im Kaiserreich (=Kunst, Kultur und Politik im Deutschen Kaiserreich, Schriften eines Projektkreises der Fritz-Thyssen-Stiftung, Bd. 3), Berlin 1983, S. 436f.

688 Mai 1983, S. 445f.

689 Vgl. Mai 1983, S. 446f.

690 Gleichnisse als Form von Lebenshilfe und als Beispiele eines christlich-sittlichen Wandels entsprachen dem Praxisbezug der evangelischen Kirche; Mai 1983, S. 441.

691 Zitiert nach Mai 1983, S. 449.

692 Vergegenwärtigt man sich noch einmal die Kunst Beurons mit ihrer streng katholischen, archaisch-abstrakten Bildgestaltung, könnte der

Gegensatz zu Gebhardts Bildgestaltung, die gleichsam einem Wahrheitsdrang zu unterliegen schien, nicht größer sein.

693 Allgemein siehe Pia Heckes: Studien zu den Kirchendekorationen Hermann Schapers (1853–1911) mit einem Gesamtkatalog seines künstlerischen Werkes, Phil. Diss., Berlin 1986.

694 Siehe Heckes 1986, S. 109. Auch die katholische Kirche hatte die ravennatische Kunst für sich entdeckt, allerdings mit einem anderen Schwerpunkt: sie konzentrierte sich auf die Übernahme der Mosaiken, um »die Identifizierung mit Glaubensinhalten« zu ermöglichen und zu verdeutlichen, dass »sie die Kirche sei, die Gläubigkeit, Frömmigkeit und die wahre Lehre des Christentums [kontinuierlich] tradiere«; Heckes 1986, S. 98.

695 Mai 1983, S. 455.

696 Hinweis bei Heckes 1986, S. 37.

697 Hinweis bei Wolfgang Brönner: Die Wiederherstellung der historistischen Ausmalung Hermann Schapers im Bremer Dom, in: Deutsche Kunst und Denkmalpflege, 39. Jg., 1981, S. 149–158, hier S. 152.

698 Vgl. Brönner 1981, S. 152.

699 Pia Heckes 1986, S. 115.

700 Siehe hierzu Mai 1983, S. 455, der von politischer Programmkunst und der Realisierung eines offiziellen Repräsentationsstils spricht.

701 Schuster 1984, S. 39.

702 Heckes 1986, S. 111.

703 Schuster 1984, S. 39.

704 Schuster 1984, S. 39. Der Autor nennt als Beispiel den Münchener Maler Karl Caspar, der zeitgenössische Kunstbestrebungen in sein Werk miteinbezog und verarbeitete: eine spannungsreiche Polarität zwischen »Realistik und Abstraktion«, in der farbliche Einflüsse durch die französische Malerei ebeno erhalten sind wie die Farbflächen der Nabis, die rhythmische Farbigkeit van Goghs; siehe Schuster 1984, S. 42.

705 Skovgaard Museet Viborg, SKm 4881.

706 Anhand des bisherigen Quellenmaterials und der Literatur konnte nicht geklärt werden, wie Skovgaard unterrichtete oder welche Schüler die Dekorationsklasse besuchten.

707 Wie sehr Skovgaards Fresken schon bald zum festen Bestandteil des nationalen Bewusstseins geworden waren, lässt sich auch an den Einleitungsworten des Kopenhagener Universitätsprofessors Waldemar Ammundsen ablesen, die 1916 in der Zeitschrift »Die christliche Kunst«, XIII. Jg., 1916/17, S. 54, in Bezug auf die Verteilung einer Mappe mit Reproduktionen von Viborger Fresken an kriegsgefangene Akademiker in Deutschland, Frankreich, England und Rußland erschienen: »Diese Zeit darf nicht spurlos an einem einzigen von uns vorübergehen – weder in den kriegführenden noch in den neutralen Ländern. [...] Die Herzen empor zu Gott der Hoffnung auf eine bessere Zukunft der Welt, soll den kriegsgefangenen Akademikern in den Bildern für Stunden der Erhebung und des künstlerischen Genusses im christlichen Geiste geboten werden. Skovgaard [...] kennt das kunstfreundliche Deutschland seit der Herausgabe der großen Mappe seiner Werke durch den dänischen Staat. Volkstümlich wirkt seine Kunst durch den tiefen Glauben, der aus ihr spricht.«

708 K. Konstantin-Hansen: Dansk Kirkelig Malerkunst, in: Højskolebladet, Bd. 33., Nr. 52, Sp. 1700 und 1715.

709 Kjær und Grinder-Hansen 1993, S. 37f. oder S. 65: eine Kunst, die schließlich auf Grundtvig passe, »solle wie er sein: groß, warm und beinahe rücksichtslos«.

710 Vorbildhafte Meister der christlichen Kunst waren für deutsche Künstler Giotto oder Fra Angelico, die »aus der Sache heraus« schufen; siehe näher: Smitmans 1980, S. 29f.

711 Der Bogen zu italienischen, aber auch einheimischen Kirchendekorationen war geschlagen. Um 1850 wuchs allgemein das Interesse an der Historie Dänemarks und seinen vorgeschichtlichen Denkmälern. In der zweiten Hälfte des 19. Jahrhunderts wurden in mehr als 300 Kirchen Malereien aufgedeckt, registriert und restauriert. Siehe näher Rudolf Broby-Johansen: Den danske Billedbibel, Copenhagen [2]1948 und Niels M. Saxtorph: Danmarks kalkmalerier, Viborg 1986.

712 Begtrup 1907, S. 7.

713 Johannes Kragh: Kirkelig kunst i nutidens Danmark, in: Kirken. Tidsskrift for kirkelig orientering, IV. Aarg., 1932, S. 37.

714 Kragh 1932, S. 40ff. nennt neben Niels Larsen Stevns und Niels Skovgaard auch den Sohn Joakims, Johan Thomas Skovgaard, sowie Rudolf S. (Rud-) Petersen.

715 Siehe Niels Th. Mortensen: Ny dansk Billedkunst, Odense 1957 oder Erik Zahle (Hrsg.): Danmarks Malerkunst. Fra Middelalder til Nutid, København [3]1947, S. 251ff.

716 Stevns kann aus heutiger Sicht als einer der bedeutendsten Vertreter religiöser Kunst in Dänemark gesehen werden, der die Freskomalerei in großen Zyklen bis weit in die 1930er-Jahre fortsetzte.

717 Vgl. Jean Cassou (Hrsg.): Lexikon des Symbolismus (dt. Ausgabe), Darmstadt 1979, S. 66f.

718 S. Staudhamer: Maurice Denis, in: Die christliche Kunst. Monatsschrift für alle Gebiete der christlichen Kunst und der Kunstwissenschaft sowie für das gesamte Kunstleben, IV. Jg., Nr. 5, 1908, S. 98 und 112.

719 Die Arbeit von Smitmans 1980 bietet eine aufschluss- und zugleich hilfreiche Orientierung in der Fülle von Theorien und Rezeptionen auf katholischer wie protestantischer Seite. Am Beispiel Lovis Corinth etwa wird die heftige, ablehnende Haltung katholischer Autoren um 1910 deutlich; vgl. S. 215ff.

720 Vgl. hierzu auch Heckes 1986, S. 32.

721 Käte Lassen war ab 1904 regelmäßig nach Dänemark gereist. Siehe Ludwig Rohling: Käthe Lassen, Flensburg 1956.

Anhang

Quellenverzeichnis

Rigsarkivet, Kopenhagen:

Ministeriet for Kirke- og Undervisningsvæsenet. 1. Eksp.ktr. – journalsager (Cultus-Ministeriet 1. Dept.) aus den Jahren 1888–1894, Journalnr. OO-UU

Ministeriet for Kirke- og Undervisningsvæsenet. 1. Eksp.ktr. – journalsager (Cultus-Ministeriet 1. Dept.) aus den Jahren 1895–1907, Journalnr. VV-3G

Ministeriet for Kirke- og Undervisningsvæsenet. 3. Eksp.ktr. – Ansøgninger fra forfattere, kunstnere, videnskabsmænd og lærere om understøttelse aus den Jahren 1848(1843)–1915, v. a. 1893–1898 zu »Skovgaard, Joakim Frederik. Maler«

Privatarkiv 6409: amtsforvalter Jørgen Swanes slægtsarkiv, arkivets afsnit 12: Familiehistorie (gr. III.A.3): 15 Briefe von Joakim Skovgaard an Bischof Swane aus den Jahren 1875–1902

Den Hirschsprungske Samling, Kopenhagen:

Emil Hannovers brevsamling zwischen 1888–1922

Heinrich Hirschsprungs brevsamling, v. a. Bind IV, nr. 381–385: Forhandlinger og Kontrakter over Erhvervelser til Samlingen und Bind VIII, nr. 1089–1116: Breve fra og til Danske Kunstnere L [= Korrespondenz zwischen Skovgaard und Hirschsprung, 1881 bis 1907]

P. S. Krøyers brevsamling, Bind 15, vor allem nr. 2110–2114: Fortegnelse over P. S. Krøyer's efterladte papirer og Breve

Kristian Zahrtmanns brevsamling, Bind 4, nr. 1181–1189, fra Joakim Skovgaard til Zahrtmann

Det Kongelige Bibliotek, Kopenhagen: Håndskriftsafdelingens brevregistrant:

Ny Kgl. Sml. 3912, 4°: 14 Briefe an Holger Begtrup von Joakim Skovgaard zwischen dem 21. Juli 1896 und 13. Februar 1902
Ny Kgl. Sml. 2804, I.1, 2°: zwei Briefe von Th. Bindesbøll an J. Skovgaard vom 6. September 1905 und 19. November 1907 sowie 27 Briefe (mit Vignetten, Zeichnungen) von J. Skovgaard an Th. Bindesbøll zwischen dem 3. Januar 1889 und 21. August 1908, darunter zwei undatierte

Ny Kgl. Sml. 3386, 4°: sechs Briefe an [Professor] Lorenz Frölich von Joakim Skovgaard zwischen dem 23. Mai 1893 und 8. September 1915

Ny Kgl. Sml. 2713.fol.I.2, 2°: vier Briefe an Professor Storck von J. Skovgaard zwischen dem 28. April 1898 und 20. November 1916

Skovgaard Museet, Viborg:

Ausgewertet wurden folgende Mappen des Skovgaard Museet, Viborg (SKM): SKM 47 (Briefe von 1885/86, Joakim Skovgaard an Agnete bzw. Freunde), SKM 48 (Familienbriefe), SKM 49 (Italienreise von A. und J. Skovgaard), SKM 50 (Briefe von 1888–89, A. und J. Skovgaard), SKM 51 (Briefe zwischen A. und J. Skovgaard), SKM 52 (Briefe zwischen A. und J. Skovgaard, u.a. nach Viborg 1894–95), SKM 53 (Briefe von J. an A. Skovgaard aus Italien), SKM 54 (Briefe von 1897–99, A. und J. Skovgaard), SKM 55 (Briefe von 1890, J. an A. Skovgaard aus Italien), SKM 56 (Briefe aus Viborg von 1902–07, J. und A. Skovgaard), SKM 57 (Briefe von Italien 1904/05, A. und J. Skovgaard), SKM 71 (70. Geburtstag J. Skovgaard), SKM 107

(Viborg 1899–1903), SKM 119 (Briefe, J. Skovgaard, Bischof Swane, A. Jerndorff bez. Viborger Dom), SKM 120 (Versicherungspolicen für Ausmalung), SKM 121 (Rechnungen, Briefe bez. Fresken), SKM 122 (1899–1906, Rechnungen bez. Fresken), SKM 123 (190 1–03, Rechnungen bez. Fresken), SKM 124 (190 1–03, Rechnungen), SKM 125 (Viborger Dom, Rechnungen, Briefe), SKM 126 (Briefe bez. Viborger Dom).

Mappe ohne Inv.-Nr. (möglicherweise aus dem Besitz Joakim Skovgaards): Nicht chronologisch geordnete Notizzettel sowie Briefe aus der Zeit von 1899 bis 1902 zwischen Skovgaard und dem Ministerium for Kirke- og Undervisningsvæsenet.

Notiz-, Skizzen- und Reisebücher sowie selbstgestaltete Gedichtbände aus dem Skovgaard Museet, Viborg, aufgelistet nach Inventarnummern (SKm): SKm 67 (1904–05), SKm 68 (1897), SKm 71 (1900–01), SKm 72 (1907), SKm 80 (1902–03), SKm 85 (1895–96), SKm 100 (1896–97), SKm 101 (1903), SKm 102 (1905–06), SKm 104 (1908–10), SKm 105 (1900–05), SKm 115 (1900), SKm 256 (1898–99), SKm 262 (1888/1902–27), SKm 265 (1896), SKm 284 (1895–99), SKm 1795 (1890–95), SKm 1798 (1896), SKm 1801 (1899–1900), SKm 1802 (1902–07), SKm 1803 (1903–20), SKm 1805 (1904–15), SKm 1806 (ca. 1908), SKm 1808, SKm 1815, SKm 10147 (Notizbuch von Arne Lofthus).

Literaturverzeichnis

ARENHOEVEL, Diego, Alfons DEISSLER und Anton VÖGTLE (Hrsg.): Die Bibel mit den Erläuterungen der Jerusalemer Bibel, Freiburg, Basel, Wien [7]1968

ANDRESEN, J. H.: Der Dom zu Viborg und seine Wandgemälde, in: Nordland, illustrierte Halbmonatsschrift für den deutsch-nordischen Kulturaustausch, Heft 10, 1913, S. 7–8

BALKE, Gisela: Das Freskenwerk Philipp Veits. Ein Beitrag zur Geschichte des Freskos im 19. Jahrhundert, Phil. Diss. Berlin 1986

BANDMANN, Günter: Kirchliche Kunst im 19. und 20. Jahrhundert, in: Hubert Jedin (Hrsg.): Handbuch der Kirchengeschichte. Die Kirche in der Gegenwart, Bd. VI, Freiburg, Basel, Wien 1973, S. 297–315

BARRINGER, Tim: Die Präraffaeliten. Wie sie malten, wie sie dachten, wie sie lebten. (Dt. Übersetzung Christine Ammann), Köln 1998

BECKETT, Francis: Kunstværker og Kunstnere i Danmark, in: Tidsskrift for Industri, 10. Aarg., 1909, S. 71–83

BEGTRUP, Holger: Billederne i Viborg Domkirke, in: Holger Begtrups »Tidsskrift« (Sonderdruck), 1907, S. 1–6, S. 23–26

BEGTRUP, Holger: Bibelske Billeder af Joakim Skovgaard, København 1925

BEGTRUP, Holger: Joakim Skovgaard. 1856 – 18. November – 1926, in: Højskolebladet, Tidende for Folkeoplysning, Bd. 51, Nr. 46, 1926, Sp. 1497–1516

BEGTRUP, Holger: Joakim Skovgaard, in: Højskolebladet, Tidende for Folkeoplysning, Bd. 58, Nr. 11, 1933, S. 145–147

BEGTRUP, Holger: N. F. S. Grundtvig, in: Nordens Kalender 1934, S. 11–30

BERGER, Ernst: Die Maltechnik des Altertums nach den Quellen, Funden, chemischen Analysen und eigenen Versuchen (= Beiträge zur Entwicklungsgeschichte der Maltechnik, I. und II. Folge), Walluf b. Wiesbaden 1973, unv. Neudr. d. A. München 1904

BERGER, Ernst: Quellen und Technik der Fresko-, Oel- und Tempera-Malerei des Mittelalters von der byzantinischen Zeit bis einschliesslich der »Erfindung der Ölmalerei« durch die Brüder van Eyck (= Beiträge zur Entwicklungsgeschichte der Maltechnik, III. Folge), Walluf b. Wiesbaden 1973, unv. Neudr. d. A. München [2]1912

BERGGRAV, Eivind: Kunsten og Kirken. Et spennende Vennskap, in: Kunst og Kultur, 19. Årg., 1933, S. 193–204

BORUP, Johan: Joakim Skovgaard, in: Borups Højskole. Medlemsblad for Foreningen til Højskolens Fremme I, Jan. 1927, 12. Aarg., Nr. 4, S. 30–32

BOSSERT, Helmut Theodor: Farbige Dekorationen. Beispiele dekorativer Wandmalerei vom Altertum bis zur Mitte des 19. Jahrhunderts, Berlin 1928

BOTT, Gerhard und Heinz SPIELMANN (Hrsg.): Künstlerleben in Rom. Bertel Thorvaldsen (1770–1844). Der dänische Bildhauer und seine deutschen Freunde, Ausstellungskatalog Germanisches Nationalmuseum Nürnberg 1991/1992 und Schleswig-Holsteinisches Landesmuseum Schloß Gottorf, Schleswig 1992

BREDSDORFF, Thomas: Joakim Skovgaard. Paa hans tresindstyveaars Fødselsdag, in: Højskole-

bladet. Tidende for Folkeoplysning, Bd. 41, Nr. 46, 1916, Sp. 1445–1448
BREMER VOLKSHOCHSCHULE (Hrsg.): Nikolai Frederik Severin Grundtvig (= Beiträge zur freien Volksbildung, Heft 4), Bremen 1960
BRIESENICK, Brigitte: Wandmalerei, in: Hans Helmut Hofstätter (Hrsg.): Geschichte der Kunst und der künstlerischen Techniken, München 1965, S. 17–32
BROBY-JOHANSEN, Rudolf: Den danske Billedbibel. De middelalderlige Kalkmalerier i de danske Kirker, Copenhagen ²1948
BRØNDSTED, K. G.: Viborg Domkirke og Joachim Skovgaard, in: Vor Fremtid. Tidsskrift for konservativt nutidsarbejde, 4. Aarg., 1910–1911, S. 8–18
BRÖNNER, Wolfgang: Die Wiederherstellung der historistischen Ausmalung Hermann Schapers im Bremer Dom, in: Deutsche Kunst und Denkmalpflege, 39. Jg., 1981, S. 149–158
Das BUCH von der Frescomalerei, Heilbronn 1846
BÜTTNER, Frank: Peter Cornelius: Fresken und Freskenprojekte, Bd. 1, Wiesbaden 1980
CHANEL, Christian: Nordeuropa, in: Norbert Brox, Odilo Engels, Georg Kretschmar (Hrsg.): Die Geschichte des Christentums. Religion, Politik, Kultur. Bd. 11: Liberalismus, Industrialisierung, Expansion Europas (1830–1914), dt. Ausg., Freiburg – Basel – Wien 1997, S. 245–256 und S. 583–594
DAHLMANN OLSEN, Nina: Seks valgmenighedskirker. Kirker af Andreas og Ivar Bentsen med udsmykninger af Joakim og Niels Skovgaard, in: Architectura. Architekturhistorisk Årsskrift, 8, 1986, S. 113–128
DENEKEN, Friedrich: Joakim Skovgaard und seine Wandgemälde im Dom zu Viborg, in: Zeitschrift für Bildende Kunst, N. F. 19. Jg., 1908, S. 145–154
DIETRICHSON, L.: Vore kirkers kunstneriske udsmykning, in: For Kirke og Kultur, 1. Bd., 1894, S. 459–469
DITZEL, Harald (Hrsg.): En Kunstner i Svøb. Joakim Skovgaards tre første ophold i Viborg 1874–1876 belyst gennem Skovgaard-Breve fra og til Viborg, Viborg 1971
DITZEL, Harald: Joakim Skovgårds allerførste tanker om udsmykningen af Viborg domkirke, in: MIV (= Museerne i Viborg amt), 1, 1971, S. 64–69
DITZEL, Harald: To kunstnerfrø. Bidrag til belysning af samarbejdet mellem Frederik Lange Grundtvig og Joakim Skovgaard 1868 – 1870, in: MIV (= Museerne i Viborg amt), 2, 1972, S. 36–43
DORPH, N. V.: Öfversikt af nyare dansk målarkonst, in: Ord och Bild. Illustrerad Månadsskrift, 6. Årg., 1897, S. 36 1–369
DREESBACH, Martha: Pater Desiderius Lenz OSB von Beuron. Theorie und Werk. Zur Wesensbestimmung der Beuroner Kunst, Phil. Diss. München 1957
DROSTE, Magdalena: Das Fresko als Idee. Zur Geschichte öffentlicher Kunst im 19. Jahrhundert (= Kunstgeschichte: Form und Interesse, Bd. 2), Münster 1980
EIBNER, Alexander: Entwicklung und Werkstoffe der Wandmalerei vom Altertum bis zur Neuzeit, Niederwalluf b. Wiesbaden 1970, Neudr. d. A. München 1926
E[LBEK], J[ohannes]: Joakim Skovgaard og Viborg Domkirke, in: Ord og Billeder, Novbr.-Decbr., 1910, S. 13–29
ELBEK, Johannes: Joakim Skovgaard, in: Bavnen. Ugeskrift for Fri Skole, Fri Kirke, 30. Jg., Nr. 13, 1933, Sp. 241–248
ELLER, Povl: Grundtvig og Danmark, Ausst.-Kat., Det nationalhistoriske Museum på Frederiksborg 1983
ELLING, Christian: Niels Lauritz Andreas Høyen, in: Dansk Biografisk Leksikon, Bd. 7, København 1981, S. 75–78
ETTLINGER, L. D.: Nazarener und Praeraffaeliten, in: Festschrift für Gert von der Osten, Köln 1970, S. 205–220
FONTANA, Rino: Technische Neuerungen in der Kirchenmalerei des 19. Jahrhunderts, in: Unsere Kunstdenkmäler. Nos monuments d'art et d'histoire. Nostri monumenti storici, 36. Jg., Heft 1, 1985, S. 35–41
GALLWITZ, Klaus (Hrsg.): Die Nazarener in Rom. Ein deutscher Künstlerbund der Romantik, Ausstellungskatalog, Galleria Nazionale d'Arte Moderna Rom, (dt. Ausg.), München 1981
GEHLIN, Nils: De Dödas Uppståndelse. Ett Motivs Utvecklingshistoria hos Joakim Skovgaard, in: Tidskrift för Konstvetenskap, XXII, Heft 1, 1938/39, S. 111–130
GERMER, Stefan: Historizität und Autonomie. Studien zu Wandbildern im Frankreich des 19. Jahrhunderts. Ingres, Chassériau, Chenavard und Puvis de Chavannes, Hildesheim, Zürich, New York 1988
GOLDSCHMIDT, Ernst: Joakim Skovgaards Billeder i Viborg Domkirke, in: Ord och Bild. Illustrerad Månadsskrift, 18. Årg., 1909, S. 83–99
GOMBRICH, Ernst Hans: Means and ends: reflections on the history of fresco painting (= Walter Neurath Memorial Lectures, 8), London 1976
GRELL, Helge: Skaberordet og billedordet. Studier over Grundtvigs teologi om ordet (= Skrifter udgivet af Grundtvig-Selskabet, XVII), København 1980
GROSS, Friedrich: Wahrheit und Wirklichkeit. Protestantische Bildkunst und Realismus im weltanschaulichen Widerstreit des 19. Jahrhunderts, in: Werner Hofmann (Hrsg.): Luther und die Fol-

gen für die Kunst, Ausst.-Kat. Hamburger Kunsthalle, München 1983, S. 476–481
GROSS, Friedrich: Jesus, Luther und der Papst im Bilderkampf 1871 bis 1918. Zur Malereigeschichte der Kaiserzeit, Marburg 1989
HANNOVER, Emil: Dansk Malerkunst paa den nordiske Udstilling 1888, in: Tilskueren. Maanedsskrift for Literatur, Samfundsspørgsmaal og almenfattelige videnskabelige Skildringer, 5. Årg., 1888, S. 518f.
HANNOVER, Emil: Neuere Strömungen in der dänischen Malerei, in: Zeitschrift für Bildende Kunst, N. F. 14. Jg., 1903, S. 299–307
HANNOVER, Emil: Det Nittende Aarhundredes Kunst. Skikkelser og strømninger, Bd. XXVI, o. O. 1918
HANSEN, Jørn Otto: Religiosität und persönliche Mythologie in der bildenden Kunst Skandinaviens, in: Robert Bohn, Michael Engelbrecht (Hrsg.): Weltgeltung und Regionalität. Nordeuropa um 1900 (studia septemtrionalia, Zentrum für Nordische Studien 1, Kiel), Frankfurt/M., Berlin, Bern u. a. 1992
HARTMANN, Reinhold: Erneuerungsversuche der christlich-religiösen Malerei im 19. Jahrhundert, insbesondere die Bestrebungen auf naturalistischer Basis in der zweiten Jahrhunderthälfte, Phil. Diss. Tübingen 1954
HASAK, Max: Haltbare Farben für die Ausmalung von Kirchen, in: Zeitschrift für christliche Kunst, Jg. 25, Nr. 11, 1912, Sp. 379–382
HECKES, Pia: Studien zu den Kirchendekorationen Hermann Schapers (1853–1911) mit einem Gesamtkatalog seines künstlerischen Werkes, Phil. Diss. Berlin 1986
HERBERTS, Kurt: Wände und Wandbild. Die Wandbildtechniken, ihre baulichen Voraussetzungen und geschichtlichen Zusammenhänge, Stuttgart 1953
HERTZ, Peter: Joakim Skovgaard paa 70 Aars Dagen den 18. November 1926, in: Ord och Bild. Illustrerad Månadsskrift, 35. Årg., 1926, S. 673–694
HILDEBRANDT, Hans: Wandmalerei. Ihr Wesen und ihre Gesetze, Stuttgart und Berlin 1920
HILDEBRANDT, Hans: Wandmalerei, ihre Auflösung im 19. Jahrhundert, ihre Neubelebung im 20. Jahrhundert, in: Kunstwerk, 8, 1954/55, Heft 5, S. 3–6
HOBOLTH, Nina: Den grundtvigske vækkelsesbevægelses afspejlinger i dansk billedkunst fra ca. 1870 til ca. 1900, upubl. speciale, Århus universitet 1978
HØIRUP, Henning (Hrsg.): Joakim Skovgaard. Minder fra barndom og ungdom, Viborg 1962
HØIRUP, Henning: Skovgaards billeder i Viborg Domkirke, Viborg 1973
HØIRUP, Henning: Viborg Domkirke. Tanker i hundredåret for genrejsningen, in: Viborg Stifts Årbog 1975, S. 7–37
HÖNNIGHAUSEN, Gisela (Hrsg.): Die Präraffaeliten. Dichtung, Malerei, Ästhetik, Rezeption, Stuttgart 1992
HØYEN, Niels Laurits: Viborg Domkirke, in: J. L. Ussing (Hrsg.): Niels Laurits Høyens Skrifter, 2. Bd., Kjøbenhavn 1874, S. 374–423
HOFSTÄTTER, Hans Helmut: Das Christliche in der Malerei des 19. Jahrhunderts, in: Das Münster, 31. Jg., 1978, S. 47–58
HOHLENBERG, J. E.: Joakim Skovgaard, in: Dyrevennen. Nordisk illustrerede Maanedsskrift, 35. Aarg., Nr. 12, 1914, S. 184–194
HONNENS DE LICHTENBERG, Hanne: Symbolismen i Dansk Kunst, Ausst.-Kat., Nivaagaards Malerisamling 1993
HOPE, Nicholas: German and Scandinavian Protestantism 1700–1918, Oxford 1995
HORNUNG, Peter Michael: Ny Dansk Kunsthistorie. Realismen, Bd. 4, København 1993
HORSKJÆR, Erik (Hrsg.): De danske Kirker. Midtjylland, Bd. 12, København 1969
ISRAELSEN, N. J.: Viborg gamle domkirke, in: Historisk Samfund for Viborg Amt (Hrsg.): Fra Viborg Amt, 41. Årg., 1976, S. 7–57
JESSEN, Peter: Joakim Skovgaards Fresken im Dom zu Viborg, in: Wieland, 5. Jg., Heft 12, 1920, S. 9–11
JØRGENSEN, Bo Hakon: Symbolismen – eller jegets orfiske forklaring (= Odense University Studies in Scandinavian Languages and Literatures vol. 29), Odense 1993
KEARNS, James: The writing on the wall: descriptions of painting in the art criticism of the French Symbolists, in: Robert Lethbridge, Peter Collier (Hrsg.): Artistic relations: litterature and the visual arts in nineteenth-century France, New Haven, London 1994, S. 239–252
KGL. DÄNISCHES MINISTERIUM DES ÄUSSERN, Presse- und Kulturabteilung (Hrsg.): Nikolaj Frederik Severin Grundtvig (1783–1872), Kopenhagen 1983
KJÆR, Ulla und Poul GRINDER-HANSEN: Immanuelskirken, Viborg 1993
KLINT, P. V. J.: Udviklingslinien i dansk kunst, in: Architekten. Meddelelser fra Akademisk Architekturforening. Tidsskrift for Architektur og dekorativ Kunst, XXI. Bd., 1919, S. 237–241
KLUIBENSCHÄDL, Heinrich: Praktische Anleitung zum Freskomalen nach der Manier der alten Meister in Tirol (= Sammlung maltechnischer Schriften, Bd. 7), München 1925
KNOEPFLI, Albert, Oskar EMMENEGGER, Manfred KOLLER u. a.: Wandmalerei. Mosaik.

(= Reclams Handbuch der künstlerischen Techniken, Bd. 2), Stuttgart 1997
KNUTSSON, Johan: Mausoleum och nationalmonument: Kring John Ericssons mausoleum i Filipstad, in: Konsthistorisk tidskrift, Årg. LV, 1986, S. 19–26
KOCH, Hal und Bjørn KORNERUP (Hrsg.): Den Danske Kirkes Historie, Bd. VI und Bd. VII, København 1954 und 1958
KOCH, V.: Joachim Skovgaards Udkast til Viborg Domkirkes Dekoration, in: Arkitekten. Meddelelser fra Akademisk Architekt Forening, Bd. 1, No. 8, 1899, S. 61–69
KONSTANTIN-HANSEN, Elise: Joakim Skovgaard og hans Kunst, in: Højskolebladet. Tidende for Folkeoplysning, Bd. 58, Nr. 11, 1933, S. 147–151
KONSTANTIN-HANSEN, K.: Dansk Kirkelig Malerkunst, in: Højskolebladet. Tidende for Folkeoplysning, Bd. 33, Nr. 52, 1908, Sp. 1699–1716
KORGAARD, Chr. C.: Kristus i de dødes Rige, in: Højskolebladet. Tidende for Folkeoplysning, Bd. 19, Nr. 32, 1894, Sp. 1013–1016
KRAGH, Johannes: Loftsdekorationen i Viborg Domkirke, in: Gads Danske Magasin, 1908/09, S. 421–425
KRAGH, Johannes: Joakim Skovgaard som Kunstner gennem 30 Aar, in: Gads Danske Magasin. Dansk Tidsskrift. Ny Række 1910–1911, S. 421–428
KRAGH, Johannes: Kirkelig kunst i nutidens Danmark, in: Kirken. Tidsskrift for kirkelig orientering, IV. Aarg., 1932, S. 33–53
KYSTER, Anker: Thorvald Bindesbøll. Architekt, Tegner, Keramiker, in: Ord och Bild. Illustrerad Månadsskrift, 35. Aarg., 1926, S. 545–560
LARSEN STEVNS, Niels: Joakim Skovgaard. En arbejdsfælles skildring af hans liv og udvikling, in: Dansk Udsyn, VII. Aarg., 1927, S. 181–192
LARSSON, Lars Olof: Symbolismus in Skandinavien, in: Wege nach Süden. Wege nach Norden. Aufsätze zu Kunst und Architektur, Festgabe zum 60. Geburtstag, Kiel 1998
LINDHARDT, Poul Georg: Kirchengeschichte Skandinaviens, Göttingen 1983
LOFTHUS, Arne: Joakim Skovgaards Dekorative Kunst, in: Kunst og Kultur, Bd. 14, 1927, S. 29–40
LOHMANN, Kristian: Viborg Domkirkes Dekoration ved Joakim Skovgaard, Teil I-II, in: Højskolebladet, Bd. 30, Nr. 8, 1905, Sp. 233–238. Teil III, in: Højskolebladet, Bd. 30, Nr. 9, 1905, Sp. 265–270. Teil IV, in: Højskolebladet, Bd. 30, Nr. 10, 1905, Sp. 297–302. Teil V, in: Højskolebladet, Bd. 30, Nr. 11, 1905, Sp. 329–336
LORENZEN, Vilhelm: Viborg Domkirke, in: De gamle danske domkirker, København 1948, S. 125–139
LÜTZHØFT, Nicolaus: Kunst og Museum. Joakim Skovgaards Kristus i de dødes rige paa galleriet, in: Dansk Aand. Politisk, socialt og literært ugeblad, Bd. I, 1912, S. 229–234
LÜTZHØFT, Nicolaus: Joakim Skovgaards glasmaleri og andre dekorative arbejder paa foraarsudstillingerne, in: Skønvirke. Meddelelser fra Forening for Kunsthaandværk og Selskabet for Dekorativ Kunst, 10. Aarg., 4. Heft, 1924, S. 52–55
LÜTZHØFT, Nicolaus: Joakim Skovgaard Halvfjerds Aar, in: Samleren, 3. Aarg., Nr. 10, Oktober 1926, S. 191–198
LÜTZHØFT, Nicolaus: Joakim Skovgaards Skønvirke, in: Skønvirke, Meddelelser fra Forening for Kunsthaandværk og Selskabet for Dekorativ Kunst, 12. Aarg., 11. Heft, 1926, S. 168–170
LUNN, F.: Malerslægten Skovgaard og dens forbindelse med Knabstrup, in: Fra Holbæk Amt. Historiske Aarbøger, XI. Bd., 2. Aarg., 1943, S. 5–24
MADSEN, Hermann: Kirkekunst i Danmark, 3 Bde., København 1966
MADSEN, Karl: Joachim Skovgaard-Udstillingen, in: Tilskueren. Maanedsskrift for litteratur, samfundsspørgsmaal og almenfattelige videnskabelige skildringer, 12. Årg., 1895, S. 312–318
MADSEN, Karl: P. C. Skovgaard og hans sønner, København og Kristiania 1918
MAGNUSSEN, Rikard: Ved Joakim Skovgaards Død, in: Dansk Kunst, Nr. 40, Mai 1933, o. S.
MAI, Ekkehard: Programmkunst oder Kunstprogramm? Protestantismus und bildende Kunst am Beispiel religiöser Malerei im späten 19. Jahrhundert, in: Ekkehard Mai, Stephan Waetzoldt und Gerd Wolandt (Hrsg.): Ideengeschichte und Kunstwissenschaft, Philosophie und bildende Kunst im Kaiserreich (= Kunst, Kultur und Politik im Deutschen Kaiserreich, Schriften eines Projektkreises der Fritz-Thyssen-Stiftung, Bd. 3), Berlin 1983, S. 431–459
MARCUS, Aage: Joakim Skovgaards Bibelværk, in: Den nye Litteratur. Dansk Litteraturtidende, 1. Aarg., Nr. 5, 1923, S. 129–134
MARTENSEN-LARSEN, Florian: Indvielsen af Viborg domkirke 1876, in: Historisk Samfund for Viborg Amt (Hrsg.): Fra Viborg Amt, 41. Årg., 1976, S. 59–74
MATZEN, Henning und Johannes TIMM: Haandbog i den danske Kirkeret, Kjøbenhavn 1891
MAYER, P. Suso: Beuroner Bibliographie. Schriftsteller und Künstler während der ersten hundert Jahre des Benediktinerklosters Beuron 1863–1963, Beuron 1963
MEYER, André: Die Bedeutung der Architekturpolychromie in der Sakralkunst des 19. Jahrhunderts, in: Unsere Kunstdenkmäler. Nos monu-

ments d'art et d'histoire. Nostri monumenti storici XXXVI/1, 1985, S. 41–47

MIELCHE, Johan: Et Kunstens Storværk. Joakim Skovgaard og Viborg Domkirke, in: Gads danske Magasin, 1906/07, S. 21–29

MINISTERIET FOR KIRKE- OG UNDERVISNINGSVÆSENET under Ledelse af Kunstforeningen i Kjøbenhavn (Hrsg.): Viborg Domkirke. Joakim Skovgaards Billeder. Domkirkens Historie, Kjøbenhavn 1909

MØRSTAD, Erik: Gustav Vigeland i 1890-årene. En analyse av relieffet Helvete, in: Kunst og Kultur, 70. Årg., 1987, S. 2–30

MORTENSEN, Niels Th.: Religiøs Malerkunst i Danmark, Bd. I und II, Odense 1944 und 1945

MORTENSEN, Niels Th.: Ny Dansk Billedkunst, Odense 1957

NØRREGÅRD-NIELSEN, Hans Edvard: Dansk Kunst, 2 Bde., Copenhagen 1983

OPPERMANN, Theodor: Joakim Skovgaards billeder i Viborg Domkirke, Kjøbenhavn 1916

PETERSEN, Carl V.: Joakim Skovgaard i anledning af 70-årsdagen, in: Nordisk Tidskrift för Vetenskap, Konst och Industri, N. S. 2, Heft 4, 1926, S. 553–563

PETERSEN, Carl V.: Joakim Skovgaard, in: Nordens Kalender, 1934, S. 137–152

PHILIPPOT, Paul: Die Wandmalerei. Entwicklung. Technik. Eigenart., Wien, München 1972

POSER, Renata von: Rudolf Schäfer. Kirchenausstattungen. Religiöse Malerei zwischen Bibelfrömmigkeit und Pathos, Regensburg 1999

POULSEN, Vagn: Danish painting and sculpture, Copenhagen 1955

RAGN-JENSEN, Hannemarie: Die zweite Generation der dänischen Nazarener, in: Hafnia. Copenhagen Papers in the History of Art, no. 6, 1979, S. 144–175

RISEBYE, Elof: Skovgaards Fresker i Viborg Domkirke restaureres, in: Samleren, 20. Jg., Sept. 1943, S. 94–97

RODE, Aksel: Joakim Skovgaards Udvikling 1884–94, in: Fra Skovgaard-Museet 1948–50, Viborg 1950, S. 7–18

RÖSLER-SCHINKE, Stephanie: Die Apollinariskirche in Remagen – ein Gesamtkunstwerk des 19. Jahrhunderts, Phil. Diss. München 1994

ROMBOLD, Günter: Am Ende der sakralen Kunst? Das gestörte Verhältnis von Kirche und Kunst seit dem 19. Jahrhundert, in: Wort und Wahrheit, 22, 1967, S. 47–52

ROUSSELL, Aage und H. G. SKOVGAARD: Danmarks middelalderlige kalkmalerier og Lydum kirkes nordvæg, in: Selskabet for kirkelig kunst, Jubilæumsskrift i Anledning af 25-Aarsdagen for Stiftelsen af Selskabet for kirkelig kunst den 1. Juni 1926, København 1951, S. 55–59

SADOLIN, A/S og HOLMBLAD & Co.s Eftf. (Hrsg.): Joakim Skovgaard: Nogle Optegnelser om Frescoteknik af J. Th. Skovgaard og Professor Joakim Skovgaard, in: Farveteknik i løse Blade, III, København 1913, S. 1–8

SAXILD, Georg: J. Skovgaard. Viborg Domkirkes Dekoration, in: Tilskueren. Maanedsskrift for Litteratur, Kunst, Samfundsspørgsmaal og almenfattelige videnskabelige Skildringer, 23. Årg., 1906, S. 941–965

SAXILD, Georg: Joakim Skovgaards Dekoration af Viborg Domkirke, in: Joakim Skovgaards Billeder i Viborg Domkirke. Arbejdets Historie, udgivet af Forening af Booghandværk, Kjøbenhavn 1915

SAXTORPH, Niels M.: Danmarks kalkmalerier, Viborg 1986

SCHADE, Herbert: Zum Problem einer christlichen Kunst, in: Stimmen der Zeit, 182. Bd., 1968, S. 181–192

SCHINDLER, Herbert: Nazarener. Romantischer Geist und christliche Kunst im 19. Jahrhundert, Regensburg 1982

SCHÖNENBERG, Marianne: Die Ausmalung des Speyerer Doms (1846–1853/1862) durch Johann Baptist Schraudolph und seine Gehilfen, Phil. Diss. Köln 1989

SCHULTZ, Sigurd: Skovgaard, Joakim Frederik, in: Dansk Biografisk Leksikon, Bd. 3, København 1983, S. 465–468

SCHUSTER, Peter-Klaus (Hrsg.): »München leuchtete«. Karl Caspar und die Erneuerung christlicher Kunst in München um 1900, München 1984

SCHWARZ LAUSEN, Martin: Danmarks kirkehistorie (2. Ausg.), Copenhagen [5]1998

SIEBENMORGEN, Harald: Die Anfänge der »Beuroner Kunstschule«. Peter Lenz und Jakob Wüger 1850–1875. Ein Beitrag zur Genese der Formabstraktion in der Moderne, Sigmaringen 1983

SIEBENMORGEN, Harald: »Kulturkampfkunst«. Das Verhältnis von Peter Lenz und der Beuroner Kunstschule zum Wilhelminischen Staat, in: Ekkehard Mai, Stephan Waetzoldt und Gerd Wolandt (Hrsg.): Ideengeschichte und Kunstwissenschaft, Philosophie und bildende Kunst im Kaiserreich (= Kunst, Kultur und Politik im Deutschen Kaiserreich, Schriften eines Projektkreises der Fritz-Thyssen-Stiftung, Bd.3), Berlin 1983, S. 409–430

SINDING-LARSEN, Kristofer: Joakim Skovgaard i Viborg domkirke, in: Kunst og Kultur, Bd. 3, 1912/13, S. 234–250

SKOVGAARD, Joakim: Om Billederne i Viborg Domkirke, in: Holger Begtrups »Tidsskrift« (Sonderdruck), 1907, S. 7–22

SKOVGAARD, Joakim: Niels Larsen Stevns og hans gode gerninger i Viborg Domkirke, in: Tilskueren.

Maanedsskrift for Litteratur, Kunst, Samfundsspørgsmaal og almenfattelige videnskabelige Skildringer, 33. Årg., 1916 (Januar–Juni), S. 312–318
SKOVGAARD, Joakim: Minder om Moder, Georgia Marie Louise Schouw, gift Skovgaard, in: Højskolebladet, Nr. 51, 1931, S. 796–799
SKOVGAARD, Joakim und Niels: Erindringer om P. C. Skovgaard, in: Tilskueren. Maanedsskrift for Litteratur, Kunst, Samfundsspørgsmaal og almenfattelige videnskabelige Skildringer, 25. Årg., 1908, S. 308–324
SKOVGAARD, Peter: Skovgaard-Museets Udstilling i Viborg, in: Samleren, 12. Jg., 1935, S. 145–151
SKOVGAARD-MUSEET VIBORG: P. C. Skovgaard Udstilling i 150 året for Kunstnerens fødsel, Viborg 1967
SMITMANS, Adolf: Die christliche Malerei im Ausgang des 19. Jahrhunderts – Theorie und Kritik. Eine Untersuchung der deutschsprachigen Periodica für christliche Kunst 1870–1914 (= Kölner Forschungen zu Kunst und Altertum, Bd. 2), Sankt Augustin 1980
SØEBORG, Knud: Joakim Skovgaard, in: Kunst. Organ for litterære og kunstneriske interesser i Danmark og Norge, 3. Aarg., 1901, o. S.
SPUR, Erik: Joakim Skovgaard, in: Højskolebladet. Tidende for Folkeoplysning, Bd. 48, Nr. 44, 1923, Sp. 1361–1370
STUMMEL, Friedrich: Technische Bemerkungen über Wandmalerei, in: Zeitschrift für christliche Kunst, Jg. 2, Nr. 1, 1889, Sp. 29–30
SWANE, Leo: Vor Tids Kunst – Skovgård, in: Tilskueren. Maanedsskrift for Litteratur, Kunst, Samfundsspørgsmaal og almenfattelige videnskabelige Skildringer, 33. Årg., 1916 (Januar-Juni), S. 359–379
SWANE, Leo: Joakim Skvogaard, in: Tilskueren. Maanedsskrift for Litteratur, Kunst, Samfundsspørgsmaal og almenfattelige videnskabelige Skildringer, 50. Årg., 1933 (Januar-Juni), S. 273–283
THODBERG, Christian und Anders Pontoppidan THYSSEN (Hrsg.): N. F. S. Grundtvig. Tradition und Erneuerung. Grundtvigs Visionen von Mensch, Volk, Erziehung und Kirche, und ihre Bedeutung für die Gegenwart (dt. Übersetzung: Eberhard Harbsmeier), Kopenhagen 1983
VEDEL, Johannes: Kristus i de dødes Rige, in: Højskolebladet. Tidende for Folkeoplysning, Bd. 19, Nr. 30, 1894, S. 941–948
VELLEV, Jens: Viborg Domkirke i 900 år. Udgivet i forbindelse med Viborg Stiftsmuseum 125 års jubilæumsudstilling 22. juni–31. august 1986, Viborg 1986
VELLEV, Jens: Joakim Skovgaards Fresken im Dom zu Viborg (dt. Ausg.), Viborg 1988
VIBORG CATHEDRAL (Hrsg.): Skovgaard's Pictures in Viborg Cathedral with an introduction by Henning Høirup, Viborg o. J.
VOSS, Knud: Dansk Kunsthistorie. Billedkunst og Skulptur. Friluftstudie og virkelighedsskildring 1850–1900, Bd. 4, København 1974
WANSCHER, Vilhelm: Joakim Skovgaards Malerier i Viborg domkirke, in: Dansk Tidsskrift, April 1906, S. 291–299
WANSCHER, Vilhelm: Joakim Skovgaard. Forslag til en Fornyelse af Loftet i Viborg Domkirke, in: Kunstbladet, Marts 1909, S. 1–3
WANSCHER, Vilhelm: Die Wandgemälde von Joakim Skovgaard im Dome zu Viborg, in: Die Kunst, Bd. XIV, 1913, S. 181–189
WANSCHER, Vilhelm: Joakim Skovgaard. With letters on art of the master himself and an introduction in french by his intimate friend Karl Madsen, in: Artes. Monuments et Mémoires, II, 1933, S. 155–186 und Joakim Skovgaard and his art, S. 225–274
WEHLTE, Kurt: Wandmalerei. Praktische Einführung in Werkstoffe und Techniken, Ravensburg 1938
WEHLTE, Kurt: Werkstoffe und Techniken der Malerei. Mit einem Anhang über Farbenlehre, Ravensburg 1967
WEILBACHS KUNSTNERLEKSIKON: Joakim Frederik Skovgaard, Bd. III, 1952, S. 219–225
WEST, Birgitte: Joakim Skovgaard, in: Nordisk Ugeblad for katholske Kristne, 81. Aarg., 1933, S. 283–285
WETTSTEIN, Stefanie: Ornament und Farbe. Zur Geschichte der Dekorationsmalerei in Sakralräumen der Schweiz um 1890, Zürich 1996
WILMANN, Preben: Dansk Kunst, København 1941
ZACHARIASSEN, Sv.: Det grundtvigske i Joakim Skovgaards Billeder i Viborg Domkirke, in: Kirken. Tidsskrift for kirkelig orientering, IV. Aarg., 1932, S. 97–107
ZAHLE, Erik (Hrsg.): Danmarks Malerkunst fra Middelalter til Nutid, København [3]1947
ZIBRANDTSEN, Jan: Joakim Skovgaards Monumentalmaleri, in: Tidsskrift för Konstvetenskap, 22. Jg., Heft 1, 1938/39, S. 99–110
ZUCCARINI, Richard und Deborah: Fresco History and Technique, in: Sacred Art Journal, 13, 1992, S. 103–112

Abbildungsnachweis/Copyright

Poul Pedersen, Århus: Abb. 1, 26, 27, 28, 29, 30, 31, 32, 33, 34, 35, 36, 37, 38, 39, 40, 41, 42, 43, 45, 46, 47, 48, 49, 50, 51, 52, 53, 54, 55, 56, 57, 58, 59, 60, 61, 62, 63, 64, 65, 66, 67, 68, 69, 70

© Graphisches Archiv des Skovgaard Museum Viborg: Abb. 3, Abb. 4, Grundrisse auf S. 169–171, aus: Die Domkirche in Viborg, vor und nach ihrer Restaurierung nach Zeichnungen von Jul. Tholle in lithographischen Drucken herausgegeben von Em. Bærentzen & Co, lithographisches Institut Kopenhagen, Tafel XXVII (Registernummer 17.738), Tafel XXVIII (Registernummer 17.739) und Tafel XXIII (Registernummer 17.734)

© Den Hirschsprungske Samling, Kopenhagen: Abb. 25, (Inv.Nr. 443)

© Statens Museum for Kunst, Kopenhagen, DOWIC Fotografi: Abb. 2, 44

© Verlag Franz Steiner GmbH, Stuttgart, vormals Wiesbaden: Abb. 12, 13, aus: Friedrich Wilhelm Deichmann: Frühchristliche Bauten und Mosaiken von Ravenna, Wiesbaden 1995 (unv. Nachdr. d. 2. Aufl. 1969)

Martina Kral, Ulm: Abb. 5, 6, 7, 8, 9, 10, 11, 14, 15, 16, 17, 18, 19, 20, 21, 22, 23, 24

Heiko K.L. Schulze, Kiel: Abb. S. 6

Orts- und Personenregister

(Kursive Ziffern beziehen sich auf Anmerkungen)